法治"一带一路"文库编委会

编委会总顾问

谢伏瞻

文库主编

莫纪宏

编委会成员
（以姓氏拼音为序）

崔建民　戴瑞君　韩　晗　何晶晶　蒋小红　李　华　李庆明

李　霞　李　正　廖　凡　刘洪岩　刘敬东　刘晓红　刘小妹

柳华文　罗欢欣　毛晓飞　马金星　梅向荣　莫纪宏　任宏达

沈四宝　孙南翔　孙壮志　吴　用　夏小雄　谢增毅　杨　琳

姚枝仲　张初霞　朱伟东

法治"一带一路"文库
文库主编 莫纪宏

联合国安理会
决议与国际法治

The United Nations Security Council
Resolutions and International Rule of Law

罗孝智 著

中国社会科学出版社

图书在版编目（CIP）数据

联合国安理会决议与国际法治／罗孝智著．—北京：
中国社会科学出版社，2023.9
（法治"一带一路"文库）
ISBN 978 - 7 - 5227 - 2625 - 0

Ⅰ. ①联…　Ⅱ. ①罗…　Ⅲ. ①联合国安全理事会—
决议—国际法—研究　Ⅳ. ①D813.4②D99

中国国家版本馆 CIP 数据核字(2023)第 187532 号

出 版 人	赵剑英
责任编辑	郭曼曼
责任校对	胡新芳
责任印制	王　超

出　　版	中国社会科学出版社
社　　址	北京鼓楼西大街甲 158 号
邮　　编	100720
网　　址	http://www.csspw.cn
发 行 部	010 - 84083685
门 市 部	010 - 84029450
经　　销	新华书店及其他书店

印　　刷	北京明恒达印务有限公司
装　　订	廊坊市广阳区广增装订厂
版　　次	2023 年 9 月第 1 版
印　　次	2023 年 9 月第 1 次印刷

开　　本	710×1000　1/16
印　　张	23
插　　页	2
字　　数	354 千字
定　　价	119.00 元

法治"一带一路"文库总序

莫纪宏[*]

2013 年 9 月和 10 月，国家主席习近平分别提出建设"新丝绸之路经济带"和"21 世纪海上丝绸之路"的合作倡议。2015 年 3 月 28 日，国家发展和改革委员会、外交部、商务部联合发布了《推动共建丝绸之路经济带和 21 世纪海上丝绸之路的愿景与行动》。"一带一路"倡议旨在借用古代丝绸之路的历史符号，高举和平发展的旗帜，积极发展与沿线国家的经济合作伙伴关系，共同打造政治互信、经济融合、文化包容的利益共同体、命运共同体和责任共同体。

"一带一路"倡议是在党的十八大以来实行全面推进依法治国战略的历史背景下提出的，因此，作为治国理政的基本方式，在国家战略层面，法治始终与"一带一路"倡议的实施行动并肩前行，起到了很好的保驾护航的作用。习近平总书记高度重视法治在共建"一带一路"中的重要作用。在 2019 年 11 月 10 日给中国法治国际论坛的贺信中，习近平总书记指出，推动共建"一带一路"，需要法治进行保障，中国愿同各国一道，营造良好法治环境，构建公正、合理、透明的国际经贸规则体系，推动共建"一带一路"高质量发展，更好造福各国人民。

但也要看到，"一带一路"倡议实施以来，由于缺乏对境外法治环

---

* 莫纪宏，中国社会科学院法学研究所所长、研究员，中国社会科学院大学法学院院长、教授。

境状况的充分了解，中国企业和公民走出国门后面临诸多不可预测的法律风险，不仅出境后的资产面临合法性的挑战，资本正常运行的制度保障也受到各种非法因素的干扰，中国企业和公民在境外的合法权益尚未得到法治原则的有效保护，造成了一些非预期的财产损失，甚至人身权益也受到了威胁。种种迹象表明，中国企业和公民要走出国门，要保证人身权益和财产权益的安全性，必须要寻求法治的庇护。一方面，我们自己的企业和公民应有合规意识，要懂得尊重驻在国的法律制度，要学会运用驻在国法律乃至国际法来保护自己的合法权益；另一方面，对于走出国门的中国企业和公民可能面临的潜在的法律风险，必须要提早作出预判，并且要有相应的法律服务机制加以防范。对此，除了在"一带一路"倡议具体的实施行动中采取各种有针对性的法律防范措施之外，还需要从宏观层面整体把握"一带一路"倡议实施中可能遇到的法律风险，在全面和详细了解中国企业和公民走出国门后实际遇到的各种法律风险和法律问题基础上作出正确的判断、提出有效的应对之策。

为了加强对法治"一带一路"问题的系统性研究，2018 年年底，时任中国社会科学院院长谢伏瞻学部委员牵头设立了中国社会科学院大型海外调研项目"'一带一路'法律风险防范与法律机制构建"（课题编号：2019YJBWT003），具体实施工作由我负责，中国社会科学院法学所、国际法所、西亚非所、世经政所、拉美所等所的相关科研人员参加。课题的主要工作就是到"一带一路"国家去调研，了解中国企业和公民走出去之后所面临的各种法律风险，研究这些法律风险形成的原因，提出解决法律风险的对策和建议。2019 年课题组到近 20 个国家进行了深入的"海外"基层调研，走访了大量中国企业、机构、组织，掌握了大量的第一手材料，撰写了近 50 篇内部研究报告，很多要报反映的情况和提出的建议引起了有关领导和部门的高度重视。2020 年初突发的新冠疫情使得课题原计划继续实施的海外调研工作不得不中止。但课题组对"一带一路"法律风险问题的研究并没有止步。在过去的三年中，课题组加强了对法治"一带一路"的基础理论问题研究，收集和整理了"一带一路"沿线国家和相关国家的法律制度方面的资料，进行分类研究，全面和系统地梳理了"一带一路"倡议实施行动中所面临的各种具体法律制度和法治环境的特点以及可能存在的法律风险点,既有法理上的介绍和阐释,又有法律服务和应用上的具体指导,形成了这套可以充分了解和有效防范"一带一路"法律风险的知识体系和实用性指南性质的法治"一带一路"文库。

法治"一带一路"文库作为中国社会科学院大型海外调研项目"'一带一路'法律风险防范与法律机制构建"的重要学术成果,得到了谢伏瞻院长、中国社会科学院科研局和国际合作局领导的大力支持,同时也得到了法学所、国际法所、西亚非所、世经政所、拉美所等社科院同事的倾力相助,特别是中国社会科学出版社王茵副总编、喻苗副主任对文库的面世作出了最无私的奉献,在文库出版之际,一并表示衷心感谢。正是因为各方的齐心合力,法治"一带一路"文库才能为中国企业和公民走出国门提供最有力的指导和帮助,贡献课题组的微薄之力。

2023 年 4 月于北京海淀紫竹公寓

前　　言

　　本书从联合国安全理事会（以下简称"安理会"）决议视角研究国际法治的理论与实践问题，采用数据统计、案例阐述、比较分析等方法，论证了联合国安理会决议对国际法治的积极作用和消极影响。

　　本书分为五章。第一章国际法治概述，阐析了国际法治的概念、发展历史、动静观与相对性，提出了国际法治的目标和基本原则。第二章对安理会决议进行了宏观分析，论及安理会的职能、安理会决议的形成、历年决议数量统计和分类、决议的性质与执行情况，指出安理会决议的本质、特征和影响，以及其对国际法治的作用。第三章论述安理会决议对于国际法治的积极作用和影响。该章论证了安理会决议在国际法治构建中发挥的积极作用和影响，具体如：遏制和消除威胁国际和平与安全的因素；强化国际法治平台；完善国际法治司法监督机制；确保战略地区平稳过渡；设立附属机构增强自身执行力；保障和平衡国家之间的权益；维护国际公平与正义；促进国际法治的人权目标；推动国际关系民主化；构建协调各国行动的中心；优化国际法治权力结构。探析了安理会决议之积极作用的原因。第四章论述了安理会决议对国际法治的消极影响和局限性，并分析了造成消极影响和局限性的国家原因、霸权主义和强权政治原因及联合国体制自身的原因。第五章探讨了联合国安理会决议机制的改革路径，并展望了国际法治的未来。该章分析了现有决议机制存在的问题和挑战及其对国际法治的掣肘，论证了其改革的必要性，以及已有改革方案、决议机制改革与国际法治间的互动关系。本书还尝试总结了中国参与安理会决议的实践，并对促进国际法治、提升中国参与程度提出了建议。

　　本书系作者从博士学位论文改写而来，适合广大国际法学师生、外交战线的政府官员、跨国经贸领域的从业人员和国际问题尤其是联合国相关问题的研究者。为方便大家研究相关案例，书末附录部分有关决议原文。

目　　录

导　　论

一　问题的提出及研究意义

全球化的迅猛发展使得国家之间的交往日益频繁，促进了国际交往法律规则的不断完善，从而推动了国际法的不断发展，也使得国际法治作为国际社会依法治理的一种理论和实践逐渐成为全球范围的发展趋势。该趋势表现在以下一些方面：首先，以联合国为中心的政治、经济、文化、卫生等各个领域均出现了大量的各类全球性国际组织，促进了全球社会的良性治理。例如：联合国、世界贸易组织、国际货币基金组织、国际刑事法院、世界卫生组织等，它们依托各自的背景，凭借各自的职能，以自己独特的方式对于国际社会的组织化、全球治理和国际法治正在发挥越来越大的作用。其次，全球范围的区域一体化以及国家集团化趋势，使得全球各区域内国家之间联系和交往的紧密度得到增强，推动了这些区域内国际社会的依法治理。例如，从欧盟、东盟、美洲国家组织等区域性一体化联盟，到77国集团、二十国集团、金砖国家组织等根据一定利益形成的国家集团。全球各国正在以地域、类别和利益需求等因素划分成不同的区域组织或国家集团，实现一定程度上的共同利益诉求或地域协同治理，而其利益诉求或协同治理的依据就是国家之间缔结的法律意义上的协定、协议等，其依据也是国际法。再次，国际社会共同面临的环境恶化、气候变化、疾病传染等对人类的威胁，以及核武器、信息泄露等造成的危害正在影响着所有国家和地区，人们只有通过跨越国界的法律合作才能共同面对这些问题并寻求解决办法，让人类社会得以存续下去，这种现实需求也促进了国际法治的进程，并有助于国际法治逐渐明晰地确立起四大基本目标——和平、安全、发展和人权。相应地，在追求国际法治目标的过程中，国际社会需要遵循一些基本原则，因此，国际法治的前提是应该确立需要遵循的基本原则。此外，中国倡导的"一带一路"更需要国际法治的有效保障。

自第二次世界大战（以下简称"二战"）以来，尤其自苏联解体后，国际社会出现了以美国为首，欧盟、俄罗斯、中国、日本、巴西、印度等"一超多强"的国际格局，但因为历史原因，全球治理主要还是依赖雅尔塔体制下以联合国为中心的五大国主导模式。联合国安全理事会（以下简称"联合国安理会"或"安理会"）作为该组织唯一具有执行力的机构，其通过的决议（以下或称"联合国安理会决议"或"安理会决议"）能够实质性地影响相关国家的利益。多年来，安理会围绕维持国际和平与安全问题及其他各方面的挑战通过了数千项决议，为世界和平做出了卓越的贡献。但对于联合国安理会决议的法律性质和效力问题、联合国安理会常任理事国的否决权问题、安理会决议与国际法院的咨询意见之间的关系问题等，国际法学界一直存在争议。随着日本、德国、加拿大、印度、巴西、澳大利亚等国家实力的增强，各国出于不同的利益、目的与动机，纷纷寻求改革联合国安理会及其决议机制。如何在维持联合国体制的前提下开展一些有建设性的改革，以便促进和提高国际法治的水平，已经成为国际社会一个重要的理论与实践课题。而长期以来，中国作为联合国安理会常任理事国之一，对国际和平与发展事业做出了自己的贡献。但由于西方国家主导国际法，以及中国曾经长期在经济上落后的历史原因，导致直到今天，尽管中国经济实力已经大增，但包括国际法理论与实践在内的国家软实力与中国的综合国力不相匹配。针对上述情况，世界各国国际法学界应该如何对待联合国安理会及其决议、如何推进联合国改革和安理会决议机制改革、如何加强国际法治、如何应对区域一体化的挑战、中国应该如何在安理会影响决议结果以维护中国利益并促进世界和平与发展，等等，这一系列问题都十分值得在理论上加以深入的研究和探讨。

联合国安理会作为对维护国际和平与安全负有首要责任的联合国机

关，在全球治理中具有十分重要的地位和作用。安理会应该根据《联合国宪章》（以下简称《宪章》）促进和加强国际法治。有学者认为：只有安理会自身服从法治，才符合法治原则；作为联合国的执行机关，安理会应确保其采取的强制行动符合法治要求，以便在全球法律治理中发挥更大的作用；各国应有依《联合国宪章》规定履行安理会决议的义务。[①]因为安理会的决议具有执行力，意义重大，它们往往受到各国各自的利益动机、联合国自身体制问题、五大常任理事国自身利益与交互利益的直接影响。安理会每一项决议涉及的既是政治问题，也是法律问题。从国际法角度系统而深入地研究联合国安理会决议对于全球治理和国际法治的影响，对于国际法的发展、国际法治的理论研究等均具有非常深远的理论和实践意义。然而，探讨这个问题的前提条件或者先决问题是：如何理解国际法治？如果我们把它看成一把实践的标尺的话，那就可以用来衡量联合国安理会的成就和问题；如果把它看成是一个渐进的过程的话，那么联合国安理会及其决议就是它的一个重要组成部分，无论是推进，抑或是阻碍。因此，有必要区分对于国际法治的不同理解，进而分析联合国安理会决议的利弊问题。另外，在探讨联合国安理会决议问题时，还应该考量其决策过程中的其他影响因素。

自从联合国 20 世纪中叶诞生以来，其安全理事会已做出数千项决议，对于维护世界和平与安全、促进和构建国际法治发挥了不可替代的作用。但其中有很多理论与实践问题值得关注、探讨和解决。例如：对于联合国安理会决议的法律性质应该如何确定，国际法学界和实务部门仍有不同看法；对于如何判断决议的合法性与非法性，人们莫衷一是；对于决议的约束力与管辖范围，人们存在分歧；对于常任理事国和非常任理事国在决议中的权限和作用，需要加以清晰地界定；对于安理会决议在何种情况下可以或应该授权动武，在理论与实践中仍然存在争议；对于备受关注的联合国维和行动，其法律性质与未来趋势如何，需要加以更深入的研究。在国际司法方面，安理会与国际法院的关系应该如何

---

① 赵建文：《联合国安理会在国际法治中的地位和作用》，《吉林大学社会科学学报》2011年第 4 期。

处理，联合国安理会与国际刑事法院的关系又该如何，也属于重大的理论与实践课题。在对以上问题展开研究的基础上，审视联合国应该如何在理论上构建国际法治的问题，联合国安理会决议在国际法治中的地位、作用和功能如何认定，联合国安理会决议与国际法治的互动关系如何，联合国安理会应该如何改革决议机制来推动国际法治，这些都是需要加以解决的问题。对于安理会决议的纠错机制方面，各国对安理会的错误决议应该承担什么责任，联合国安理会决议与大国强权政治的关系如何，如何在实践中抵制大国强权政治等，这些也是十分紧迫的国际问题。此外，当代国际社会的法治基础如何，理想的国际社会法治模式应该是什么，国际法治应该被看作是一个个标志性静止的成果抑或是一个无休无止的完善过程，这些也是国际法治理论与实践中需要解决的问题。而与本书目的密切相关的涉及中国的问题是：中国应该如何参与安理会决议机制来维护自身权益与世界和平？中国应该如何加强国际法研究来缩小与他国的理论差距，并在实践中发挥一个大国在安理会决议中应有的作用？等等。

目前，学者们对上述问题的回答可谓仁者见仁，智者见智。因此，对联合国安理会决议影响下的国际法治问题展开全面、系统的分析与研究，对于化解在该领域内存在的分歧、增进人们的共识或许可以做出些许贡献。

近年来，随着中国国际法学研究的迅速发展，有关联合国与国际法治的论文也陆续出现在各种学术杂志和期刊上。例如，何志鹏教授关于国际法治终极目标的论述、① 赵建文教授关于联合国安理会与国际法治关系的阐述等。② 同时，中国也出现了一些专门研究联合国安理会决议问题的学位论文，近年还出现了专著。③ 但总体来看，与其他国家相比，中国在这一领域的研究还存在着较大的差距。中国学术界有限的研究也只是

---

① 何志鹏：《大国政治的终结——国际法治的目标探究》，《吉林大学社会科学学报》2013年第3期。

② 赵建文：《联合国安理会在国际法治中的地位和作用》，《吉林大学社会科学学报》2011年第4期。

③ 何志鹏：《国际法治论》，北京大学出版社2016年版。

从联合国安理会或国际法治的视角阐述国际法治的理论基础、可能性、可行性、影响因素、未来愿景等问题，尚缺乏综合性、整体性和前瞻性的深入论述；有些成果也仅仅是对国外研究成果的翻译和借鉴，而专门针对联合国安理会决议影响下的国际法治问题的学术论文还很鲜见。基于此，本书希望对上述问题进行深入的研究，并结合中国综合国力已经较大提升的背景，研究中国应该如何参与和影响安理会决议，以维护中国国家利益、世界和平与安全，并促进国际社会的依法治理；同时，提出有一定价值的研究成果，从而为弥补中国在该领域存在的理论缺陷做出点滴努力。

本书的实践意义也是本人选择此题作为研究对象的重要动机之一。具体来讲，本书选题的实践意义主要在于：

第一，加强对联合国的研究，促进联合国改革并提升国际法治的水平，将有利于世界和平、安全与发展。事实证明，尽管人们对于联合国的作为与作用一直存在一些争议和质疑，但数十年来联合国对于世界和平、安全与发展做出了不可磨灭的贡献。联合国就国家之间的领土争议问题、战争问题、民族问题、恐怖主义问题、历史遗留问题、武装冲突问题、人权保护问题等做出了具有执行力和影响力的决议，其中一些决议的部分内容甚至成为后来的国际立法。正是因为联合国在外交斡旋、多边谈判、维和行动等方面的积极作为，自联合国成立以来，尽管局部战争和武装冲突从未停止过，但全球范围内再也没有发生过世界大战。通过研究联合国安理会决议与国际法治的内在关联与外在联系，能够进一步促进和推动联合国向促进国际法治的良性发展方向的改革。同时，历史证明，因为联合国的改革涉及全球数百个国家的直接利益，改革不能过快，应该尊重二战以来的全球基本格局，适当兼顾最新发展带来的地区变化，尊重区域力量平衡和区域一体化，尊重其他国际组织和非政府间国际组织的正常发展等因素。任何主张联合国不需要改革或者全盘否定联合国改革的主张都是错误的。

第二，研究中国在联合国安理会决议机制中的地位和作用，有利于增强中国参与联合国安理会决议程序的影响力，有助于保护中国国家利益，增进人民福祉，维护世界和平与安全。当今世界，美国仍然是唯一超级大国，俄罗斯、日本、印度、巴西等国家不断崛起，中国作为新型发展中大国，国力不断增强，已经成为世界第二大经济体。自联合国成立以来，中国作为其创始会员国和安理会常任理事国，曾经和正在发挥积极的作用。我们知道，联合国安理会决议程序中"五大国一致"原则对于决议的通过具有举足轻重的影响。因而，在联合国改革的呼声中，安理会的改革成为焦点和核心，正面临前所未有的挑战。为此，一方面，中国应该在维护自身合法权益方面积极支持正义与合法的决议获得通过，而对于非法的决议积极行使否决权，阻止侵害中国国家利益或危及世界和平与安全的不利决议的通过。另一方面，中国应该旗帜鲜明地反对大国霸权主义和利己主义，反对一切破坏世界和平、安全与发展的决议草案出台，反对利用联合国旗帜行使武装侵略之实的决议草案通过，支持联合国适度、合理和良性的改革。此外，中国应当制定执行安理会决议的配套法律法规，积极参与国际社会依法治理。而通过对安理会表决历史、数据统计、性质分析、趋势研究以及不同国别联合国实践的研究，中国可以借鉴美国、苏联等国家的联合国实践经验，发挥一个发展中的大国应有的主导作用，以扩大中国的影响力，造福全人类。

第三，通过对于国际法治的研究，推进中国国内法治进程，实现国际法治与国内法治的良性互动。因为，在一定程度上，国内法治属于国际法治的一部分，尽管二者在主体范围、法律内容、治理模式等方面存在差异，但毕竟都属于法律治理，追求法律的至高无上，反对人治和强权。如同中国加入 WTO 推动中国改善国内经贸法律体系乃至政府管理模式一样，加强对国际法治的研究，让中国法律治理模式从国际法治模式中获得有益的借鉴，必将有助于推进中国司法体制改革和改进政府管理方式，最终推进中国国内法治的进程，实现国内法治与涉外法治、国际法治的良性互动。

二 研究文献综述

（一）国外研究现状

早在现代国际法产生以前，随着世界各国交往的日益频繁，人们就开始有了对于国际社会通过法律加以协调和治理的理想，例如，于 1625

年出版的"国际法之父"格劳秀斯的《战争与和平法》就是对于国家之间战争与和平应该遵循的规则的系统阐述，其实就是对于全球治理的一种主张。但诸如国际治理、国际法制、国际法治等概念的发展却是一个相对漫长的过程。20 世纪 80 年代末，"全球治理"概念在全球治理委员会①发布的行动纲领《我们的全球之家》中第一次被系统地加以阐述。此后，"全球治理"概念被作为管理国际关系、构建新的国际秩序的政策工具。而 17 世纪《威斯特伐利亚和约》的签订与《战争与和平法》的出版标志着近代国际法的产生。因此，全球治理概念比近代国际法晚了两个半世纪。但从自然法出发，有国际法学家将全球治理等同于国际法产生时人类即开始构建国际秩序，从这个意义上也可以说，全球治理与国际法是同步产生的。也就是说，从自然法观点来看，自从有了国际法，人类历史上就有了国际法治的萌芽。有学者从历史发展的视角将全球治理和国际法的发展分成几个阶段：国家主导时期以及国际组织时代、冷战之后时代的全球治理和国际法；将国际行为主体的多元化、国际规制方法的多样化和国际规则运行机制的灵活性等作为全球治理和国际法的鲜明时代特征。② 在一定程度上来说，国际法治的概念则源于近年来人们对国内法治有关概念的拓展和延伸。此外，20 世纪 90 年代以来，有学者从国际政治角度研究民主对全球治理的作用，③ 还有学者从国际公法角度研究全球宪政主义理论，他们中甚至有人主张《联合国宪章》可以作为世界宪章。④ 可见，自从产生了国际法，国际法治成为国际法学家们心中孜孜以求的理想和目标。尽管因为国际社会的发展现实问题等原因，国际法治在理论与实践方面的发展都很缓慢，但国际法学家们对于国际法治的研究一直没有停止过。

---

① 该委员会由德国前总理勃兰特、瑞典前首相卡尔松共同发起成立。

② 曾令良：《全球治理与国际法的时代特征》，载中国国际法学会主办《中国国际法年刊》(2013 年)，法律出版社 2014 年版，第 14—41 页。

③ ［日］猪口孝、［英］爱德华·纽曼、［美］约翰·基恩编：《变动中的民主》，林猛等译，吉林人民出版社 1999 年版，第 285—295 页。

④ Christine E. J. Schwobel, *Global Constitutionalism in International Legal Perspective*, Martinus Nijhoff Publishers, 2011, p. 25.

　　自联合国诞生以来，人们对于这个世界最广泛的、影响最大最深远的国际政治组织的研究越来越多，也越来越深入。各国出版的关于国际组织的书籍中首先会论述联合国，有从历史学角度研究其与国际联盟的脉络关系、产生原因的；有从政治学角度研究其民主机制的；有从组织学角度研究其效力、效用和机制的；还有从法学角度研究其渊源、关系和效力的。在对联合国各机关的研究中，尤以研究联合国安理会为盛，因为其决议具有执行力，给国际法增加了"硬性"因素，也因为五大常任理事国的否决权、非常任理事国的遴选和安理会的改革等问题具有极大争议性。这些问题是政治与法律的交叉，具有重大的理论与实践意义。同样，对于安理会决议的研究，有从国际法学角度研究的，也有从国际政治学角度研究的。较早的研究联合国安理会的著作中有研究联合国如何决策的，① 有研究联合国法律秩序的，② 有研究战后联合国安理会应用合法性原则的，③ 还有对一定历史时期联合国安理会决议加以汇编并进行分类处理的著作。④ 对于安理会的较新研究成果中，有研究其作用、功能、程序的，⑤ 有研究其作为立法角色的，⑥ 还有研究其决策机制改革的。⑦ 20 世纪中叶以来，众多英、美国际法学者从政治、法律、经济等角度研究联合国安理会决议问题的成果层出不穷，其中包括安理会决议性质问题，决议授权使用武力问题，安理会与国际法院、国际刑事法院的关系问题，等等。而 2013 年美国学者的专著《不服从安理会》则研究了联合国安理会决议在执行中

---

　　① John G. Hadwen and Johan Kaufmann, *How United Nations Decisions Are Made*, A. W. Sythoff-Leyden, 1960, p. 37.

　　② Oscar Schachter, *United Nations Legal Order*, Volume 1. Cambridge University Press, 1995, p. 121.

　　③ Kenneth Manusama, *The United Nations Security Council in the Post-Cold War Era*, Martinus Nijhoff Publishers, 1990, p. 146.

　　④ Karel C. Wellens, *Resolutions and Statements of the United Nations Security Council* (1946 – 1992), Kominklijke, Leiden, The Netherland, 2006, p. 25.

　　⑤ Kurt Herndl, *Reflections on The Role*, *Functions and Procedures of The Security Council of the United Nations*, The Hague Academy of International Law, Martinus Publishers, 2014, p. 50.

　　⑥ Vesselin Popovski and Trudy Fraser, *The Security Council as Global Legislator*, Routledge Taylor & Francis Group, London and New York, 2015, pp. 30 –45.

　　⑦ Martin Daniel, *Reforming UN Decision-Making Procedures*, Routledge Taylor & Francis Group, 2013, p. 36.

面临的一些问题与挑战。对于国际法治的宏观与微观层面的研究，国外著述也颇丰，例如：2011 年剑桥大学出版的《国内法院与国际法治》、桑普福德等人的著作《国际法治的构建要素》就是微观研究的代表作。纽约大学法学院切斯特曼汇编的《联合国安理会与法治》则汇总了国际社会为促进国际法治而向安理会提出的一些意见、建议和要求。[①] 还有学者从国际法治与职业道德角度探讨国际法治问题，[②] 或从国际法角度研究安理会的责任问题。[③] 另有学者研究安理会非常任理事国与国际法治的提升问题，[④] 等等。

（二）国内研究现状

与发达国家甚至一些发展中国家相比，中国对国际法治问题的相关研究尚存较大的差距。其根源不仅与中国的国际法学研究历史与现状、法律传统与现状以及国家法治现状有关，同时也与中国的经济发展、历史传统、对国际法的认知和重视程度等因素都有着密切的联系。

20 世纪 90 年代初中国学者就出版了全方位论述联合国与世界秩序的论文集。[⑤] 近年来，学者们更多地关注了联合国与国际法治的关系。如有学者指出，《联合国宪章》要求以法治来替代强权；要治理各种国际危机必须加强国际法治。[⑥] 有学者认为，变动的国际秩序呼唤国际法治，法治已成为联合国的核心价值观。[⑦] 还有学者认为：在高度重视法治的时代背景下，应该加强研究《联合国宪章》与国际法治发展之间的关系、联合国对国际法治的贡献方面的研究等。有学者则主张，加强国际法治不仅

---

① Simon Chesterman, "The UN Security Council and the Rule of Law", *American Journal of International Law*, Vol. 56, 2008, p. 65.

② Vesselin Popovski, *International Rule of Law and Professional Ethics*, Ashgate, 2005, p. 56.

③ Vera Gowlland Debbas, *The Security Council and Issues of Responsibility Under International Law*, Australian National University, 2013, p. 122.

④ Alejandro Rodiles, "Non-Permanent Members of the United Nations Security Council and the Promotion of the International Rule of Law", *Goettingen Journal of International Law*, 2013, p. 143.

⑤ 陈鲁直等主编：《联合国与世界秩序》，北京语言学院出版社 1992 年版，第 83 页。

⑥ 邵沙平、黄颖：《新多边主义与国际法的新视野》，载赵建文主编《国际法研究》第 4 卷，中国人民公安大学出版社 2011 年版，第 137 页。

⑦ 沈涓、张文广、谢新胜、戴瑞君：《第五届国际法论坛"改革开放与国际法"学术研讨会综述》，载黄东黎主编《国际法研究》第 3 卷，中国人民公安大学出版社 2009 年版，第 334 页。

要重视制定国际法规则，更重要的是执行这些规则，要坚持五点原则：维护《联合国宪章》的权威，促进国际关系的民主化，遵守国际条约、国际习惯法及安理会通过的有约束力的决定，确保国际法的统一适用，进一步完善国际立法等。①

一般认为，在全球治理过程中，国际组织作为一种多边外交的平台最能发挥全球治理作用，而联合国是世界上最具有普遍性的政治组织，应该扮演一个最重要的角色。但实践中，联合国的某些制度设计并不完善，其实际运作并不理想。例如，冷战时期美苏两极对峙，曾经严重阻碍了许多决议的通过。20世纪80年代冷战结束以来，超级大国又越来越明显地奉行单边主义和强权政治，而与之伴随的是各种名目的区域主义苗头泛起。在全球治理的背景下，联合国不但没有起到应有的中心协调作用，反而在一定程度上出现了被"边缘化"的危险和挑战，在维护国际和平与安全方面的集体安全体制尤其受到严重的冲击和影响。联合国要在新的时代背景下继续发挥其应有的作用，必须进行较全面的改革。

关于联合国应对国际法治的挑战需要进行的改革，有学者指出，国际法治意味着国际良法和全球善治，这二者的实现都要求有一个具有广泛影响和高度权威的国际机构来引领和带动。他认为，国际法治的基本理念要求联合国突破困境，实现更为深刻的体制变革，即逐渐变革主权至上的传统国际关系理念，真正实现人民利益，认清全球化的误区，促进国际社会的全面发展，突破契约社会的国际关系而逐渐建立国际社会契约的新体制。② 他还认为，要提高国际法治，联合国必须更有凝聚力，更有效率，更为公正和透明；并且应该淡化国本主义，走向人本主义；促进全面进步和可持续发展；变革契约社会，构建社会契约。③ 还有学者

---

① 钟瑞华、刘敬东等：《第三届国际法论坛"国际法的新发展学术研讨会综述"》，载孙世彦主编《国际法研究》第2卷，中国人民公安大学出版社2008年版，第248—249页。

② 早在20世纪初，法国法哲学家狄骥就根据他的社会连带学说认为国家主权本来就是虚无的。转引自何志鹏、孙璐《国际法治与联合国的未来》，载赵建文主编《国际法研究》第4卷，中国人民公安大学出版社2011年版，第257页。关于国际社会契约内涵与功能的讨论，参见何志鹏《国际社会契约：法治世界的原点架构》，《政法论坛》2012年第1期。

③ 何志鹏、孙璐：《国际法治与联合国的未来》，载赵建文主编《国际法研究》第4卷，中国人民公安大学出版社2011年版，第239—263页。

主张，联合国法治包括三个方面，即国际层面上的法治、国际冲突及冲突后国际社会的法治和以发展作为长远目标的法治。他认为，联合国的改革问题涉及法律问题，但其改革的真正实现归根结底是一个政治问题。无论是从法律视角，还是从不同会员国政治意愿的视角，有关联合国任何实质意义的改革都不是一件轻而易举的事情，均须寻求最广泛的共识和会员国真诚的合作。①

然而，目前的研究成果尚存不足，例如，对于相信国际法治理念的学者而言，有的或停留于法哲学的纯理论研究，或局限于从某个特别事件或者狭窄的层面来研究国际法治问题，或泛泛而谈国内法治与国际法治的互动问题；还有一些学者甚至怀疑国际法治的概念与发展的可能性，如同有人怀疑国际法是否属于法一样。尽管中国国际法学界已经就国际法治和联合国安理会出产了一大批学位论文，也有不少研究成果公开发表在各类学术杂志和期刊中，但将二者的因果或互动关系相关联并加以研究的成果仍鲜见。

综上所述，中国学者近些年的研究既有涉及联合国安理会和国际法治纯理论层面的，也有涉及对联合国维和行动、集体安全体制和人权保障等多方面的理论探索，还有涉及对国际法治现实可行性的思考。但专门针对联合国安理会尤其是其决议对于国际法治的影响问题的研究还很稀少，这也是作者选择此题目进行深入研究的动机之一。

三　特色和创新之处

本书的特色与创新之处在于：首先，在全球化和区域一体化的今天，全球相互依存度更高，对于国际法治问题的研究具有越来越大的理论与实践价值。然而，国际上已有的这方面的研究成果还远远不足，并且观点各异。本书期望对国际法治理论体系能够加以较为系统的梳理和研究并加以尝试性的构建。其次，目前，中国对于国际法治的研究成果也很少，尤其对于从联合国安理会决议视角研究国际法治问题的成果更少，对联合国安理会改革与国际法治的交叉研究也很鲜见。而对联合国安理

---

① 曾令良：《论联合国在推动国际法治建设中的作用》，《法商研究》2011 年第 2 期。

会决议加以数据统计和性质分析，揭示其对于国际法治的作用和影响，可以稍微弥补中国在该领域存在的理论研究之不足。最后，从实践角度而言，在中国作为一个大国悄然崛起的当今时代大背景下，如何将中国的国际法学理论水平、实践能力与经济发展规模匹配起来，借鉴他国在安理会决议中的过往经验，促进联合国安理会决议向着国际法治的良性方向发展，也是本书的一个创新与特点。

第一章

国际法治概述

自从人类社会产生以来，人们从未停止过社会治理活动。在经历了数万年的历史变迁之后，人类社会在大约五千年前进入文明社会，之后逐渐步入法制社会和法治社会。而直到近百年来，随着现代科技的迅速发展以及各国人们之间交往的需要，近数十年来，人类进入全球化的历史进程，产生了"地球村"的概念。在这个"地球村"中，作为"村规民约"的国际法的作用也变得更加重要，全球治理、国际法治等概念应运而生。国际法治也逐渐成为人们心目中对国际社会治理模式的理想追求。对于国际法治相关理论与实践问题的研究也已经成为国际社会面临的一个不可回避的课题。在系统地从联合国安理会决议视角研究它之前，必须对国际法治的概念、历史、要素目标、基本原则和动静态观等开展研究。

第一节　国际法治的概念

一　国际法治的定义和特征

自产生以来，国际法治就是一个有争议的概念。人们对国际法治是否存在以及概念的界定莫衷一是，对国际法治形成的原因也是看法各异。

（一）国际法治的定义

1. 国内外学者的界定

一般认为，国际法治概念的形成，是有着深厚的国内法治概念背景的。也就是说，国际法治的概念建立在国内的法治概念基础之上，可以说，没有国内法治概念，也就没有国际法治概念。① 因此，如果要界定和定义国际法治，首先要剖析国内社会中法治的概念及其内涵。

首先，关于法治（rule of law）的概念。中国国内最早提倡"依法治国"和"法治"理论主张的学者李步云认为：法治最基本的意思应该是，任何一个统治者或统治者集体，都应该严格依照法律来治理国家。② 他针对中国国情指出：根据人类共同经验以及中国的具体国情，社会主义法治国家应该具有十项法治原则和要求：主权在民、法制完备、人权保障、权力制衡、法律平等、司法独立、法律至上、程序正当、依法行政、党要守法。③ 他对法治概念的界定，以及对法治国家的原则和要求的阐释是十分精当并获得广泛认可的。

其次，关于国际层面的"法治"概念。这可能有三种含义：第一，国际之法治，即将法治原则适用于国际法主体之间的关系。第二，国际法之治，使国际法高于国内法，例如，赋予人权公约超越国内人权法律的优先地位。④ 或另一种解读：由国际法来主导、统领国际关系。第三，全球法治，指的是一种全球性的规范性制度，这种制度直接治理到个人，无须以国家机构作为形式上的中间媒介。⑤ 这些含义都不是本书研究的重点。本书的研究限于在国内法治概念基础上发展起来的国际法治概念。

再次，国际法治不能简单地理解为国内法治在国际社会中的应用。⑥ 国际社会由各个国家组成，但国际法治与国内法治在治理主体、管辖范畴、运用法律和管理方式等众多内在要素和外在因素方面均是不一样的。显然，与国内通常存在统一的中央政府体系不一样的是，国际社会各国

---

① 张超：《略论国际法治的维度、进度与向度》，《河南师范大学学报》（哲学社会科学版）2016 年第 5 期。

② 李步云：《法治概念的科学性》，《法学研究》1982 年第 1 期。

③ 李步云：《依法治国的里程碑》，《人民日报》（理论版）1999 年 4 月 6 日第 5 版。

④ 那力、杨楠：《"国际法治"：一种手段而非一个目标》，《东北师大学报》（哲学社会科学版）2012 年第 1 期。

⑤ Simon Chesterman, "An International Rule of Law", *American Journal of International Law*, Vol. 56, 2008, pp. 331 - 361；张超：《略论国际法治的维度、进度与向度》，《河南师范大学学报》（哲学社会科学版）2016 年第 5 期。

⑥ ［美］伊恩·赫德：《联合国安理会与国际法治》，付炜译，《浙江大学学报》（人文社会科学版）2013 年第 5 期。

是权利平行主体，相互独立，这使得不少人怀疑是否存在国际法治，如同怀疑国际法是否属于法律一样。近数十年来，国内外学者对国际法治的内涵和外延进行了广泛的探讨，有的揭示其与国际关系和国际法的关系，有的强调其正当性和整体性价值，还有学者将"国际良法"和"全球善治"等作为国际法治的理想。① 另有学者认为国际法治就是国际社会中的国际关系由规则主导，而不是实力导向，即为国际法治。② 有的学者认为国际法治指法律规范在全部国际事务中被遵守和实施，而这些被遵守和实施的法律规范都是良好的规范，③ 有学者主张将国际社会的法治分为"国际法治"和"全球法治"两种形式，其中国际法治指作为国际社会基本成员单位的国家接受国际法的约束，并依据国际法处理各自的关系、维护国际秩序的状态；而全球法治则指在全球化背景下，为实现全人类共同利益、保护基本人权，力图以各国能够普遍接受的法律规范，在全世界范围内更有效地实现调节国际社会关系这一功能的治理过程。④ 另有学者将国际法治理解为国内法治观念与原则的国际化，以及国际关系与国际事务的法治化。⑤ 有学者则认为，国际法治就是一种有关国际关系发展方向和存在状态的理念。⑥ 认为国际法治的概念应该定义为：国际社会各行为主体共同崇尚和遵从人本主义、和谐共存、持续发展的法律制度，并且以此为基点和准绳，在跨越国家的交往层面上约束各自的行为、确立彼此之间的关系、界定各自的权利义务和处理相关事务的一种

① 何志鹏：《国际法治：一个概念的界定》，《政法论坛》2009 年第 4 期；何志鹏：《全球制度的完善与国际法治的可能》，《吉林大学社会科学学报》2010 年第 5 期；车丕照：《我们可以期待怎样的国际法治?》，《吉林大学社会科学学报》2009 年第 4 期；Steven Wheatley, "A Democratic Rule of International Law", *European Journal of International Law*, Vol. 22, No. 2, 2011, pp. 27 – 33；Simon Chesterman, "An International Rule of Law", *American Journal of International Law*, Vol. 56, 2008, pp. 44 – 50.

② 那力、杨楠：《"国际法治"：一种手段而非一个目标》，《东北师大学报》（哲学社会科学版）2012 年第 1 期。

③ 何志鹏：《国际法治何以必要》，《当代法学》2014 年第 2 期。

④ 张胜军：《当代国际社会的法治基础》，《中国社会科学》2007 年第 2 期。林泰：《国际行政法之论——全球化与全球治理视野中的国际法治》，《太平洋学报》2014 年第 10 期。

⑤ Brandei Institute for International Judges, *Toward an International Rule of Law*, *The International Center for Ethics, Justice, and Public Life*, Brandeis University, 2010, pp. 8 – 13.

⑥ 何志鹏：《国际法治论》，北京大学出版社 2016 年版，第 3 页。

模式与结构。① 学者们仁者见仁，智者见智，从不同视角和维度理解和概括国际法治的含义。

2. 联合国秘书长安南的界定

2004 年，时任联合国秘书长科菲·安南对联合国的法治概念作出了界定，他认为对于联合国而言，法治概念就是指这样一个治理原则：所有人、机构和实体，无论来自公营部门还是私营部门，包括国家本身，都应该对于公开发布、平等实施和独立裁断并与国际人权规范和标准保持一致的法律负责。这个概念要求法治应遵守以下原则：法律面前人人平等、法律至高无上、对法律负责、正确适用法律、参与性决策、避免任意性、三权分立、法律上的可靠性以及程序和法律的透明。② 安南秘书长从全球依法治理的角度对国际法治概念提出了极高的要求，即在国际社会治理中应该有公开透明的法律和程序、从个人到机构实体到国家均遵守法律、法律可靠透明、法律适用公正、权力制衡与分立等。其中不少要件正属于国内法治中必不可少的内容。安南秘书长对于国际法治概念的界定代表了各国人民对于依法治理国际社会理想形态的追求，作者认为可以作为国际法治的一个比较科学、权威的定义。

综合上述观点，本书认为，国际法治可以定义为：按照国际法的基本原则、规则和制度对于国际关系加以规范和调整，要求国际社会全部主体加以遵守，对于全球社会加以依法治理的一种理想形态的追求。

（二）国际法治的特征

国际法治还是一个近几十年来提出的新概念，其理论与实践仍在发展中，从其定义和概念来分析，并与国内法治相比较，可以概括出国际法治具有以下一些鲜明的特征。

1. 治理目标的明确性

国际法治以人类社会为治理目标，以国际法和各国国内法律为工具，以法律至上为理念，以人权、安全、和平和发展等为目标，正在形

---

① 何志鹏：《国际法治论》，北京大学出版社 2016 年版，第 44 页。

② 联合国秘书长报告：《冲突中和冲突后社会的法治和过渡司法》，http：//www.un.org/zh，S/2004/616，2004 年 8 月 3 日。

成自己的一套理论体系和实践标准，追求着全球人类共同的理想和目标。

2. 参与主体、客体的多元性

鉴于国际社会的包罗万象，国际法治的治理主体既包括众多国际组织，也包括各个国家机关；被治理主体既包括国家和国际组织本身，也包括非政府组织、公司法人和个人等。[1] 国际法治的客体指的是治理对象或领域，包括传统安全问题、国际经济问题、国际文化问题、国际环境问题与人权问题等。[2]

3. 机构保障的薄弱性

与国内法治中具有鲜明的立法、行政和司法部门以及分工相比，国际法治在机构保障上仍然比较薄弱。国际法治尚缺乏统一的、强有力的立法机构、行政机构和司法机构，这也是由国际社会当前发展现状所决定的，是客观现实所局限的。

4. 对于国内法治的借鉴与依赖性

国际法治借鉴国内法治理论，主张立法完备、程序透明、权力制衡等理念。因此，国际法治借鉴了国内法治的很多理论与规则。在功能发挥上，国际法治依赖于国内法治的文明程度，甚至可以说，在一定程度上，各国国内法治属于国际法治的组成部分，而国际法治属于国内法治在国际上的延伸，二者之间具有密切的时间先后与因果连接关系。

5. 对于国际组织的依赖性

很明显，国际法治的实践，很大程度上依赖于以联合国为中心的国际组织体系，依赖于它们按照法治的原则相互分工协作，以对国际社会依法治理。因此，如果没有国际组织的存在，国际法治的实践将不可想象。然而，国际法治概念初创时期乃至今天在理论上的暂时匮乏并不能掩盖其在实践中强大的生命力和发展空间。这是因为，国际社会在诸多现实挑战面前对依法治理的需求与日俱增，国际法上具有可执行力的"硬性"因素不断增加，使得国际法治在立法、行政、司法方面从实体到

---

[1]　何志鹏：《国际法治论》，北京大学出版社 2016 年版，第 13 页。

[2]　何志鹏：《国际法治论》，北京大学出版社 2016 年版，第 22 页。

程序、从机构健全到制度保障等方面变得越发清晰；其可行性、有效性和前瞻性等特征不断得到加强。当然，随着时代的发展，国际法治的各项特征还将随着其成长而不断发展、变化。

二 国际法治的成因

纵观人类发展的历史，国际法治仅仅是近数十年来人类社会高度发达后产生的一个跨国法制概念和文明成果，预示着人类社会治理和发展理念的一个新方向。其产生有着深厚的社会、政治、经济、科技的间接原因，也有着国内、国际、国际组织以及国际法的直接影响，或者说国际法治是在上述因素糅合作用和综合影响下才得以诞生的。以下从国内、国际、国际组织以及国际法等角度对其成因加以论述。

（一）国内原因

国家产生于原始社会后的奴隶社会，按照马克思主义理论，国家就是统治阶级应用法律和国家机器对被统治阶级进行专政的工具。此后，随着科技的发展和社会的不断进步，人类逐渐进入封建社会和资本主义社会，且每个社会形态都有自己的一套法律体系和管理方式。随着国家之间交往的不断增加，国际关系和国际社会的其他事务需要通过法律制度加以规范和管理，于是国家内部的一些法律制度和管理制度乃至法治理念成了国际法治的理论基础。在现代民主制国家尤其像美国这样各州有独立宪法的国家，其本身就如同一个国际社会。美国在第二次世界大战末构建联合国的过程中发挥了重要的作用，就得益于其国内具有较成熟的宪政法治制度。可以说，一方面，国内法律和法治的宝贵经验为国际法和国际法治奠定了坚实的物质和精神基础；另一方面，国内法律和法治的进一步发展必然要求跨越国界，从而获得国际上的巩固和支撑，以求协调和平衡各国的利益与冲突。尽管如此，国际法治不能简单地理解为国内法治在国际社会中的应用。①

---

① ［美］伊恩·赫德：《联合国安理会与国际法治》，付炜译，《浙江大学学报》（人文社会科学版）2013 年第 5 期。

（二）国际原因

首先，因为国家利益之争，国家之间自古以来交战频繁，尤其典型的是两次世界大战，给人们带来了巨大的损失和痛苦。为了避免类似第一次世界大战和第二次世界大战给人类带来的灾难，全世界人民渴望国际社会的依法治理，以保障国际和平与安全，这种动机成为了国际法治概念形成的最重要原因。其次，随着社会经济、科技的发展，人们需要跨越国界开展政治、经济、文化往来，这些交往需要法律上的规范和治理。早在 1992 年，时任联合国秘书长加利在纪念哥伦布发现美洲 500 年大会上宣告："一个真正的全球性时代已经到来。"① 国家之间、各国人民之间交往的日益频繁，跨国公司数量的增多形成了一个不可逆转的全球化过程。全球化造成了一系列国际政治、经济与法律上的制度、概念、理念、游戏规则等的变迁。各种金融、贸易的全球化活动，个人人权超越国家主权，司法超越国家管辖，各类跨国犯罪和全球性恐怖主义，都在挑战旧时代的民族国家的边界和国内民主与法制的局限，② 需要从国际层面加以统一治理。③ 此外，国际社会还要共同面临许多除了战争和武装冲突之外的其他全球性问题，如安全、发展、人权、健康、环境、网络、跨国犯罪等，这些都需要全球统一治理与法律合作来构筑良好的国际秩序，而国际法治的存在与提升无疑有助于提升世界秩序并构建和平与安全的国际秩序。④ 全球经济一体化以及市场经济的法治本质也决定了只有推进国际法治，才能真正维护全球各国之间的利益平衡。因此，无论从国际社会的和平、安全、发展角度还是政治、经济与文化交流角度，都需要国际法治加以秩序上的保障。

（三）国际组织原因

国家之间通过缔结条约的方式成立一定的组织就形成了国际组织。国际组织的历史已经有数百年，但其迅猛发展不过是第二次世界大战之

---

① 转引自胡元梓、薛小源《全球化与中国》，中央编译出版社 1998 年版，第 73 页。

② 郭道晖：《社会权力与公民社会》，译林出版社 2009 年版，第 243 页。

③ 李光宇：《法学研究需要生活经验更需要理论勇气——郭道晖教授的赤子情怀与学术品格》，《社会科学战线》2014 年第 6 期。

④ 何志鹏：《国际法治何以必要》，《当代法学》2014 年第 2 期。

后的事。20 世纪可以说是国际组织的世纪。① 国际组织通常可以分为政府间国际组织和非政府间国际组织或称民间国际组织，其中政府间国际组织居于主流。所谓政府间国际组织，其本质就是各国通过多边条约的形式达成合意而形成的为某一目的构建的一定时期的或永久性的机构，对国际事务进行协调和管理。联合国就是典型的国际政治组织，作为全球最广泛的多边外交和政治活动的中心平台，对国际事务的管理和全球治理发挥着不可替代的作用。非政府组织对全球特定领域事务的管理，弥补了政府间国际组织的一些空白和缺陷。国际组织的产生和发展，推动了国际法治的形成和发展，在一定程度上，也可以说国际组织的发展本身就是国际法治进程的一个重要组成部分。

（四）国际法的原因

国际法是由国际社会共同创制的、主要调整国家之间关系的、有法律约束力的原则、规则和机制的总和。② 毋庸置疑，没有国际法就没有国际法治，国际法治必须建立在国际法基础之上，国际法治是国际法追求的理想和目标。近代国际法之父格劳秀斯于 1625 年出版的《战争与和平法》是第一部系统地阐述国际法主要内容的著作，他由此也被称为近代国际法的奠基人。应该说，早期的国际法对全球治理的影响非常有限，尽管从自然法的意义上说，只要存在法律，就可以说存在法治和人们对理想法治状态的追求，但正因为其早期影响力小，很长时期人们未能从字面或观念上提出国际法治的概念。只有当国际法发展到一定阶段，当国际社会人们认为如果没有国际法，国际社会就无法治理的时候，或者认为国际法在国际社会治理中具有不可替代的作用的时候，国际法治的理论才会水到渠成地产生并成为一种历史的必然趋势。因此，国际法是国际法治的必要基础和前提。

除了上述对国际法治产生的成因外，科技发展、环境恶化、人口膨胀等自然因素也是国际法治产生的催生力量甚至是根本性原因。而上述的国际原因如果剖析开来的话，应该重点考量国际政治原因，包括大国

---

① 梁西：《国际组织法（总论）》修订第五版，武汉大学出版社 2001 年版，第 78 页。

② 朱晓青主编：《国际法》，社会科学文献出版社 2005 年版，第 53 页。

政治、强权主义、霸权主义等因素。这些在后文中将会提到，在此不予赘述。

三　国际法治的构建要素

关于国际法治的构建要素，学界观点各异。有学者从国际法治的主体和客体角度研究了国际法治中哪些属于主导者、主持者，哪些又是服从者，认为国际法治的主体含国家、国际组织、非政府组织和个人等，而国际法治的客体涵盖传统安全问题、国际经济问题、国际文化问题、国际环境事务和国际人权关切等。[①] 很显然，国际法治作为一种治理国际社会的方式，上述关于主体和客体的分析无疑是正确的。如果从行为规则角度研究国际法治的要素，因为国际法治理念源于国内法治，故首先我们有必要研究一下国内法治在行为规则方面的构建要素。通常，人们认为国内法治应该具备以下几点：一是国家制定一套比较完备的法律，作为人们的行为准则；二是任何人都要遵守法律，严格依法办事；三是法律面前人人平等，无论谁违法犯罪都要受到同等制裁。[②] 此外，法律权力之间应该存在分立与制衡，避免权力的滥用。以上内容基本上是各种法治主张的共同点。[③] 那么，如何来界定国际法治的构建要素呢？根据2004年联合国秘书长科菲·安南在其报告《冲突中和冲突后社会的法治和过渡司法》中对法治的定义："所有人、机构和实体，无论属于公营部门还是私营部门，包括国家本身，都对公开发布、平等实施和独立裁断，并与国际人权规范和标准保持一致的法律负责"[④]，可以推导出国际法治应该具备的基本要素有：存在公开发布、平等实施和独立裁断的国际法律和法制，任何个人、机构、实体和国家都遵守国际法律，国际法律的制定和实施与国际人权规范和标准保持一致，国际权力之间应该存在分立与制衡的关系。以下将分别予以论述。

---

① 何志鹏：《国际法治论》，北京大学出版社2016年版，第13—25页。
② 李步云：《法治概念的科学性》，《法学研究》1982年第1期。
③ 《李步云选集》，高等教育出版社2013年版，第315页。
④ 联合国秘书长报告：《冲突中和冲突后社会的法治和过渡司法》，S/2004/616，http://www.un.org，2004年8月3日。

（一）存在公开发布、平等实施和独立裁断的国际法律和法制

法律属于社会契约的一种主要形式。有学者认为国际法治指法律规范在国际事务中获得良好的遵守，[①] 其核心架构就是国际社会契约，其中主要就是国际法律。国际法律属于国际法治的制度要素，也就是有国际良法的存在。这种国际良法必须是经过相关国家平等协商制定，通过适当途径予以公开，平等适用于当事国家，而且一旦违背则由国际裁判机构独立公正地、不受干预地加以裁判的法律。在具有国际良法的基础上，国际社会形成良好的法律秩序，理想的目标是类似国内社会"有法可依，有法必依，执法必严，违法必究"的法制状态。而其首先要实现"有法可依"，以作为制度与机制的基础。当然，这一理想目标与目前国际社会的实际现状还是相去甚远的，因为，国际法的数量还有限，其"硬度"还有待加强。但无论如何，国际法治的基础要素应该包括良好的国际法律和制度。

（二）任何个人、机构、实体和国家都遵守国际法律

遵守国际法律是国际法治对国际社会中包括个人、机构、实体和国家等的国际法治主体在内的素质要求。也就是说，作为国际法可能管辖的主体，无论是国家、实体、机构还是个人，均应具备遵守国际法的素质和意识，如同国内自然人、法人或者国家机关应该遵守国内法一样，国际关系中的国家、国际组织以及其他类型主体均应具有守法意识。该种素质要求也可以概括为遵循"国际法律至上"的理想和原则，做到"有法必依"。反之，即使国际社会法律再多，却很少有国家、组织和人员遵守，则国际法制形同虚设，自然也不能实现国际法治。

（三）国际法律的制定、实施与国际人权规范和标准保持一致

随着国际社会由国本主义向人本主义的逐渐过渡，国际法律的制定、实施应与国际人权规范和标准保持一致，这是全球人类的共识与国际法治最终的价值追求。它本质是要求国际法律与法制应以保障人权为首要目标。这是人类历史上的巨大进步。因为，在人类漫长的历史长河中，

---

① 何志鹏：《国际法治何以必要》，《当代法学》2014年第2期。

在多数时代，各个国家均由统治阶级决定其法定利益和价值取向，普通百姓和基层人民社会地位低下，没有选择权。反映在国际法上，曾经有关于国际法和国内法关系的"一元论"者认为，国际法的效力来源于国内法，认为国内法的地位高于国际法，[①] 这种观点的本质仅仅是维护各国统治阶级自己的利益。随着民主、自由等观念的推广，各国法律才从强调国家利益逐渐转向注重保护个人利益。反映在国际法上，对人权价值的追求也应运而生。这从一个侧面反映了国际法的发展已经从国本主义迈向人本主义的过渡时期，彰显了不论内国人或者外国人一律平等对待的人权精神。第二次世界大战以后，国际社会通过了几十项国际人权公约，[②] 根据本项要素的内容，这些公约与文件都应作为国际立法、执法和守法的参照和考量标准。

（四）国际法律权力之间存在分立与制衡关系

英国思想史学家阿克顿勋爵说过："权力导致腐败，绝对权力导致绝对腐败。"[③] 任何权力都是需要监督和制约的，而最好的监督是有强制力的权力之间的相互监督。尽管国际社会不像国内社会一样法律权力分工明晰、结构缜密，但在国际法治需要构建的国际社会权力体系中，应该建立一种类似国内社会立法、行政、司法等权力分立的体制结构，并使这些权力之间保持一定的相互制衡关系，以避免任何一种国际权力被滥用，避免国际腐败以及对国际和平与安全构成损害和威胁，确保国际权力体系的运行保持廉洁、公开、公正与公平。应该说，国际法治中各种权力组成因素相对国内法治体系而言更为复杂与多元。这是因为，基于国际社会参与主体更加复杂的特征，权力部门在国际社会中从来就不是单一的。例如，国际法的立法没有统一的立法部门，而是由国际习惯、国际条约等规则逐渐形成，直到联合国成立后才有国际法委员会较为系统地对国际法加以编撰；行政部门，是由联合国、世界贸易组织、世界卫生组织、世界银行等众多国际组织在各自职能和权限范

---

① 朱晓青主编：《国际法》，社会科学文献出版社 2005 年版，第 31 页。

② 这些公约以及其他国际人权文书的列表，可见联合国人权事务高级专员办公室网站：http：//www. unhchr. cn/html/intlinst. htm。

③ 杨宝童：《香港廉政建设对大陆的政策启示》，《江西金融职工大学学报》2006 年第 1 期。

围内承担或发挥一定作用；司法部门则是由国际法院、国际刑事法院、特别法庭乃至各国国内法院在不同层面开展工作或配合执行。尽管人们还不能普遍接受国际社会存在立法、行政、司法等权力分立和制衡的说法，但不容置疑的是，国际法治的发展趋势使这些部门从机构、机制到制度变得更为明晰，权力之间的相互制衡越发明显和更有保障。

综上所述，与国内法治类似，国际法治的构建要素中应该具有良法作为法律物质基础，从而构建良好的国际法律制度，然后是遵守国际法的国际社会各类主体，还有一切法律和法制均应符合公认的人权规范和标准要求的目标，最后是国际权力之间存在分立与制衡，避免权力滥用和国际腐败，危及国际社会的利益。它们应该是一个有机结合的整体，共同维护国际社会依法治理的状态或理想追求。

四 国际法治的目标和基本原则

国际法治的目标应该是国际法治的终极理想或是一种理想的状态，而其基本原则是实现其理想或状态应该遵从的最重要的、基础性的且具有可操作性的准则，二者之间是目标与手段或方式的关系。应该如何确定国际法治的目标，如何界定国际法治应该遵循的基本原则，这个问题决定了是否能够顺利完善国际法治基本理论体系、推进国际法治实践的问题，以及国际法治目标是否能够最终实现等重大理论与实践问题。

（一）国际法治的目标

关于国际法治的目标，可以简单来说，就是建设国际和谐社会或依法治理的"和谐世界"。"和谐世界"是中国在新的国际形势下提出的关于建设国际政治经济新秩序的新理念。① 那么，"和谐世界"理念中蕴含哪些价值观念可以作为国际法治的具体目标呢？有人可能会想到全世界人民安居乐业、有房有车、有社会保障等物质层面的目标，有人会想到自由、平等和公正等思想价值层面的内容。而且，不同阶层的人会有不

---

① 钟瑞华等：《"国际法的新发展"学术研讨会综述》，《法学研究》2007 年第 1 期。

同的需求和看法。本书认为，从本质上来说，和平、安全、发展、人权这四大价值目标可以作为国际法治追求的价值目标。因为，《联合国宪章》第一章第 1 条规定了联合国的宗旨：维持国际和平与安全；发展国际间以尊重人民平等权利以及自决原则为根据的友好关系，并且采取其他适当办法增强普遍和平；促成国际合作解决国际间属于经济、社会、文化和人类福利等国际问题，增进全体人类之人权和基本自由之尊重；构成一个协调各国行动的中心，以便达成上述共同目的。① 这也是联合国存在的根据和追求的目标。② 当代国际社会中，联合国在推动国际法治方面发挥着最为重要的作用。因此，从联合国追求的目标，可以概括出国际法治应该追求的以下四个目标。③

1. 和平

联合国成立之前，人类已经经历了两次世界大战，教训惨痛，生命财产损失惨重，全世界人民渴望持久的和平。可以说，没有和平就没有一切。近代"国际法之父"格劳秀斯的著作《战争与和平法》就是研究战争规则以及避免战争的理论，从而产生了近代国际法。与战争相对，国际法治首先要解决的就是实现和平问题，这也涉及战争的合法性问题以及如何避免战争和武装冲突的问题。联合国在二战废墟上建立起来，其首要的宗旨，也是为了维护国际和平与安全，避免战争和武装冲突。因此，和平该列为国际法治首要追求的价值目标。可以设想，如果没有和平，其他目标都不可能实现。

2. 安全

与和平目标并重的价值目标是安全。安全也是国际法治追求的重要目标。即使没有战争，但如果人们生活饥寒交迫，并且面临恐怖袭击、海盗、劫持人质等国际犯罪或者瘟疫、艾滋病、埃博拉病毒等现象的跨国威胁，则无异于战争环境对人们生活安宁的挑战。因此，除了和平外，国际法治的目标还应该包括追求安全的生存环境和价值目标。只有

---

① 《联合国宪章》，http：//www. un. org/charter of un。

② 朱晓青主编：《国际法》，社会科学文献出版社 2005 年版，第 387 页。

③ 罗孝智、陈水池：《论国际法治的追求目标和基本原则》，《湖南人文科技学院学报》2015 年第 6 期。

将和平与安全作为前提，人们才有可能安居乐业和追求其他价值与目标。

3. 发展

在实现和平与安全的基础上，获得发展应是国际法治进一步追求的目标。只有经济发展了，人们才能脱离贫困与落后达到生活幸福，也只有社会发展了，才能解决人口不断增加所带来的全球资源与环境等矛盾问题。和平与发展已经成为时代的主题，无论发达国家还是发展中国家都需要在政治、经济、科技、社会、环境等各个方面获得发展。

4. 人权

在和平、安全和发展之后，人权可确定为国际法治追求的第四个价值目标。可以说，前三个目标都是为保障人权服务的。人权，也称人权和基本自由，是一个人作为人所享有或应享有的基本权利。① 一般将人权分为以下几类：公民权利和政治权利，经济、社会和文化权利，集体人权或第三代人权等。② 在《联合国宪章》中，"增进并激励对于全体人类之人权及基本自由之尊重"被规定为联合国的宗旨之一。联合国大会、联合国经济及社会理事会和若干下设机构的工作均与保护和促进人权有最为密切的关系。前文关于国际法治的定义也将是否符合人权要求作为法治的考量标准。因此，人权应当作为国际法治的追求目标之一。

综上所述，国际法治的总体目标可定位为构建国际和谐社会，具体的目标可确定为和平、安全、发展、人权四大目标。③ 由该四个目标构筑的国际法治理想在于创造一个和平、安全的国际环境后，能够促进人类社会共同进步与可持续发展，最终实现全球个人人权和集体人权的有力保障，让所有的人都能过上自由幸福的理想生活。当然，学者们对于国际法治的具体目标的描述存在不同表述方式。例如，有学者认为，当前

---

① 王铁崖主编：《国际法》，法律出版社 1995 年版，第 193 页。

② 朱晓青主编：《国际法》，社会科学文献出版社 2005 年版，第 266—268 页。

③ 罗孝智、陈水池：《论国际法治的追求目标和基本原则》，《湖南人文科技学院学报》2015 年第 6 期。

的国际法治的基本目标应是建设一个更有秩序、更高效率和更加公平的国际社会。① 另有学者认为国际法治依赖于国际社会达成契约并实现三大目标：应对全球风险，维持可持续发展；抵制大国强权，倡导人本主义；避免西方中心主义，推进文明共存。② 该学者还指出，国际法治有助于构建安全、公正和推动发展的国际秩序。③ 这些学说的一些内容与国际法治的上述四大目标存在一定的关联。此外，应对气候与保护环境、生物多样性等方面的内容也是国际法治的追求目标，但这是间接为发展和人权目标服务的内容。

（二）国际法治的基本原则

在确立了国际法治的目标后，为实现国际法治，国际社会不仅要制定、完善和遵守国际法，而且要在这些过程中树立和坚持一些国际法治实践的基本原则，以确保国际法治前进的正确方向及其目标的顺利实现。

相对而言，国际法治是一个新的概念，因而对于其基本原则的探讨，很少有人提出过具体的主张。为确立国际法治的基本原则，我们有必要借鉴国际法基本原则的有关内容。有学者认为，国际法的基本原则可以被定义为构成国际法基础的、适用于国际法一切领域并对国际法的所有原则、规则和机制起指导作用的决定性规则。④ 而《联合国宪章》的序言、宗旨中的规定尤其是第 2 条关于联合国原则的规定，都是对国际法的基本原则的阐述。联合国大会于 1970 年 10 月 24 日通过的有关国际法的基本原则的专门文件《关于各国依〈联合国宪章〉建立友好关系及合作之国际法原则之宣言》也是对既存国际法基本原则的宣示和重申。⑤ 概括起来，国际法基本原则可以包括以下 15 项：（1）各国主权、领土完整和政治独立；（2）所有国家主权平等；（3）各国互不侵犯；（4）各国公平互利；（5）互不干涉；（6）和平共处；（7）和平解决国际争

①　车丕照：《我们可以期待怎样的国际法治?》，《吉林大学社会科学学报》2009 年第 4 期。

②　何志鹏：《国际社会契约：法治理念的现实涵摄》，《政法论坛》2013 年第 3 期。

③　何志鹏：《国际法治何以必要——基于实践与理论的阐释》，《当代法学》2014 年第 2 期。

④　朱晓青主编：《国际法》，社会科学文献出版社 2005 年版，第 23 页。

⑤　联合国网站：http://www.un.org/documents。

端；(8) 各民族平等权利和自决；(9) 对于以武力造成的、使得一个国家失去其正常发展所必需的自然手段的不正义情况，应予补救；(10) 真诚地履行国际义务；(11) 不谋求霸权和势力范围；(12) 尊重人权和基本自由；(13) 国际合作以谋发展；(14) 促进国际社会正义；(15) 内陆国家在上述原则范围内享有进出海洋的自由。① 因为国际法治建立在国际法基础上，因此，国际法的基本原则与国际法治的基本原则具有重叠性。但相对而言国际法治更加侧重国际法的实践，其基本原则应该更多地从可操作角度和实施效果方面加以简化。作为试探性研究，本书作者结合一些学者提出的观点，主张国际法治基本原则应该包括以下几项。②

1. 维护《联合国宪章》权威的原则

联合国的成立对于国际法的发展具有划时代的意义。《联合国宪章》确立的宗旨和原则使得国际社会进入一个在国际层面追求依法治理的崭新时期。《联合国宪章》确立了以法治来替代强权的规则，法治原则成为联合国的核心价值和原则。因此，对于当今国际社会如何依法治理，就像一国国内之宪法一样，《联合国宪章》对于国际法治具有不可替代的作用。《联合国宪章》是指导当代国家间关系的基本准则，是公认的国际强行规范，各国都有义务遵守。国际法治也是依托联合国等国际组织来开展的。因此，维护《联合国宪章》的权威，应该确定为维护国际法治的首要的基本原则。

2. 促进国际关系的民主化原则

自古以来，因为领土、资源、疆域、人口等的差别，全世界各个国家被区分为大国和小国、强国和弱国，在国际关系实践中，各国之间往往以大欺小，倚强凌弱。因此，如同国内社会治理中人际关系需要法治与民主不可分离一样，在国际社会要实现国际法治，必须促进国际关系

---

① 朱晓青主编：《国际法》，社会科学文献出版社 2005 年版，第 30 页。

② 例如：应该树立《联合国宪章》的权威等。可见钟瑞华、刘敬东等《第三届国际法论坛：国际法的新发展学术研讨会综述》，载孙世彦主编《国际法研究》第 2 卷，中国人民公安大学出版社 2008 年版，第 248—249 页；罗孝智、陈水池《论国际法治的追求目标和基本原则》，《湖南人文科技学院学报》2015 年第 6 期。

的民主化。在各国践行国际法治的过程中，各个国家应该尊重民主原则，通过以平等协商与和平谈判的方式来决定和处理它们之间的事务与纠纷。

3. 遵守国际条约、国际习惯法规则的原则

传统国际法中有一条重要的原则：条约必须信守。国际条约相当于有关国家之间的法律。而国际习惯指按照国际法为必须和正当的信念下形成的作出某种行为的持续的惯行，[①] 国际习惯法曾经是国际法最主要的渊源，目前仍然是国际法的重要渊源之一，应该得到尊重和遵守。因此，遵守国际条约和国际习惯法规则应该作为国际法治的基本原则。

4. 确保国际法的统一适用原则

在诸如国际法院、国际刑事法院等国际司法机构日益增多的情况下，如何保证国际法的统一适用，减少国际法不成体系和执行不力的弊病，国际法内容与规则的统一适用应该得到世界各国的高度重视。另外，国家不论大小和强弱，在国际法律面前应该一律平等，一方面，不能有选择地适用法律；另一方面，不能在适用国际法上采取双重或者多重标准。这也是一项维护国际法自身的权威的原则，应该作为国际法治的基本原则。[②]

5. 完善国际立法原则

尽管国际习惯、一般法律原则、国际条约、司法判例和公法学家学说等国际法的渊源众多，但随着人类科技的发展和人类活动范围的不断拓展，需要法律调整的国际生活领域也在不断扩大，因此，相应地需要国际法与时俱进地不断发展和完善。例如，防止外空武器化、防止核武器扩散、防止人类克隆合法化等领域的国际法律制度需要补充和完善或不断更新，以确保对核能、外空的和平利用和有关生物技术利用方面符合人类伦理的要求。因此，不断完善国际立法应该成为国际法治的基本原则。

---

① ［英］詹宁斯、瓦茨修订：《奥本海国际法》第一卷第一分册，中国大百科全书出版社1995年版，第18页。

② 罗孝智、陈水池：《论国际法治的追求目标和基本原则》，《湖南人文科技学院学报》2015年第6期。

6. 权力分立与制衡原则

如前所述，安南秘书长根据法治概念建议的原则所要求的，任何权力之间必须相对分立和相互制衡。国内法治社会存在权力分立与制衡原则，虽然国际社会没有明确的立法、行政和司法等部门之分，但国际法治的发展必然要求有行使这些部门职能的机构发挥作用和影响，使权力之间能够有所分工，相互制衡，协同运作，避免权力的滥用，避免危及国际社会的共同利益，共同服务于国际社会。国际权力分立与制衡应作为国际法治的基本原则。

7. 促进和保障人权原则

联合国的重要宗旨之一就是促进和保障人权，在一定程度上，联合国所有机构都是围绕这个目标开展工作的。人权也是国际法治四大目标之一。保障人权，让各国人民生活幸福是国际法治最终的目标。国际社会依法治理的最终追求就是让全球人类和平共处，让各国依法保障基本人权，免受种族灭绝或种族不平等待遇等侵害。因为人权的重要性，促进和保障人权可以作为国际法治的基本原则。

以上仅仅是对于国际法治基本原则的尝试性提议。对于这个方面的研究，学界还应不断加以完善和补充。这需要国际法治理论学者和实践者根据有关理论与实践的未来发展态势和出现的新问题不断推陈出新。但从目前国际实践来看，为实现国际法治的和平、安全、发展和人权目标，上述国际法治的基本原则是不能缺少的。它们构成当今国际社会国际法治实践中需要加以关注、信守和衡量的七项基本原则。①

第二节　国际法治的发展历史

20 世纪 60 年代，学界才开始讨论国际法治的问题。进入 21 世纪后，

---

① 罗孝智、陈水池：《论国际法治的追求目标和基本原则》，《湖南人文科技学院学报》2015 年第 6 期。

国际法治问题受到更为深入的探讨和更为广泛的关注。[1] 虽然国际法治的概念从提出至今只有半个多世纪的历史,但如果从自然法角度看,即使在没有这个概念的历史时期,只要存在国际法甚至国际关系,就有了国际法治的客观存在,也就有了国际法治的历史,就如同在自然科学中,作为核材料的放射性物质铀直到居里夫人时代才被发现,从而产生铀金属的概念,但不能否认该物质之前的存在一样。另外,从国内法治是国际法治的组成部分理论来说,[2] 国内法治的发展也是国际法治发展历史中的一个组成部分。当然,本书侧重研究的是区别于国内法治的涉及国与国之间关系的狭义上的国际法治。参照国际法的历史发展脉络,鉴于联合国成立对于国际法治的重大意义,可以以联合国的成立为分水岭,将国际法治的历史划分为三个基本阶段:联合国成立以前的国际法治、联合国成立之后的国际法治以及当今时代的国际法治。

一 联合国成立以前的国际法治

国际法产生以后、联合国成立之前,人们已经开始意识到应该用国际法律这个工具来规制和管理国际关系、协调国家之间的意志和处理国际争端或跨国权益纠纷。最早的国际法专著《战争与和平法》就是规定国家之间战争规则与和平时期国家应该如何相处的,它较为全面地介绍

---

① 转引自何志鹏《国际法治何以必要》,《当代法学》2014 年第 2 期;例如:Alan Schechter, "Toward a World Rule of Law-Customary International Law in American Courts", *Fordham Law Review* Vol. 313, No. 29, 1960; William W. Bishop, "The International Rule of Law", *Michigan Law Review* Vol. 553, No. 59, 1961; Daniel Arch and Iris Young, *Toward a Global Rule of Law*, Spring, 2002; James Crawford, "International Law and the Rule of Law", *Adelade Law Review*, Vol. 24, 2003; Katharina Pistor, "Advancing the Rule of Law: Report on the International Rule of Law Symposium Convened by the ABA," *Berkeley Journal of International Rule of Law*, Vol. 25, No. 1, 2005; Simon CHesterman, "An International Rule of Law?", *American Journal of Comparative Law*, No. 56, 2008; Stephane Bearulac, "The Rule of Law in International Law Today", *Relocating the Rule of Law*, Hart Publishing, Vol. 187, 2009; Hisashi Owada, "The Rule of Law in a Globalizing World: An Asian Perspective", *Washington University Global Studies Law Reviews*, 2009; Hisashi Owada, "The Rule of Law in a Globalizing World", *The Rule of Law: Perspectives from Around the Globe*, Lexis Nexis, 2009; Cesare Romano, "A Taxonomy of International Rule of Law Institutions", *Journal of International Dispute Settlement*, Vol. 2, 2011;《联合国层面的法治问题》, http://www.un.org/en/ruleoflaw/。

② 曾令良:《国际法治视野下的国家治理现代化》,《法制与社会发展》2014 年第 5 期。

了国际法各个领域。这一时期国际法治的发展过程与呈现的特征可以概括如下。

（一）停留在自然法意义上的萌芽状态

即便在古代，人们可以想象，只要在一定地域内存在彼此独立且相互交往的实体，就必然产生和存在调整这些实体之间关系的规范，包括法律规则。① 同理，只要存在国家，不论何种性质、层次、阶段和形式的国家，国家之间不可避免地会发生往来，就会形成不同层面的交往关系，久而久之即形成如何交往的习惯或惯例。可以说，这就是国际法的雏形。例如，在古代希腊，各城邦之间已经形成了初步的国际法律规则，以调整诸如条约、结盟、使节、贸易、航海、战争、纠纷解决等规范。同样，中国春秋战国时期，各诸侯国之间就存在一些类似近代国际法上的涉及使节、会议、谈判、条约、同盟、战争等方面的制度。而如何规范这些关系，如何协调这些平等交往者之间的利益以维持一种国际关系管理上的平衡，就是国际法治的雏形。因此，从产生和出现一个以上的国家开始，国际法治的自然形态就已经存在了。不过，古代、中世纪乃至联合国成立前的国际法治都还很模糊，还处于缺乏协调与沟通中心的松散的萌芽状态。

（二）具有了依靠国际法治理国际关系的意识

在联合国成立前漫长的历史中，当人类社会发展到 19 世纪末时，随着现代意义上国际关系的产生，国际法已从隐形的潜伏发展时期过渡到"原形毕露"的阶段。乃至在威斯特伐利亚和会召开、出现格劳秀斯的规范国家之间战争与和平重大课题的鸿篇巨制《战争与和平法》之时，近代国际法诞生了。其对于国际社会治理的有效性和重要性得以彰显，国际法治的概念和理念在人们的头脑中得以酝酿。尽管还没有有效治理国际关系的工具和机构，但人们开始有了依法治理国际关系的意识和设想。早期的国际法学家追求的就是如何避免战争、缔造和平，实现国家之间关系的和平共处。当然，这一时期人们对于国际法的作用是十分怀疑的，此时不太可能有人系统地提出国际法治的科学概念和系统

---

① 　朱晓青主编：《国际法》，社会科学文献出版社 2005 年版，第 8 页。

的理论体系。

二　联合国成立之后的国际法治

第二次世界大战后成立的联合国，承载着战胜国的创立者们对未来国际社会治理的美好愿望：构建一个能够持久和平的新世界。联合国的首要宗旨就是维持国际和平与安全。《联合国宪章》赋予安理会在国际关系中至高无上的法律权威，使其能够对国家产生约束力，并且代表联合国所有成员采取集体行动。[①] 这使国际法的执行力得到彰显，国际法治变成现实可能。具体来说，联合国成立后的国际法治态势呈现出以下一些特征。

（一）具有了机构上的一定保障

联合国的成立，为国际法治的实现提供了机构保障，而国际法治是《联合国宪章》确立的核心价值和原则。[②]《联合国宪章》的宗旨和原则在一定意义上确立了国际法治的原则，设立了措施。实践证明，联合国依照《宪章》维护和发展国际法的活动推进了"国际法治"的进程。[③] 也正是因为有了联合国这个多边合作、协商与斗争的舞台，国家间的争端可以通过它来斡旋、谈判和化解，从而维护了世界和平与安全。这一时期，除联合国这个政治组织外，还诞生了世界贸易组织、世界银行、国际法院（联合国的组成部分）等对全球经济、金融和司法进行管理或协调的全球性机构。它们从不同的职能角度，推动着国际法治的进程。

（二）具有了制度和机制上的保障

联合国成立后，一直为推进国际社会的法治而努力工作。这些工作

---

① ［美］伊恩·赫德：《联合国安理会与国际法治》，付炜译，《浙江大学学报》（人文社会科学版）2013 年第 5 期。

② 邵沙平、苏洁澈：《加强和协调国际法治》，《昆明理工大学学报》（社会科学版）2009 年第 5 期。

③ 1970 年 10 月 24 日联合国大会通过的《关于各国依〈联合国宪章〉建立友好关系及合作之国际法原则之宣言》明确指出：联合国宪章在促进"国际法治"上至关重要。1999 年 11 月 17 日联合国大会通过第 54/28 号决议明确指出，联合国对加强"国际法治"做出了重要贡献。

包括促进争端的和平解决、推动国际法的编纂和发展、鼓励国际法的教学和传播，建立国际法的实施机制。① 通过鼓励国际法的编纂和发展，联合国推动了国际法本身的进一步完善；通过国际法院和安理会对国际法律的实施机制，它们促进和确保了国际法治的实现。通过联合国集体安全机制和维和行动，确保了持久和平和发生局部战争或武装冲突时恢复和平工作的有效实施。其他国际组织如世界贸易组织等也都有自己的一整套制度、规则和机制，它们在各自领域发挥作用，确保了国际法治的不断实现和持续推进。

三　当今时代的国际法治

在联合国成立几十年之后的今天，国际风云变幻，一强多极的世界格局形成，国际法治正积极寻求新的价值目标。同时，因为国际局势的变化、现代科技的发展等因素的影响，国际法治也在面临种种机遇与挑战。

（一）寻求更多价值层面的理想追求

联合国成立 70 余年来，经过以其为中心、其他国际组织协作支持、各国共同参与的国际法治实践，国际法治的理念逐渐获得了国际社会较广泛的接受，就像国际法是法的概念得到人们的认同一样。在价值目标追求方面，除了传统的和平与安全目标外，国际社会进一步寻求采取切实措施加强对基本人权的保障。为此，联合国各个机构围绕人权话题，引导各国加入或缔结了一系列人权公约；联合国人权理事会则通过普遍定期审议机制，对各国人权状况进行审议。对于严重侵犯人权的国际犯罪，国际社会及时加以谴责甚至动用武力进行干预。此外，针对气候变化加速、核能利用、生物多样性遭到破坏等问题，国际法治的目标还延伸到全球环境与气候保护、太空利用、核能和平利用、生物技术管制等新领域。

（二）面临机遇和挑战并存的局面

当代，国际法治面临多种机遇与挑战。在机遇方面，例如，世界格

---

①　联合国大会，A/54/28，http：//documents-dds-ny. un. org/doc/undoc/gen/noo/247/63/doc/noo24763. www. un. org。

局走向多极化、和平与发展成为当今时代主题、国际法得到长足发展和完善，以及国际组织更加健全和完备，均能够在很大程度上有利于国际法治进程的推进。在挑战方面，例如，大国霸权主义、强权政治和法西斯主义时有抬头，单边主义、国家集团和区域主义挑战联合国体制，国际恐怖主义、海盗问题和难民危机危及国际和平与安全，全球资源枯竭、环境恶化和人口压力增大等因素则从反方向作用，阻碍着国际法治的进程，或者威胁着国际法治已有的文明成果。

总之，如同国际法一样，国际法治作为一种治理的方式或理念，其提出后的历史并不长，但因它顺应了时代发展的要求，而呈现出蓬勃发展的生机；也因国际主体的多元化、各自利益的分散、大国利己主义等因素而面临多种长期性的挑战。但不可否认的是，在当代，"国际法治"已经成为沟通国际关系中理想与现实的桥梁。① 联合国正发挥着一个促进和加强国际和国内法治，协调各国行动的中心和桥头堡的作用。②

第三节　国际法治的动静观与相对性

根据马克思主义哲学理论，任何事物都是发展变化的，从某一时点来看事物是静止的，但从长期发展来看，事物又是动态的。静止是相对的，发展和变化是绝对的。国际法治也一样，应该从静态与动态的角度结合起来加以研究，从而揭示其本质、规律及其与其他因素例如联合国安理会决议等之间的关联。

一　国际法治的静态观

根据马克思主义哲学，一切事物都是过程，世界是过程的集合体。所谓一切事物都是过程，就是指每个事物现实存在的暂时性和稳定的相对性。③ 根据该原理，就某一时点而言，任何事物都可以被看作是暂时静

---

① 何志鹏：《国际法治视野中的人权与主权》，载《武大国际法评论》2009 年第 9 卷，武汉大学出版社，第 93 页。
② 林洁：《从利比亚事件看国际法之挑战与发展》，《企业导报》2012 年第 10 期。
③ 肖前主编：《马克思主义哲学原理》（上册），中国人民大学出版社 1993 年版，第 160 页。

止的。国际法治也一样，当我们立足某个时间节点时，可以将国际法治看作一个发展的成果。假设与国际法治有关的任何事物在那一瞬间暂时处于静止状态，然后静观其曾经发展的脉络和既有的成果，诸如国际法的产生、联合国的诞生、WTO 等其他国际组织的诞生、区域一体化、众多联合国的会议、国际争端的斡旋和谈判、联合国决议和宣言、维和行动，等等，然后可以评估在这个时点国际法治的状况、干扰因素和发展中的障碍等。这种研究方法可以看作是一种静态观的方法。

按照上述马克思主义理论，静态观指当事物处于现实存在的暂时性和相对稳定性状态时，人们对其持有的观点和看法。从分析国际法治概念的形成、发展、制度与机制建设、已有成果等目的来看，这种静态观有利于我们剖析国际法治的经验总结、结构原理和主导因素，从而揭示其有关真理，探寻其理论根源与现实根源，汇总其已有成果和面临障碍，追寻其发展脉络和历史规律，从而预见其未来发展趋势和可能取得的成果。因此，静态观对于研究特定时期的国际法治状况具有一定的意义。

二 国际法治的动态观

根据马克思主义原理，任何事物都是处于发展变化中的，不变是相对的，而发展与变化是绝对的。唯物辩证法的发展指前进的变化或进化，即指事物从一种质态转变为另一种质态，或从一种运动形式中产生出另一种运动形式的过程，特别是指人类所处的现实世界中从低级向高级、从无序向有序、从简单向复杂的上升运动。[①] 国际法治就是这样从无到有，从模糊到显现，从弱到强地发展起来的一个历史过程。它从自然法意义上的全球依法治理的萌芽意识到全球宪政主义学说，[②] 从没有执行机构到联合国成立后对国际法治的实施、集中协调和管理，世界贸易组织对国际经济贸易的管制、世界银行和国际货币基金组织对国际金融与货币的管制，以及到作为国际司法机构的国际法院、国际刑事法院和各特

---

① 肖前主编：《马克思主义哲学原理》（上册），中国人民大学出版社 1993 年版，第 151 页。

② Christine E. J. Schwobel, *Global Constitutionalism in International Legal Perspective*, Martinus Nijhoff Publishers, 2011, p. 121.

别法庭的产生和运作，等等，逐渐走向较为成熟的国际法治体系。因此，在从静态观的视角研究国际法治的基础上，还应从动态的视角研究国际法治的起源、发展脉络、推动因素及其发展前景等，从而做到动静结合，科学辩证地看待国际法治这个人类历史上自然形成的一种社会管理理念与实践活动。

运动和变化是一切事物的本质规律。正如恩格斯所言："除永恒变化着、永恒运动着的物质以及这一物质运动和变化所依据的规律外，再没有什么永恒的东西。"① 可见，正因为存在国际趋势的不断变化、人们观念的转变、国家力量对比的变化等，对于国际社会的依法治理，从来就是一个动态的运动和发展的过程。

总之，国际法治的静态观与动态观，可以从两个意义上来理解：一是作为一种理想目标，即为国际关系和国际社会治理设定的良好状态来理解；二是作为一种现实状态的描述，用来说明那些符合国际法治尺度或相关迹象的国际关系和治理实践，如用国际法治来讨论欧盟或联合国问题。在静态上，指国际关系可以为之不懈奋斗、可能永远也难以实现的"完美标准"；在动态上，则意味着国际关系持续改进、不断完善的体系和进程。②

三　国际法治的相对性

任何事物都是相对的，国际法治的理论与实践也一样。没有绝对意义上的法治，即便国内法治也是如此，就像任何法律的实施不会保证绝对的公平一样。因此，无论发展到哪一阶段，国际法治都是相对的。另一方面，从事物发展的无限性来看，国际法治的发展也是无限的。这里的无限指其发展在时间上的无限和在程度上的无限。只要阶级社会还存在，还需要法律，国际法治就需要不断发展和完善。同时，国际法治的发展也是一个不断追求完善的过程，只要人类社会还需要法律和国家，国际法治的任务就没有完成。有学者认为，全球公民社会的充分发展，

---

① 肖前主编：《马克思主义哲学原理》（上册），中国人民大学出版社1993年版，第163页。
② 何志鹏：《国际法治论》，北京大学出版社2016年版，第42—43页。

社会权力完全取代国家权力之日，大概也是国家消亡之时。① 未来国际法将超越其既有的形态，完成质变，形成全球法，并在全球范围内实现人本主义，即高度重视人与人类的地位和意义，实现人的自由、解放与全面发展，实现国际体制的真正善治和高度的世界和谐。② 但那还很遥远。在可预见的未来，只要国家存在，国际法治的未来发展就没有限度。

　　综上所述，国际法治理论与实践同任何事物一样，可以从静态与动态的角度加以观察、论证和研究。同时，作为人类社会对全球良性管理模式的理想追求，对于国际法治本身的良莠评价具有相对性，而其发展具有无限性。把握国际法治发展的这些属性，对于研究国际法治的视角、尺度和方法等具有重要的指引意义。

---

① 郭道晖：《社会权力与公民社会》，译林出版社 2009 年版，第 390 页。
② 何志鹏：《国际社会契约：法治理念的现实涵摄》，《政法论坛》2013 年第 3 期。

第二章

联合国安理会决议之宏观分析

为了研究联合国安理会决议视角下的国际法治，亦即联合国安理会决议对国际法治的作用和影响，包括积极作用和影响，也包括消极作用和影响，有必要对联合国安理会的职能、决议的形成机构与机制、安理会决议的历史、决议的有关数据和内容、决议的法律性质和功能等加以分析。

第一节　联合国安理会的职能

一　《联合国宪章》下的安理会职能

根据《联合国宪章》，安全理事会对维护国际和平与安全负有首要责任。如上文所述，国际法治的首要和第二目标分别是和平与安全，而在和平解决国际争端方面，安理会可以促请各争端当事国用和平方法解决争端；调查任何争端或情势，以断定这一争端或情势的存在是否足以危及国际和平与安全；对于上述性质的争端或情势，可在任何阶段建议适当地调整程序或方法。① 联合国安全理事会是联合国这个普遍性国际组织中唯一具有执行力的机构。《联合国宪章》第 24 条规定，会员国授权安全理事会代表联合国全体会员国在维护国际和平与安全方面行事，以保证"行动迅速有效"，并应遵照联合国的宗旨及原则。具体来说，安全理事会具有下列职能和权力：依照联合国的宗旨和原则来维护国际

---

① 王军敏：《联合国安理会决议的法律效力》，《中国党政干部论坛》2009 年第 11 期。

和平与安全；调查可能引起国际摩擦的任何争端或局势；建议调解这些
争端的方法或解决条件；制订计划以处理对和平的威胁或侵略行为，并
建议应采取的行动；促请各会员国实施经济制裁和除使用武力以外的其
他措施以防止或制止侵略；对侵略者采取军事行动；就接纳新会员国以
及各国加入《国际法院规约》的条件提出建议；必要时在特定区域行
使联合国的托管职能；就秘书长的任命向大会提出建议，并与大会共同
选举国际法院的法官。① 安理会的特定权力清单体现在《联合国宪章》
第六章《争端之和平解决》、第七章《对于和平之威胁、和平之破坏及
侵略行为之应付办法》、第八章《区域办法》及第十二章《国际托管制
度》之中。

二 安理会的决议职能

从安理会的职能看，它对于国际法治和全球治理具有举足轻重的地
位、作用和影响。安理会行使其职权的最重要的方式之一就是作出对各
会员国具有约束力的决议。从实践来看，安理会所作的决议涉及诸多领
域。这将在后文详述。

安理会决议是否必须执行呢？根据《联合国宪章》第 25 条的规定：
"联合国会员国应同意依宪章之规定接受并履行安理会之决议。"② 因为安
理会代表了各会员国，其决议对它们具有约束力和执行力。正因如此，
联合国安理会决议对于国际法治能够产生实质上的作用和影响，或者说
其本身就是一种实施国际法治的方式。在联合国体系中，安理会的决议
是唯一具有强制力的法律文件。因此，其职能对于国际法治的推进具有
非常重要的实质价值。如果没有安理会决议机制和决议的效力，联合国
推动国际法治的作用势必会受到重大影响。也正是因安理会决议具有执
行力，才使得联合国发挥了它重要的外交与国际法治中心平台的作用。

需要指出的是，安理会的决议必须限定在其职能范围之内，也就是
说，它只能在其职能范围内就有关国际事务作出决议和决定。

---

① 联合国网站，http://www.un.org。
② 王军敏：《联合国安理会决议的法律效力》，《中国党政干部论坛》2009 年第 11 期。

第二节　联合国安理会决议的形成

一　安理会决议机制

关于联合国安理会决议机制，在《联合国宪章》中有明确的规定。根据《联合国宪章》第 27 条的规定："一、联合国安全理事会每一理事国应该有一个投票权。二、安全理事会关于程序事项之决议，应该以九理事国之可决票表决之。三、安全理事会对于其他一切事项之决议，应该以九理事国之可决票包括全体常任理事国之同意票表决之；但对于第六章及第五十二条第三项内各事项之决议，争端当事国则不得投票。"[①]据此，安理会决议机制具有以下特点或者说应该遵循以下原则。

（一）安理会理事国平等和民主原则

这体现在安全理事会每一理事国有且只有一个投票权。这一条体现了凡是进入安理会的成员，无论大小、强弱一律平等地享有一个表决权，体现了一般意义上的理事国之间平等和民主的原则。这也符合上述国际法治基本原则中促进国际关系民主化原则的要求。

（二）安理会理事国最大限度参与表决原则

《联合国宪章》第 27 条规定："对于程序事项，至少需要九个理事国表决才能通过；而对于其他实体事项，需要九个理事国可决票加上全体常任理事国之同意票来表决。"[②]这样无论是程序事项还是实体事项，均需要绝大多数理事国参与表决才能做出决议，以确保决议的代表性。因为联合国做出的任何决议均会涉及国际社会和有关国家的实际利益，而安理会 15 个国家代表 193 个会员国进行表决，原本其代表性就非常有限，如果再允许较多数的国家缺席表决，将严重损害决议的代表性、权威性和可执行性。

（三）常任理事国的绝对权威原则

从《联合国宪章》第 27 条第 3 款可以看出，除程序事项外的其他实

---

① 联合国网站，http://www.un.org。

② 联合国网站，http://www.un.org。

体事项的表决，必须以全体常任理事国之同意作为通过决议的要件。可见，每一个常任理事国在决议程序中尤其是涉及实体内容的决议表决中举足轻重，其中任何一国的否决均可导致决议不得通过。该条规定之缘由可以追溯到二战胜利后联合国的产生过程，其主导者就是英、法、美、苏、中这几个主要的战胜国，他们在《联合国宪章》中制定出对自己有利的表决制度。这也就成为联合国成立以来，其他各国围绕自身权益主张改革联合国表决机制的焦点之一。

（四）争端当事国回避原则

《联合国宪章》第 27 条第 3 款还规定："对于第六章及第五十二条第三项内各事项之决议，争端当事国不得投票。"《联合国宪章》第六章和第 52 条第三项内容均为国际争端事项。该条规定的含义是任何争端当事国如果同时是安理会理事国，则该国应该回避，以确保公正性。换句话说，就是争端当事国不得参与表决，以避免受到自身利益的影响或在表决中利用其优势地位影响决议的公正性。

综上所述，《联合国宪章》第 27 条规定了安理会决议的制度和机制，该规定虽然简洁，但体现了安理会理事国平等和民主的原则、最大限度参与的原则、常任理事国绝对权威原则和争端当事国回避原则等。或许可以说，这也是《联合国宪章》制定者的思想初衷，以及为国际、国内利益进行博弈与平衡后的成果。

二 安理会决议过程

联合国大会和安理会的多数决定是以决议的方式做出的。要了解决议的过程，我们先来研究决议本身的内容安排。通常，决议分为两部分，即序言和操作部分。序言解释决议的背景和目的，例如，已经发生的国际事件和此前就该议题已做出的决议等内容，而操作部分则是主张采取某种措施、支持某种局势或陈述某种观点。[①] 决议从起草到做出一般经历

---

① John G. Hadwen, *How United Nations Decisions Are Made*, A. W. Sythoff-Leyden, 1960, p. 36.

以下五个步骤。①

第一步，决议草案的提出和准备。根据《联合国宪章》第35条的规定，联合国任何会员国，以及为争端当事国的非会员国，得将争端或可能引起国际摩擦或惹起争端之任何情势，提请安理会或大会注意。通常，根据从一国中央政府发来的指令，该国驻联合国代表在纽约做出决议草案，有关国家政府对草案进行修改，并且可能就草案涉及的法律和起草等方面的疑问向联合国秘书处或安理会进行咨询。

第二步，决议的初步筛选。安理会决议草案相对简单。如果某国认为某种局势或者问题需要提请安理会注意，他们可简化程序直接提交给秘书长转给安理会或者向安理会主席提交草案，安理会内部就决议草案进行初步筛选。因某些局势情况紧急，筛选过程可能较为简单。

第三步，获取大国的支持。一项提案要想获得通过，没有超级大国或常任理事国的支持是不可想象的。几乎每项决议都要征询至少一个这样的国家的意见。但在安理会程序中，当时间紧急时，这一步不是必需的，也是可以省略的。

第四步，决议草案的公开或者闭门会议。在正式表决前，安理会决议草案可能经过理事国多次公开讨论。但以往更多的是闭门会议，只向外界公布结果。随着国际社会要求公开透明的呼声日益高涨，越来越多的就安理会决议讨论的会议以公开的方式进行。

第五步，投票表决阶段。投票表决也就是按照《联合国宪章》第27条的规定进行，然后根据表决的票数情况得出结果。

因为法律程序决定法律实体的结果，安理会的决议程序也对于国际法治的实现具有重要的意义和影响。

三 安理会决议的影响因素

影响联合国安理会决议过程和结果的因素众多，而且对于每一项决议，因其动机、提案国家、涉及国家、提出时间、提出途径和方式等不

---

① John G. Hadwen, *How United Nations Decisions Are Made*, A. W. Sythoff-Leyden, 1960, pp. 36 – 37.

同又有其特定的影响因素。一般来说，影响联合国安理会决议的因素有以下几个方面。①

（一）安理会的职权范围

安理会的职能或者职权范围就是其决议管辖的范围。如果一项提案超出联合国安理会的职权范围，它就不可能获得通过，甚至难以进入表决程序。也就是说，任何决议的内容应该属于联合国安理会管辖范围内的事项，超出这个范围就属于越权了，既不能获得程序保证，也得不到实体保障。需要强调的是，安理会的主要职能是维护国际和平与安全，因此，安理会最主要就危及国际和平与安全的国际事务作出决议，以消除破坏或威胁国际和平与安全的局势或因素。

（二）提案的来源

提案来源于什么样的事实或者需求，由哪个国家提起，这些因素对决议是否通过具有重要影响。通常，很多国家经过常驻纽约联合国代表团、国内机构甚至与秘书处多次交流之后才提出议案。一般由常驻代表团提出的较多，因为他们负有这项专门的职能。当然，有些国家国内也设有专门的联合国事务机构，它们也提出有关议案。联合国之存在本身也使得决议的提起和做出成为必需。例如，联合国定期召开的会议就敦促各国就特定的问题形成自己的立场或采取相应的措施。安理会的大多数议题，其实就是有关成员国自己做出的一系列决策的结果，并受到其国内政治考量、价值取向、时间选择、当时国际政治氛围以及其他国家代表团可能的态度等因素的影响。②

（三）国家利益

毋庸置疑，各国代表们代表各自国家的利益来参与联合国的活动。各国关注的利益中又有主要利益和次要利益。在考量本国利益时，各国也会关注相邻或相关国家如盟国的利益，因为它们最终会影响到本国的利益。根据国家利益原则，一国政府对于提案会采取积极或消极的态度。

---

① John G. Hadwen, *How United Nations Decisions Are Made*, A. W. Sythoff-Leyden, 1960, pp. 56 – 70.

② John G. Hadwen, *How United Nations Decisions Are Made*, A. W. Sythoff-Leyden, 1960, p. 60.

借鉴联合国这个平台，每个国家均会争取自身的利益或保障本国的政治权利。当然，在考虑国家利益，并以此来评价和表决提案时，代表们还会兼顾该提案涉及的其他国家的利益、国际和地区整体利益以及本国的短期利益和长期利益，在各种类型的利益交集中寻求一个最佳的利益平衡，但最终各自还是会为本国的长期利益实现最大化的目标服务。本书后面部分将论及的大国霸权主义、强权政治对决议的干扰，其本质也是国家利益的一种极端和狭隘的体现方式。国家利益的权衡始终是影响安理会决议的关键因素之一。

（四）公众舆论

公众舆论对联合国有关程序的影响表现在多个层面。[1] 首先，特定观众的出现可能影响联合国安理会有关会议的氛围和演讲者风格。其次，联合国安理会的决议可能受到纽约报纸甚至其他国家新闻报道的影响。各国代表通常都关注纽约的主要报刊如《纽约时报》等。此外，如伦敦的《经济学家》等报纸也有较大影响。各国代表团收到的国内来函也会影响他们对决议提案的态度，从而对参与表决的理事国形成压力。还有联合国信息服务团队、其他公私机构的广播电视等媒体对联合国的决策均有影响。[2]

（五）利益集团

联合国内的利益集团由具有自身独特利益的各国代表团组成，体现在不同地区国家之间、不同民族国家之间、发达国家和发展中国家之间、农业国家和工业国家之间、出口国家和进口国家之间、经济援助的提供国和受助方国家之间、军事同盟国家之间、专制国家与民主国家之间以及其他众多分类的国家之间各自形成的不同的利益集团。例如，华约组织、北约组织、阿拉伯国家联盟、77 国集团、二十国集团、金砖国家、亚太经合组织、东南亚国家联盟等。这些利益集团中的国家往往就某一涉及其集团利益的决议草案持有类似态度，并采取一致行动，这也影响

---

① John G. Hadwen, *How United Nations Decisions Are Made*, A. W. Sythoff-Leyden, 1960, p. 62.

② John G. Hadwen, *How United Nations Decisions Are Made*, A. W. Sythoff-Leyden, 1960, p. 62.

着联合国安理会的决议过程甚至结果。

（六）达成"妥协"的压力

妥协是政治活动中常见的现象，这在联合国安理会决议程序中也是如此。各国因为对于同一国际事务会形成相同或近似的或截然相反的观点，从而形成不同的派别。联合国内存在的各个派别及其之间的友好抑或紧张关系，对于决议的通过会产生积极或消极影响，形成一股无形的压力以推动决议的通过或不通过。在联合国，各国代表团一旦就某个议题提出鲜明的反对观点，常常会有来自各方的压力，让其进行"合理的妥协"，从而使会员国或者理事国最终改变原来的立场。这种情况在联合国大会如此，在安理会表决中也有这种情况。

（七）常任理事国的"否决权"

毋庸置疑，安理会五个常任理事国享有的一票否决权对于联合国安理会任何非程序性事项的通过具有举足轻重的影响。根据《联合国宪章》第27条第3款之规定，安理会常任理事国可以行使否决权。由此而导致决议不能通过。在安理会决议的历史上，尤其在冷战时期，美国和苏联不断行使"否决权"，使得安理会不能通过许多原本应该通过的决议，严重影响了其作用的有效发挥。因此，否决权问题成为安理会表决机制改革中的重要问题之一。

（八）安理会表决与政府行为的互动关系

在安理会就某一议题启动表决、获取支持、交流意见和准备表决的过程中，有关决议涉及的国家会根据提案的情况及各方意见采取相应的行动。然而，此类行动反过来又会推动提案进程的加快或延缓。这就是表决与政府行为之间存在的互动关系。这种关系当然可能影响到表决的过程和结果。例如，近年朝鲜发射导弹带来了朝核危机，国际社会和联合国对此加以谴责并拟通过安理会决议加以制裁。而这种制裁的行动本身可能恶化该局势，也可能有助于改善该局势，导致朝鲜针对国际社会的要求采取积极的配合或者消极的抵制行动。

除了上述影响因素之外，联合国安理会表决还会受到诸如参会者的道德标准、参会者或国家对于联合国的信任与信心、参会者的理性与非理性心理、喜欢与厌烦情绪等个人或国家因素的影响。

总之，联合国安理会提供了一个就全球范围重要议题和国家争端进行协商和表决的场所。但其决议过程和结果会受到当事国、参会者、公众舆论、决议机制与表决程序本身等多种因素的综合影响，每一项决议都是各个层面主体经过多方博弈后的多因一果。而由于决议本身对于国际法治可能产生作用和影响，因此，影响安理会决议过程和结果的上述因素也会相应地间接推动或者阻碍国际法治的进程。

第三节　联合国安理会决议概况

为了对联合国安理会决议的影响进行系统深入的研究，有必要对安理会决议的历史、数据、内容和类别等加以统计、归纳和剖析，以便从不同时期的数据、规模变化等量化研究中辨析其性质和发展规律，从而有助于揭示其与国际法治的互动关系。

一　安理会决议的历史和数量

安理会决议的历史和数量是研究决议影响的必备素材。只有掌握决议的历史和有关数据，并在这个基础上研究决议的内容，才能对其影响力进行科学的分析并进而得出较为科学的结论。

（一）决议的历史

联合国成立至今已有 70 多年，因此，安理会决议也有 70 余年的历史。70 多年来，联合国安理会从未停止就其职能范围内的议题作出有关决议。截至 2015 年 9 月 13 日，其共计作出 2230 项决议，平均每年作出决议 30 余项。① 其中，1959 年作出决议最少，仅一项；1993 年作出的决议最多，为 93 项。从 1946 年到 1989 年，亦即联合国成立的前 44 年间，也就是美苏主导世界格局，形成两极"冷战时期"，因为两国对抗处于僵局，导致许多世界性议题胎死腹中，或者即使进入表决程序也因为其中一方行使否决权而遭遇夭折，使得安理会无法充分行使职权来管理国际

---

① 联合国网站安理会［决议］专栏，http：//www.un.org/zh/sc/documents/resolutions/，数据截至 2015 年 9 月 13 日。

事务。1989 年苏联解体后，世界紧张局势大为缓和，俄罗斯和美国由对抗转向合作，共同与世界各国面对和平与安全等问题，在许多议题上能够很快达成一致，从而大大提高了联合国安理会的工作效率，导致决议数量激增。据统计，1989 年后的 25 年中，安理会的决议总数比 1989 年之前的44 年中的决议总数增加近 150%。因此，本书对决议的数据研究将结合该历史背景，并以苏联解体为历史分界线，开展有关理论与实证研究。

（二）决议的数量

以苏联解体为分界线，1946—1989 年、1990—2015 年两个阶段，安理会年度决议数据和涉及普遍安全、局部争议以及程序性事项议题分布情况如表 2 - 1。

表 2 - 1　　　　　　安理会历年决议数据统计表①　　　（单位：项）

年份	决议总数	普遍安全	局部争议	程序事项
1946	15	3	8	4
1947	22	4	12	6
1948	29	2	26	1
1949	12	7	4	1
1950	11	1	8	2
1951	7	1	6	0
1952	2	1	1	0
1953	5	3	2	0
1954	2	1	1	0
1955	5	1	3	2
1956	11	1	6	4
1957	5	0	3	2
1958	5	1	3	1
1959	1	0	1	0
1960	28	2	8	18
1961	10	1	5	4

① 数据统计来源：http：//www.un.org/zh/sc/documents/resolutions/，数据至 2015 年 9 月13 日。

续表

年份	决议总数	普遍安全	局部争议	程序事项
1962	7	0	1	6
1963	8	0	4	4
1964	14	0	11	3
1965	20	1	16	3
1966	13	2	7	4
1967	12	0	11	1
1968	18	1	14	3
1969	13	1	11	1
1970	16	1	14	1
1971	15	1	10	4
1972	17	0	17	0
1973	20	1	17	2
1974	22	1	18	3
1975	18	0	12	6
1976	17	1	14	3
1977	20	0	18	2
1978	21	0	19	2
1979	18	0	17	1
1980	23	2	18	3
1981	15	2	10	3
1982	19	2	17	0
1983	17	0	16	1
1984	14	0	13	1
1985	21	2	19	0
1986	13	1	12	0
1987	12	2	10	0
1988	20	1	19	0
1989	20	2	18	0
1946—1989 年总计	643	53	488	102
三项占比		8.2%	75.8%	15.8%
1990	37	0	35	2

年份	决议总数	普遍安全	局部争议	程序事项
1991	41	2	33	6
1992	74	1	61	12
1993	93	5	85	3
1994	73	5	66	2
1995	66	6	60	0
1996	57	3	54	0
1997	54	3	51	0
1998	73	5	68	0
1999	65	4	57	4
2000	50	7	42	1
2001	52	7	44	1
2002	68	6	60	2
2003	67	6	60	1
2004	59	2	56	1
2005	61	10	50	1
2006	87	6	81	0
2007	56	1	55	0
2008	65	3	62	0
2009	48	5	43	0
2010	59	3	55	1
2011	66	5	60	1
2012	53	4	48	1
2013	47	6	41	0
2014	63	13	50	0
2015	43	4	39	0
1990—2015 年总计	1587	121	1427	39
三项占比		7.6%	89.9%	2.5%
1946—2015 年总计	2230	174	1915	141
三项占比		7.8%	85.9%	6.3%

从表2-1中，可以归纳出以下重要统计数据和信息。

1946—1989 年的 44 年中，安理会共作出决议 643 项，平均每年 14.6 项。其中，涉及普遍安全事项 53 项，局部争议事项 488 项，程序事项 102 项；分别占比为 8.2%、75.8% 和 15.8%。

1990—2015 年的 26 年中，安理会共作出决议 1587 项，平均每年 61 项。其中，涉及普遍安全事项 121 项，局部争议事项 1427 项，程序事项 39 项；分别占比为 7.6%、89.9% 和 2.5%。

1946—2015 年的 70 年中，安理会共作出决议 2230 项，平均每年 31.86 项。其中，涉及普遍安全事项 174 项，局部争议事项 1915 项，程序事项 141 项；分别占比为 7.8%、85.9% 和 6.3%。

在安理会 70 年的决议历史中，有关局部争议的决议始终维持在占比 75% 以上，苏联解体之后比之前增加 14.1%。普遍安全类决议比较稳定，前后均为 8% 左右；而程序类事项，1989 年前占比 15.8%，之后下降为 2.5%。

以 1989 年为分水岭，1989 年后的 26 年与之前的 44 年相比，平均年度决议数增加了近三倍。

就年度决议最低纪录而言，1959 年仅作出 1 项决议，而 1993 年达到 93 项。

根据表 2 - 1 的基础数据，得出图 2 - 1 年度与决议柱形图。

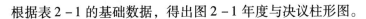
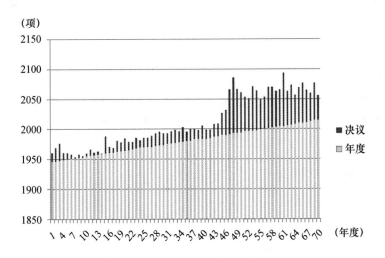

图 2 - 1　年度与决议柱形图

注：横坐标表示从第 1 年到第 70 年。

图 2-1 中的柱形和曲线图生动形象地描述出安理会决议与年度的历史走势，尤其是 1989 年后决议增幅非常明显的情况。

二　安理会决议的分类

在了解联合国安理会决议的基本历史和数据情况后，为了方便研究，有必要对其进行分类。这里将从时间、性质和涉及区域三方面加以分类。

（一）按时间分类

按照时间分类，也就是从 1946 年至今，可以根据年代或者特定历史事件划分成不同的历史时期。如前文所述，可以每 10 年为一个单元划分成七个阶段或历史时期，也可以苏联解体为分界线划分为解体前和解体后两个历史时期。按照后一种方法，第一个时期为 44 年，是联合国初创后决议"萎靡"时期，决议数量相对较少，最少年份仅仅一个决议（1959 年）。第二个时期为 26 年，是苏联解体后，为安理会决议的"活跃"时期，决议数量增加三倍，最多时期单个年度达到 93 项。

（二）按性质分类

联合国安理会的决议性质广泛，有些决议是部署或发展联合国行动或计划的，另一些是为成员国提供一般性政策指引的，[①] 但更多的决议是为了解决某种冲突局势或者战争。根据决议本身涉及的安理会职能领域，可以将决议大致分为普遍安全类决议、局部争端类决议和程序事项类决议。其中，普遍安全类决议涉及全球普遍和平与安全的话题，例如，国际法院、安理会本身职能、《联合国宪章》修订与解释、武器管制、反恐、海盗、妇女儿童问题等；局部争端类决议仅仅涉及某个国家或地区的和平与安全、争端与争议（不限于领土争端）类局势而采取的措施、行动、托管、计划等；程序事项类决议指增加新的会员国、提名秘书长、确定某个程序日期等纯粹程序性决议事项。

（三）按区域分类

按照决议涉及的国家类型或区域加以分类，还可进一步划分。如按

---

① John G. Hadwen, *How United Nations Decisions Are Made*, A. W. Sythoff-Leyden, 1960, p. 41.

照决议涉及的发达国家与发展中国家来分，可以分为涉发达国家决议和涉发展中国家决议；按照地理位置，可以分为涉亚洲、欧洲、北美洲、南美洲、非洲、大洋洲的决议；按照涉及南半球或北半球来分，可以将决议分为涉南半球和北半球的决议；按照涉及不同性质的国家来分，又可以分为涉资本主义国家和涉社会主义国家的决议，等等。

三　安理会决议的内容

在了解决议基本数据和类型的基础上，有必要纵览一下联合国安理会 2300 多项决议所涉及的内容，并从中寻找其内容上的共性与个性，再逐渐研究其本质、意义和影响。

按照内容，安理会的全部决议基本可以区分为两大类，即直接提及法治或者国际法治的决议和其他决议。其他决议又可区分为涉及全球普遍安全议题的决议、局部争议与争端议题决议和较为纯粹的程序性的决议。

（一）直接涉及法治或国际法治的决议

在联合国成立早期，很少有直接涉及法治或国际法治的大会或安理会决议。自 1992 年以来，联合国大会将法治作为一个议题来审议，曾通过大会决议（A/RES/61/39、A/RES/62/70、A/RES/63/128）推进法治。2004 年，时任联合国秘书长的安南在其《冲突中和冲突后社会的法治和过渡司法》的报告中，更是站在联合国的高度，给法治下了科学的定义。联合国也表明：促进国家和国际各级实现法治是联合国使命的核心。联合国认为，建立对于法治的尊重是两次世界大战冲突后实现持久和平、有效保护人权及持续的经济进步与发展的根本所在。[①] 为此，联合国成立了法治协调和资源小组负责全面协调法治工作，并在一些关键性的文件，例如，2000 年的《联合国千年宣言》《2005 年世界首脑会议成果》及多份秘书长报告中直接强调和部署推进法治的工作。

在安理会层面，也举行了多次关于法治的专题辩论，并通过了相关决议，例如：关于妇女、和平与安全的安理会第 1325 号决议和第 1820 号

---

① 《联合国与法治》，联合国网站，http：//www. un. org/zh/ruleoflaw/。

决议；关于保护受武装冲突影响的儿童的安理会第 1612 号决议；关于保护武装冲突中的平民的安理会第 1674 号决议。[①] 这些决议强调法治在处理这些问题上作为基本原则、策略和方法的重要性。关于法治的大会决议则更为常见。大会决议呼吁全球各国人民相互尊重和倡导国际社会的依法治理。相比较而言，联合国大会的关于法治的决议主要体现了一种倡导和精神，而安理会涉及法治的决议则结合国际关系中面临的具体问题展开，具有更大的可操作性和务实的特征。这也符合大会与安理会的不同职能分工的特点。

（二）与法治有关的其他决议

除了上述直接强调通过法治处理问题的决议外，不直接提及法治或者国际法治的决议并非与法治或国际法治无关。反之，这些决议正是通过对于具体争端和国际事务的处理来提升国际法治的水平。这类决议主要有：

1. 普遍安全类决议

如关于秘书长任命、国际法院及特设刑事法庭的相关事项、联合国维和行动、联合国部队和人员的保障和安全、打击恐怖主义等的决议，涉及全球法治的保障或者和平与安全的维护的决议。

2. 局部争议类决议

如关于冲突地区或国家的联合国观察团事项，关于中美洲、中东、塞浦路斯、也门、伊拉克－科威特等局势、托管领土的问题，伊拉克－伊朗、伊斯兰共和国、非洲的和平与安全问题，以及伊朗核问题和朝鲜核问题等的决议。这些决议涉及局部冲突或争端的依法处理与维护和平的事项。

3. 程序事项类决议

如关于吸收列支敦士登、纳米比亚、立陶宛、拉脱维亚、爱沙尼亚、马绍尔群岛共和国、密克罗尼西亚联邦、朝鲜民主主义人民共和国和大韩民国、汤加、瑙鲁、基里巴斯、南斯拉夫联盟共和国、图瓦卢、瑞士加入联合国，以及国际法院法官补选日期的决议。此类决议涉及联合国

[①]　《联合国与法治》，联合国网站，http://www.un.org/zh/ruleoflaw/。

的增员、影响力的增加与国际法治平台的强化等内容。

综上所述，直接倡导法治和国际法治的决议的出现，反映了全球各国人民在联合国舞台上呼吁国际法治的共同心声，起到了一种精神引领的作用。而运用法治原则处理国际争端的决议，无论是涉及全球和平与安全、局部争议处理或者程序类事项的决议，以其数量众多、反复实施和强调法治原则为特征，推动了国际法治的践行。例如，关于伊朗核问题和朝鲜核问题，联合国安理会一再作出决议，敦促伊朗和朝鲜回到国际公约和有关多边条约的守法状态中来，以实现遏制核武器扩散、维护人类和平与安全的目标。

第四节　联合国安理会决议的性质与执行

根据《联合国宪章》，安全理事会是对维持国际和平与安全肩负主要责任的联合国机关，其作出的决议具有执行力。安理会也是联合国体系内唯一有权采取行动的机关。为研究其决议对于国际法治的影响，首先必须研究决议本身的法律性质和执行力等问题。

一　安理会决议的性质

联合国是根据《联合国宪章》所建立的、符合国际法规定的国际组织和多边外交平台，而安理会是联合国的主要机关，且在联合国的 6 个主要机关中占有重要的政治地位。安理会的主要职责是维护国际和平与安全，其发挥作用的主要形式是就全球范围与局部地区安全问题、争端局势、领土利益等问题、接纳新的会员国、托管领土、批准涉及国际法院事项等一系列广泛领域的问题作出决议。该职能也是《联合国宪章》规定的，是各会员国意志的集中体现，具有国际合法性。以下将从安理会决议的政治性、法律性、决议的合法性等三个方面对其性质加以论述。

（一）安理会决议的政治性

从安理会决议的机构、决议过程、形式与内容来看，安理会决议具有浓厚的政治性。这是因为，安理会决议是在联合国中占有首要政治地位的机关作出的、就某些问题的决定。对于决议内容中提出的方案，会员国必须执行。因此，安理会决议的最本质的特征就是多边政治决策的产物，通过 193 个会员国授权联合国安全理事会就特定的涉及国际和平与安全的问题作出决策，其首要的和最明显的特征就是政治性，其价值取向就是解决威胁国际和平与安全的具体问题，而这些问题本身的主要性质也是政治问题。

（二）安理会决议的法律性质

性质就是事物的本质，也即事物本身所具有的与其他事物不同的根本属性。而法律性质则是指某事物在法律方面特有的属性。如果要研究安理会决议的法律性质，首先需要考虑其由来，以及其与法律的关系。联合国是依据《联合国宪章》建立的普遍性国际组织。《联合国宪章》依据的就是国际法。因此，先有国际法，后有联合国，之后才有安理会及其决议。安理会是联合国这个合法的国际组织的主要机关。安理会决议是安理会行使其维护世界和平与安全的法定职权，而由理事国集体表决形成的具有法律强制力的意见和决定。安理会决议的本质也是国际组织根据国际法对于国际事务加以管理和运行的产物。就安理会决议的法律效力而言，根据《联合国宪章》第 25 条的规定，联合国会员国"同意依宪章之规定接受并履行安全理事会的决议"①。据此，安理会的决议具有法律约束力，联合国会员国必须遵守和履行。也正是因为安理会决议对于国际法律的实施或执行，以及其对国际秩序的维护，促进了国际法治的进程。

此外，安理会决议与国际法的关系非常密切，并相互影响。从法律性质上来说，安理会决议属于一种国际法律行为。也就是说，安理会决议本质上是联合国这个法律主体，通过其内设机构——安全理事会行使维护国际和平与安全职权，而按照法定程序做出的一种法律行为。该行为以法律文件的形式体现出来。它对联合国会员国有法律约束力。无疑，安理会决议具有法律性质。

（三）安理会决议的合法性

通常人们认为，安理会决议应该符合国际法。首先，尽管在实践中，

---

①　联合国网站，http：//www.un.org./charter of un/。

安全理事会更多时候表现为一个政治机构，为实现维护国际和平与安全这个政治目标而作出有关决议，在表决过程中它不一定完全考虑和适用国际法。但总体来说，安理会决议从程序到内容不会违背《联合国宪章》和国际强行法等国际法规范。其次，需要明确的是，安理会决议本身的合法性认定问题是个悬而未决的理论与实践问题，因为根据《联合国宪章》，包括国际法院在内，没有一个机关可以裁决安理会决议的合法或非法，尽管国际法院可以依据《联合国宪章》第 96 条对安理会决议有关法律问题发表咨询意见，[①] 例如，国际法院曾对科索沃危机发表咨询意见。但它对安理会决议并没有审查或者修订的权利，更谈不上终止其效力或执行。尽管在实践中，安理会也会就一些涉及国际法的疑难问题提请国际法院提供咨询意见，但这并不能成为国际法院具有司法审查权的理由。但国际法院作为联合国的司法机关，对有关法律问题提供的意见具有权威性，故其咨询意见对于安理会决议实际上形成了一定的监督作用，虽然不带有强制性。

二 安理会决议的执行

（一）安理会决议执行力的法律依据

《联合国宪章》第 25 条规定："联合国会员国同意依宪章之规定接受并履行安全理事会之决议。"[②] 该条款是会员国义务条款。据此，各会员国应该履行安全理事会的决议。由此可见，安理会决议是具有执行力的，各会员国有遵守决议的义务和责任。有学者从区分决议内容来界定安理会决议的约束力，认为，安理会关于和平解决争端方面的决议，尽管具有重要政治影响，但对当事国而言，不具有法律约束力；关于强制措施方面的决议，对包括非会员国在内的所有国家具有法律约束力。[③] 这种观点值得商榷。根据《联合国宪章》第 33 条的规定，"任何争端之当事国，在争端之继续存在足以危及国际和平与安全之维持时，应该尽量先以谈

---

① 《联合国宪章》第 96 条之规定：大会或安全理事会对于任何法律问题得请国际法院发表咨询意见。

② 联合国网站，http：//www. un. org/charter of UN。

③ 王军敏：《联合国安理会决议的法律效力》，《中国党政干部论坛》2009 年第 11 期。

判、调停、调查、公断、和解、司法解决、区域机关或办法之利用，或者该国自行选择的其他和平方法求得解决。安全理事会认为必要时，应该促请各当事国以该办法解决争端"①。可见，安全理事会对于涉及争端国家规定的义务均是"应该"的，带有强制性的必须履行的义务。《联合国宪章》第36条第1款规定："属于第33条所指之性质之争端或相似之情势，安全理事会在任何阶段，得建议适当程序或调整方法。"② 该条第2款规定，"安全理事会对于当事国为解决争端业经采取的任何程序，理应予以考虑"③。第37条规定："属于第33条所指之性质的争端，当事国如未能依据该条方法解决时，应该将该项争端提交安全理事会。"④ 从第36、第37条内容看，当发生属于安全理事会管辖的国家间争端或情势时，安全理事会有调查、促请和建议当事国按照一定程序和方法消除争端的权力。尽管条款中多处用的"建议"一语，但后续的条款——规定了在当事国不履行时，安全理事会将采取进一步的行动，包括自行采取有关措施或者让当事国将涉及法律性质之争端提交国际法院加以解决。这一点在《联合国宪章》第七章关于应付和平之威胁、和平之破坏和侵略行为发生时安理会职权的规定中又加以印证。⑤ 该章第40条规定："为防止情势之恶化，安全理事会在依据第39条规定作成建议或者办法前，得促请关系当事国遵行安全理事会所认为必要或合宜之临时办法。……安全理事会对于不遵行此项临时办法的情形，应予适当注意。"⑥ 第41条则规定了强制措施："安全理事会得决定所应采取武力以外之办法，以实施其决议，并得促请联合国会员国执行此项办法。此项办法应包括经济关系、铁路、海运、航空、邮电、无线电及其他交通工具之局部或全部停止，以及外交关系之断绝。"⑦ 第42条进一步规定："安全理事会如认为第41

---

① 联合国网站，http://www.un.org/charter of UN。
② 联合国网站，http://www.un.org/charter of UN。
③ 联合国网站，http://www.un.org/charter of UN。
④ 联合国网站，http://www.un.org/charter of UN。
⑤ 联合国网站，http://www.un.org/charter of UN。
⑥ 联合国网站，http://www.un.org/charter of UN。
⑦ 联合国网站，http://www.un.org/charter of UN。

条所规定之办法为不足或已经证明不足时，得采取必要之空海陆军行动，以维持或恢复国际和平及安全。此项行动应包括联合国会员国之空海陆军示威、封锁及其他军事举动。"① 上述条款规定的关涉遵行安全理事会决议的义务均是通过具有国际法律约束力的决议来实施的。正如第49条所规定的："联合国会员国应通力合作，彼此协助，以执行安全理事会所决定之办法。"② 据此，无论对于和平解决争端的有关决议，还是关于强制措施的决议，对于会员国均有约束力。事实上，即使对于没有规定具体强制措施的和平解决争端的决议，有关当事国也应该在安理会作出决议后积极寻求和平解决争端的办法和途径。所以，从执行的广义上来说，所有决议都是具有执行力的。而安理会可以看作是其决议的执行机构，奉命制订行动、安排维和计划、派出维和部队或观察团等，并处理决议执行工作中遇到的问题，确保消除和预防对国际和平与安全的威胁。

综上所述，联合国会员国有依据安理会决议配合安理会工作的法定义务。也就是说，安理会决议当然具有执行力。

（二）不执行安理会决议的法律后果

对于不执行安理会决议应该承担何种法律后果或接受何种处罚，《联合国宪章》并没有明确规定。一般认为，从法理意义上来说，如果一个会员国违背安理会决议，根据"条约必须信守"的古老国际法原则，其构成法律意义上的违约，应该承担国际法上的违约后果，包括承担义务、赔礼道歉、赔偿损失等。但也有学者就此提出了异议，认为，如果已经作出的安理会决议违法，有关会员国可以依据一定的补救程序加以对抗，从而使不执行获得合法性。③ 但这些观点尚处于理论探讨层面，且没有找到安理会决议非法性的判断标准和不执行安理会决议的理由的充分理论依据，因此，没有获得普遍认同。

---

① 联合国网站，http://www.un.org/charter of UN。

② 联合国网站，http://www.un.org/charter of UN。

③ Sufyan Droubi, *Resisting United Nations Security Council Resolutions*, Routledge Taylor & Francis Group, 2013, p.144; Antonios Tzanakopoulos, *Disobeying the Security Council-Countermeasures against Wrongful Sanctions*, Oxford University Press, 2013, p.326.

当然，从理论上来说，任何个人和机构都是会犯错误的。本书后文会提到，在安理会实践中，安理会也曾作出过错误的或非法的决议，或者被某些国家或集团利用而作出偏袒的决议。这种情况在实践中很难补救。因而，从理论上剖析安理会错误决议的补救机制和办法，以便为安理会决议机制未来的改革和优化实践提供支持，也是很有意义的工作。

（三）已有决议的执行情况

纵观联合国安理会决议史，对于绝大多数决议，有关各方都是尽力配合执行。即使对于因为种种原因未能妥善执行的决议，如果安理会认为有必要继续关注和解决时，就会在同一问题上作出多份后续决议，直至该问题基本解决为止。根据已有决议的不同性质和执行结果等情况，大致可以分为以下情形。

1. 两年内能够全面执行并解决问题的决议

从 1946 年联合国安理会作出决议以来，大约有 40% 的决议能够得到及时的执行。在两年左右内有关国家积极履行决议义务，解决有关争端或者问题的决议，例如，针对 1960 年美国飞机侵入苏联领空的事件，安理会作出第 135 号决议要求各大国以和平方式解决国际争端，由此补充和确定了大国和平相处的一些原则。该决议一方面制止了可能由此引发的局势恶化，另一方面协调了美苏关系，使之没有诱发大规模战争。此后，国际局势进入冷战时期。再如 1946 年，安理会就西班牙问题先后作出第 4、第 7、第 10 号决议，一年内使西班牙问题获得圆满解决。1946—1947 年的希腊问题，通过并执行安理会第 12、第 15、第 17、第 23、第 28、第 34 号决议得到解决。在安理会决议历史上，大约四成的决议都在两年内得到有效执行，成功解决了之前所存在的问题。

2. 两年到五年内能够全面执行并解决问题的决议

对于一些难以在短期内妥善处理的争端，往往长达两年甚至两年以上不能获得执行或者全部执行，安理会即再次就同一问题作出后续决议。这类决议大约在五年内能获得全面执行并解决问题。这样的情形大约占到安理会决议的 40%。例如，1964 年刚果共和国问题，从 1964 年到

1967 年，联合国安理会先后通过第 199、第 226、第 239、第 241 号决议，[1] 历时三年才获得较满意的执行效果并最终解决。再例如几内亚与葡萄牙争端，从 1969 年持续到 1971 年，安理会先后作出第 275、第 289、第 290、第 295 号决议才陆续解决了有关问题。[2]

3. 长期未能全面执行的决议

因为当事国矛盾很深或者纠纷存在悠久的历史根源等不同原因，有些决议持续五年以上而长期不能获得执行，或者执行后又破坏执行结果，最后导致问题长期悬而未决。例如：关于普遍安全事项中就有多项关于打击恐怖主义、武装冲突中的妇女儿童、核不扩散、国际和平与安全等方面的决议，因为决议内容长期不能获得全面执行，或者执行后又有违反，或者出现新的类似问题和情形需要加以再次决议和执行。这类决议大约占到 15%。这些问题的处理过程中，往往出现有多项同一名称或类似名称的决议。例如，在局部争议类决议中，像西撒哈拉局势（1975—1991 年）、中东局势、利比里亚局势、利比亚局势、非洲和平与安全、卢旺达局势、南斯拉夫局势、索马里局势、伊拉克局势等问题，安理会在不同时期甚至一年内因之前的决议未能全面履行而一再作出决议，有的多达十几项甚至几十项，一个问题往往跨度几年、十几年甚至几十年。此外，关于延长联合国派驻有关问题国家和地区的观察团、特派团、选举支持团、临时部队、制裁措施期限的决议，都是为了解决未能全面执行的决议，或为解决悬而未决的各种疑难问题和局势而不断作出新的决议。这些新决议通常会重复之前决议的内容，以督促有关方面加以执行。

4. 长期有效执行的决议

在安理会的决议中，有关增补联合国会员国及关涉国际法院等的程序性决议占到大约 5%。此类决议因其效力是长期的，也获得长期有效的执行。例如，关于增加联合国会员国的决议，一旦通过则长期有效。又如关于成立联合国军事参谋团的决议，一旦设立军事参谋团，会一直持

---

① S/RES/199（1964）、226（1966）、239（1967）、241（1967），联合国网站，http: // www. un. org/zh/sc/documents/resolutions/。

② S/RES/175（1969）、289（1968）、290（1968）、295（1971），联合国网站，http: // www. un. org/zh/sc/documents/resolutions/。

续下去，并发挥着军事上的参谋作用和影响。

总之，安理会决议的性质、与国际法的关系、合法性、执行依据、执行情况等方面的问题直接决定其对于国际法治影响的深度和广度的问题。后文还将在其发挥的具体作用、表现形式和正反两方面影响的论述中加以更加深入的研究和论证。

第三章

联合国安理会决议对国际法治的积极作用和影响

联合国安全理事会是联合国六个主要机构之一，是其中唯一有权根据《联合国宪章》采取行动的机构，其有关决议对会员国具有约束力。[①] 可以说，安理会发挥作用的最有效的方式就是作出具有执行力的决议，对于其决议各国必须遵守。因此，安理会决议与国际法治和全球治理密不可分。

从前文对安理会决议的统计也可以看出，联合国历史上作出的决议中有85%以上都与世界某个地区的和平与安全相关。也正是安理会所作出的一个又一个的决议帮助化解、缓和地区和国家之间的利益纷争与矛盾局势，以及消除战争、武装冲突或预防恐怖行动，其中不少决议是带来和平、安全与法治的"一剂良药"。也正是因为安理会决议的积极作用和影响，使得国际法的作用在现实国际社会中得到执行和体现，也使得国际法治从一种期盼的理想向着现实的状况转化。正是因为联合国安理会及其决议作用下的各国遵循着上述国际法治的基本原则，追求着国际法治的理想目标，从而推动着国际法治在制度、机构、机制、文化、人权等方面的有序发展和逐步完善。

第一节 联合国安理会决议推动国际法治的表现

国际法治需要有一套公开、透明、合理的国际法律制度作为前提。

---

① 陈喜峰：《国际组织宪法变迁原论》，《国际关系与国际法学刊》2014年第1期。

同时，也需要这些国际法律制度得到良好的遵行。对此，联合国安理会的决议曾经和正在发挥着积极的建设性作用和影响。安理会决议对于国际法治的积极作用和影响既可以从包括国际社会、国际组织的宏观视角加以研究，如其对国际法治机构完善、制度构建和机制提升等方面的影响；也可以从国家、地区乃至个人的微观视角加以研究，如其解决区域或局部争端、保障基本人权等方面的影响。而在产生这些影响的过程中，联合国安理会决议本身也应该遵循国际法和国际法治的基本原则和精神。

本节将着重对联合国安理会决议在国际法治建设中的积极作用和影响之具体表现形式及例证予以论述。

一　遏制和消除威胁国际和平与安全的因素

国际法治的第一目标和第二目标分别是和平与安全。而安理会作为联合国最重要的机关之一，其首要的职责就是维护国际社会的和平与安全。① 因此，联合国安理会的职能与国际法治的最重要目标是吻合的。也可以说，安理会的职责目标包含在国际法治追求的目标中，国际法治的理想需要借助安理会决议之行为得到实现。安理会通过其决议的作出和实施来履行其职能。具体来说，在维护国际和平与安全方面较为典型的决议例证分别体现在制止战争和武装冲突、反对国际恐怖主义、反海盗行为、防止核武器扩散、联合国维和行动以及保障人权等重要方面。在破坏人类社会和平与安全的因素中，有诸如战争和武装冲突之类的"传统安全因素"，也有诸如恐怖主义、海盗活动和核武器扩散等"非传统安全因素"。如能消除这些因素，也就维护了国际和平与安全，实现了国际法治的第一目标"和平"与第二目标"安全"。而在此基础上，或者同时进行的维护和平行动与保障普遍人权，才能实现国际法治的人权目标，也才能为发展目标奠定良好的社会基础。如果没有和平安宁的环境，社会经济无法获得发展，也就谈不上对于普遍人权的保障。

---

① 毛瑞鹏：《维护决策权与平衡主要对手：美国的联合国安理会组成政策分析》，博士学位论文，复旦大学，2008 年。

（一）破坏和平与安全的主要因素

破坏国际和平与安全的主要因素包括战争与武装冲突、恐怖主义、海盗活动以及核武器的扩散等。

在破坏国际和平与安全的因素中，战争与武装冲突排在首位，因为它们的破坏性最大、消极影响最为深远。众所周知，战争和武装冲突直接毁灭人类，破坏国家的基础设施，中断经济和社会发展，造成人们流离失所，以及严重的经济损失，使得国际法治的所有目标无法实现。战争和武装冲突本身直接威胁和破坏着世界和平与安全。与战争和武装冲突相比，恐怖主义的由来背景更为复杂化。一般来说，恐怖主义指国际社会中某些组织或个人采取绑架、暗杀、爆炸、空中劫持、扣押人质等恐怖手段，企图实现其政治目标或某项具体要求的主张和行动。[①] 国际恐怖主义通常是有组织的政治、宗教团伙的行为，它们往往不针对特定的目标国家和人民，让人防不胜防，对于全世界任何国家和人民均构成潜在的安全威胁。海盗活动是在海上抢劫其他船只、获取财物并威胁过往人员生命安全的行为，是一种古老的犯罪活动，现代以来又呈猖獗之势。恐怖主义和海盗活动均是针对非特定目标的违背正常国际秩序的武力报复或者经济掠夺行为，严重破坏了国际社会的和平与安宁。核武器的扩散也是破坏国际和平与安全的主要因素之一。鉴于核武器具有巨大的杀伤力，对于全人类的安全具有毁灭性的打击力，因此，它也理所当然地被联合国安理会密切关注。为此，国际社会形成了限制核武器使用的一套组织、规章、机制和制度。但总有一些国家出于自身利益的考虑，不服从国际社会的规则，擅自研发核武器，打破地区和国家间的军事力量平衡和安全局势，成为诱发战争和武装冲突的根源，甚至可能给整个人类带来毁灭性的灾难。当然，较次于核武器的还有生化武器的研发和小型武器的贸易，也日益威胁着国际和平与安全。

上述破坏国际和平与安全的因素是与国际法和国际法治理念背道而驰的。它们中任何一种或几种都可以打破国际和平与安全，毁灭文明与

---

① 方玉媚、王治华：《加强四川高校对"恐怖主义"防范的研究——基于四川部分高校的调查》，《重庆行政（公共论坛）》2010 年第 3 期。

法治，侵犯人权，给人类社会带来灾难，因此，需要安理会通过决议方式加以遏制和消除。

（二）安理会决议消除破坏国际和平与安全因素的运作机制

在面对战争、武装冲突、国际恐怖主义、海盗活动、核武器扩散等因素给国际和平与安全带来的威胁时，联合国安理会通常及时启动决议程序，就该类问题或者局势加以表决。安理会关于程序事项的决议"应以九理事国之可决票表决，对于其他一切事项决议应以九理事国之可决票包括安理会五个常任理事国之同意票表决"，而对于特定争端事项，有关当事国不得投票，① 一旦决议得以通过，有关会员国应该无条件地遵守和执行。如上所述，在安理会已作出的决议中，85%以上为制止局部矛盾升级和避免战争的决议。正是因为安理会较为及时的决策，使得陷入困局的争端局势获得解决的生机，从而消除了战争与武装冲突的形成因素与基础。即使局部地区已经处于战争或者武装冲突状态，安理会决议还可以促请争端当事国通过政治对话及和平谈判来停战，或第三国斡旋或者维和部队介入，以有效地制止战争和武装冲突。而对于国际恐怖主义、海盗活动与核武器扩散，由于它们具有无形性、无针对性以及突发性等特点，在一定程度上更加难以预防和制止，因此，安理会很难像对付战争与武装冲突一样通过行使促请、调查和建议权等应急行动或处置措施加以防范。这时，往往是通过决议促使有关国家协商、谈判，达成有关预防和解决问题的国际条约，并通过国内法律、政策和国际联动机制，让有关国家协同行动。也就是说，通过长期有效实施的制度、法律和机制来防范这类因素的诱发，以达到维护国际和平与安全的目的。

可见，安理会通过决议方式来维护国际和平与安全，对于不同的破坏因素，是根据其不同特征采取不同方式和应对策略来加以防范的。

（三）安理会决议消除影响国际和平与安全的各类因素相关案例分析

为进一步阐释安理会决议对于维护国际和平与安全，以及对于国际法治的建设性作用和积极影响，这里就一些典型的决议案例，并按照其通过时间的先后顺序及决议的不同性质、类型加以分析和评价，以具体

---

① 《联合国宪章》第27条，联合国网站，http：//www.un.org/charter of UN。

说明它们对于国际法治从行动、制度、机制、立法和平台建设等多方面的构建发挥的积极作用。以下将以决议背景、决议内容和对国际法治构建影响的评析的模式予以论述。

1. 制止和预防战争或武装冲突的有关决议及其对国际法治的影响

在预防和制止战争或者武装冲突方面，安理会决议成就卓著。以下尽可能贯穿分析和研究从联合国成立早期到苏联解体前后的决议（1946—1989 年），以及 1989 年后（1989—2015 年）的不同历史时期的决议；并从中选取有代表性的典型案例，从维护全球普遍性安全话题与维护局部安全局势两大类型加以列举，结合决议数据和影响等方面加以分析和论证。同时还将试图就联合国安理会 70 年以来的决议及其作用和影响加以归纳和总结。

应该指出的是，一方面，在众多的国际事件中，人们往往很难明确分辨哪些可能必然导致战争或武装冲突，但在安理会实践中，需要作出决议的事项必须是有可能会导致战争或武装冲突的。另一方面，除了国际热点地区可能引发战争和武装冲突的"点"之外，安理会决议往往还就和平与安全普遍面临的威胁"面"作出决议，或预防，或评估，或自我反省和总结，或者设置新的制度，或试图改进现有的和平与安全保障机制。

首先，关于制止可能直接引发战争或武装冲突的"点"的决议主要有：

（1）关于伊朗问题的第 2、第 3、第 5 号决议

这三项决议是在联合国成立后安理会开始运作的第一年即 1946 年做出的，共同议题就是苏联干涉伊朗内政可能引发国家间冲突的问题。

决议背景。1946 年 1 月 19 日，伊朗政府提请联合国秘书长让安理会关注苏联官员和军队干预伊朗内政的事情。理由即该行为违背了 1942 年 1 月伊朗、苏联和英国三国协定，以及 1943 年 12 月苏、美、英三国宣言。而且，伊朗试图与苏联谈判解决问题的努力宣告失败。于是，安理会于 1946 年 1 月 30 日一致通过第 2 号决议。然而，此后，苏联军队仍然驻扎在伊朗边界。1946 年 3 月 18 日，伊朗方面致信告知联合国，苏联在继续干预其内政，双方对 2 号决议之后的洽谈状况和结果均不满意。1946 年 4 月 4 日，

安理会再次做出第 3 号决议。1946 年 5 月 6 日，伊朗提交撤军情况的不完整报告。同年 5 月 8 日，安理会通过第 5 号决议。此后全部撤军。[①]

决议内容。第 2 号决议主要内容为：在分别听取苏联和伊朗代表陈述的会议后，确认双方均准备谈判解决分歧。安理会要求双方继续谈判解决分歧，并随时告知安理会洽谈结果，必要时安理会可随时要求获得有关进展的信息。第 3 号决议主要内容为：注意到伊朗代表提请关注苏联军队继续违背 1942 年 1 月 29 日三方协定中关于撤军时间的约定，也注意到苏联政府同意尽快撤军，估计在五周至六周内完成；认为苏军从伊朗全境撤军应该更迅速些。安理会决定，1946 年 5 月 6 日两国政府向安理会汇报是否全部撤军情况之前，暂缓进一步行动，但如果应伊朗进一步要求，安理会将加以考虑。第 5 号决议主要内容：在收到伊朗政府关于 1946 年 5 月 6 日撤军情况的报告，决定：给予伊朗政府一定时间查明是否全面撤军；尽快提交完全的报告，最迟在 1946 年 5 月 20 日反馈收集信息的情况，在收到伊朗政府报告后，再行决定后续行动。[②]

对国际法治影响的评析。该案是安理会成立后处理国家间争端的第一案，因而在维护国际和平与安全方面具有重要的示范价值。通过一年内根据事态进展作出的三个决议，有效地阻止了伊朗和苏联之间关系的恶化和升级，避免了战争或武装冲突，维护了国际和平与安全。一个大国干涉小国内政并派驻军队到其边境，严重威胁到该小国的领土完整，可能引发战争风险。在这个时候，联合国安理会的决议，有效地避免了战争或武装冲突的发生。

（2）关于西班牙问题的第 4、第 7、第 10 号决议

这三项决议同在 1946 年做出。共同的议题是关于西班牙佛朗哥政权的性质，以及可能构成对国际和平与安全的威胁问题。

决议背景。1946 年 4 月 8—9 日，波兰代表要求安理会注意西班牙佛朗哥政权之存在及其活动所造成的紧张局势，并提请关注其政权方式、

---

① Karel C. Wellens, *Resolutions and Statements of the United Nations Security Council*（1946 – 1992）—*A Thematic Guide*, Martinus Nijhoff Publishers, 1993, pp. 309 –311.

② Karel C. Wellens, *Resolutions and Statements of the United Nations Security Council*（1946 – 1992）—*A Thematic Guide*, Martinus Nijhoff Publishers, 1993, pp. 309 –311.

在二战中的作用、在法国边境集结部队、接收德国难民。安理会于 1946 年 4 月 29 日作出第 4 号决议，成立了一个附属委员会开展调查。虽然，该委员会调查后的建议因一个常任理事国的否决而未被采纳，但该事项仍在安理会的议事名单中，并于 1946 年 6 月 26 日通过第 7 号决议。同时，该议题在联合国大会也得到讨论。1946 年 11 月 4 日，安理会再次就该议题一致通过第 10 号决议。[①]

决议内容。第 4 号决议的主要内容：安理会根据《联合国宪章》第 35 条之规定，注意到一个会员国的提议并认为该局势已经导致国际摩擦并危及国际和平与安全，铭记安理会对佛朗哥政权一致的道德谴责，以及旧金山建立国际组织的联合国会议和第一次联合国大会上就西班牙作出的决议，以及安理会成员国对佛朗哥政权的看法；决定调查西班牙局势，以及再行采取可能必要的措施，为此特设立附属委员会开展调查，并在 1946 年 5 月底前向安理会提交调查报告。第 7 号决议的主要内容：基于第 4 号决议的背景情况，安理会决定继续密切关注该国局势，任何成员国可随时提请安理会再次审议该议题。第 10 号决议的主要内容：安理会决定将西班牙局势从议事名单中剔除，一切文书提交给大会处置。至此，西班牙局势获得缓解。[②]

对国际法治影响的评析。这三项决议针对危及国际和平与安全的西班牙局势，并在联合国安理会的关注和决议的压力下，使得西班牙局势得到缓和与解决，维护了战后西欧地区的和平与稳定。如果不能及时制止和干预西班牙政权的动机与做法，任其发展，可能导致一个新的法西斯政权的产生，甚至可能导致新的世界大战。因此，联合国安理会通过决议的方式扼杀了酝酿中的战争危险，维护了国际法治追求的和平与安全首要目标。

（3）关于希腊问题的第 12、第 15、第 17、第 23、第 28、第 34 号决议

这六项决议是联合国安理会早期作出的针对希腊地区安全问题的决

---

①　Karel C. Wellens, *Resolutions and Statements of the United Nations Security Council* (1946 – 1992) *—A Thematic Guide*, Martinus Nijhoff Publishers, 1993, p. 21.

②　Karel C. Wellens, *Resolutions and Statements of the United Nations Security Council* (1946 – 1992) *—A Thematic Guide*, Martinus Nijhoff Publishers, 1993, p. 22.

议。这些决议作出的年度跨越了 1946 年和 1947 年。

决议背景。1946 年 1 月 21 日，苏联代表向安理会提请关注希腊问题：英国军队持续驻扎希腊并干预其内政，严重危及和平与安全。1946 年 2 月 6 日，安理会成员发表意见后该提议暂告完结。但 1946 年 8 月 24 日乌克兰代表重新提出希腊问题，即英国军队的频繁出现，阿尔巴尼亚边境冲突激增。迫使希腊于 1946 年 12 月 3 日要求秘书长提请安理会关注其局势。安理会于 12 月 10 日作出第 12 号决议。1946 年 12 月 19 日，安理会通过第 15 号决议，决定建立一个拥有广泛权力的调查委员会。1947 年 2 月 10 日，安理会作出第 17 号决议。调查委员会于 6 月 25 日公布包含多数和少数派观点的报告，此后有两个安理会决议草案未获通过。1947 年 9 月 15 日，安理会第 34 号决议获得通过。此外，为处理希腊局势问题，安理会于 1946 年召开了 23 次会议，1947 年召开了 40 次会议。①

决议内容。第 12 号决议主要内容：邀请希腊和南斯拉夫代表参加讨论但无表决权；邀请阿尔巴尼亚和保加利亚代表参加并可以自愿做出声明；如安理会此后认为争议事项应该作为争端处理，则应邀请阿尔巴尼亚和保加利亚参加讨论但无表决权。第 15 号决议的主要内容：鉴于希腊、南斯拉夫、阿尔巴尼亚和保加利亚政府已经向安理会提议关注希腊北部局势，安理会认为需要加以调查，故决定：根据《联合国宪章》第 34 条规定，成立调查委员会查明事实；委员会由安理会每一成员国的一名代表组成，并于 1947 年成立，1 月 15 日前抵达争议地区，并尽快向安理会提交报告；安理会应要求秘书长与相关国家当局沟通，以便它们为调查提供便利。第 17 号决议的主要内容：调查委员会无权要求四国政府延迟处置政治死刑犯，除非这些人中有证人可以协助委员会的工作。第 23 号决议的主要内容：在等待安理会决议期间，委员会在争议地区的留守成员继续履职。第 28 号决议的主要内容：决定任命一个由会员国代表组成的附属委员会，就希腊问题提交议案，并确定安理会决议的可能性。第 34 号决议的主要内容：将希腊局势问题从安理会议题中剔除，由大会

① Karel C. Wellens, *Resolutions and Statements of the United Nations Security Council* (1946 – 1992) —*A Thematic Guide*, Martinus Nijhoff Publishers, 1993, p. 23.

处置。①

对国际法治影响的评析。该边界争端局势涉及希腊、英国、阿尔巴尼亚、南斯拉夫、保加利亚五个国家，历时两年，经过安理会的有效介入，先后召开 63 次会议，成立调查委员会，作出 6 项决议，从而缓解了该地区的紧张局势，避免了武装冲突或战争，维护了战后欧洲南部地区的和平与安全。在这 6 项决议的背后，是安理会的反复研究和大量的沟通与协调工作，最后终于达成和平解决问题的圆满结果，足见安理会处理涉及多国争端的能力、毅力和决心。而安理会的最终意志，也体现在形成统一意见的六项决议中。从该事项也可以看出，安理会通过决议推进国际法治的决心与实际行动。如果没有安理会的积极干预和决议的实施，涉及五个以上的国家争端很可能发展成为局部战争或武装冲突。

在安理会成立后的 1946—1992 年，除上述事项外，安理会先后缓解或解决了 1947 年科府海峡英国船只失事件、② 1947—1949 年印度尼西亚殖民统治问题、③ 1948—1971 年印度巴基斯坦冲突问题、④ 1948—1966 年巴勒斯坦问题、⑤ 1956 年法国和英国因为苏伊士运河的使用问题对埃及的抗议、⑥ 1956 年匈牙利因为武装政变后苏联军队入境干预的问题、⑦ 1958 年黎巴嫩和约旦抗议阿联酋干涉其内政的问题、⑧ 1959 年老挝抗议越南军队穿越其东北部边境的问题、⑨ 1960 年"南非联邦"因大规模屠杀反种

---

① Karel C. Wellens, *Resolutions and Statements of the United Nations Security Council* (1946 – 1992) —*A Thematic Guide*, Martinus Nijhoff Publishers, 1993, p. 26.

② 安理会第 19、第 22 号决议。

③ 安理会第 27、第 30、第 31、第 32、第 35、第 36、第 40、第 41、第 55、第 63、第 64、第 65、第 67 号等决议。安理会就印度尼西亚殖民统治问题作出过 13 项决议，召开了 73 次会议。

④ 安理会第 38、第 39、第 47、第 51、第 80、第 91、第 96、第 98、第 122、第 123、第 126、第 209、第 210、第 211、第 214、第 215、第 303、第 307 号决议。

⑤ 安理会第 42、第 43、第 44、第 46、第 48、第 49、第 50、第 53、第 54、第 56、第 57、第 59、第 60、第 61、第 62、第 66、第 72、第 73、第 89、第 92、第 93、第 95、第 100、第 101、第 106、第 107、第 108、第 111、第 113、第 114、第 127、第 162、第 171、第 228 号等 34 项决议。安理会就巴勒斯坦问题召开了 201 次会议。参见 http://www.un.org/zh/sc/documents/resolutions/。

⑥ 安理会第 118、第 119 号决议。

⑦ 安理会第 120 号决议。

⑧ 安理会第 128、第 129 号决议。

⑨ 安理会第 132 号决议。

族歧视和隔离抗议者而引发国际摩擦的局势问题、① 1960 年阿根廷因为以色列非法秘密地转移阿道夫·艾希曼（Adolf Eichmann）问题而提出抗议问题、② 1960—1961 年刚果因比利时入侵而抗议的问题、③ 1960 年古巴因美国入侵而抗议的问题、④ 1960 年委内瑞拉因多米尼加入侵而抗议的问题、⑤ 1961 年安哥拉大规模屠杀导致国际安全问题、⑥ 1961 年突尼斯对法国入侵的控诉、⑦ 1963—1972 年塞内加尔抗议葡萄牙入侵问题、⑧ 1964 年也门对英国空袭侵略的控诉、⑨ 柬埔寨领土和平民遭受美国和越南侵略的控诉、⑩ 1964—1992 年塞浦路斯问题、⑪ 1964 年因比利时和美国、英国干预刚果民主共和国内政导致的局势问题、⑫ 1965—1977 年南罗得西亚局势问题、⑬ 1967—1984 年中东问题、⑭ 1968—1989 年西南非问题暨纳米比亚

---

① 安理会第 134 号决议。

② 安理会第 138 号决议。

③ 安理会第 143、第 145、第 146、第 157、第 161、第 169 号决议。

④ 安理会第 144、第 156 号决议。

⑤ 安理会第 156 号决议。

⑥ 安理会第 163 号决议。

⑦ 安理会第 164 号决议。

⑧ 安理会第 178、第 204、第 273、第 294、第 302、第 321 号决议。

⑨ 安理会第 188 号决议。

⑩ 安理会第 189 号决议。

⑪ 截至 1992 年，安理会就该议题作出了 84 项决议，召开了 159 次会议，并发表多项主席声明。安理会决议包括第 186、第 187、第 192、第 193、第 194、第 198、第 201、第 206、第 207、第 219、第 220、第 222、第 231、第 238、第 244、第 247、第 254、第 261、第 266、第 274、第 281、第 291、第 293、第 305、第 315、第 324、第 334、第 343、第 349、第 353、第 354、第 355、第 357、第 358、第 359、第 360、第 361、第 364、第 365、第 367、第 370、第 383、第 391、第 401、第 410、第 414、第 422、第 430、第 440、第 443、第 451、第 458、第 472、第 482、第 486、第 495、第 510、第 526、第 534、第 541、第 544、第 550、第 553、第 559、第 565、第 578、第 585、第 593、第 597、第 604、第 614、第 625、第 634、第 646、第 649、第 657、第 680、第 682、第 697、第 698、第 716、第 723、第 750、第 759 号。数据来源：http：//www. un. org/zh/sc/documents/resolutions/。

⑫ 安理会第 199、第 226、第 239、第 241 号决议。

⑬ 安理会第 202、第 216、第 217、第 221、第 232、第 253、第 277、第 288、第 314、第 318、第 320、第 333、第 388、第 409、第 415、第 423、第 437、第 445、第 448、第 460、第 463 号决议。

⑭ 安理会第 233、第 234、第 235、第 236、第 237、第 240、第 242、第 248、第 250、第 251、第 252、第 256、第 258、第 259、第 265、第 267、第 271、第 298、第 331、第 338、第 339 号决议，共计 21 项。

局势问题、① 1969—1976 年赞比亚控诉葡萄牙入侵问题、② 1969—1971 年
几内亚对葡萄牙入侵的抗议、③ 1971 年印度和巴基斯坦次大陆局势问
题、④ 1973 年关于拉丁美洲局势的问题、⑤ 1977 年贝宁抗议被侵略问
题、⑥ 1979 年美国抗议伊朗人员攻击使馆事件、⑦ 1981 年塞舌尔抗议其机
场被南非人员侵占问题、⑧ 1982 年福克兰群岛（马尔维纳斯群岛）被阿
根廷侵占事件、⑨ 1990—1992 年伊拉克与科威特局势、⑩ 1991 年南斯拉夫
局势、⑪ 1992 年索马里局势等。⑫ 虽然其中不少问题如中东局势、利比亚
问题、利比里亚问题尚未完全解决，安理会还在不断作出决议，但自联
合国成立以来，安理会审议的问题中，绝大多数问题还是随着安理会决
议的实施陆续得到解决。正是因为安理会决议对这些热点问题起到了冷
却的作用，让有关国家不能轻举妄动，从而避免了武装冲突或战争的发
生，有效地维护了世界和平与安全。

据统计，仅 1946—1992 年的 47 年间，联合国安理会通过多项决议
协调和解决的国家间或地区间上述重大争端和问题就多达 30 余项。此
后的 1992—2015 年的大约 23 年间，协调或正在协调的国家或地区间重

---

① 安理会第 245、第 246、第 264、第 269、第 276、第 283、第 284、第 301、第 309、
第 310、第 319、第 323、第 342、第 366、第 385、第 431、第 432、第 435、第 439、第 532、
第 539、第 566、第 601、第 628、第 629、第 632、第 640、第 643 号决议，共计 28 项，召开会议
135 次。

② 安理会第 268、第 300、第 393、第 466、第 326、第 327、第 328、第 329、第 424、第
455 号决议。

③ 安理会第 275、第 289、第 290、第 295 号决议。

④ 安理会第 303、第 307 号决议。

⑤ 安理会第 330 号决议。

⑥ 安理会第 404、第 405、第 419 号决议。

⑦ 安理会第 457、第 461 号决议。

⑧ 安理会第 496、第 507 号决议。

⑨ 安理会第 502、第 505 号决议。

⑩ 安理会第 660、第 661、第 662、第 664、第 665、第 666、第 667、第 669、第 670、第
674、第 677、第 678、第 686、第 687、第 689、第 692、第 699、第 700、第 705、第 706、第
707、第 712、第 715 号决议，共计 23 项。

⑪ 安理会第 713、第 721、第 724、第 727、第 740、第 743、第 749、第 752、第 757、第
758 号决议，共计 10 项。

⑫ 安理会第 733、第 746、第 751 号决议。

大争端和问题则更是多达近 80 余项。原有待决问题和新增加的议题大致包括：乍得与利比亚间签署的协定、布隆迪局势、塔吉克斯坦局势、波黑共和国局势、多瑙河的航行、大湖区局势、埃塞俄比亚和苏丹、古巴和美国、塞拉利昂局势、中非共和国局势、阿尔巴尼亚局势、中美洲：迈向和平的努力、几内亚比绍局势、科索沃（前南斯拉夫联盟共和国），① 等等。这些都是属于可能引发战争或武装冲突的问题"点"。安理会以决议方式进行着积极的干预和"治疗"，无疑避免了有关方面矛盾的升级。

显然，在处理国际争端方面，安理会优越于联合国大会，因为大会只是议事机关，安理会是行动机关。② 因此，联合国安理会在维护国际和平与安全、和平解决国际争端中肩负着核心作用。根据《联合国宪章》第六章的规定，安理会在和平解决国际争端方面的职权可以归纳为：其一，促请职权。《联合国宪章》第 33 条规定："一、任何争端之当事国，于争端之继续存在足以危及国际和平与安全之维持时，应尽先以谈判、调查、调停、和解、公断、司法解决、区域机关或区域办法之利用，或各该国自行选择之其他和平方法，求得解决。二、安全理事会认为必要时，应促请各当事国以此项方法，解决争端。"③ 可见，如果当事国不按照上述方法解决争端，安理会必要时可以作出决议来"促请"它们以和平的方式解决。当然，安理会在行使促请权时，只是推动或者协助争端当事国和平解决其争端，一般不会起主导作用。④ 其二，调查职权。《联合国宪章》第 34 条规定："安全理事会可调查任何争端或可能引起国际摩擦或惹起争端之任何情势，以断定该项争端或情势之继续存在是否足以危及国际和平与安全之维持。"⑤ 据此，为判断某一争端或情势的性质

---

① 联合国网站，http：//www. un. org。
② 张文彬：《论联合国安理会和平解决国际争端的职权》，《世界经济与政治》1996 年第 4 期。
③ 联合国网站，http：//www. un. org。
④ 张文彬：《论联合国安理会和平解决国际争端的职权》，《世界经济与政治》1996 年第 4 期。
⑤ 联合国网站，http：//www. un. org。

和严重程度，安理会可以行使调查权。安理会关于调查的决议对联合国会员国具有拘束力，有关国家应该提供必要的协助和便利。① 调查的方式一般包括直接听取当事国和利害关系国的申诉和辩论、设立专门的调查小组、委托有关机构和人员开展调查，等等。如果调查结论认为所涉争端或情势的存在危及国际和平与安全，安理会有权做出进一步的决议，采取进一步的行动。其三，建议职权。《联合国宪章》第 36 条第 1 款规定，对于争端继续存在，足以危及国际和平与安全的维持时，"安理会在任何阶段，得建议适当程序或调整方法"②。该条第 3 款则规定，安理会在作出建议时，应注意凡具有法律性质之争端，原则上应由当事国依国际法院规约之规定提交国际法院。③ 由此，安理会的建议权是受到一定约束的。但提出建议仍是安理会和平解决国际争端的一项重要职权。这项职权有时候与调查结合起来行使，经常还伴随着安理会的斡旋、调停或调解等活动，直到能够作出有关决议。由此可见，安理会在和平解决国际争端上的职权非常广泛，一旦发现对于国际和平与安全的威胁存在，安理会可以行使促请权让有关各方寻求和平解决途径，避免武装冲突或者战争。如果事态未得到控制，安理会可以介入调查，并在调查的基础上，可以向有关各方提出建议。这些职权一环扣一环，用于化解国际争端与矛盾，并在必要时作出决议，有关国家必须遵守和执行。

一旦安理会确定有国家对国际和平与安全构成了威胁，它可以要求这些国家改正其行为。安理会本身也可以采取行动进行补救。④ 《联合国宪章》第 41 条和第 42 条授权安理会"决定采取什么行动执行决议，这些行动包括经济制裁在内的非军事手段以及军事手段"，其中军事行动即为"得采取必要之空海陆军行动，以维持或恢复国际和平及安全"⑤。《联合国宪章》第 43 条和第 45 条规定，成员国有义务为安理会的行动提

① 联合国网站，http：//www. un. org。

② 联合国网站，http：//www. un. org。

③ 联合国网站，http：//www. un. org。

④ ［美］伊恩·赫德：《联合国安理会与国际法治》，付炜译，《浙江大学学报》（人文社会科学版）2013 年第 5 期。

⑤ 联合国网站，http：//www. un. org。

供必要的军事资源。① 因此，仅从《联合国宪章》对安理会授权作出有关决议，并要求会员国遵守和执行来看，国际社会已经结束了"无政府状态"，国际政治体系已经被置于一个法律框架中。这个框架即通过安理会有关针对威胁国际和平与安全情势而作出的决议的执行，联合国履行着维护国际和平与安全的崇高使命，以确保实现国际法治的第一目标"和平"与第二目标"安全"。也就是说，联合国体制下的集体安全保障制度就是通过安理会决议的作出与实施来得到保障的。通过促请、调查、建议职能的有步骤地行使和有关决议的强制执行，联合国安理会能够缓和、冷化、延缓和化解国家间的矛盾，使之朝着和平的方向发展。

需要注意的是，随着国际局势的变化，与联合国成立后苏联解体前的时间段相比，联合国在不到前一阶段一半的时间内，处理的国家或地区间的争端事件和问题增加了一倍以上。可见，安理会在"两极格局"消失和苏联解体后，在处理国家和地区间的争端解决的能力方面获得了迅速提升和加强，有力地维护了世界和平与安全，促进了国际法治的构建和发展进程。

其次，安理会关于和平与安全普遍面临威胁的"面"的决议。

联合国安理会通过积累对于"矛盾点"地区矛盾和纠纷的解决上的经验，不断提升其对于"矛盾面"的把握能力，并通过决议不断进行自省、总结和提升，这样以"点"带"面"，"点面"结合开展工作。例如：1955 年第 110 号决议《审查联合国宪章的问题》，1980 年第 462 号决议《国际和平与安全》，1982 年第 500 号决议《国际和平与安全》，1993 年第 868 号决议《联合国部队和人员的保障和安全》，2005 年第 1624 号决议《国际和平与安全面临的威胁》及第 1625 号决议《加强安理会预防冲突的效力》，2006 年第 1732 号决议《与制裁有关的一般性问题：工作组完成任务》② 及第 1733 号决议《感谢卸任秘书长》，2010 年第 1934 号决议《联合国脱离接触观察员部队》，2014 年第 2150 号决议《国

---

① 联合国网站，http：//www.un.org。

② S/RES/110（1955）、462（1980）、500（1982）、868（1993）、1624、1625（2005）、1732、1733（2006），联合国网站：http：//www.un.org/zh/sc/documents/resolutions/。

际和平与安全受到的威胁》、第 2151 号决议《维护国际和平与安全：安全部门改革：挑战和机遇》、第 2154 号决议《维护国际和平与安全》及第 2171 号决议《预防冲突——维护国际和平与安全》，2015 年第 2240 号决议《维护国际和平与安全》，① 等等。这些决议或者回顾、总结了此前国际和平与安全维度面临的主要问题，或者肯定卸任秘书长的积极作为，或者自省《联合国宪章》、联合国部队、安理会自身存在的弱点和问题，目的在于提高联合国及其安理会的工作效能，以推动国际法治的进程。应该说，任何个人或组织的自我检查和反省，均有益于其健康成长或良性发展。上述联合国安理会决议通过在不同时期就全局性的问题和经验加以总结，或者肯定成就，或者提示风险，或者发现问题，进而指出努力方向，能够对于个案和具体的问题起到预防性作用，有利于国际法治目标的实现。

再次，联合国安理会在实践中通过完善现有机构和机制的方式来带动"维和面"。

在联合国机构中，联合国大会、安理会、国际法院和秘书处负责和平解决国际争端。安理会不断就其自身机构的完善和日常运作作出过有关决议。例如，关于设立和平建设委员会、实施和平行动，设立维和部队、军事参谋团、维和观察团、选举支持团等措施、完善宪章有关问题、联合国军事参谋团、维和部队、观察员部队、专门问题委员会的设立、提名和推荐秘书长、开会程序与日期及国际法院的完善等的决议。具体来说，2005 年 12 月 20 日，联合国安理会通过第 1645 (2005) 号决议，授权建立建设和平委员会并同时授权设立建设和平基金和建设和平支助办公室。通过这些决议，使得集体安全制度从《联合国宪章》的原则规定变得可以操作，从形式到内容再到行动都更加具体，真正为国际和平事业发挥了关键作用。这些都是为确保和平解决国际争端有一个完善的组织机构和运行保障，属于解决矛盾"面"的问题。此外，在维和方面，安理会也通过了若干决议，对于维和行动的规模、时间、人员与过程进

---

①　S/RES/1934 (2010)、2150、2151、2154、2171 (2014)、2240 (2015)，联合国网站：http：//www.un.org/zh/sc/documents/resolutions/。

行影响。① 这里将主要论及两项决议。

一是关于军事参谋团的第 1 号决议。该决议设立的联合国军事指导机构是永久性的。它为维护世界和平与安全提供了平台机构,完善了联合国的机构和功能。事实上,安理会在制止和预防战争与武装冲突方面的实践也表明,该机构在联合国军事资源调配等方面发挥了重要作用。例如,1988 年 8 月至 1991 年 2 月的联合国伊朗/伊拉克军事观察团就是编制达到 400 名军事人员,并由国际上和当地征聘文职人员提供军事参谋支持的一个组织。其职能是在全面解决问题之前,负责核查、证实并监督交战方停火,以及监督各方部队撤到国际承认的边界。在伊朗和伊拉克将其部队完全撤到两国承认的边界之后,两伊军事参谋团圆满结束其使命。毫无疑问,军事观察团为两伊战争的解决做出了贡献。鉴于军事干预在维护国际和平与安全中扮演着越来越重要的作用,军事指导机构有利于联合国作用的发挥。安理会第 1 号决议直接完善了国际法治的平台机构,确保了国际法治的运作机构与人员保障。

二是关于大国间关系的第 135 号决议。1960 年 5 月 1 日,在巴黎四国峰会前夕,美国 U - 2 型战斗机侵入苏联领空被苏联导弹击落,苏联向安理会抗议美国的侵略行径。但因未获得多数票,该提案未获通过。1960 年 5 月 26 日,安理会通过关于大国间关系的第 135 号决议。该决议表明,对因上述事件导致法苏英美四国会议未成而深表遗憾。决议认为,有必要依据国际法原则重建国际互信。决议决定:建议有关各国通过宪章规定的协商与其他和平方式解决现存国际问题;重申所有会员国在国际关系中应该限制使用武力或武力威胁,相互尊重主权、领土完整和政治独立,以及避免导致紧张的任何行动;要求有关国家政府按照联合国大会第 1378 决议第 14 款开展有效的裁军,不再开展核武器武验,通过大会建议的技术手段避免突袭他国的现象;以及敦促法英苏美四国尽快继续探讨这些问题,并诉诸安理会或联合国其他机构以达成上述和平目的。② 该决议所涉事项是美苏

---

① Susan Hannah Allen and Amy T. Yuen, "The Politics of Peacekeeping: UN Security Council Oversight Across Peacekeeping Missions", *International Studies* (*Quarterly*), Vol. 58, 2014, pp. 621 –632.

② Karel C. Wellens, *Resolutions and Statements of the United Nations Security Council* (1946 – 1992) —*A Thematic Guide*, Martinus Nijhoff Publishers, 1993, pp. 3 –4.

之间的摩擦。这也是二战后两个超级大国之间发生的一次军事摩擦。如果没有安理会及时作出决议，加以干预，并提出维护国际和平与安全的建设性建议，重申国际法的原则及禁止使用武力、停止核武器实验、通过协商对话解决分歧等原则，可能会引发两个大国之间的直接军事冲突甚至战争。如果两个大国发生战争，各自带领的其他国家阵容难免参加或被卷入战争，这样第三次世界大战就在所难免。因此，安理会第135号决议在美苏之间起到了润滑剂或冷却剂的作用，避免了令世界神经敏感的两个大国间关系的公开破裂。美苏两国关系之后转入长期的冷战，避开了直接的军事对抗，应该说与这个决议的作用不无关联。同时，该决议的内容对于除美苏外的其他大国间如何和平相处也具有重大的指引作用和示范价值。该决议对国际争端案件的处理，对于国际法治中重要因素的大国间关系在和平共处方面提供了最早的示范和榜样。该决议内容中通过和平协商解决争端、避免使用武力和停止核试验活动的主张目前仍是国际关系中所倡导的，也符合国际法治对于各国间国际关系的基本的要求。

在解决矛盾"面"的方面，安理会的决议还包括就加强同区域的、专门性的国际组织合作的决议。针对较大范围的地区和平与安全问题的决议，例如，1968年第245、第246号决议《西南非问题》，1972年第308号决议《非洲团结组织》，1973年第330号决议《拉丁美洲》，1989年第637号及1990年第653、第654、第656、第675号决议《中美洲局势》，1997年第1094号决议《中美洲：迈向和平的努力》，1998年第1170、第1196、第1197、第1208、第1209号决议《非洲局势》，2009年第1862、第1907号决议《非洲的和平与安全》及第2037号决议《巩固西非和平》，2012年2056、第2071号决议《非洲的和平与安全》，2012年第2033号决议《联合国与区域和次区域组织在维护国际和平与安全方面的合作》，① 2013年关于《中东局势》的第2108、第2115、第2118、

---

① 　S/RES/245、246（1968）、330（1973）、637（1989）、653、654、656、675（1990）、1094（1997）、1170、1196、1197、1208、1209（1998）、1862、1907、2307（2009）、2056、2071（2012）、2108、2115、2118、2131（2013）、2177（2014）、308（1972）、2033（2012），联合国网站：http://www.un.org/zh/sc/documents/resolutions/2015.shtml。

第 2131 号等多项决议，2014 年第 2177 号决议《非洲的和平与安全》。这些决议对于非洲、中东、中美洲等全球特定热点区域"面"的和平与安全问题加以特别关注，或者总结该地区的局势，或者强调加强与有关区域和次区域组织在维护国际和平与安全方面的合作，结合对热点地区和国家局势的处理，维护国际和平与安全，推进了国际法治。

总而言之，国际法治的构建要素中包括公开透明的、完善的国际法律制度。但国际法如何实施，也就是说如何通过联合国等机构的行动，以及国际法主体对国际法的自觉遵守，以实现国际社会的依法治理，是一个重大的理论与实践课题。为此，安理会在《联合国宪章》奠定的已有的联合国体制和制度的基础上，不仅通过决议来完善集体安全制度，而且通过其决议不断推陈出新，以其积极的作为在不断填补实施制度上的空白。这些努力的实际效果是，战后 70 余年来，尽管局部冲突与战争从未完全停止过，但凭借联合国安理会及其决议的积极作用和影响，至今没有发生世界大战，人类避免了大规模战争的惨祸。因而，我们有理由说，具有强制执行力的安理会决议在维护国际和平与安全方面发挥了不可替代的重要作用和影响，确保了国际法治追求的"和平"目标的实现。

2. 有关反恐的决议及其对国际法治的影响

在打击和遏制国际恐怖主义方面，联合国安理会在构建反恐立法与国际合作机制方面发挥了不可替代的作用，甚至有学者认为，安理会本身在"超越职权"为国际社会"立法"，变成了兼具"立法职能"的执行机构。① 典型的一个例子是在 2001 年美国"9·11 事件"后，国际社会面临极其严重的恐怖主义威胁，已有的反恐公约无法对可能随时发生

---

① 例如，刘正认为，"联合国安理会通过第 1373 号决议，在不少方面完善了现行反恐国际法"。见刘正《论安理会 1373 号决议对反恐国际法的完善》，《山东社会科学》2003 年第 6 期，第 33 页。王孔祥认为，"安理会的反恐机制主要由四项内容组成：（1）谴责恐怖主义行径；（2）要求各国履行义务；（3）能力建设；以及（4）对个人的制裁"。参见王孔祥《强行法与公正审判权的冲突——联合国安理会 1267 号决议评析》，《武汉大学学报》（哲学社会科学版）2010 年第 1 期。简基松主张："宪章的有关条款没有排除安理会通过决议造法的可能性。虽然安理会决议造法不是安理会的一般实践，但在受到合法性质疑后又被各国广泛接受，可以看出安理会决议造法在某种程度上为当今国际法所认同。"见简基松《对安理会"决议造法"行为之定性分析与完善建言》，《法学》2009 年第 10 期。

的国际恐怖主义实施有效打击。如果不在有关制度上加以完善，世界上任何国家都随时可能面临更为严重的恐怖主义侵犯。在因恐怖主义而致的国际和平与安全面临严峻威胁的背景下，安理会通过第 1373 号决议，要求各国配合执行并制定有关国内立法，以全面应对国际恐怖主义的挑战，控制国际恐怖主义犯罪。该决议中的内容就相当于新的国际法律制度。有国外学者指出，第 1368 号和第 1373 号决议在联合国安理会和联合国会员国之间进行了反恐上的分工合作。

应该说，安理会对于爆炸、劫持和恐怖主义等国际犯罪行为早有关注。例如 1999 年安理会通过名为《阿富汗局势：制裁塔利班》的第 1267 号决议，对于阿富汗庇护塔利班恐怖集团头目本·拉登的行为施加有关义务，并成立了附属委员会即第 1267 决议委员会。[①] 之后，在同一年，安理会又通过名为《消除国际恐怖主义》的第 1269 号决议，表达安理会反恐的决心。[②] 但对于国际恐怖主义的最为集中、高度和持久的关注发生在 2001 年美国"9·11 事件"之后。该起事件发生之突然、破坏力之大、造成后果之严重，震惊了全世界。该事件的发生，说明国际恐怖主义已成为国际和平与安全的又一重大现实威胁。事件发生后的次日，安理会即通过名为《打击恐怖主义》的第 1368 号决议，表示安理会准备根据《联合国宪章》规定的职责采取一切必要步骤，打击一切形式的恐怖主义。[③] 2001 年 9 月 28 日，在安理会第 4385 次会议上，一致通过第 1373 号决议《国际合作防止恐怖主义行为》。该项决议作出以一切手段打击恐怖主义的决定；强调根据《联合国宪章》第七章采取行动，并作出 12 项"决定"和 7 项"呼吁"。[④] 同年 11 月 12 日，安理会又通过第 1377 号决议《全球努力打击恐怖主义的宣言》。该宣言呼吁所有国家全面执行第

①　S/RES/1267（1999），October 22，1999，联合国网站：http：//www. un. org/zh/sc/documents/resolutions/。

②　S/RES/1269（1999），October 19，1999，联合国网站：http：//www. un. org/zh/sc/documents/resolutions/。

③　S/RES/1368（2001），September 13，2001，联合国网站：http：//www. un. org/zh/sc/documents/resolutions/。

④　S/RES/1373（2001），September 28，2001，联合国网站：http：//www. un. org/zh/sc/documents/resolutions/。

1373 号决议，制定和完善有关立法和合作机制，协调各国行动。① 应该说，在"9·11 事件"之前，国际社会已经有基本的反恐立法，主要是联合国先后主持制定的一系列公约，包括：《关于在航空器内的犯罪和其他某些行为的公约》（1963）、《关于制止非法劫持航空器的公约》（1970）、《关于制止危及海上航行航空安全的非法行为的公约》（1971）、《关于防止和惩处侵害应受国际保护人员包括外交代表的罪行的公约》（1973）、《关于劫持人质国际公约》（1979）、《反对核材料的实物保护公约》（1980）、《制止在国际民用航空机场的非法暴力行为议定书》（1988）、《制止危害航海安全的非法行为公约》和《制止危害大陆架固定平台安全非法行为议定书》（1988）、《关于在可塑炸药中加添识别剂以便侦测的公约》（1991）、《制止恐怖主义爆炸的国际公约》（1997）和《制止向恐怖主义提供资助的国际公约》（1999 年）等 12 个涉及反恐的公约。② 但由于这些反恐公约制定于不同的年代，且分别针对特定的恐怖主义罪行，因而内容上存在不统一、不协调之处，而且有些方面尚未涉及，且存在效力不够普遍的问题。③ 安理会第 1373 号决议则从反恐迫切需要出发，制定了一些国际合作打击恐怖主义的新规则，例如，所有国家不得支持、默许或资助恐怖主义活动；所有国家对于资助、计划、支持或犯下恐怖主义行为或提供安全庇护所的人拒绝给予安全庇护；确定了处理与恐怖主义有关的难民问题的原则，确保难民地位不被那些犯下、组织或协助恐怖主义行为者滥用；完善了引渡国际法，呼吁所有国家不承认以出于政治动机的主张为由而拒绝引渡被指控的恐怖分子的请求。④ 可以说，该决议规定了打击国际恐怖主义的方法和机制，对于反恐国际立法起到了重要的补充作用。同时，它还建立了在反恐事务上国家间情报、通讯、司法等部门的合作机制，大大提高了打击国际恐怖主义的效率和能力。

自 2001 年至 2015 年，安理会每年都跟踪打击国际恐怖主义的情况，

---

① S/RES/1377 （2001），November 12，2001，联合国网站：http：//www.un.org/zh/sc/documents/resolutions/。

② 刘正：《论安理会 1373 号决议对反恐国际法的完善》，《山东社会科学》2003 年第 6 期。

③ 刘正：《论安理会 1373 号决议对反恐国际法的完善》，《山东社会科学》2003 年第 6 期。

④ 刘正：《论安理会 1373 号决议对反恐国际法的完善》，《山东社会科学》2003 年第 6 期。

并作出了多项有关反恐的决议。例如，2002 年，安理会在 2001 年三项决议的基础上通过五项决议，其中包括：第 1390 号决议《反恐怖主义：制裁本·拉登和"基地组织"》，在打击恐怖主义历史上第一次提出明确具体的打击目标；① 第 1438、第 1440、第 1450 号决议，三项决议均以《打击恐怖主义》为名，它们重申了联合国关于打击恐怖主义的决心；② 第 1452 号决议《打击恐怖主义：金融措施》，制定了有关反恐跨国金融合作，以及对用于恐怖主义活动的资金流动的金融管制措施。③ 2003 年，安理会通过第 1456 号决议《打击恐怖主义的宣言》、第 1465 号和第 1516 号《打击恐怖主义》的决议。④ 2004 年通过第 1530 号《打击恐怖主义》决议、第 1535 号《反恐委员会：设立执行局》决议、第 1540 号《防止核生化武器扩散》决议和第 1566 号《打击一切形式的恐怖主义》四项决议。⑤ 这些决议进一步完善了联合国反恐的内部机构——设立执行局，并重申打击恐怖主义的决心。其中，第 1540 号决议要求所有国家采取决议规定的措施，避免大规模毁灭性武器向非国际行为者扩散。这明显带有立法性质。2005 年，安理会通过第 1611 号《打击恐怖主义》的决议、第 1617 号《对与恐怖主义有关联者采取的措施》的决议和第 1618 号《谴责在伊拉克的恐怖行为》的决议，进一步明确要打击与恐怖主义存在关联的人和机构，公开认定和谴责在特定国家发生的恐怖主义行为。⑥ 2006

---

① S/RES/1390（2002），January 16，2002，联合国网站：http：//www.un.org/zh/sc/documents/resolutions/。

② S/RES/1438（2002），October 14，2002，S/RES/1440（2002）24 October 2002，S/RES/1450（2002）13 December 2002，联合国网站：http：//www.un.org/zh/sc/documents/resolutions/。

③ S/RES/1452（2002），December 20，2002，联合国网站：http：//www.un.org/zh/sc/documents/resolutions/。

④ S/RES/1456（2003），January 20，2003，S/RES/1465（2003）13 February 2003，S/RES/1516（2003）20 November 2003，联合国网站：http：//www.un.org/zh/sc/documents/resolutions/。

⑤ S/RES/1530（2004），March 11，2004，S/RES/1535（2004）26 March 2004，S/RES/1540（2004）28 April 2004，S/RES/1566（2004）11 October 2004，联合国网站：http：//www.un.org/zh/sc/documents/resolutions/。

⑥ S/RES/1611（2005），July 7，2005，S/RES/1617（2005）29 July 2005，S/RES/1618（2005）4 August 2005，联合国网站：http：//www.un.org/zh/sc/documents/resolutions/。

年，安理会通过第 1735 号《恐怖主义威胁：制裁恐怖分子的措施》的决议，进一步丰富了制裁措施。① 2007 年和 2008 年，安理会先后通过第 1787 号及第 1805 号关于《恐怖行为对国际和平与安全造成的威胁：延长反恐执行局任期》的决议，以及 2008 年第 1822 号《恐怖行为给国际和平与安全造成的威胁：制裁恐怖分子的措施》的决议。② 2009 年通过的第 1904 号决议及 2010 年通过的第 1963 号决议均为《恐怖行为对国际和平和安全造成的威胁》的决议。在 2012—2014 年，安理会连续通过了第 2082 号和第 2083 号决议、第 2129 号决议及第 2133、第 2160、第 2161、第 2170、第 2178、第 2195 号关于《恐怖行为对国际和平和安全造成的威胁》的决议。在恐怖行为屡屡发生的背景下，数次以同样标题和类似内容谴责恐怖行为的危害。③ 2015 年通过第 2199 号《消除恐怖行为对国际和平与安全造成的威胁》的决议。④ 这表明，自 2001 年以来，安理会每年至少有一项以上涉及国际恐怖主义议题的决议，截至 2015 年已经作出了 33 项有关决议。也就是说，平均每年超过 2 项。这些决议的作出和执行有力地打击了国际恐怖主义。可以说，上述安理会决议尤其是 2001 年的第 1373 号决议和 2004 年的第 1540 号决议本身带有一定的造法性。安理会也将继续通过普遍适用的决议。⑤ 这些决议中类似内容的反复实施能够在一定程度上形成类似国际法立法的效应。难怪有学者认为，安理会决议造法在某种程度上为当今国际法所认同。⑥ 无论如何，安理会根据反恐情势的需要，并据《联合国宪章》及有关国际公约，有针对性地通过

————————

①　S/RES/1735（2006），December 22，2006，联合国网站：http：//www. un. org/zh/sc/documents/resolutions/。

②　S/RES/1787（2007），December 10，2007，S/RES/1805（2008）20 March 2008，S/RES/1822（2008）30 June 2008，联合国网站：http：//www. un. org/zh/sc/documents/resolutions/。

③　S/RES/2133（2014），S/RES/2160（2014），S/RES/2161（2014），S/RES/2170（2014），S/RES/2178（2014），S/RES/2195（2014），联合国网站：http：//www. un. org/zh/sc/documents/resolutions/。

④　S/RES/2199（2015），联合国网站：http：//www. un. org。

⑤　Vesselin Popovski and Trudy Fraser，*The Security Council as Global Legislator*，Routledge Taylor & Francis Group，2005，pp. 102 – 105.

⑥　简基松：《对安理会"决议造法"行为之定性分析与完善建言》，《法学》2009 年第 10 期。

一系列决议来敦促各国协调行动，建立反恐情报、通讯、司法部门合作机制，形成类似立法、执法和监督的三重法治机制，为有效打击威胁国际法治的恐怖主义行为发挥了积极的作用和影响。其本身也是国际法治的实现方式，完全符合国际法治的基本原则和追求目标。然而，国际反恐局势依然严峻。2015 年 11 月 13 日，法国巴黎再次遭遇极端组织连环恐怖爆炸和袭击，造成 130 多人死亡，数百人受伤；2017 年 3 月中旬，英国伦敦国会大厦附近发生恐怖袭击，造成 5 死 40 伤。可见，国际反恐任重道远，反恐立法及其实施机制属于国际法治建设中长期的不可分割的一个组成部分。

3. 有关打击海盗的决议及其对国际法治的影响

索马里地区的海盗问题由来已久。近年来，由于该地区政局不稳、经济落后等原因，海盗问题呈现愈演愈烈之势，2008 年起发生过多起海盗事件，引起国际社会的严重关注。例如，2009 年 10 月 19 日，中国青岛远洋运输公司所属"德新海"号货轮在印度洋被索马里海盗劫持；2010 年元旦，两艘外国货船被索马里海盗劫持，其中一艘是悬挂新加坡国旗的印尼货船，有 24 名船员，包括 5 名中国人，当日晚上，另一艘悬挂英国国旗的货轮在距索马里约 1000 公里的海域遭到海盗劫持。[①] 因海盗将大量赃款用于购置高性能的武器装备，其活动范围扩大，甚至频发于公海上。据国际海事组织估计，1995 年以前，世界范围内的海盗活动每年造成大约 3 亿—4 亿美元的直接经济损失，而到 2008 年，全球共计损失 250 亿美元。[②] 因此，海盗行为被认为是"人类的公敌"。针对海盗问题，2008 年安理会通过了第 1816、第 1838、第 1846、第 1851 号决议。[③] 这些决议敦促各国通过国际合作，共同打击海盗，维护有关海域航行的安全。[④] 其中，安理会第 1816 号决议要求各国应加强与索马里过渡

---

① 崔任：《打击索马里海盗的国际法分析》，《国际关系学院学报》2010 年第 6 期。

② 陈传伟、李伯军：《索马里海盗、普遍管辖权与集体安全》，《社科纵横》2011 年第 7 期。

③ 崔任：《打击索马里海盗的国际法分析》，《国际关系学院学报》2010 年第 6 期。

④ S/RES/1816（2008），S/RES/1838（2008），S/RES/1846（2008），S/RES/1851（2008），联合国网站：http://www.un.org/zh/sc/documents/resolutions/。

政府及包括国际海事组织在内的相关国家和组织的协调合作。① 2009 年，安理会又通过第 1897 号决议，② 决定延长打击海盗的行动授权。

为根除索马里海盗问题的当地社会根源，安理会积极干预索马里的安全、民主和法治进程，先后做出一系列关于索马里的决议。例如，2010 年的第 1910、第 1916、第 1918、第 1950 号和第 1964 号决议；2011 年的第 1972、第 1976、第 2002、第 2010、第 2015、第 2020 号及第 2023 号决议；2012 年的第 2036、第 2060、第 2067、第 2072、第 2073、第 2077 号及第 2085 号决议；2013 年的第 2093、第 2102、第 2111、第 2124 号及第 2125 号决议；2014 年的第 2142、第 2158、第 2182 号决议；2015 年的第 2221 号和第 2232 号决议。近 6 年来，安理会共计作出了 29 项决议，维护了该地区的和平与安全进程，推动了政治与社会改革，为打击海盗活动起到了釜底抽薪的基础性作用。③

与打击国际恐怖主义类似，安理会的决议配合了原有的包括 1958 年《日内瓦公海公约》和 1982 年《联合国海洋法公约》等在内的、涉及打击海盗的国际法律规定，④ 授权各国根据《联合国宪章》第七章的规定采取行动，并按照《联合国海洋法公约》第 100—107 条的规定，在索马里海域采取包括武力在内的方式打击海盗。

安理会决议在打击海盗行为方面对于已有国际法的突破，主要体现在扩大了打击海盗的范围，即在索马里过渡政府同意的情况下，可以进入该国领海甚至境内进行打击。由此可说，安理会决议在一定程度上突破了原有的打击海盗的国际法律规定，完善了打击海盗活动的国际合作

---

① 崔任：《打击索马里海盗的国际法分析》，《国际关系学院学报》2010 年第 6 期。

② S/RES/1897（2009），联合国网站：http：//www. un. org。

③ S/RES/1910（2010），S/RES/1916（2010），S/RES/1918（2010），S/RES/1950（2010），S/RES/1964（2010），S/RES/1972（2011），S/RES/1976（2011），S/RES/2002（2011），S/RES/2010（2011），S/RES/2015（2011），S/RES/2020（2011），S/RES/2023（2011），S/RES/2036（2012），S/RES/2036（2012），S/RES/2060（2012），S/RES/2067（2012），S/RES/2072（2012），S/RES/2077（2012），S/RES/2085（2012），S/RES/2093（2013），S/RES/2101（2013），S/RES/2111（2013），S/RES/2124（2013），S/RES/2125（2013），S/RES/2142（2014），S/RES/2158（2013），S/RES/2182（2013），S/RES/2221（2015），S/RES/2132（2015），联合国网站：http：//www. un. org/zh/sc/documents/resolutions/。

④ 崔任：《打击索马里海盗的国际法分析》，《国际关系学院学报》2010 年第 6 期。

机制，为国际法治进程中处理特定问题的方式、方法与途径提供了有益的探索和成功的经验。此外，由于海盗活动严重威胁着国际法治追求的和平与安全目标，因此，安理会以决议的方式采取行动打击海盗行为，有力地维护了有关地区的国际和平与安全。

4. 有关防止核武器扩散的决议及其对国际法治的影响

考虑到核武器对于全人类可能造成毁灭性的威胁，除了在前文全球普遍安全议题中提到的第 255 号决议《关于保障〈防止核武器扩散条约〉非核武器当事国之措施的问题》外，有必要从概况到国家两方面，对安理会有关处理核武器的决议进行更为系统的分析总结。

（1）涉及核武器的决议概览

自联合国成立以来，安理会就涉及核武器的限制使用和开发方面作出过多项决议。早期的决议包括：1947 年第 20 号决议、1948 年第 52 号决议、1949 年第 74 号决议，亦即《原子能：国际管制》决议。该决议指明，对原子能的利用应该由国际社会加以管制，并对此作了概括性的规定。① 此后，1968 年通过第 255 号《关于保障〈防止核武器扩散条约〉非核武器当事国之措施的问题》的决议，为非核武器国家提供了集体安全的保障。② 2004 年通过第 1540 号《防止核生化武器扩散》的决议，并成立执行该决议的第 1540 委员会。③ 2006 年第 1673 号《不扩散大规模毁灭性武器：延长 1540 委员会任期》的决议，根据执行情况对 1540 委员会的任期加以延长。④ 之后，安理会又于 2011 年通过第 1977 号《不扩散大规模毁灭性武器》的决议、⑤ 第 1984 号《防扩散》决议、⑥ 2012 年通过第 2055 号《不扩散大规模杀伤性武器》决议、⑦ 2014 年第 2159 号《不扩散》决议、⑧ 2015 年第 2224 和

---

① S/RES/20（1947），S/RES/52（1948），S/RES/74（1949），联合国网站：http：// www. un. org/zh/sc/documents/resolutions/。

② S/RES/255（1968），联合国网站：http：//www. un. org/zh/sc/documents/resolutions/。

③ S/RES/1540（2004），联合国网站：http：//www. un. org/zh/sc/documents/resolutions/。

④ S/RES/1673（2006），联合国网站：http：//www. un. org/zh/sc/documents/resolutions/。

⑤ S/RES/1977（2011），联合国网站：http：//www. un. org/zh/sc/documents/resolutions/。

⑥ S/RES/1984（2011），联合国网站：http：//www. un. org/zh/sc/documents/resolutions/。

⑦ S/RES/2055（2012），联合国网站：http：//www. un. org/zh/sc/documents/resolutions/。

⑧ S/RES/2159（2014），联合国网站：http：//www. un. org/zh/sc/documents/resolutions/。

2231 号《不扩散》决议①等。这些决议均系根据防止核武器扩散的执行情况而不断作出的新的决议。

（2）《保障〈防止核武器扩散条约〉非核武器当事国之措施问题》的第 255 号决议

1968 年 6 月 12 日，《不扩散核武器条约》在联合国大会以大会第 2373 号决议获得通过。但一些国家认为，其遵守条约的同时应该受到安全的保障。故而，苏美英发表三方声明，其各自政府也分别发表了官方声明。安理会遂于 1968 年 6 月 19 日通过第 255 号决议，即《关于保障〈防止核武器扩散条约〉非核武器当事国之措施的问题》的决议。

该项决议表明，欣赏大批国家签约不参与核武器及其爆破装置的运输、传播，不生产或要求生产或为他国提供协助生产这些设备；考虑到一些国家提议在守约的同时，缔约国的安全应该加以保障：铭记使用核武器将危及全球所有国家的和平与安全。故此，确认针对一个非核国家使用核武器或威胁使用时，安理会及其常任理事国应立即根据《联合国宪章》采取行动；欢迎一些国家承诺在非核国家受到核武器攻击或威胁时给予立即的支持和帮助；再次确认《联合国宪章》第 51 条固有的内在权利，即一会员国受到攻击时单独或集体自卫的权利，以及安理会在这方面采取必要措施维持国际和平与安全。②

鉴于核武器具有在短时间内多次毁灭全世界的巨大威力，在联合国大会以决议形式作出禁止使用和发展核武器的决定后，安理会再次通过第 255 号决议。该决议对会员国具有强制执行力。这对于确保国际社会的和平与安全，具有重大和深远的历史意义。可以说，从核武器产生至今，除了二战中美国在日本广岛、长崎分别投掷两颗原子弹外，还没有发生过使用核武器的其他情况。安理会的这项决议旨在通过拥有核武器和不拥有核武器的国家之间集体承诺的方式，有效地制止核战争。应该说，该项决议对国际法治产生了积极影响。

① S/RES/2231（2015），联合国网站：http：//www. un. org/zh/sc/documents/resolutions/。

② Karel C. Wellens, *Resolutions and Statements of the United Nations Security Council*（1946 - 1992）—*A Thematic Guide*, Martinus Nijhoff Publishers, 1993, pp. 5 - 6.

此外，虽然国际法治的理论尚处于探索中，但国际法治的和平与安全目标应该包括有关禁止核武器使用的内容，因此，该决议在一定程度上补充了国际法治中有关核武器安全的保障制度，维护了国际和平与安全。

（3）与朝鲜核武器问题有关的决议

朝鲜半岛是两极格局瓦解后的"冷战活化石"。朝鲜在其传统盟友苏联解体及美国成为超级大国之后，其生存安全成为外交政策的首要目标。① 在军事上，它致力于发展核武器，2002 年 12 月宣布重启核计划，废除《朝美核框架协议》；2003 年 1 月 10 日，宣布退出《不扩散核武器条约》，并于同年 5 月退出《朝鲜半岛无核化宣言》。② 2006 年 7 月 6 日，朝鲜发射了首枚导弹。

针对朝鲜准备发射导弹的情况，2006 年 7 月 15 日，安理会曾通过第 1695 号关于《朝鲜发射导弹问题》的决议。在朝鲜发射导弹后，安理会又于 2006 年 10 月 14 日通过第 1718 号《防扩散问题：制裁朝鲜》的决议，③ 对于朝鲜违反有关国际义务的行为予以谴责和制裁。而朝鲜外务省则发表声明称，如果安理会不就"侵犯朝鲜自主权的行为赔礼道歉"，朝鲜计划再次进行核试验和试射洲际导弹。④ 此后，朝鲜不顾国际社会的反对，于 2009 年进行了第二次核试验。于是，2010 年 6 月 7 日，安理会通过第 1928 号《防扩散：朝鲜民主主义人民共和国》决议，⑤ 2011 年 6 月 10 日，再次通过第 1985 号关于《防扩散：朝鲜民主主义人民共和国》的决议。这两项决议为朝鲜规定的义务包括：以完全、可核查和不可逆的方式放弃所有核武器和现有核计划；立即停止所有相关活动；不使用弹道导弹技术进行进一步发射，不进行核试验，不进行进一步挑衅行为。⑥

---

① 江河：《朝核危机的国际法解读：以安理会决议为视角》，《武汉科技大学学报》（社会科学版）2013 年第 1 期。

② 江河：《朝核危机的国际法解读：以安理会决议为视角》，《武汉科技大学学报》（社会科学版）2013 年第 1 期。

③ S/RES/1718（2006），联合国网站：http：//www. un. org/zh/sc/documents/resolutions/。

④ 江河：《朝核危机的国际法解读：以安理会决议为视角》，《武汉科技大学学报》（社会科学版）2013 年第 1 期。

⑤ S/RES/1928（2011），联合国网站：http：//www. un. org/zh/sc/documents/resolutions/。

⑥ S/RES/1985（2012），联合国网站：http：//www. un. org/zh/sc/documents/resolutions/。

然而，2012 年 4 月和 12 月，朝鲜又两次发射卫星，再次引发了国际社会对朝核危机的普遍关注。2012 年 6 月 12 日，安理会通过第 2051 号《防扩散：朝鲜民主主义人民共和国》决议。① 2013 年朝鲜进行了第三次核试验。为应对朝核危机，安理会又于 2013 年 1 月 22 日和 3 月 7 日，以及 2014 年 3 月 5 日通过了关于《防扩散：朝鲜民主主义人民共和国》的第 2087 号决议、② 第 2094 号决议③及第 2141 号决议。④ 2015 年 3 月 4 日，通过了第 2207 号关于《朝鲜核不扩散》的决议。⑤

多年以来，经过漫长的"六方会谈"，朝核危机一度获得缓解。但即便"六方会谈"就朝核危机达成最终的解决方案成果，因其缺乏制度上的实施保障，朝核危机的有效解决还需要更多及更有效的相关实施机制的进一步保障。经过多年持续的努力，近年朝核问题有了较顺利的进展，2018 年 4 月朝鲜宣布将于次月放弃核试验，至此，朝鲜半岛局势正在朝着无核化的方向积极推进。

（4）关于伊朗核武器问题的决议

除朝鲜外，伊朗是另一个违反《不扩散核武器条约》的国家。自 20 世纪 50 年代后期，伊朗即开始其核能发展计划，并先后投入大量资金，建立了一个核电站、6 个核研究中心和 5 个铀处理设施。⑥ 2012 年 4 月 10 日，伊朗宣布其有制造核武器的能力。早在 2006 年 7 月 31 日，安理会就通过了第 1696 号《不扩散问题：伊朗核问题》的决议。⑦ 随后，2006 年 12 月 23 日，通过第 1737 号《伊朗核问题：制裁措施》的决议，⑧ 2007 年 3 月 24 日通过第 1747 号《伊朗核问题：制裁措施》决议，2008 年 3 月 3 日通过第 1803 号《防扩散：伊朗核问题》的决议，2008 年 9 月 27

---

① S/RES/2051（2012），联合国网站：http：//www. un. org/zh/sc/documents/resolutions/。
② S/RES/2087（2013），联合国网站：http：//www. un. org/zh/sc/documents/resolutions/。
③ S/RES/2094（2013），联合国网站：http：//www. un. org/zh/sc/documents/resolutions/。
④ S/RES/2041（2014），联合国网站：http：//www. un. org/zh/sc/documents/resolutions/。
⑤ S/RES/2207（2015），联合国网站：http：//www. un. org/zh/sc/documents/resolutions/。
⑥ 贺雪瑞、郭欣根：《试析美国对印度和伊朗核政策的区别》，《重庆科技学院学报》（社会科学版）2008 年第 1 期。
⑦ S/RES/1696（2006），联合国网站：http：//www. un. org/zh/sc/documents/resolutions/。
⑧ S/RES/1737（2006），联合国网站：http：//www. un. org/zh/sc/documents/resolutions/。

日通过第 1835 号《防扩散：呼吁伊朗履行义务》的决议，以及 2010 年 6 月 9 日通过第 1929 号《防扩散：伊朗核问题》决议。① 以安理会一系列决议为基础，到 2015 年 7 月，经过马拉松式的谈判，伊核问题六国即美、英、法、俄、中、德代表与伊朗在奥地利首都维也纳达成伊核问题全面协议。据此协议，伊朗同意大幅减少浓缩铀储备和运行的离心机数量，并且扩大国际原子能机构的核查范围，美英等国则同意解除对伊朗的制裁，包括取消对伊弹道导弹技术转让等禁令。② 这是在安理会决议影响下谈判达成的重要成果。

有学者认为，《不扩散核武器条约》的基本宗旨与国际法的实施机制的特性决定了联合国安理会决议在维护国际和平与安全中的法律规范性。③ 在国际法律秩序中，安理会与现代国际法实施机制的关联性是理解安理会决议对于限制核武器扩散之作用的前提和基础。在朝核危机和伊朗核危机中，安理会通过的相关决议就是确定朝鲜和伊朗国际责任的法律依据。④ 由上可见，安理会决议在《不扩散核武器条约》的实施中发挥着重要作用。正是由于核武器具有毁灭人类的危害性，对其严格管制对于国际和平与安全的维护至关重要。因此，联合国安理会决议通过对全球核武器的限制性使用，以及对于朝鲜、伊朗两个违背有关核武器限制的国际法律的国家加以管制和制裁，对于全球其他企图发展核武器的国家形成警示作用，有力地避免了核武器的扩散，维护了国际和平与安全，维护了国际法治的权威。

值得一提的还有安理会第 1540 号决议。该项决议作出的关于全面控制核武器扩散的有关规定，也几乎成为新的国际法律制度，各国必须遵守。所有类似这些通过安理会决议产生的国际法律制度的目标都是为了

---

① 　S/RES/1747（2007）、1803（2003）、1835（2008）、1929（2010）、联合国网站：http：//www. un. org/zh/sc/documents/resolutions/。

② 　国际新闻网站：http：//www. sxrb. com。

③ 　江河：《朝核危机的国际法解读：以安理会决议为视角》，《武汉科技大学学报》2013 年第 1 期。

④ 　江河：《朝核危机的国际法解读：以安理会决议为视角》，《武汉科技大学学报》2013 年第 1 期。

完善国际法治的实施机制或执行机制。同时,这也符合上文论述的完善
国际立法的国际法治的基本原则和精神。

5. 有关维持和平行动的决议及其对国际法治的影响

维持和平行动是联合国体制维持国际法治的重要路径。① 维和行动是
在联合国的法治框架下,通过安理会决议等方式来加以运行的。

维和行动的概念缘起于国际法律文件。早期形态就是单一的维和行
动,属于联合国法治框架下集体安全体制的一部分。1948 年安理会通过
第 50 号决议,其重要意义在于建立联合国驻巴勒斯坦停战监督组织,从
而监督阿以《停战协定》的执行。② 自 20 世纪 50 年代,随着联合国紧
急部队的建立,开了武力维和的先河。1973 年安理会第 341 号决议、
1997 年第 847 号决议等曾对于紧急部队建设等问题先后作出安排。③ 随
着国际法治理念在国际社会的兴起,联合国维持或重建和平、促进国际
法治的各项行动也有了根本性的变化,并在实践中发展了一系列不同形
式的维和行动。维和行动不仅仅停留在隔离交战方和监督停火问题上,
还增加了监督选举、组建政府、改组和削减军队、改革司法制度、保护
人权、解决其他经济与社会问题等,以提高在战争或冲突社会恢复和平
与法治的有效性。④ 例如,1992 年联合国成立了维和行动部,向世界各
地的联合国维和行动提供政治和行政领导;1997 年的第 1121 号决议
《联合国维和》、2000 年的第 1327 号决议《和平行动问题小组的报告》
等对联合国维和行动进行阶段性总结。⑤ 据此,在国际维和发展过程
中,维和行动的概念除了"维持和平"(peacekeeping)外,还出现了
"缔造和平"(peacemaking)和"建设和平"(peacebuilding)等概念,

---

① 吴燕妮:《论联合国框架下的法治——和平行动的发展及挑战》,《华北电力大学学报》
2013 年第 4 期。

② S/RES/50 (1948),联合国网站:http://www.un.org/zh/sc/documents/resolutions/。

③ S/RES/341 (1973)、847 (1997),联合国网站:http://www.un.org/zh/sc/documents/
resolutions/。

④ 吴燕妮:《论联合国框架下的法治——和平行动的发展及挑战》,《华北电力大学学报》
2013 年第 4 期。

⑤ S/RES/1121 (1997)、1327 (2000),联合国网站:http://www.un.org/zh/sc/documents/
resolutions/。

丰富了联合国法治行动的理论与实践。在这个过程中，联合国安理会通过其决议的作出和执行，对于国际法治发挥了积极的和具有建设性的作用和影响。

2005 年 12 月 20 日，联合国安理会在世界首脑会议、联合国大会关于设立建设和平委员会设想的基础上，通过第 1645 号关于《成立建设和平委员会》的决议；同日，又通过第 1646 号关于《建设和平委员会组织委员会》的决议，着手成立常设机构，即联合国建设和平委员会。① 从此，联合国维和行动从常设机构与平台上获得了更有力的保障。据安理会决议，该组织委员会由 31 个成员国组成，任期两年，是和平委员会的常设机构。另外还包括若干针对具体国家的委员会。2010 年 10 月 29 日，安理会通过第 1947 号关于《冲突后建设和平》的决议。其后，2013 年 1 月 21 日通过《维持和平行动》决议、2014 年 11 月 20 日通过第 2185 号《联合国维持和平行动》决议。这些决议不断推进了维和行动的发展。②

总之，安理会通过决议方式，构建和完善了维和行动的组织机构——建设和平委员会；设置了委员会的运作程序，即包括访问冲突国家、协助制定战略框架、就制定的框架向安理会汇报、对后续框架执行进行监察和跟踪等。该委员会的最终目的是推动或监督实现冲突社会的安全与善治，包括实现公平选举、打击腐败、保护人权以及实现社会的重建。这些内容正是国际法治追求目标中具体的体现方式。可以说，该委员会确保了联合国维和行动这项国际法治行动的顺利开展。当然，有学者认为，和平行动在实践中也会遇到诸如目标困境、资源困境、协调困境和法律责任困境等问题，③ 需要在实践中积累经验并加以解决。但毋庸置疑，维和行动本身即是对于国际法治追求的和平目标的最为直接的路径选择。而维和行动发展到"武力维和"的方式，也使得国际法的效力得到强化，使国际法

---

① S/RES/1645（2005）、1646（2005），联合国网站：http：//www. un. org/zh/sc/documents/resolutions/。

② S/RES/1947（2010）、1997（2013）、2185（2014），联合国网站：http：//www. un. org/zh/sc/documents/resolutions/。

③ 吴燕妮：《论联合国框架下的法治——和平行动的发展及挑战》，《华北电力大学学报》2013 年第 4 期。

治和平目标的实现有了更多的保障。此外，安理会还通过决议以外的方式，如主席声明等来推进联合国维和行动，为国际法治和平与安全方面的平台建设、法律制度和合作机制的完善等发挥了积极作用和影响。

显然，安理会作出的上述有关制止和预防战争或武装冲突、反恐、打击海盗行为、防止核武器扩散等的决议，对于国际法治的构建产生了积极作用和影响。

二 强化国际法治平台

任何一个国际组织，如果要产生较大影响，必须获得尽可能多的国家认可、响应和加入。众所周知，联合国是当今世界影响最大的国际政治组织，其首要宗旨就是维护国际和平与安全，而这一重任又由安全理事会具体负责完成。自 1945 年联合国成立以来，安理会以作出决议的方式行使增加会员国的职能。从 1946 年第 13 号决议接纳泰国为会员国开始，先后接纳阿富汗、冰岛、瑞典、意大利、匈牙利、缅甸、以色列、印度尼西亚、阿尔巴尼亚、奥地利、保加利亚、柬埔寨、芬兰、匈牙利、爱尔兰、意大利、约旦、老挝人民民主共和国、罗马尼亚、西班牙、斯里兰卡、阿拉伯利比亚民众国①、尼泊尔、葡萄牙、日本、瑞士等 132 个国家加入联合国，使得联合国会员国从最初的 51 个创始会员国增加到目前的 193 个，囊括了全球绝大多数国家，具有了极大的普遍性和代表性。同时，也大大提升了联合国的影响力，使之最终发展成为世界政治和多边外交的中心，为推进国际法治奠定了坚实的组织基础。

为建设一个真正和平与安全的世界，联合国应该作为一个整体具有广泛的普遍性和强大的影响力，正因如此，安理会的重要职能中包括了诸如扩展联合国本身代表性和影响力的职权。安理会通过其决议的方式增加会员国，强化联合国这个中心平台就等于在很大程度上强化了国际

---

① 1969 年，利比亚王国通知联合国，它已改名为阿拉伯利比亚民众国。根据 2011 年 9 月 16 日大会通过的第 66/1 号决议，利比亚常驻联合国代表团通知联合国，利比亚全国过渡委员会在 2011 年 8 月 3 日宣布将阿拉伯利比亚民众国国名改为"利比亚"，同时更改国旗。2017 年 12 月 22 日，利比亚常驻联合国代表团通知联合国，将国名利比亚改为"利比亚国"。具体参见 https://www.un.org/zh/about-us/member-states/libya。

法治的平台。联合国会员国的增加，实质上，一方面，增加了联合国作为国际法治平台的组成分子的数量和平台的力量，因为在国际法治过程中，每个国家都同时既是参与者，又是构建者，也是联合国国际法治平台的一部分，在国际法治中发挥着各自作用的同时，也在发挥组合起来的作用；另一方面，一国加入联合国，受到联合国规则的制约，它们还是国际法治的治理对象即客体，因此，会员国的增加也是增加联合国国际法治的治理对象。反之，如果联合国的会员国数量没有占到全球国家的大多数，则联合国必然丧失其普遍性和代表性，其作为国际法治中心平台的作用也会动摇。因此，联合国会员国的增加直接从治理者与被治理者两个方面扩大了联合国的影响，强化了国际法治的平台。

三　完善国际法治的司法监督机制

在世界风云变幻的利益冲突中，和平解决争端的方式除了协商、谈判、斡旋、第三方调查和建议等外交途径外，同样重要的还包括司法途径，也就是依据国际法通过法律途径解决国际争端。因为很多国际争端在本质上都是国与国之间因为涉及各种利益而产生的法律纠纷。因此，如果存在类似国内法院的司法机构来解决这些纠纷，就能有助于解决争议国家之间的争端，平衡当事国家之间的利益，实现国家之间的持久和平。

鉴于国际社会不像国内社会一样存在超国家的统一的立法和司法机构，联合国的构建者们在联合国体系内设计了一个普遍性司法机构：国际法院。国际法院是联合国六大机构之一，位于荷兰海牙，其在职能上具有双重作用：依照国际法解决各国向其提交的法律争端，并就正式认可的联合国机关和专门机构提交的法律问题提供咨询意见。[①] 也就是说，国际法院具有两项基本的职能，一是诉讼管辖，即裁决各国向其提交的法律争端；二是咨询管辖，即为联合国机关和专门机构提交的法律问题提供咨询意见。通过这两项职能的行使，国际法院能够配合联合国发挥定分止争的作用，甚至在某些问题上还能够独立地起到最终解决纠纷的

---

① 联合国网站：http：//www.un.org；范明志：《构想出来的和平——国际法院概览》，《山东审判》2003 年第 3 期。

作用。在履行这两项职能的过程中，国际法院法官们依据国际法和国际惯例，剖析具体案情，作出裁决或者提供咨询意见，让有关国家能够接受和履行处理结果。

　　本书从维护国际和平与安全的角度来说，国际司法机构应该包括管辖国家之间争端的国际法院，也应该包括管辖国际犯罪和惩治犯有国际罪行的个人的国际刑事法庭，还有管辖海洋事务的专门法庭——国际海洋法庭等。自联合国成立后的"国际法院"体系，也可理解为一个横向和纵向意义上的广义上的国际法院体系。除 1945 年成立的、作为联合国机关之一的国际法院之外，还可以包括 1902 年建立的常设国际仲裁法院，以及战后为审判和惩罚二战战犯而于 1946 年建立的纽伦堡国际军事法庭、东京国际军事法庭，以及之后建立的专门法庭。例如，1994 年建立的前南斯拉夫问题国际刑事法庭和卢旺达问题国际刑事法庭。上述法庭分别管辖国家间法律纠纷和个人国际刑事责任等。除了具有全球范围管辖权力的上述机构外，还有区域性的管辖人权问题的司法机构。例如，1959 年成立的欧洲人权法院、1948 年宣告建立的美洲人权法院，以及 2004 年宣告建立的非洲人权与民族权法院等。

　　当然，从联合国安理会决议发挥作用范围的视角，本书主要限于对全球性司法机构的组建和完善方面的影响的分析。自从联合国成立以来，联合国安理会先后通过了有关决议 30 多项，涉及国际法院法官的提名，或国际法院的其他管理事项。这些决议的作出和实施为国际法院的正常运作与功能完善发挥了不可替代的作用。试想，如果没有这些决议，国际法院就会陷入瘫痪。此外，为弥补国际法院仅管辖国家间事务的固有缺陷，为了惩罚特定地区动乱造成的严重违反国际人道法的行为，1993 年 5 月 25 日，依据《联合国宪章》第七章，安理会通过第 827 号决议设立了前南斯拉夫问题国际刑事法庭，以起诉 1991 年以来在前南斯拉夫境内所犯的严重违反国际人道主义法行为者。1994 年 11 月 8 日，安理会又通过了第 955 号决议，设立了卢旺达问题国际刑事法庭，起诉对 1994 年 1 月 1 日至 1994 年 12 月 31 日期间卢旺达境内种族灭绝和其他严重违反国际人道主义法行为负责的人员，以及应对这一期间邻国境内种族灭绝和其他该类违法行为负责的卢旺达公民。① 该法庭的设立和运作有力地推动了卢旺达民族和解进程，帮助维护了该地区的持久和平。

自联合国成立以来，与国际法院有关的安理会决议包括：1946 年第9、第 11 号决议《国际法院》分别就国际法院管辖问题和对瑞士中立国的管辖问题做出决定，② 此后还有：1948 年第 58 号决议《国际法院》，1949 年第 71 号决议《国际法院》，1951 年第 94 号决议，1953 年第 99、第 102、第 103 号决议，1954 年第 105 号决议，1956 年第 117 号决议，1958 年第 130 号决议，1960 年第 137 号决议，1965 年第 208 号决议，1969 年第 272 号决议，1980 年第 480 号决议，1981 年第 499 号决议，1985 年第 570 号决议，1987 年第 595、第 600 号决议，1989 年第 627 号决议和 1991 年第 708 号决议等，均以《国际法院》为标题，分别就非联合国会员国作为国际法院管辖对象、法官的任期、选举等事项做出有关决议，③ 为国际法院的正常运作提供了保障或奠定了坚实的基础。20 世纪90 年代后，安理会继续就联合国国际法院、国际刑事法庭等司法机关作出的决议还包括：1993 年第 805 号决议《国际法院法官问题》、第 857 号决议《国际法院法官提名》，1994 年第 936 号决议《国际法庭——南斯拉夫》、第 951 号决议《国际法庭选举法官》；1995 年第 977、第 978、第989 号决议《国际法庭——卢旺达》，第 979、第 980、第 1018 号决议《选举国际法院法官》；1996 年第 1047 号；1997 年第 1104、第 1126 号决议《国际法庭——南斯拉夫》；1998 年第 1165、第 1200 号决议《国际法庭——卢旺达》，第 1166、第 1191、第 1207 号决议《国际法庭——南斯拉夫》；1999 年第 1241 号决议《卢旺达问题国际法庭》；2000 年第 1329号决议《前南问题法庭和卢旺达问题法庭修改规约》；2001 年第 1340 号决议《前南法庭法官人选》、第 1347 号决议《卢旺达问题国际法庭：法

---

① 翟传强：《揭开国际刑事法庭的神秘面纱》，《审计与理财》2010 年第 1 期。

② S/RES/9（1946）、11（1946）、58（1948）、71（1949）、94（1951）、99（1953）、102（1953）、103（1953）、105（1954）、117（1956）、130（1958）、137（1960）联合国网站：http：//www. un. org/zh/sc/documents/resolutions/。

③ S/RES/208（1965）、272（1969）、480（1980）、499（1981）、570（1985）、595（1987）、600（1987）、627（1989）、708（1991）联合国网站：http：//www. un. org。

官人选》、第 1350 号决议《前南法庭诉讼法官人选》、第 1361 号决议《国际法院法官补选日期》；2002 年第 1422 号决议《国际刑事法院：对非缔约国暂缓 12 个月》、第 1431 号决议《卢旺达法庭和前南法庭：修改规约》、第 1449 号决议《卢旺达问题国际法庭：法官人选》；2003 年第 1477 号决议《卢旺达问题国际法庭：审案法官人选》、第 1481 号决议《前南问题法庭：修改规约》、第 1482 号决议《卢旺达问题法庭》、第 1487 号决议《国际刑事法院：对非缔约国暂缓 12 个月》、第 1503 号决议《前南问题国际法庭和卢旺达问题国际法庭：分设检察官》、第 1504 号决议《前南问题国际法庭：任命检察官》、第 1505 号决议《卢旺达问题国际法庭：任命检察官》、第 1512 号决议《卢旺达问题国际法庭》；① 2005 年第 1581 号决议《前南斯拉夫问题国际刑事法庭审案法官任期延长》、第 1597 号决议《前南斯拉夫问题国际法庭：修正〈规约〉》、第 1613 号决议《前南问题法庭法官提名》；2006 年第 1660 号决议《前南斯拉夫问题国际刑事法庭：修正规约第 12 条和第 13 条之四》、第 1668 号决议《前南斯拉夫问题国际刑事法庭：延长法官任期》、第 1705 号决议《卢旺达问题国际法庭：延长法官任期》、第 1717 号决议《卢旺达问题国际刑事法庭：延长审案法官任期》；2007 年第 1757 号决议《黎巴嫩：设立黎巴嫩问题特别法庭》拟设立黎巴嫩特别法庭、第 1774 号决议《任命卢旺达问题国际刑事法庭检察官》、第 1775 号决议《延长前南斯拉夫问题国际法庭检察官任期》、第 1786 号决议《任命前南斯拉夫问题国际法庭检察官》；2008 年第 1800 号决议《前南问题国际法庭：授权增加任命审案

---

① S/RES/805（1993）、857（1993）、936（1994）、951（1994）、977、978、989（1995）、979、980、1018（1995）、1047（1996）、1104（1997）、1126（1997）、1165、1200（1998）、1166、1191、1207（1998）、1241（1999）、1329（2000）、1340、1347、1350、1361（2001）、1422、1431、1449（2002）、1477、1481、1482、1487、1503（2003）、1504、1505、1512（2004）、1581/1597、1613（2005）、1660、1668、1705、1717（2006）、1757、1774、1775、1786 （2007）、1800、1824、1837、1849、1855（2008）、1877、1878、1900、1901（2009）、1914、1915、1926、1931、1954、1966、1932、1955（2010）、1993、2007、1995、2006、2013、2029 （2011）、2034、2038、2054、2080、2081（2011）、2034、2038、2054、2080、2081（2012）、2130（2013）2193、2194（2014），联合国网站：http：//www.un.org/zh/sc/documents/resolutions/。

法官》、第 1824 号决议《卢旺达问题国际刑事法庭：延长若干常任法官和审案法官任期并修正〈法庭规约〉》、第 1837 号决议《前南斯拉夫问题国际刑事法庭：延长若干常任法官和审案法官任期并修正〈法庭规约〉》、第 1849 号决议《前南问题国际法庭：授权增加任命审案法官》、第 1855 号决议《卢旺达问题国际法庭：修正〈法庭规约〉以加快法庭工作》；2009 年第 1877 号决议《前南问题国际法庭：延长法官任期》、第 1878 号决议《卢旺达问题国际法庭：延长法官任期》、第 1900 号决议《前南斯拉夫问题国际法庭》、第 1901 号决议《卢旺达问题国际刑事法庭》；2010 年第 1914 号决议《国际法院：补选一名法官》，第 1915 号决议《前南斯拉夫问题国际法庭审案法官总数上限》，第 1926 号决议《填补国际法院空缺的选举日期》，第 1931、第 1954、第 1966 号决议《前南斯拉夫问题国际法庭》，第 1932、第 1955 号决议《卢旺达问题国际法庭》，2011 年第 1993、第 2007 号决议《前南斯拉夫问题国际法庭》，第 1995、第 2006、第 2013、第 2029 号决议《卢旺达问题国际法庭》；2012 年第 2034 号决议《国际法院空缺补选日期》，第 2038 号决议《刑事法庭余留事项国际处理机制》，第 2054、2080 号决议《卢旺达问题国际法庭》，第 2081 号决议《前南斯拉夫问题国际法庭》；2013 年第 2130 号决议《前南斯拉夫问题国际法庭》、2014 年第 2193 号决议《前南斯拉夫问题国际法庭》、第 2194 号决议《卢旺达问题国际法庭》。① 其中就国际法院有关事项做出决议 24 项，国际刑事法院做出决议 3 项，前南斯拉夫问题国际刑事法庭做出决议 26 项，卢旺达问题国际法庭做出决议 20 项，拟启动黎巴嫩特别法庭事由决议 1 项，既针对特别问题设立国际法庭，也为联合国体系下的国际法院以及非联合国体系下的国际刑事法院的建设、运行与可持续发展奠定了基础，有力地推动了国际司法体系的不断完善。这些决议中有些属于程序性事项，如完善有关法院的某些程序，有些属于实体性事项，如补选法官、延长任期等，还有的是创设新的特别问题法庭。它们从不同维度完善了国际司法体系，或使得原有的司法体系更加完备，或为新时期出现的特别问题设立专门的法庭。无论如何，这些决议均为通

---

① 联合国网站：http://www.un.org/zh/sc/documents/resolutions/。

过法律途径解决国际问题起到添砖加瓦的作用。

国际司法体系是国际法治不可分割的组成部分和实现国际法治必不可少的组织机构。这是因为，国际司法机构对于国际法治具有重要的司法监督作用。联合国安理会通过决议对国际法院运作的支持、对设立前南刑事法庭和卢旺达刑事法庭等的支持，以及对于国际刑事法院有关事宜的支持，为国际司法机构体系的完善奠定了良好的组织基础。这也使得无论国家间争端还是维护人权、惩罚国际犯罪的争端都有可能通过国际司法机构，并依据国际法找到合法的解决途径，从而配合安理会促请、调查、建议等职能，从政治、外交和司法的多种角度协调解决有关问题，共同促进国际法治和平与安全目标的实现。换句话说，就是从机构完善、制度建设和个案解决等多个方面推动国际社会的依法治理，推进国际法治的进程。

这里需要谈及机制。所谓机制，可以理解为通过一定的机构运行达成一定目标的系统工程。那么，国际法治的机制也是通过一定的国际机构来运行并达成国际法治目标的一项系统工程。首先，安理会的职能是世界各国通过条约方式建立起来的联合国及其宪章依法赋予的，联合国安理会正是通过在国际法治中起着举足轻重作用的联合国这个多边外交的平台，通过《联合国宪章》赋予其维护国际和平与安全的广泛职能而就联合国及其自身功能的强化、针对威胁国际和平与安全的一般性问题与特定局势、争端与问题等不断做出决议来推进国际法治的发展进程。其次，安理会的表决过程就是一个世界各国民主与集中机制下形成的合意的过程，体现了法治的精神和原则。再次，因为安理会决议具有执行力，可以说，在联合国体系下的国际法治机制中，安理会决议作为唯一有执行力的工具或"武器"，在运行、维护和完善联合国国际法治机器中的各个部件，包括国际司法机构，并保持该机制作为整体的正常和良好运转。可以设想，如果没有安理会决议的存在，联合国无法采取任何有约束力的行动，无法制约各国对国际和平与安全的威胁、武装冲突乃至战争行为，国际法治的机制也无法有效形成和运作，联合国在国际法治方面也不会有任何作为。而安理会通过其决议完善国际司法体系，就是维护国际和平与安全，解决国际争端的关键一环。

四　确保战略地区平稳过渡

领土托管制度是依据《联合国宪章》第 75 条之规定，将一些领土按照特别协定置于联合国权力下进行管理或监督的制度。[1] 托管理事会于 1945 年根据《联合国宪章》而设立，它由 7 个会员国管理监督 11 个国际托管领土，并确保采取足够的准备措施使托管领土取得自治和独立。[2] 如同《联合国宪章》第 76 条描述的，托管制度之基本目的为："一、促进国际和平与安全；二、增进托管领土居民之政治、经济、社会及教育之进展；并以适合各领土及人民之特殊情形以及关系人民自由表示之愿望为原则，且按照各托管协定之条款，增进其倾向自治或独立之逐渐发展；三、不分种族、性别、宗教或语言，提倡全体人类之人权及基本自由之尊重，并激发世界人民互相维系之意识；四、于社会、经济及商业事件上，保证联合国全体会员国及其国民之平等待遇，及各该国民于司法裁判上之平等待遇，但以不妨碍上述目的之达成，且不违背第八十条之规定为限。"[3] 从以上宗旨可以看出，联合国对于托管的委任统治下的领土、因二战结果或自敌国割离的领土或负管理责任之国家自愿置于联合国管辖的领土的托管目的和宗旨都是为了促进国际和平与安全，或为推进该托管领土的政治、经济、社会和教育发展，[4] 尊重人民的意志，尊重基本人权，增进该领土的自治和独立为目的，而这些目的和宗旨都是符合国际法治的和平与安全、发展与人权等价值目标的。只是托管制度落脚于国际"战略地区"这些特殊区域，因为受到战乱或其他政治原因的影响，暂时不便于让某一国家进行管理，需要联合国介入进行治理，以避免这些地区再次陷入战争和混乱。其本质也就是在这些地区暂时发挥联合国的作用，维护其和平与安全，促进民主和人权，促进经济社会发展，逐步让其实现独立与自治，这本身就是托管制度下的一种法治行为。按照

---

[1]　《联合国宪章》，联合国网站：http：//www. un. org/charter of un/。

[2]　孙静：《中俄在中亚的共同利益及其实现机制研究》，华中师范大学博士论文，2011 年。

[3]　《联合国宪章》，联合国网站：http：//www. un. org/charter of un/。

[4]　李艳娜：《"委任统治制"与"国际托管制度"之比较》，《历史教学》（高校版）2009 年第 8 期。

宪章，联合国的托管制度由安理会来负责，^① 实践中主要由托管理事会管理具体事务并定期向安理会汇报工作，而安理会以决议的方式就某地区的托管与否、延期与否以及其他有关事务做出决定。截至 2015 年，安理会已经就包括日本太平洋岛屿等在内的一些地区做出过十余项决议，曾经或正在托管的领土包括噶尼喀、多哥兰（东、西两部分）、喀麦隆（东、西两部分）、卢旺达—乌隆迪、西萨摩亚、瑙鲁、新几内亚、索马里兰和太平洋岛屿托管领土等十余个地区，有力地促进了这些地区的和平与安全并促使其实现顺利过渡。到 1994 年，所有托管领土已实现自治或独立。随着联合国剩下的最后一个托管领土帕劳于 1994 年 10 月 1 日取得独立，托管理事会于 1994 年 11 月 1 日停止运作。理事会于 1994 年 5 月 25 日通过决议，决定修改其议事规则，取消每年举行会议的规定，并同意视需要举行会议，具体由理事会或理事会主席做出决定，或由理事会多数成员或大会或安全理事会提出要求。^② 代行领土托管制度作为联合国的一项基本制度之一，在争议地区或者可能威胁国际和平与安全的地区的监管上发挥了不可磨灭的历史和现实作用，一方面维护了这些地区的和平与稳定，另一方面有力地"冻结"了这些地区相关国家之间的利益争端，形成一个安全过渡期，以缓解利益争端和国家间的矛盾，遏制其进一步恶化成武装冲突或战争。因此，安理会通过其决议践行的国际领土托管制度是国际法治进程中不可分割的一个组成部分。

领土托管制度的实质就是通过联合国实施国际法治的管理行为，为动乱地区实现平稳过渡，确保国际和平与安全。包括代行领土托管制度在内，还有前文提到的在可能出现战争或者武装冲突的局势下，联合国安理会通过决议行使促请、调查、建议等职权，甚至动用军事或经济制裁等手段来制止战争和武装冲突，预防国际恐怖主义，通过决议推动国际法院的运行来解决国家之间的争端，通过设立特别刑事法庭来惩罚严重违反国际人道主义的罪犯，这些行为的依据是国际法和《联合国宪章》

---

① 《联合国宪章》第 83 条规定：联合国关于战略区有关职能，包括批准托管协议条款及其修订等，均由安理会行使。

② 姜明生：《国际组织（二）》，《领导科学》2003 年第 3 期。

的有关规定。如上所述，自 1946 年通过的 2000 多项安理会决议中，除了少数涉及普遍安全事项和一般程序事项的决议外，80% 以上的决议都是涉及局部国家或地区的安全局势的，安理会在这些危难或紧急情况下做出及时、快捷而有效的决议，从而缓和、化解甚至从根本上解决国家间、地区间的矛盾和紧张局势，这些决议本身从形式、内容到执行方式等方面来衡量和判断，应该都属于维护国际社会依法治理的行为，也符合上述国际社会主体应该遵守国际法这一国际法治的基本原则。

五　设立附属机构增强自身执行力

鉴于联合国安理会的职能至关重要而且极其广泛，安理会本身的机构和人员难以应对其众多职能带来的挑战，因此，安理会有必要通过决议的方式就一些专门问题设立持久或临时性的附属机构来协助其职能的实现。安全理事会为完成其职能而设立的附属机构包括：第 1540 委员会、反恐怖主义委员会、前南斯拉夫问题国际刑事法庭、卢旺达问题国际刑事法庭、军事参谋团、维持和平行动与维和特派团、制裁委员会、常设委员会和特设机构、联合国赔偿委员会，另有一个咨询附属机构：联合国建设和平委员会。有些附属机构是为了解决某个国家或地区的特定问题，如 1994 年设立的前南斯拉夫问题国际刑事法庭、卢旺达问题国际刑事法庭，就是为了解决前南斯拉夫和卢旺达两个国家各自国内问题而负有国际刑事责任的人而设立的特设法庭；有些附属机构是为了建立一种普遍管辖的或者长久的有效处理和平与安全问题的机制，例如：2004 年安理会通过的第 1540 号决议设立的第 1540 委员会，旨在防止大规模毁灭性武器及其运载工具和相关材料向非国家行为者的扩散；反恐怖主义委员会是 2001 年美国 "9·11 事件" 后安理会通过第 1373 号和第 1624 号决议设立的委员会，反恐委员会致力于加强联合国会员国预防境内外和各区域的恐怖主义行为的能力，[①] 该委员会在反恐怖主义委员会执行局（反恐执行局）协助下开展工作，反恐执行局执行反恐委员会的决定，对

---

① 熊安邦：《"一带一路"发展战略下的执法安全国际合作机制研究》，《湖北警官学院学报》2015 年第 11 期。

各会员国进行专家评估，并为各国的反恐技术援助提供便利；联合国军事参谋团根据《联合国宪章》第47条设立，由五个常任理事国的总参谋长或其代表组成，旨在向安理会就维护和平的军事需要问题、供安理会支配的军队的战略指导问题、军备管制和裁军等问题提供意见和协助；联合国制裁委员会，根据《联合国宪章》第七章，安全理事会可以采取强制执行措施，以维护或恢复国际和平与安全，这些制裁措施包括经济和（或）其他制裁、国际军事行动等，以对某一国家或实体施加压力，在不诉诸武力的情况下迫使该国或该实体遵守安全理事会规定的目标。安理会下的常设委员会和特设机构包括：安全理事会专家委员会、安全理事会接纳新会员国委员会、安全理事会在总部以外地点开会问题委员会、安全理事会第692（1991）号决议所设联合国赔偿委员会理事会、安全理事会维持和平行动工作组、安全理事会预防和解决非洲冲突特设工作组、安全理事会第1566（2004）号决议所设工作组、安全理事会第1612（2005）号决议所设儿童与武装冲突问题工作组、安全理事会文件和其他程序问题非正式工作组等。最后，建设和平委员会作为安理会附属机构，是一个联合国政府间咨询机构，旨在支持冲突后国家的和平进程，该委员会可在以下三个方面发挥独特作用：（1）汇聚所有相关的行为体，包括国际捐助者、国际金融机构、国家政府和部队派遣国；（2）调集资源；（3）就冲突后建设和平与恢复方面的综合战略提出咨询和建议，并适当指出任何威胁或破坏和平的局势。[①]

总之，联合国安理会通过自己的决议构建常设与临时附属机构，执行有关维持和平与安全、消除战争、武装冲突与恐怖主义威胁，其中既有执行性的机构，也有司法性的机构，还有咨询性的机构，它们从不同的工作角度解决面临的问题，形成自己一整套的工作制度。

综上所述，通过做出和执行决议的方式，安理会得以扩大了联合国这个国际法治主要赖以承载的国际组织的影响力，运行和完善了集体安全保障制度以确保国际法治"和平与安全"首要目标的实现，运行、完善和构

[①]　张逸潇：《从管理冲突到管理和平——联合国维和行动与冲突后国家的安全管理》，《国际安全研究》2015年第1期；联合国网站：http://www.un.org/zh/peacebuilding。

建了国际司法体系，使得国际社会朝着"有法必依、违法必究"的方向前进，同时，通过决议代行托管制度缓和与化解敏感地区的国际矛盾和利益纠葛，通过设立常设和临时机构强化自身的执行和专业力量等，均是从机构、制度到机制上为国际法治奠定坚实的基础、排除前进中的困难并确保国际法治"和平、安全、发展、人权"目标的实现。因此，安理会决议对于国际社会的重新塑造、国际权力结构体系的构筑、国际法律秩序的形成等具有非常重要而深远的影响。与国内法治类似，国际法治的构建要素中应该具有良好的国际法律制度，而安理会通过其决议所实施的这一切，为的就是构建良好的符合国际法的行政、司法与咨询职能机构，形成完善的国际法治"机器"——联合国体制下的国际社会依法治理的有效制度、机构与运行机制，以确保国际法治维护和平、安全与人权的现实需要。

以上是从国际社会与国际组织的宏观视角看待安理会决议对于国际法治的建设性作用和影响，同样，从国家、区域和个人的微观视角，也可以分析安理会决议对于国际法治的积极作用和影响。国际法治构建要素中第（二）项为：任何个人、机构、实体和国家都遵守国际法律。如果将其含义加以扩展解释，还应该包括国家和个人的合法权利应该受到保护、国际犯罪应该得到惩罚、个人人权和集体人权应该得到保障以及民主法治意识得到彰显，在这些价值实现的过程中，各国际法主体应该协同行动，形成法治至上的原则。当然这里有一个前提，就是首先这涉及什么是国际法主体的问题。一般认为，传统意义上的国际法主体只包括国家，后来，随着现代国际关系的发展，出现了国家之间的组织即国际组织。这种演变过程的缘由在于随着全球化的不断深入发展，从国家、国际组织到法人、自然人直接参与国际交往活动的日益频繁，国际法律权利义务承担者呈现多样化，这是一个自然形成的发展态势。另一方面，即便从上述国际社会、国际组织宏观视角去观察国际法学上的某一现象，最终的利益落脚点还是直接享有权利、承担义务的各个国家、法人和自然人。但尽管学界普遍承认：随着时代的发展，国际法的主体应该呈现出增加的趋势，对于国际法主体应该扩展的范畴，学界尚存一定争议。本书认为，国际法的主体是与其客体相对而言的，无论国际法主体包括哪些，国际法治的客体或者说服务对象应该包括国际法律能够管辖到的世界上的任何事物，从国家、国际组织、自然人、法人到山川河流、湖泊海洋，除自然资源类客体外，其中国家、国际组织等为传统意义上的国际法主体，它们也是国际法治的客体，连同自然人与法人都是国际法治的服务或治理对象。其次，当我们站在审视国际法治本身的存在和作用的时候，我们主要不应该纠结于主体与客体之区分，而是着眼于国际法治对于其作用客体在微观角度上带来的价值、好处、裨益或者作用和影响。纵观国际法和联合国的发展历史，可以看出通过安理会决议推行国际法治给国家和个人带来的积极作用和影响。

六 保障和平衡国家之间的权益

传统意义上，国际法的调整对象就是国际关系。① 而国际关系的落脚点就是各国的国家利益。"国际法之父"格劳秀斯奠定近代国际法基础的鸿篇巨制《战争与和平法》就是系统地归纳、汇总和阐述近代国际法上国家领土、主权、使节、礼仪尤其是战争与和平规则的指引国际关系准则的国际法学著作。书中系统地论述了国家的地位、主权与权益保障。此后的经典国际法著作通常会论述国家的权益。联合国伊始，它就以国家利益作为重点保护对象。而与之相呼应，国际法治就是旨在通过国际法并借助国家之间通过契约缔造的国际组织平台，如联合国等，对于国家间关系加以依法治理的国际社会管理方式，因此，其保护的核心利益是合法的国家利益。它提倡国家不分大小强弱，一律平等地加以保护。一国不得任意侵犯另一国的领土完整和民族利益。而且，在主权平行林立的国际社会，只有首先尊重和保护国家的合法权益，才能保护好组成国家的人民的合法权益。而作为国际组织的权益是建立国际组织的国家的权益派生出来的，作为法人的合法权益是由建立法人的自然人的权益派生出来的。因此，国际法治首先保障国家权益就是保障一切个人、法人或者国际组织权益的前提和基础。具体就安理会的作为来说，安理会在做出有关促请、调查、建议国家间争端有关决议时，往往会依据国际法、《联合国宪章》和有关国家间的条约、协定等加以裁判，寻求正确的合法的解决渠道，通过和平的方式最大限度

---

① 朱晓青主编：《国际法》，社会科学文献出版社 2005 年版，第 5 页。

地维护有关争端国家的合法利益。再如安理会的维和行动有关决议的做出和实施，也是为了制止局部地区国家间紧张和战争局势，恢复和平与安全，其最终利益落脚点也是国家利益。截至 2018 年，近 2400 项安理会决议中 80% 左右是针对局部国家矛盾局势而做出来的，有力地维护了相关国家的合法权益，平衡了相关国家之间的利益，从而达到维护国际和平与安全的目的。而且，在安理会确认某国际事件属于法律争议时，它会提请或让有关国家提交国际法院加以裁决或者让国际法院发表咨询意见，以最大限度地在符合国际法、《联合国宪章》和有关条约与约定的精神和要求的前提下保护有关国家的利益。在国际争端中，起因通常都是因为一方或者多方的利益受到非法侵害，而安理会决议在化解国家间的矛盾方面犹如一个平衡利器，依法合理地再分配和协调国家、地区间的利益，使之回到一个均衡的状态，从而避免战争和武装冲突。具体的微观层面的方法或手段包括促请、调查、建议、派驻观察团、选举支持团甚至维和部队等，其最终目的是恢复局部地区和整个国际社会的和平与安全，实现国际法治追求的首要和第二目标。

利益失衡和争端涌现是国际矛盾与冲突的根本原因，通过化解矛盾与争端，保障和平衡国家之间的权益，避免冲突和矛盾升级，安理会决议夯实了国际法治的基础。

七　维护国际公平与正义

随着国际社会交往的日益频繁，国际犯罪随之增加，跨国贩毒、洗钱、海盗、恐怖主义等罪行日益盛行，惩恶扬善也随之而成为国际法治的重要内容。安理会通过决议设立的前南斯拉夫问题国际刑事法庭和卢旺达问题国际刑事法庭就是为了惩罚该两个地区犯有严重侵犯国际人道主义罪行的个人而设立的，有力地打击了该类个人罪犯。需要指出的是，因为国际社会与国内社会体制的不同，安理会惩罚国际犯罪的决议主要针对严重的或者大规模的国际犯罪行为，而规模较小、不是很严重的国际犯罪往往通过各国引渡、司法协助等渠道由有关国家国内司法机关加以惩罚。因此，从前述国内法治可以看作是国际法治的一部分的观点来看，安理会指引国内机构形成一个国际、国内互相配合的惩治国际犯罪的有机整体。根据初步统计，安理会关于惩罚国际犯罪有关的决议多达200 余项，有效地打击了包括战争、恐怖主义、跨国贩毒、海盗等在内的国际犯罪行为。正是因为安理会决议具有的执行力，各国必须遵守其有关惩罚犯罪的内容、建立相应的机构、修订有关立法，使得国际刑法具有了很多"硬性"因素，让国际社会在打击国际犯罪方面结束"无政府状态"而转向由安理会通过决议的方式来主导、国际法院与其他专门法庭配合执行的国际法治新时代。以下举劫持和绑架人质犯罪、炸药制造犯罪相关案例分析如下。

（一）关于劫持和绑架人质问题的第 579 号决议和第 638 号决议

决议背景。由于劫持和绑架人质形势的严峻性，美国于 1985 年 12 月16 日呼吁安理会召开紧急会议。12 月 18 日安理会一致通过第 579 号决议。1989 年 7 月 31 日，安理会再次作出第 638 号决议，谴责一切形式的劫持、绑架人质的行为，要求释放一切被绑架和劫持的人质，呼吁所有国家在这方面施加政治影响。

决议内容。第 579 号决议的主要内容：（1）谴责一切形式的绑架和劫持人质行为；（2）呼吁不论地点和人员立即释放一切被劫持绑架的人质；（3）确认劫持绑架人质事件国家有义务立即采取措施确保人质的安全释放并避免再次发生类似事件；（4）呼吁未缔约国家考虑加入《反对劫持人质国际公约》《预防和惩罚受国际保护人员包括外交人员的公约》《打击危害民用航空安全公约》《打击非法劫持航空器公约》等；（5）敦促按照国际法原则开展国际合作研发预防、打击和惩罚各类带有国际恐怖主义特征的绑架和劫持人质行为。1989 年 7 月 31 日安理会再次作出类似决议即第 638 号。①

决议对国际法治影响的评析。劫持和绑架人质是一种历史久远的犯罪活动，随着各国交往的增加，由于政治、个人、经济、宗教等原因跨国劫持和绑架人质相应增加，对于国际社会不特定的人们的生命财产安全带来极大的威胁，安理会在 20 世纪 80 年代为此先后作出两个内容大体

---

① Karel C. Wellens, *Resolutions and Statements of the United Nations Security Council* (1946 – 1992) —*A Thematic Guide*, Martinus Nijhoff Publishers, 1993, pp. 7 – 8.

一致的决议，呼吁国家间加强协作、呼吁未缔约国考虑缔约以便预防、打击和惩罚国际劫持绑架人质犯罪活动，安理会主席也发表声明，联合国秘书长亲自参与解救人质的有关工作，这一切活动和措施有效地遏制了劫持绑架人质犯罪活动的进一步猖獗，维护了国际和平与安全，完善了国际法治中有关劫持与绑架人质预防和惩罚的国际制度与协作机制。

（二）关于塑料炸药或薄片炸药加添标记以利侦测的第635号决议

决议背景。1988年12月21日，一架泛美航空103客机在苏格兰发生空难，270人遇难，12月28日空难原因是一种高性能塑料炸药，12月30日安理会主席发表声明严厉谴责这种国际恐怖主义行径。国际民航组织率先倡议为塑料炸药设计标识以便于识别。1989年6月14日安理会通过第635号决议。此后1991年3月1日国际民航组织大会上通过《为塑料炸药添加标识的公约》。

决议内容。（1）谴责危害民用航空安全的一切非法行径；（2）呼吁各国合作采取措施预防包括爆炸在内的各种恐怖主义行径；（3）欢迎国际民航组织等在民航领域已经开展的预防和消除恐怖主义行为的工作；（4）敦促国际民航组织加强旨在预防危害国际民航安全的各类恐怖主义行为，尤其应该为检测塑料或薄片炸药设计国际统一标识；（5）敦促各国，尤其是生产塑料或薄片炸药的国家加强研究使得炸药更容易识别的标识并协同开展这类工作；（6）各国应该共享第5款研究成果。[①]

决议对国际法治影响的评析。鉴于塑料或薄片炸药直接危及航空器安全，危害国际社会人们的正常交往，安理会针对已经发生的空难事件，通过决议谴责并要求国际民航组织和各国加强该类炸药的标识工作，决议第4款直接导致国际民航组织召开会议并通过《为塑料炸药添加标识的公约》，切断了国际航空等犯罪的手段根源之一，完善了有关国际立法，为国际法治在法律制度的完善上做出了贡献。

无疑，国际犯罪属于危害国际和平与安全的因素之一，除了战争罪之外，其他类型犯罪虽然单次规模不大，但如果不加以预防和制止，也

---

① Karel C. Wellens, *Resolutions and Statements of the United Nations Security Council* (1946 - 1992) —*A Thematic Guide*, Martinus Nijhoff Publishers, 1993, pp. 11 - 12.

足以严重威胁到人们的生命财产安全。联合国安理会以决议方式对这些犯罪及其根源加以打击，有效地维护了国际和平与安全。

此外，对于国际刑事法院无权管辖的案件，联合国安理会却往往能够加以管辖，从而在打击国际犯罪方面起到了很好的补充管辖的作用。①

八 促进国际法治的人权目标

人权是国际法治的第四大追求目标，也是最为重要的目标。在《联合国宪章》中，"增进并激励对于全体人类之人权及基本自由之尊重"被规定为联合国的宗旨之一，但宪章本身并没有规定任何人权和基本自由的实施和执行机制。② 国际法治的要义就是公民的权利与自由即人权受到越来越多的承认、重视和保障。③ 对于人权的保障，主要通过国际人权公约和包括联合国安理会、人权委员会、促进和保护人权小组委员会、人权事务高级专员等在内的联合国机构加以执行。因此，联合国安理会在保护人权方面与上述机构协同工作，相辅相成，这些机构主要在和平时期接受和审查缔约国定期报告、接受和审查国家间的来文以及接受和审查个人来文、发布一般性意见或建议以及调查程序等，而联合国安理会重点关注在维持国际和平与安全过程中的人权保护。而人权在战时或者武装冲突中最容易受到侵害，尤其是妇女、儿童、少数民族和新闻工作者等的人身安全问题。在保障人权尤其是战时与武装冲突时期人权方面，安理会决议也发挥了积极的作用和影响。在平常的人权保护与政策方面，联合国安理会仍然是各国试图为各自行为获得合法性宣传的重要场所。④

例如，联合国安理会近20年来先后做出十余项有关战时妇女儿童人身安全与权益保护的决议，敦促各交战国加强对这些弱势群体的权益保护。自联合国成立以来，有关人权保障的决议包括：针对南非共和国政

---

① Jennifer Trahan, "The Relationship between the International Criminal Court and the UN Security Council: Parameters and Best Practices", *Criminal Law Forum*, Vol. 24, No. 4, 2013, p. 417.

② 朱晓青主编：《国际法》，社会科学文献出版社2005年版，第290页。

③ 何志鹏：《国际法治论》，北京大学出版社2016年版，第494页。

④ David P. Forsythe, "The UN Security Council and Human Rights", *International Policy Analysis*, May 2012, p. 11.

府种族隔离政策，安理会于 1963 年做出第 181、第 182 号决议，1964 年做出第 190、第 191 号决议《关于南非共和国政府种族隔离政策的问题》，针对战争和武装冲突中儿童等弱势群体所遭受的侵害，安理会于 1999 年通过第 1261 号决议《儿童和武装冲突》，1265 号决议《武装冲突中保护平民》，2000 年再次通过第 1296 号决议《武装冲突中保护平民》、第 1314 号《儿童与武装冲突》、第 1325 号《妇女与和平与安全》（强调保障妇女权益重在行动），① 2001 年第 1379 号决议《儿童与武装冲突》，2003 年第 1460 号决议《儿童与武装冲突》、第 1502 号决议《保护联合国人员和人道主义人员》，2004 年第 1539 号决议《儿童与武装冲突》，2006 年第 1674 号《武装冲突中保护平民》、第 1738 号《武装冲突中保护平民：新闻媒体人员的保护》，2008 年第 1820 号决议《妇女与和平与安全：要求武装冲突各方停止针对包括妇女在内所有平民的一切性暴力》，2009 年第 1882 号决议《儿童与武装冲突》、第 1888 号决议《妇女与和平与安全：防止性暴力》、第 1889 号决议《妇女与和平与安全：加强妇女在和平进程中的作用》、第 1894 号决议《在武装冲突局势中保护平民》，2010 年第 1960 号决议《武装冲突中保护平民》，2011 年第 1998 号决议《儿童与武装冲突》，2012 年第 2068 号决议《儿童与武装冲突》，2013 年第 2106 号决议《妇女与和平与安全》（对于武装冲突地区性犯罪的制裁进行了规定），② 第 2122 号决议《妇女、和平与安全》，2014 年第 2143 号决议《儿童与武装冲突》、第 2175 号决议《武装冲突中保护平民》，2015 年第 2222 号决议《保护武装冲突中的平民》、第 2225 号决议《儿童与武装冲突》和第 2242 号《妇女与和平与安全》，其中涉及种族歧视的决议 4 项，保护平民的决议 8 项，保护妇女的决议 7 项，保护儿童的决议 13 项，保护联合国人员和人道主义人员 1 项，保护新闻工作者的决议 1 项，均从不同程度上强调加强对这些弱势群体或者容易遭受攻击的人们在战时或

---

① Sheri Lynn Gibbings, "No Angry Women at the United Nations: Political Dreams and the Cultural Politics of the United Nations Security Council Resolution 1325", *International Feminist Journal of Politics*, Vol. 13, 2011, p. 522.

② Chris Dolan, "Has Patriarchy Been Stealing the Feminist's Clothes?" *Conflict-related Sexual Violence and UN Security Council Resolutions*, IDS Bulletin, 2010, p. 125.

武装冲突中的人权保护。战争与武装冲突状态下，也是人权极易受到严重侵害的时期。联合国安理会对于战时人权的保障，有力地配合了有关国际人权公约的实施，弥补了它们在制度与运行机制上的漏洞和缺陷，促进了国际法治人权保障目标的实现。

　　安理会上述决议在联合国的综述报告中也有体现。例如：联合国安理会 2010 年综述报告中的标题写道："安理会继续积极应对全球冲突相关危机，保护武装冲突中平民的工作愈显重要；安理会年内召开的公开会议次数增加，共通过 59 项决议，发表 30 份主席声明"，在报告中第一段写道："2010 年，安理会继续积极应对非洲、中东和其他地区的各种冲突。然而，作为安理会维护国际和平与安全责任的一部分，保护武装冲突中的平民，尤其是易受性暴力侵犯的妇女正显得日益重要。"① 可见，安理会对于保障战时人权尤其是妇女儿童权益的决心是坚定不移的。保护个人人权与集体人权是联合国的宗旨和终极目标，安理会决议在保护人权领域的目标追求符合国际法治的人权目标追求。

九　推动国际关系的民主化

　　与国内法治建设一样，国际法治需要国际社会形成一种认同法治的普遍理念与文化氛围。② 随着全球化的深入发展，民主与法治已经跨越国界，成为全世界人们的向往或者说是时代的主题。安理会在其 70 余年的历程中，一直践行着法治精神。因为安理会肩负着维持国际和平与安全的重要职责，其首要的任务是制止对于和平与安全的威胁，其做出决议的程序、机制和方式主要是一种政治行为，因为不能说安理会的一切活动、决议与声明都会以法律为依据，但它们至少不能违背国际强行法，不能超出《联合国宪章》赋予其职能的范围。安理会常常对于不能确定是否合法的问题提交国际法院咨询就是安理会守法意识的表现。而且，其多达四次做出以"法治"为话题的决议，发表主席声明表达推进国际

---

　　① 联合国网站：http://www.un.org。
　　② 卓泽渊：《弘扬法治文化》，《今日中国》2017 年中国法治建设特刊，《今日中国》杂志社。

法治的决心。2007 年，安理会还专门为法治建设成立"法治协调和资源小组"，该小组致力于确保联合国对安理会议程上的法治问题做出协调一致的处理。此后一直推进该小组的工作。例如，2010 年 6 月 29 日，安理会举行了为期一天的辩论大会，发表的主席声明指出，在维护世界和平与安全的过程中，要加强法治建设。安理会曾经通过多次决议，在陷入动乱的国家设立观察团、选举支持团，以支持这些国家建立民主政权，通过合法选举来确定国家政府机构和治理方式，这本身就是一种推进国际社会法治的行为。安理会通过决议设立国际刑事法庭处理严重违背国际人道主义的罪犯，这也是以法治的方式对有关责任人员的惩处，符合法治的精神和原则。总之，通过做出与实施有关法治的决议、发表有关法治的主席声明等方式，联合国安理会在全世界范围内弘扬了民主法治的理念与文化，在全球范围内产生了深远的影响。

国际法治的核心价值理念就是民主和法治。安理会通过作出决议的方式在全世界范围内推行法治和民主，支持动乱地区人们仍然享有选举权与被选举权等民主权利，支持和促进国家间、地区间矛盾与冲突的依法与和平解决，而且，安理会决议的作出和执行的过程，也遵循民主集中和依法的原则。安理会依照国际法和《联合国宪章》开展工作，这一切均符合上述国际法治理论中关于遵守国际法、《联合国宪章》、安理会决议和国际公约等基本原则，促进了全球人类的民主和法治，促进了国际关系的民主化，营造了国际法治的文化氛围。而民主与法治应该是国际法治的基石和核心价值，促进国际关系的民主化是上述国际法治的基本原则之一。因此，安理会决议在这方面的积极作为，也直接促进了国际法治的发展进程。

十　构建协调各国行动的中心

从微观层面审视安理会的行为，还可以说安理会通过其决议的积极作为，使得原本"一盘散沙"的世界各国能够在行动上协同一致，基本上形成"一盘棋"，以便应对一些全球共同面临的问题和挑战。

正是因为各会员国应遵守安理会决议，如同遵守国际法一样，各国对于安理会决议承担了服从的义务，这样，在世界面临共同问题需要协调各国力量加以解决时，安理会决议起到了不可替代的强制作用。例如上述反国际恐怖主义的例子，美国"9·11事件"的爆发表明，连世界最强大的、防守最严密的国家都可能遭受严重的恐怖主义侵犯，因此，地球上任何一个角落都不能幸免于国际恐怖主义可能构成的威胁，在此背景下，安理会通过做出一系列决议，从恐怖主义的人员、资金往来、运作机制、主要涉及国家和地区等方面加以严格的规定，对各国协同反恐提出了从国家政策到法制完善再到国际人员往来、资金监管等多方面的约束。再如索马里海盗问题，因为索马里地区政局不稳，导致海上犯罪频繁不衰，安理会通过一系列决议动员各国关注该地区的局势，禁止对海盗活动的支持，积极干预该地区的民主治理，在各国的协同努力和该地区的配合下，海盗问题一度得到缓解。

综上所述，联合国安理会通过决议方式，保障国家的合法权益，平衡了国家之间的关系，打击国际犯罪，促进和保障人权，弘扬民主法治理念并构建了协调各国行动的中心，在作用于国家与个人的微观层面对于国际法治的构建产生了积极的作用和影响。由此可见，安理会决议的积极作为带来的和平与安全、民主与法治、发展与人权等价值目标与国际法治的和平、安全、发展、人权四大目标无论在目标内容还是构建理念的内容、方式和原则等多个方面都是高度一致的。可以说，国际法治与安理会决议在很大程度上就是目的与手段或者结果与工具的关系，二者互为因果，互为表里，互相照应，相辅相成。安理会决议协调各国行动所发挥的作用，构成推进国际法治的动力源泉，如同打造了国际法治的"引擎"。

十一　优化国际法治权力结构

在前文联合国秘书长对国际法治概念所下的定义中，明确指出了国际法治需要采取措施来保证遵守以下原则：法律至高无上、法律面前人人平等、对法律负责、公正适用法律、三权分立、参与性决策、法律上的可靠性、避免任意性以及程序和法律透明。① 可见，国际法治的内涵中就包括法律权力制衡与分立原则。应该说，就目前和可预见的未来而言，国际社会难以形成国内社会法治的权力结构体系以及明确的权力制衡与分

---

① 联合国网站：http://www.un.org。

立关系，其重要原因是国际社会不会存在强有力的类似国内政府一样的权力体系。国际权力体系主要是基于各主权国家之间平等交往、互惠互利的需要，而根据国际法形成的较国内强大行政权力而言的相对"弱权力"。其"弱"的特性体现在以下几个方面：国际社会没有统一的国际立法机关；国际社会缺乏统一的行政机关，已有的包括联合国在内的一些国际组织承担着类似行政机关的性质，但这种类似行政机关的权力远没有国内行政机关权力的强制性特征；国际社会虽然存在国际法院、常设国际仲裁院、国际刑事法院等国际司法机关，但它们对国家管辖的基础在于自愿成为会员国或缔约国，往往缺乏强制的普遍的管辖权，即便作出判决，往往也缺乏强制执行的效力。但毋庸置疑，正如秘书长所下的国际法治定义中要求的：只要存在权力，就必须有对权力的制约和分工，形成相互之间的制衡与分立关系，也只有这样，才能确保国际权力体系健康运行，不至于损害国际和平与安全，这也是国际法治的必要特征和应有之义。正是顺应国际社会权力体系中这种需求，联合国安理会通过其决议的方式对于国际社会依法治理中类似立法、行政和司法等职能部门分别起到了一定程度上的功能完善和替代运行作用。其具体表现形式如下。

（一）安理会决议对国际立法部门的完善作用

在《联合国宪章》对安理会的职权规定中，并没有规定安理会可以有国际立法权。但在安理会决议实践中，因为国际社会在特定的紧急情况下的需要，也因为没有统一立法机构的存在，极个别情况下通过安理会做出有普遍约束力的造法性的决议成为一种解决办法。例如，在美国"9·11事件"发生后，2001年9月28日，联合国安理会作出了题为《国际合作防止恐怖主义行为》的第1373号决议；[1] 在国际社会发现自称巴基斯坦"核弹之父"的卡迪尔的核技术扩散网络后，2004年4月28日作出了题为《防止核生化武器扩散》的第1540号决议；在俄罗斯发生别斯兰市恐怖事件后，2004年10月11日，安理会作出题为《打击一切形式的恐怖主义》的第1566号决议。[2] 这些决议不仅适用于特定的事件，

---

① 联合国网站：http：//www. un. org/resolutions。
② 联合国网站：http：//www. un. org/resolutions。

而且适用于同类问题，适用于所有国家，且具有无期限性，从而其性质
变为具有造法性的国际公约。① 应该说，安理会的组成结构与决议程序使
得它能够对于国际事件与局势迅速采取行动，它在功能上主要是一个执
行机关，况且安理会 15 个成员国所占国家比例很小，不具有广泛的代表
性和民主性，不应该作为立法机关。不过也有学者认为，"宪章的有关条
款没有排除安理会决议造法的可能性，尽管安理会决议造法不是安理会
的一般实践，但安理会决议造法在受到合法性的质疑后又被各国广泛接
受，在某种程度上被当今国际法认同"②。还有学者认为：安理会从事立
法活动属于例外情形，因为安理会针对某个特定问题的决议被认为是该
问题"适用国际法"的一部分，并不是其从事了立法活动，而是安理会
行使其权力的结果。③ 也就是，安理会的某些决议因其应对局势的及时
性、解决问题的有效性以及被国际社会认可的普遍性而起到了新的国际
立法的作用和功效，至少可以说是弥补了目前国际立法工作中的某些不
足。从这个意义上来说，安理会决议对于国际法治需要的国际权力结构
中立法部门的职能起到了一定的完善和补充作用。

（二）安理会决议在一定程度上发挥着联合国执行机构的功能和作用

鉴于当今国际社会尚缺乏统一的行政机构，联合国安理会和秘书处
等在安全事务与管理方面就相当于国际行政部门，实际上，安理会也主
要承担着这方面的行政职能，发挥着功能上的主导作用。其发挥执行机
构的功能作用具体体现在以下几个方面。

1. 作为联合国执行机关有权采取强制行动、制裁行动和授权采取武
力行动

根据《联合国宪章》第六、第七、第八章之规定，安理会肩负履行
维持国际和平与安全的责任，第七章规定了安理会"对于和平之威胁、

---

① 赵建文：《联合国安理会在国际法治中的地位和作用》，《吉林大学社会科学学报》2011
年第 4 期。

② 简基松：《对安理会"决议造法"——行为之定性分析与完善建言》，《法学》2009 年
第 10 期。

③ 赵建文：《联合国安理会在国际法治中的地位和作用》，《吉林大学社会科学学报》2011
年第 4 期。

和平之破坏和侵略行为之应付办法"，包括制裁、武力和非武力的执行行动。另外，安理会的"保护责任"也可以包括武力的执行行动和非武力的制裁措施。① 安理会可以采取的制裁手段包括全面的经济和贸易制裁以及更为具体的武器禁运、旅行限制或外交限制等制裁措施，以期迫使有关国家和实体遵守安理会决议，实现国际法治的目标。冷战后受到制裁的国家包括伊拉克、利比里亚、前南斯拉夫、海地、利比亚、索马里、塞拉利昂、卢旺达、埃塞俄比亚、阿富汗、苏丹、伊朗等，显示了安理会强大的执行力。当然，也有学者指出：安理会的制裁措施只有在符合法治原则的情况下，才能真正具有效力和合法性并持续实施和发挥作用。②

自联合国成立以来，安理会授权的武力行动有七次，尽管这种行动在实践中出现了一些问题，常成为霸权主义和强权政治的工具，但其在总体上属于联合国执行其行政职能的一部分，目的是维护国际社会的和平与安全。

2. 安理会维持和平行动、建设和平行动也是执行行为

在冲突发生后或者战争之后的社会重建中，联合国安理会发挥着比预防战争与冲突更为有效的作用，而且这方面的工作更加符合国际法治的原则和要求。2010 年，安理会关于"在维护国际和平与安全过程中促进和加强国际法治"有关问题的主席声明中指出：安理会承诺确保联合国所有恢复和平与安全工作促进法治，加强政治、安全、发展、人权和法治活动之间的协调与统一。③ 安理会在维持和平行动、建设和平行动方面的工作当然属于其行政职能的重要组成部分，而且依照国际法治的原则和要求在运行。

从安理会的上述职能可以看出，发挥执行机构的作用是其最重要的功能特征，联合国 70 多年的实践也证明了这一点，截至 2015 年，安理会作出的近 2400 项决议中有超过 90% 是属于其行使行政职能来管理全球和

---

① 联合国网站：http://www.un.org/charter。

② 赵建文：《联合国安理会在国际法治中的地位和作用》，《吉林大学社会科学学报》2011年第 4 期。

③ 联合国网站：http://www.un.org。

平与安全问题的决定。也正是因为安理会决议的积极作为，使得国际社会结束"无政府状态"而成为相对有序的、走向规则和法治的"有政府"状态。因此，可以说，安理会决议对于国际行政部门的运作发挥了主要的功能性作用。

（三）安理会决议对国际司法部门的强化作用

安理会通过决议的方式开展国际司法活动已有多次，例如，曾经设立了针对个人刑事管辖权的卢旺达问题国际刑事法庭、前南斯拉夫问题国际刑事法庭，以及柬埔寨、塞拉利昂、黎巴嫩问题特别法庭。此外，安理会通过决议裁断伊拉克与科威特之间的边界争端，设立赔偿委员会决定如何赔偿因伊拉克侵略给科威特造成的损害，等等。这些就是较典型的争端裁判行为。对于安理会的这种国际司法行为，学界褒贬不一。有学者认为这超出了《联合国宪章》条款赋予的权力范围，会使国际法不成体系的局面更加严重。[①] 但另有学者认为，在特定局势下，如果通过条约方式设立特别问题法庭效率低下，会错过处理问题的最佳时机，而决议方式能够使南斯拉夫和卢旺达法庭规约立即生效并在极短的时间内运作起来。[②] 还有学者认为，安理会通过决议设立特别法庭行使司法职能应当是例外情形。[③] 无论如何，在包括国际法院、常设国际仲裁法院和国际刑事法院等在内的现有国际司法体制行使司法职能效率较低、执行乏力、反应较慢的情况下，联合国安理会通过决议的方式就特定地区紧急问题设立国际刑事法庭、就特定争端加以裁决，弥补了现有国际司法体系的缺陷。不过，从授权性质上来看，《联合国宪章》明确赋予安理会的职能主要是行政职能，今后，安理会应该更多地完善现有的国际司法机构，提高其效率和反应能力，减少特别法庭的设立。

国际法院是联合国体系的一部分，是联合国六大机构之一，对于通

---

① Hans Kochler：《联合国、国际法治与恐怖主义》，何志鹏译，《法制与社会发展》2003年第6期。

② 刘大群：《前南斯拉夫与卢旺达国际刑庭的历史回顾》，《武大国际法评论》2010年第13卷，武汉大学出版社。

③ 赵建文：《联合国安理会在国际法治中的地位和作用》，《吉林大学社会科学学报》2011年第4期。

过司法途径维护国际和平与安全具有十分重要的意义。国际法院机构的完善和运作依赖于安理会通过决议的方式，如其法官的推荐、补选、有关日期和程序的确定。反过来，安理会也可能在行使维护国际和平与安全的过程中遇到一些国际法律疑难问题需要国际法院提供咨询意见或者直接将某国际争端提交国际法院审理，国际法院在一定程度上对于安理会的某些决议提供类似"司法审查"的意见或审理安理会提交的案件，二者之间在工作上既相互配合，有时也发生权力冲突。① 为了制裁严重的国际犯罪，安理会通过决议的方式设立专门问题国际刑事法庭。在联合国体系外的常设性国际刑事法院的启动中，安理会也通过其积极的作为发挥了一些建设性的影响。② 根据《国际刑事法院罗马规约》第5条之规定，联合国安理会可以依据《联合国宪章》第七章规定就某局势提请国际刑事法院检察官加以管辖。③ 值得关注的是，安理会与国际法院的权力之间存在交叉和冲突，具体表现在国际法院在办理案件的过程中，可以对安理会决议的效力进行审查；此外，这两个机构对于《联合国宪章》的解释往往存在不一致的地方。有学者呼吁需要在《联合国宪章》的框架内重新构建安理会与国际法院的关系，并主张在产生共同管辖时，国际法院应该适当照顾安理会决议的意见；而为了制约安理会日益扩大的权力，应该在一定范围内肯定国际法院对安理会决议的司法审查权。④ 另有学者在赞成根据隐含权力理论认为国际法院拥有间接司法审查权的基础上，将安理会的决议按照内容分为执行、准立法和准司法三类并主张国际法院对三类决议分别采用不同的审查标准。⑤ 因此，这些问题都需要在理论上不断加以探讨，在实践中逐步加以解决。

---

① 林健聪：《联合国安全理事会与国际法院的权力冲突》，《云南大学学报法学版》2010年第1期。

② 徐军华：《论联合国安理会在国际刑事法院启动机制中的作用》，《湖北财经学院学报》2005年第1期。

③ Jennifer Trahan, "The Relationship between the International Criminal Court and the UN Security Council: Parameters and Best Practices", *Criminal Law Forum*, Vol. 24, No. 4, 2013, p. 423.

④ 王玫黎、谭畅：《冲突与协调：安理会与国际法院的关系新论》，《西南政法大学学报》2012年第5期。

⑤ 邓宁：《国际法院对安理会决议的间接司法审查权之探析》，《天津法学》2014年第3期。

按照西方法治理论，完整的法治体系应该包括立法、行政和司法以及它们之间的相互制衡。联合国体系下的国际法治中，国际法的立法渠道和形式与国内不同，国际社会没有统一的中央集权的立法机构，而具有强制执行力的国际法律较为单一，在个案的处理上，目前主要是联合国安理会以决议的方式配合联合国秘书处等机构有所作为，而以国际法院、国际刑事法院为代表的国际"司法部门"也较国内司法部门相对弱小，对于一些非会员国或某些领域的问题没有管辖权。至于作为"司法部门"的国际法院能否监督和审查作为"执法部门"的安理会的行为，学界也存在不同的看法：德国国际法教授爱卡特·克莱恩认为安理会与国际法院之间不存在等级上的从属关系，因此两个机关平行或先后处理同一争端是被允许的；① 而中国国际法学教授高健军认为对安理会的广泛权力进行适当的限制是必要的，国际法院应在这方面发挥作用。② 但毋庸置疑，无论是国际法院管辖的事项，还是国际刑事法院管辖的事项，更不用说安理会自身为执行任务而设立的前南问题国际刑事法庭和卢旺达问题国际刑事法庭，均与安理会维护国际和平与安全的职权和管辖事项存在重叠和交叉，例如，国际刑事法院所管辖的四大严重罪行会涉及安理会按照《联合国宪章》第七章享有的职权，这种职权上的重叠和交叉就需要安理会和国际司法机构之间开展组织合作，③ 从而更好地实现国际法治的目标。显然，安理会与国际法院权力发生冲突的原因在于《联合国宪章》条款对这两个机关的授权存在重叠，使它们能够对相同的争端加以管辖，也可能站在各自的立场上对《联合国宪章》进行不同的理解，这些问题需要在国际法治实践中加以协调和解决。

在国际社会尚缺乏明显的国际权力制衡与分立的国际法治权力架构的背景下，安理会决议通过其积极的作为正在帮助国际社会建立起国际

---

① 林健聪：《联合国安全理事会与国际法院的权力冲突》，《云南大学学报法学版》2010 年第 1 期。

② 林健聪：《联合国安全理事会与国际法院的权力冲突》，《云南大学学报法学版》2010 年第 1 期。

③ 徐军华：《论联合国安理会在国际刑事法院启动机制中的作用》，《湖北财经学院学报》，2005 年第 1 期。

权力制衡与分立机制的基本轮廓，这方面的努力符合国际法治关于权力制衡与分立的基本原则和要求。联合国安理会决议制度属于安理会制度中非常重要的部分，因此，了解联合国安理会制度的效果有助于从侧面研究决议的效果。对此，国内外学者进行过一些研究，例如，有学者从政治和管理学的角度研究了安理会制度的有效性问题，并得出结论：安理会在冲突后的和平建设和全球性议题上发挥了较充分的作用，而在预防冲突和解决冲突性的议题中安理会没能发挥充分的作用。[①] 这种结论表面上有一定道理，但存在片面性和过于关注各单个事件结果的缺陷。因为安理会决议制度本身受到国际社会复杂的政治、国家力量、社会人文和大众心理等多重因素的影响，其行为效果的成因是错综复杂的，仅从简单的数据分析难以得出科学的结论。有学者从安理会的作用、功能与程序角度对安理会自二战后的作为和影响进行了一些分析，[②] 指出安理会作为一个政治机构而非立法或司法机构，其一切行为以制止战争与武装冲突、维护国际和平与安全为目标，并不都以国际法甚至自身准则为行为依据。

综上所述，安理会决议以其作为对于国际立法、行政和司法部门的职能均在不同程度上起到了补强作用，完善了国际法治权力结构。

第二节　联合国安理会决议发挥积极作用和影响的原因

纵观联合国和安理会决议的历史，联合国通过安理会作出有关决议，维护国际和平与安全，其对于国际法治的构建能够产生积极的作用和影响，其中既有国际社会的原因，也有各国国内的原因，还有联合国体制的优越性方面的原因。

---

① 韩召颖、张蒂：《联合国安理会制度有效性的考察》，《南开学报》（哲学社会科学版）2008 年第 5 期。

② Kurt Herndl，"Reflections on the Role，Functions and Procedures of the Security Council of the United Nations"，*The Hague Academy of International Law*，July 2015，p. 84.

一 国际原因

在国际社会，由于各国利益之争与法西斯主义等原因而导致了两次世界大战，给人类带来了深重的灾难，国际社会人们一直在寻求建立一种良性、稳定的世界秩序并企图通过国际性组织加以落实，于是在一战后诞生了国际联盟，二战后产生了联合国。因此，如前文所述，自从国际法产生后，国际社会就有了对于国际法治理想的美好追求，而在一战与二战基础上，在国际联盟经验基础上建立起来的联合国成为人们祈求世界和平与安全的归属。要和平，就要有规则和法治，要法治，就要有机构、组织和制度，而且，这样的组织应该具有一定的强制执行力，而根据《联合国宪章》这份国际法律文件，在联合国体制与运行机制中，安理会决议是唯一具有执行力的文件，因此，安理会决议被国际社会寄予很高的期望，期望其成为维护国际和平与安全的有力工具。而联合国安理会没有辜负国际社会的期望，在威胁国际和平与安全的挑战面前积极作为，通过二战后数十年的实践，做出决议 2000 多项并加以执行，有力地维护了国际社会的和平、安全、发展与人权等国际法治追求的价值与目标。另外，随着全球化的发展，民主和法治已经不再是一国的国内问题，而是跨越国界成为世界性的问题，要求一切以公民的利益为中心和导向，以人为本，全面实现国本主义向人本主义的转换。

二 国内原因

在国内方面，自从人类进入 20 世纪和 21 世纪以来，各国对于自由、民主和法治等价值追求已经成为主流，各国自身利益也需要适当的国际体制和机制加以保障，为了避免战争，缔造和平的国际环境，以有利于创造各国国内建设环境，各国将国际和平与安全的理想寄托在联合国这个国际组织上，因此，二战后，联合国的会员国从最初的 51 个创始会员国陆续增加到目前的 193 个，表明这些国家相继认同联合国的宗旨和理念，这是因为联合国能够在很大程度上兼顾和代表各国当前利益和长远利益。而各国利益最为核心的共同点和首要的目标就是避免战争，实现长久的国际和平与安全。这项任务主要以安理会通过其具有执行力的决议的方式来加以保障，各国也愿意依据《联合国宪章》行使有关诉诸安理会解决争端的权利并履行安理会决议规定的义务。从上述数百起国际争端均通过安理会决议获得缓解或者完全解决的事实就可以看出：各国授权让安理会通过决议来处理有关事项，很大程度上也出于各国国内利益的需要并兼顾国内与国际利益的平衡。

国内利益的需求产生了对于国际社会多边外交的需要，如果联合国是一个多边外交的平台，则其安理会可以定性为一个国家之间利益平衡的场所或工具，而该场所发挥作用的机制就是做出具有强制执行力的决议。而国际法治正是寻求在各国利益之间找到最佳的平衡，从而实现国际社会的和平、安全、发展和人权。因此，安理会决议成为协调、平衡和管理各国间利益纠葛的工具，有条件也有能力从制度构建、机制完善乃至具体问题的应对和处理上对国际法治发挥积极的作用和影响。因为国际社会的行为主体主要还是各个代表不同利益需求的国家，国家利益是联合国和国际法治发挥作用的基石。国家间利益的矛盾、纠纷与分配需要联合国安理会通过决议的方式加以协调和平衡，从而避免纠纷的产生或矛盾的升级，最终维护国际和平与安全，实现联合国的宗旨以及国际法治的首要目标。

三 联合国自身的原因

联合国自身的原因，可以从以下理念、体制、机制、守法性等几个角度加以分析。

从联合国的理念来看，它追求国际和平与安全、避免战争与武装冲突，主张维护普遍人权，实现国际社会的全面发展，这些理念与国际法治追求的和平、安全、发展与人权目标是高度吻合的。这也是联合国能够在国际法治构建中发挥积极作用的深层次根源。

从联合国自身体制来考量，它是人类社会历史上继国际联盟之后的又一个普遍性政治组织。与第一个国际联盟相比，其纲领性文件《联合国宪章》较之《国际联盟盟约》设计的法律制度更为有效，主要原因在于后者的权利分配过分地关注大国与小国间的平等，全体一致的决策制度使得其很难做出决策，导致了国际联盟体系中集体安全制度的最终失败。而联合国体系更加尊重大国在国际和平与安全方面能够发挥更大作用的客观事实和规律，将维护国际和平与安全的主要职责赋予安全理事会。

从联合国发挥作用的机制来看，联合国不仅是一个议事场所，它能通过其安理会做出有执行力的决议平衡各国之间的利益。安理会的决策制度及其强制效力使得其更有效地避免国际社会的"无政府状态"或者说"自然状态"，从而通过作出和执行决议的方式维护了全世界的和平与安全。

从联合国遵守国际法的情况来看，尽管联合国本身主要是一个国际性政治组织，但其运作机制建立在《联合国宪章》这份法律文件规定的内容的基础上，主要是依据国际法来运行，虽然在实践中安理会为了达到和平与安全的终极目的，其决议带有很强的政治性，但在安理会遇到国际法律疑难问题时，还可能会主动寻求国际法院的咨询意见。国际法治要求一切国际社会的主体能够守法。因此，联合国安理会决议对于国际法律的尊重和遵守，也构成安理会能够通过其决议推动国际法治进程的重要原因。

综上所述，基于联合国安理会决议的性质及其产生过程，其对国际法治构建发挥积极作用和影响的原因是多元的，也是多个层面的，既有国际社会的原因，也有各国国内社会的需要，还有联合国自身的独特性原因，既有国家原因，也有国际组织和全球公民社会的助推等原因。当然，任何事物都具有两面性，安理会决议在发挥积极作用和影响的同时，因其产生机构、表决机制、特定议题和事件、事件背景和原因、冲突各方力量对比情况、利益动机、处理方式和干预力量等不同因素的影响，有些安理会决议也可能会对国际法治产生一些消极的作用和影响，甚至阻碍国际法治的进程。这是同一问题的另一方面，将在后文中加以探讨。

第四章

联合国安理会决议对国际法治构建的局限性或消极影响

如同任何事物都具有两面性一样，联合国安理会决议对国际法治构建产生积极作用和影响的同时，因为各种制约因素的存在，其对于国际法治构建发挥的作用和影响也存在一些局限性，产生一些消极影响，有些决议甚至还有可能阻碍国际法治的发展进程。

第一节　联合国安理会决议对国际法治构建的局限性

关于联合国安理会决议对国际法治构建局限性的研究，同样可以从不同视角和层面来加以分析。既可以从全局性、总体性、制度性和历史观等方面进行总结性研究，也可以针对安理会决议在面对实际问题时难以有效发挥作用的多种情形进行归纳性研究。

一　安理会决议作用的局限性：总体评价

从总体作用角度来评价，安理会决议对于国际法治构建局限性的表现形式体现在以下四个方面：单一性、薄弱性、集中性和阶段性。

（一）单一性

因为国际社会治理的范围包罗万象，国际法治的对象很多，范围很广，上至天文地理，下至花鸟虫鱼，从资源、环境、人口、贸易到经济、金融、卫生、邮政等，都是国际法治的治理与服务对象。国际法治的内容包括很多，涉及社会生活的各个方面，是一项长期而复杂的系统工程，其基本的四大目标包括和平、安全、发展和人权，发展问题主要是经济问题，各国之间经济往来涉及贸易与投资问题，人权问题也是一个很复杂的问题，不只是局限于战争和动乱时期的人权保护，更包括国际、国内和平时期的普遍人权的保护以及反对种族歧视、隔离和屠杀等复杂的问题。在联合国体系内，除了安理会外，还有其他五个机构，它们中如经济及社会理事会管辖全球经济与社会方面的问题，国际法院管辖司法问题，托管理事会管辖领土托管问题，等等。而联合国安全理事会仅仅局限于对国际和平与安全问题的管辖，其决议也限于和平与安全事项。而国际法治作为一种关于国际社会的治理方式或理念，包含的范围十分广泛，需要从组织机构、机制保障、权力制约、监督机制、人权保护、经济发展、环境保护、外太空利用等各个方面加以界定，远远不止国际和平与安全的范围。

因此，安理会决议对于国际法治拥有众多工作领域和任务的要求而言，其能够发挥作用的领域是比较单一的，这也是安理会决议发挥作用的局限性的内在原因之一。

（二）薄弱性

与安理会决议对国际法治作用单一性并存的是，安理会决议对于国际社会的治理功能和作用是比较薄弱的。因为它们仅行使国际法治范围中最基础的那部分功能，即维护国际和平与安全，而这无论对于国内社会还是国际社会都是基本性的社会要求，因此，其治理的内容是薄弱的。国内社会中如果发生战争和动乱，则无从发展经济和保护人权，在国际社会也是如此，如果哪里战乱频仍，冲突不断，哪里的经济发展就会被破坏甚至停滞，人权难以保障。而一国国内的战乱会波及相邻国家的安宁，叙利亚危机导致流落欧洲的难民就是鲜活的例子。因此，安理会决议所发挥的作用属于基础性的，虽然非常重要，但具有局限性。

（三）集中性

安理会决议发挥作用的集中性体现在其权力行使的主体的高度集中上。在现有联合国体制和安理会决议机制下，安理会中只有 15 个理事国其中 5 个是常任理事国，它们集中代表全球 190 多个国家，就全球重大的和平与安全问题做出决策，而且五个常任理事国对于决议的通过具有一票否决权。这种高度的集中决策制度形成于二战末期，反映了当时的国际力量对比关系与权力结构的平衡，时至今日，它已经在民主程度与代表性等问题上具有较大的缺陷，主要就是安理会代表性不够的问题以及五个常任理事国事实上的绝对豁免权的问题。

多年来，国际社会对于联合国安理会的尖锐意见和改革呼声也集中反映在代表的缺乏普遍性、容易被操纵以及常任理事国的扩增等问题。日本、印度、巴西、德国等在二战后经济力量不断增强的国家力图进入常任理事国，改变现有的联合国集中决策的权力结构。

综上所述，联合国安理会高度集中的决策机制在一定程度上影响了其决议的民主性、普遍性和权威性，也妨碍了安理会对于国际法治积极作用的充分发挥。

（四）阶段性

安理会决议机制的阶段性或称历史性表现在它是特定历史阶段的产物，也就是说，二战战胜国领导人们为了缔造一个持久和平与安宁的新世界，起草《联合国宪章》，创建了联合国，设计了安全理事会及其决议制度，安理会决议制度只是特定历史阶段的产物。

因为联合国的设计者们在试图维护持久和平与安全的同时，也会带有让本国利益最大化的"私心杂念"，他们在设计安理会及其决议制度时，自然带有突出自己地位、打压战败国和确保其他中小国家或不拥有核武器的国家的内在动机，从而导致了五大国否决权的出台。然而，任何人为的设计与安排都不能阻挡历史的脚步，各国的经济军事发展以及由此形成的国际力量对比的不断变化正在冲击着旧有的联合国体制。如果不能与时俱进，任何一个僵化的制度都可能因跟不上时代的发展而被历史抛弃。因此，联合国安理会决议机制需要随着时代的发展加以改革，才能走出历史的局限性。

此外，从制度层面来分析，安理会决议作用的局限性还表现在执行中可能受到特定国际局势、当事国利益取向等多种外在因素的干扰和影响等。

二 安理会决议对国际法治作用局限性的具体表现

从联合国实践角度来看，对于威胁国际和平与安全的因素、争端和事件，联合国安理会通过决议的方式加以作为并不是万能的，具体表现为对于某些事项的不能决议、做出错误或非法决议、无所作为或者效率低下甚至阻止战争失败。这些现象表明目前联合国体制下的安理会决议不能解决国际和平与安全中的所有问题，以至于给国际法治的构建带来消极的作用和影响。具体来说，从安理会实践层面来看，联合国安理会决议对国际法治构建的局限性具体表现形式体现在以下几个方面。

（一）不能决议

如前文所述，因为安理会决议需要通过一定的程序并受到表决规则的限制，很多问题难以进入安理会表决程序或者即使进入也不能通过。在表决规则中尤其受到五个常任理事国否决权和十个非常任理事国多数票的限制。因此，一些议题因为涉及常任理事国的核心利益往往胎死腹中，这样的议题即使进入表决程序，也会因为常任理事国的否决而前功尽弃。因此，任何会员国在涉及五个常任理事国的实体问题表决中，均会权衡利弊，谨慎而为，预测决议的不利结果。有时，在不能做出有力的决议时，为表达一种"还在管理"的姿态，安理会内部往往相互妥协，勉强做出一些呼吁性的缺乏实质执行内容的决议或者错过时机后做出一些没有执行价值的决议，这类决议也被纳入广义的"不能决议"的范畴。

归纳起来，安理会不能决议的原因有多种，有的是涉及某个常任理事国的利益难以进入程序，有的是进入程序因为常任理事国的否决或者没能获得理事国法定多数票而不能通过，还有的是因为客观局势的复杂多变而使得安理会陷入困境。例如，1960年美国飞机侵入苏联领空事件，因为美国的影响力，决议草案因未获多数票而没能通过，结果影响了法、美、苏、英四国会议的顺利召开，联合国为此通过第135号决议谴责有关事件对大国关系的影响。① 换言之，在很大程度上，美、英、法、苏、中五个常任理事国成为和平与安全话题中联合国安理会不能约束或豁免的

---

① S/RES/137（1960），联合国网站：http://www.un.org/zh/sc/documents/resolutions。

对象，某些常任理事国往往因为国家利己主义而滥用否决权甚至制造威胁国际和平与安全的因素，损害安理会和联合国的威信，影响到国际法治的构建和进程。

后文以科索沃危机为例，分析事件的过程和背景以及为什么无法做出能够解决问题的决议，还有勉强作出的有关决议对国际法治的负面影响。

决议背景。科索沃属于南斯拉夫塞尔维亚共和国境内的一个自治省，南面与阿尔巴尼亚和北马其顿为邻。科索沃拥有丰富的矿产资源，但民族矛盾历史久远，阿尔巴尼亚族人一直主张独立。1998 年 2 月 28 日，科索沃阿尔巴尼亚族"科索沃解放军"袭击了塞尔维亚警察，于是南联盟派出军队镇压，导致多起流血冲突，引发了科索沃危机。3 月 2 日，阿尔巴尼亚总统迈达尼就科索沃地区的严重暴力事件呼吁国际社会干预，遭到南斯拉夫的反对。3 月 9 日，前南斯拉夫问题国际联络小组在伦敦召开会议就科索沃局势进行磋商，不支持科索沃独立并对南斯拉夫采取武器禁运等制裁措施。3 月 31 日，联合国安理会决定对南联盟实施武器禁运。9 月 22 日，安理会通过第 1199 号决议，呼吁科索沃冲突各方立即停火开始政治对话，用和平方式解决争端。俄罗斯表示不支持武力干预科索沃问题。[①] 10 月 12 日，北约秘书长索拉纳宣布实施军事干预科索沃危机的命令。10 月 23 日，时任因遭到联合国安理会常任理事国中国和俄罗斯等的反对，安理会没有通过英、美等西方国家草拟的含有支持北约军事打击南联盟的决议草案。1999 年 3 月 24 日，北约对南斯拉夫联盟发动了首次大规模的空袭，这是北大西洋公约组织成立 50 年来首次袭击一个主权国家。南联盟宣布与美、法、德、英断交。俄罗斯宣布冻结与北约的关系并决定向南联盟提供人道主义援助。3 月 25 日，联合国没能通过俄罗斯、白俄罗斯、印度三国要求北约停止空袭动武的决议草案。5 月 7 日，以美国为首的北约使用 5 枚导弹袭击中国驻南斯拉夫大使馆，[②] 造成 3 人死亡，20 多人受伤。联合国安理会应中国代表要求召开紧急会议，并发

①　S/RES/1199（1998），联合国网站：http://www.un.org/zh/sc/documents/resolutions。

②　佚名：《聚焦北约空袭》，《瞭望新闻周刊》1999 年第 14 期。

表安理会主席声明。5 月 25 日，南联盟要求与联合国就解决科索沃危机进行直接谈判。5 月 31 日，南联盟总统米洛舍维奇重申南联盟接受八国框架协议并发表声明。6 月 2 日，美国总统克林顿宣布美国将派 7000 人参加科索沃维和部队并增派 68 架飞机参加对南联盟的轰炸。6 月 3 日，南联盟政府接受俄、芬、美提出的和平协议。3 月 24 日至 6 月初，北约共投入舰艇 40 多艘，飞机 1000 多架，出动飞机 3.2 万架次，投下炸弹 1.3 万吨，造成南联盟至少 1800 多名平民丧生，6000 多人受伤，100 万人沦为难民，造成经济损失超过 2000 亿美元。① 6 月 8 日，西方七国及俄罗斯的外长们在德国科隆就一项提交联合国安理会审议的关于政治解决科索沃危机的决议草案达成一致。针对科索沃局势，安理会先后通过第 1160、第 1199、第 1239、第 1244 号决议。②

决议主要内容。1998 年 3 月 31 日第 1160（1998）号决议主要内容：欣然关注到法国、德国、意大利、俄罗斯、大不列颠及北爱尔兰联合王国和美利坚合众国外交部长 1998 年 3 月 9 日和 25 日的声明，其中提议对南斯拉夫联盟共和国包括科索沃在内实施全面军火禁运，谴责塞尔维亚警察部队对科索沃平民与和平示威者使用过分的武力，以及科索沃解放军或任何其他团体或个人的一切恐怖主义行为，和对科索沃恐怖主义活动的一切外来援助，包括资金、军火和训练，根据《联合国宪章》第七章采取行动：（1）呼吁南斯拉夫联盟共和国应立即采取进一步的必要步骤，通过对话实现科索沃问题的政治解决，并实施联络小组 1998 年 3 月 9 日和 25 日的声明所指出的行动；（2）呼吁科索沃阿尔巴尼亚族领导人谴责一切恐怖主义行动，并强调科索沃所有阿尔巴尼亚族裔都应只用和平手段争取他们的目标；（3）指出击败科索沃境内的暴力和恐怖主义的方法是由贝尔格莱德当局向科索沃的阿尔巴尼亚族裔提供一个真正的政治进程；（4）决定所有国家为了促成科索沃的和平与稳定，应防止本国国民或从本国领土上或利用挂有本国国旗的船舶和飞

---

① 王逸舟主编：《单极世界的阴霾——科索沃危机的警示》，社会科学文献出版社 1999 年版，第 399—422 页。

② S/RES/1160、1199、1239、1244（1999），联合国网站：http：//www.un.org/zh/sc/documents/resolutions。

机向南斯拉夫联盟共和国出售或提供任何类型的军火和有关物资，例如武器和弹药、军用车辆和装备及上述项目的备件，并应防止向当地的恐怖主义活动提供任何武装和训练；（5）决定按照暂行议事规则第28条设立一个安全理事会委员会，由安理会全体成员国组成，向安理会报告工作，提出意见和建议。①

1999年第1239号决议主要是关注科索沃地区的人道主义危机问题。②

决议对国际法治的消极影响。在处理科索沃危机的过程中，北约一直居于主导地位，利用南斯拉夫塞尔维亚族和阿尔巴尼亚族之间的纷争，以保护"人权"、防止"人道主义灾难"为名，粗暴干涉南斯拉夫内政。尽管联合国安理会积极作为并做出上述一系列决议干预该地区政治解决进程，但是收效不明显，没能有效制止该地区的战乱以及由此产生的人道主义危机。尽管包括俄罗斯等多国介入科索沃局势，但纵观该局势的产生和发展，科索沃危机成了北约"新干涉主义"和"先发制人"安全理论的试验场，而北约新战略的实质是美国的单极霸权战略，③ 其背后的动机是美国和北约早就想把巴尔干地区纳入自己的势力范围。但不可更改的客观事实是，以美国为首的北约用炸弹和巡航导弹制造了第二次世界大战后欧洲最大的人道主义灾难，摧毁了南斯拉夫塞、阿两族人民的基本生存条件。

美国和北约对南斯拉夫的轰炸产生了恶劣的国际影响：（1）联合国面临重蹈国际联盟覆辙的可能。在这次局势危机中，北约绕开联合国采取行动，破坏了"五大国一致"原则，践踏了联合国宪章和一系列国际准则，让联合国显得软弱无力。正如时任美国国务卿奥尔布赖特阐述的"制订国际新秩序的计划——改造现有的全球机构并建立由世界上的民主国家组成的正式的全新的机构"④，美国企图构建新的国际机构和国际秩序，而这次轰炸仅仅是该战略的一次行动验证。（2）美国单极世界霸权

① S/RES/1160（1998），联合国网站：http：//www.un.org/zh/sc/documents/resolutions。
② S/RES/1239（1999），联合国网站：http：//www.un.org/zh/sc/documents/resolutions。
③ 王逸舟主编：《单极世界的阴霾——科索沃危机的警示》，社会科学文献出版社1999年版，第362页。
④ 美国《洛杉矶时报》1999年1月17日第3版。

模式正在采取美欧、美日联合称霸的形式。从美国后来的伊拉克战争、利比亚战争、对中国南海问题的干预等可以看出来。这一战略威胁着世界和平与安全。(3)欧盟具有落入歧途的可能。在北约轰炸南斯拉夫事件中，欧盟成了美国的帮凶。(4)现行国际法和国际关系准则面临被破坏的危险。这次北约干涉，开创了以"保护人权""防止人道主义灾难"为借口的干涉主权国家内政、肢解独立主权国家的恶例。(5)民族、宗教和价值观问题正在成为挑起地区争端、干涉别国内政的借口，这将破坏很多国家的和平与安全。

在美国和北约的"新干涉主义""先发制人"等侵略理论与实践面前，联合国安理会未能做出行动有力的决议加以制止，已经做出的决议也多为"呼吁"和"谴责"形式的道义类决议，无法制止真正的侵略战争的发生和升级，同时暴露了联合国安理会决议从机制到执行力等方面的缺憾和漏洞。美国和北约用飞机和炮舰进攻一个东欧小国，企图迫使其就范，是赤裸裸的强权政治和历史的倒退，为人类社会进入21世纪的国际法治进程蒙上了一层阴影。本案例属于安理会未能通过决议阻止战争的典型案例。

（二）错误或非法的决议

由于国家利益需求、表决程序瑕疵、理事国对事实和法律判断失误等因素的影响，安理会可能做出错误的甚至违法的决议。错误的决议可能是沟通信息不对称、有关国家利益驱动、参会代表决策水平所限等原因造成，非法的决议可能是利用了表决程序的漏洞或违背实体或（和）程序法律等原因而造成，如利比亚危机和战争的爆发有关决议等。

决议背景。利比亚动乱的原因有：（1）总统卡扎菲长达40余年专制统治，引起国内人民不满；（2）陷入分裂有着历史根源，早在意大利殖民时期，利比亚就由三个自治邦组成，其中东部地区和班加西是自治的；（3）利比亚生产石油和天然气，资源富庶，成为多国争抢的主要原因；（4）利比亚没有先进的武器，容易被进攻而没有还手之力。2011年2月17日，利比亚内战爆发，交战双方为卡扎菲领导的政府军和反对卡扎菲的武装势力。反对派武装要求卡扎菲下台进行民主变革，组成"全国过渡委员会"。2011年2月26日，联合国安理会通过首项第 1970 号决议，冻结卡扎菲的资产，并将局势交由国际刑事法院处理。① 3 月初，卡扎菲的政府军进攻反对派在班加西的据点，3 月 17 日，联合国安理会再次通过第 1973 号决议授权会员国在利比亚设置禁飞区。8 月，反对派夺取首都的黎波里，此后，利比亚"全国过渡委员会"获得国际社会和联合国承认，9 月 16 日，安理会通过第 2009 号决议，② 卡扎菲于 10 月 20 日被枪杀，10 月 23 日"全国过渡委员会"宣告战斗结束，全国解放。10 月 27 日，安理会通过第 2016 号决议《利比亚局势——终止禁飞区和保护平民》。③ 2011 年 12 月 2 日安理会再次通过关于利比亚局势的第 2022 号决议。④

　　决议主要内容。第 1970 号决议主要内容：安全理事会严重关切着阿拉伯利比亚民众国局势，谴责暴力行为和对平民使用武力，斥责严重、有系统地侵犯人权，包括镇压和平示威者，对平民死亡深表关切，并反对阿拉伯利比亚民众国政府最高层煽动对平民的敌意和暴力行为，认为目前在阿拉伯利比亚民众国正发生的针对平民人口的大规模、有系统的攻击可以构成危害人类罪，强调追究那些应对袭击平民事件，包括其控制的部队袭击平民的事件负责者的责任，回顾《罗马规约》第 16 条规定，如果安理会向国际刑事法院提出要求，在其后 12 个月内，法院不得进行调查或起诉。根据《联合国宪章》第七章采取行动：（1）要求立即停止暴力，并呼吁采取步骤满足人民的合理要求；（2）敦促利比亚当局：保持最大克制，尊重基本人权和国际人道主义法，立即允许国际人权监测员通行；确保所有外国国民及其资产的安全；确保人道主义和医疗用品以及国际人道主义机构和工作人员安全进入该国；立即解除对所有形式媒体的限制；（3）决定把 2011 年 2 月 15 日以来的阿拉伯利比亚民众国局势有关问题移交国际刑事法院检察官；（4）决定所有会员国应采取必要措施，阻止从本国境内或通过本国领土或利用悬挂本国旗的船只或飞机直接或间接向阿拉伯利比亚民众国提供、出售或转让任何类别军火

① S/RES/1970（2011），联合国网站：http：//www. un. org/zh/sc/documents/resolutions。
② S/RES/2009（2011），联合国网站：http：//www. un. org/zh/sc/documents/resolutions。
③ S/RES/2016（2011），联合国网站：http：//www. un. org/zh/sc/documents/resolutions。
④ S/RES/2022（2011），联合国网站：http：//www. un. org/zh/sc/documents/resolutions。

或相关军用物资；（5）决定继续处理此案。① 第 2009 号决议主要内容：安全理事会重申对利比亚的主权、独立、领土完整和统一的坚定承诺，回顾安理会决定将利比亚局势提交国际刑事法院审理，并回顾必须开展合作确保追究应对侵犯人权和违反国际人道主义法负责的人或参与袭击平民的人的责任，根据《联合国宪章》第七章采取行动：（1）已注意到利比亚的事态发展，欢迎利比亚局势的改善和实现稳定；（2）期待建立一个包容的、有代表性的利比亚过渡政府，强调需要有一个承诺实现民主、善治、法治和尊重人权的过渡时期；（3）强调推动妇女和少数群体平等和全面参与关于冲突后阶段政治进程的讨论；（4）呼吁利比亚当局促进和保护基本人权，包括属于弱势群体的人的人权；（5）取消禁飞区有关措施。②

决议对国际法治的消极影响。纵观利比亚战争的整个过程，政府军和反对派的武装冲突仅仅属于一个国家内政的问题，但在以美国为首的多国干涉下，利用联合国安理会的平台通过不利于现任政府的决议，从而使得反对派获得国际社会的力量支持而最终获胜。在利比亚局势中，联合国安理会决议被当成西方大国推翻现行政府、扩大势力范围的工具。联合国安理会决议机制与职能被少数势力控制和滥用，成为干涉他国内政的一种手段。在利比亚案例中，联合国安理会再一次受到美国的控制，以实现其侵略性外交与军事战略。这种做法的一再重演，导致世界因此分裂和对立，③ 无疑严重损害了联合国的形象，对于国际法治产生了非常消极的作用和影响。本案例可以归类为错误决议的案例。

上述这些非法决议的通过和执行，严重滥用了联合国安理会的职权，错误地发动了"联合国军"参与非法战争，以决议的方式破坏了国际和平与安全，导致了国际法治的历史倒退。

---

① 联合国网站：http：//www. un. org/zh/documents/view＿doc. asp？symbol＝S/RES/1970（2011）。

② 联合国网站：http：//www. un. org/zh/documents/view＿doc. asp？symbol＝S/RES/2009（2011）。

③ Bruce D. Jones, *Libya and the Responsibilities of Power*, *Survival*, 2011, http：//www. tandfonline. com/loi/tsur, 2009, p. 50.

错误的或者非法的决议可能损害决议涉及的有关国家或者地区的利益，如在安理会决议下非法发动的侵略战争，直接造成有关国家和人民的生命和财产损失。应该说，在安理会决议历史上，错误和非法的决议情况还是很罕见的，但利用某种决议情形借机做出对某些国家或国家集团有利的决议是有的，或者利用由来已久的所谓人道主义干涉理论。① 错误和非法的决议能够直接损害联合国安理会乃至整个联合国的形象和声誉，阻碍国际法治的进程。

（三）无所作为

因为受到联合国安理会决议表决机制的约束，对于一些破坏国际和平与安全的因素，安理会可能无所作为，或者想有作为也无能为力。这种情况产生的原因很多，可能因为这些事件还不足以引起联合国及其会员国的重视，可能因为某些国家注意到了该局势或事件的危害性，但考虑到安理会的成员组成及其政治取向等，预计联合国不能通过有关决议加以排除，从而放弃提出决议，等等。例如，在联合国成立后到1989年的40多年间，因为美苏两极格局长期存在，联合国安理会提起决议的情况很少，决议数量也不多，其中就有因为涉及美苏利益的考量，任何维护其中一方的提案必然遭到另一方的否决，因此不如放弃提起议案的努力。

上述情况损害了安理会和联合国的权威，放纵了美苏争霸统治世界的局面，也从另一个角度证明联合国资源十分有限，能够有所作为的领域和发挥作用的空间是很有限的，其对国际法治构建的影响也不是万能的。比较典型的例子包括2016年乌克兰危机的处理及以往的阿富汗战争、伊拉克战争等，联合国安理会决议机制未能阻止战争的发生，从广义上来理解，也是属于对战争想有所作为而不能作为的情形。

1. 关于乌克兰危机的决议及其对国际法治的负面影响

有关乌克兰危机的主要事实背景。2013年年底，"亲俄派"乌克兰

---

① Simon Chesterman, "Leading from Behind: The Responsibility to Protect, the Obama Doctrine, and Humanitarian Interventon after Libya", *Ethics and International Affairs*, Vol. 25, No. 3, 2011, p. 279.

总统亚努科维奇中止与欧洲联盟签署政治和自由贸易协议，欲强化和俄罗斯的关系。乌克兰国内动荡由此引发。2013 年 11 月 22 日，乌克兰"亲欧洲派"在基辅展开反政府示威，抗议群众要求政府和欧盟签署协议、亚努科维奇下台、提前举行选举。2014 年 2 月 22 日，亚努科维奇被议会罢免其总统职务，并宣布提前于同年 5 月 25 日举行总统大选。3 月 11 日，克里米亚议会通过了克里米亚独立宣言。4 月 7 日，乌克兰顿涅茨克"亲俄派"宣布"独立拟公投入俄"。4 月 12 日，乌克兰东部顿涅茨克州和卢甘斯克州宣布成立独立"主权国家"。5 月 2 日，乌克兰政府军对斯拉维扬斯克的全面战斗已经打响。驻乌克兰边境的俄罗斯军队也已开始行动。5 月 11 日，乌克兰东部顿涅茨克州和卢甘斯克州举行全民公投，决定是否独立。此次公投的目的只有一个，即是否支持成立"顿涅茨克人民共和国"。卢甘斯克州公投的问题相同，即是否支持成立"卢甘斯克人民共和国"。5 月 12 日，乌克兰东部顿涅茨克州和卢甘斯克州的全民公投结果出炉，支持独立的选票分别高达 89% 和 96%。随后，两州宣布成立独立"主权国家"。乌克兰定于 5 月 25 日举行总统选举。这被认为是乌克兰独立 23 年以来最重要的一届选举，可能成为化解乌克兰危机的关键一步。而此次大选最关键，也是最有胜算的候选人是有"巧克力大王"之称的彼得·波罗申科。① 有关国际社会对乌克兰危机的反应：2014 年 7 月 29 日，欧盟和美国指责俄罗斯破坏乌克兰东部稳定，宣布对俄罗斯采取经济制裁。2014 年 8 月 7 日，俄罗斯决定对美国和欧盟实施反制裁，"全面禁止"进口来自欧盟、美国及其他制裁俄罗斯的西方国家的农副产品。中国希望有关各方通过对话与协商和平解决乌克兰危机。

决议有关情况。关于乌克兰危机，联合国安理会居然束手无策，没能做出任何决议。

安理会未能做出决议对国际法治产生了消极影响。这是由于俄罗斯已经承认了克里米亚的独立，克里米亚将同阿布哈兹、南奥塞梯一样成为一个事实独立的实体或俄罗斯的一部分，至于它能否得到国际社会的

---

① 赵海立：《2014 年世界部分地区民族问题热点扫描》，《中国民族》2015 年第 1 期。

认可，将是一个长期博弈的过程。乌克兰危机表明，克里米亚脱乌入俄已在客观上成为事实，国际社会也必须面对，理想中能够构建起全人类通行规则的国际公法与现实仍相去甚远。

乌克兰危机对于国际法和国际法治的更深远影响在于，一旦法律上的特例开启，全球性的自决公投可能效仿开闸，而遗失的国际法规则只能一次次成为大国争食的谈判筹码，国际法本身面临巨大挑战的同时，国际法治的未来堪忧。有学者认为：克里米亚公投入俄仅仅是大国的"政治游戏"，无国际法合法性可言，如果这样的行为也符合国际法，可以设想，如果每个国家的不同民族都来通过"自决"寻求独立，整个世界会成为什么样子。① 有学者指出：无论对于国际法院有关"科索沃单方面宣布独立是否违反国际法"的咨询意见做出怎样的解读，克里米亚都不享有未经乌克兰同意、单方面脱离的权利。尽管俄罗斯与克里米亚有紧密的历史联系，在克里米亚有重要的战略利益，但这不能成为其单方面接受克里米亚入俄的理由。② 克里米亚公投入俄暴露了苏联解体遗留的一系列隐患，而对解决这些隐患，国际法的作用有限，在很大程度上取决于所涉各方的政治智慧和能力。③ 联合国安理会作为对于维护国际和平与安全肩负首要职责的机关，却未能做出有关决议制止或者制裁乌克兰危机中克里米亚公投的问题，以其不作为损害了国际和平与安全。本案例属于安理会不能作为的典型案例。

2. 关于阿富汗战争的决议及其对国际法治的负面影响

决议背景。阿富汗战争是2001年10月7日以美国为首的联军对"基地"组织和塔利班发起的一场战争，是美国对"9·11事件"的反击，标志着反恐战争的开始，其目的是逮捕本·拉登等"基地"组织成员和惩罚塔利班对恐怖分子的支持。2014年10月26日，美、英撤离阿富汗，阿富汗战争结束。2000年，安理会通过第1333号决议《阿富汗局势：制

① 白桂梅：《从克里米亚公投看国际法上的人民自决原则》，在北京国际法学会2014年年会上的发言，2014年11月29日。
② Roy Allison, "Russian 'Denial' Intervention in Ukraine: How and Why Russia Broke the Rules", *International Affairs*, 2014, p. 90.
③ 孙世彦：《克里米亚公投入俄的国际法分析》，《法学评论》2014年第5期，第139页。

裁塔利班》，① 2001 年通过第 1378 号决议《阿富汗局势》、② 第 1383 号决议《阿富汗局势：临时当局》、第 1386 号决议《阿富汗局势：国际安全援助部队》，2002 年通过第 1388 号决议《阿富汗局势：取消部分制裁》、第 1401 号决议《联合国阿富汗援助团：设立》、第 1413 号决议《阿富汗局势：国际安全援助部队》、第 1419 号《阿富汗问题》、第 1444 号决议《阿富汗局势：国际安全援助部队》、第 1453 号决议《阿富汗：睦邻友好关系宣言》，2003 年第 1455 号决议《制裁塔利班和"基地"组织》、第 1510 号《阿富汗：扩大国际安全援助部队的任务》，2004 年第 1536 号《联合国阿富汗援助团》、第 1563 号《阿富汗局势》、第 1589 号《联合国阿富汗援助团》等一系列决议。③

决议主要内容。第 1378 号决议主要内容：安全理事会，重申过去关于阿富汗的各项决议，包括 1999 年第 1267（1999）号、2000 年第 1333（2000）号和 2001 年第 1363（2001）号决议，支持按《联合国宪章》根除恐怖主义的国际努力，并重申 2001 年 9 月 12 日第 1368（2001）号和 9 月 28 日第 1373（2001）号决议，考虑到阿富汗安全和政治局势的紧迫性，谴责塔利班向乌萨马·本·拉登、"基地"组织及其同伙提供安全庇护所，并支持阿富汗人民更换塔利班政权的努力，对严重的人道主义局势和塔利班继续严重侵犯人权和违反国际人道主义法深表关切，表示坚决支持阿富汗人民努力建立一个新的过渡行政当局以组成一个政府。④

决议对国际法治的消极影响。阿富汗战争的本质是美国以反恐为名对阿富汗以及中东国家进行所谓"民主改造"。联合国安理会没能制止战争，仅仅通过上述一系列决议试图维护平民安全和人道主义等。阿富汗战争为以反恐名义干涉他国内政、个别国家或集团为自己利益违背国际

---

① S/RES/1333（2000），联合国网站：http：//www. un. org/zh/sc/documents/resolutions。

② S/RES/1378（2001），联合国网站：http：//www. un. org/zh/sc/documents/resolutions。

③ S/RES/1383（2001）、1386（2001）、1388（2002）、1401（2002）、1413（2002）、1419（2002）、1444（2002）、1444（2002）、1453（2002）、1455（2003）、1510（2003）、1536（2004）、1563（2004）、1589（2004），联合国网站：http：//www. un. org/zh/sc/documents/resolutions。

④ 联合国网站：http：//www. un. org/zh/documents/view_doc. asp？symbol = S/RES/1378（2001）。

法治的基本原则开了先河。至于其中一些维护平民安全和战争秩序等的决议，虽然对该地区的和平稳定起到了一定的积极作用，但这些决议未能起到预防、制止和消除战争的作用。虽然阿富汗境内的"基地组织"作为多起国际恐怖主义事件的策动者和实施者，应该受到惩罚和打击，但依据国际法，阿富汗本国的内政和国家主权也应该得到依法维护。因此，无论美国以反恐或者任何其他名义发动对阿富汗的战争的行为都是属于侵略性的。本案例也属于安理会决议机制未能阻止战争的不能作为的案例，安理会虽然在形式上通过了一些决议，似乎"有所作为"，但从这些决议的内容和作用结果来看流于形式，等于"没有作为"。如同伊拉克战争的情形一样，安理会未能通过决议阻止战争的爆发，再一次暴露了安理会及其决议对于推进和实现国际法治作用的局限性。

（四）效率低下

在现实中，更多的情况是安理会对一些国际局势想有所为并积极作为，但因为事件或局势的错综复杂、利益纠葛的源远流长、协调处理的超高难度而最终效率低下、进展很慢或者收获甚微，甚至导致最后徒劳无功，如关于叙利亚危机的处理案例。

决议背景。2011 年 3 月，在西亚北非政治动荡的浪潮下，叙利亚首都大马士革、最大城市阿勒颇等地爆发抗议示威活动，叙利亚国内反对派要求巴沙尔下台，这正好迎合了欧美国家的利益需求。欧美积极干预叙利亚危机，企图推翻现任政府，曾经向联合国安理会提交军事干预叙利亚的草案，被中国、俄罗斯否决。截至 2015 年，叙利亚冲突双方关系不断恶化，仍然处于战乱状态。2014 年 2 月 22 日，安理会通过第 2139 号决议《中东局势——叙利亚》。[①]

决议内容。第 2139 号决议主要内容：安全理事会回顾第 2042（2012）、第 2043（2012）和第 2118（2013）号决议及有关安理会主席声明，重申对叙利亚主权、独立、统一和领土完整以及对《联合国宪章》的宗旨和原则的坚定承诺，对叙利亚境内暴力升级、造成包括 1 万多名儿童在内的 10 多万人死亡的事实感到震惊，并且叙利亚人道主义局势迅

---

① S/RES/2139（2014），联合国网站：http：//www.un.org/zh/sc/documents/resolutions。

速地严重恶化，强调尊重联合国人道主义紧急援助的指导原则，促请所有各方停止一切使叙利亚人民遭受痛苦的暴力，挽救叙利亚丰富多彩的社会、文化遗产，采取有关步骤保护叙利亚的世界文化遗产保护地。（1）强烈谴责叙利亚当局普遍侵犯人权、违反国际人道主义法的行为以及武装团体践踏人权的行为，并谴责所有形式的性暴力行为；（2）要求所有各方停止一切形式的暴力，不管暴力来自何方，停止任何违反国际人道主义法以及侵犯践踏人权的行为，强调其中有些违法行为可能构成战争罪和危害人类罪；（3）要求所有各方停止所有针对平民的袭击以及不加区别地在居民区使用武器的行为，包括炮击和空中轰炸；（4）要求所有各方充分执行 2013 年 10 月 2 日安全理事会主席声明的规定；（5）促请所有各方解除对居民区的包围，让人道主义机构安全和不受阻碍地进出叙利亚境内所有受影响地区，回顾国际人道主义法，禁止把平民挨饿当作作战方法；（6）要求所有各方特别是叙利亚当局，让联合国人道主义机构及其执行伙伴迅速、安全地为人道主义目的获得通行许可；（7）欢迎 2014 年 1 月 22 日在蒙特勒启动的由叙利亚人主导的政治进程，要求所有各方作出努力；（8）决定继续积极处理此案。①

决议对国际法治的消极影响。叙利亚危机尚在发展中，美国及其西方盟友大力支持反对派武装，试图通过扶持代理人的方式推翻叙利亚政府。欧美的干涉破坏了该地区的和平、安全与稳定，也挑战着联合国及其安理会维护国际法治的权威，联合国安理会因此而陷入分立。② 叙利亚事件历时多年不能解决，本案例可以作为效率低下的案例。

应该指出的是，因为很多国际争端源远流长，民族矛盾深重，这些争端本身就不是短时期内容易化解的。在实践中，针对这种情况，安理会只好一次又一次做出有关决议，敦促有关国家采取行动。在这种漫长的协调过程中，其中某一段时间的工作看上去可能是徒劳无功的，但从事件处理的最终成果来看，安理会针对某一局势做出的往往多达数十项

① 联合国网站：http://www.un.org/zh/documents/view_doc.asp?symbol = S/RES/2139 (2014)。

② Jess Gifkins, *The UN Security Council Divided：Syria in Crisis*, University of Queensland, Accepted version for pre-publication, 2012, p. 245.

的决议也是推动事件或局势朝向解决方向或获得最终解决的强大外部推动力量。但不能否认的是，正因为安理会的性质决定其作用的有限性，加上安理会内部在处理国际事务时存在的各国利益的正面冲突，导致其对某些事件或局势处理效率的低下，如同谚语所言："迟到的正义非正义"，这种情况损害了其权威并对国际法治构建的进程造成了影响，这也成为一个现实问题。

（五）决议阻止战争失败

在安理会实践中，有时对于严重破坏国际和平与安全的局势，安理会通过了一些决议企图推进和谈，阻止战争，但因为种种难以控制的原因，没有能够制止战争或者武装冲突。伊拉克局势和战争的爆发就是一个典型例证。

决议背景。早在伊拉克战争爆发 10 多年之前，1990 年伊拉克大举入侵科威特，安理会通过第 687 号决议决定对伊拉克进行武器核查，之后联合国进行了长期反复的核查工作。[①] 2001 年 "9·11 事件" 为美国借反恐之名解除伊拉克武装提供了新的契机，2002 年 10 月，美国参众两院通过授权对伊拉克动武的议案，之后美国谋求在安理会通过有关决议。安理会于 11 月 8 日通过关于伊拉克武器核查问题的第 1441 号决议。[②] 美国出于本国政治和经济利益的需要，把发动对伊拉克战争，推翻萨达姆政权作为既定目标。2003 年 2 月 27 日，联合国安理会 15 个会员国讨论了两个完全不同的提议，一个是美、英和西班牙的提议，即如果伊拉克未能在 3 月 17 日之前解除武装就授权对其动武；另一个是法、德和俄罗斯的提议，要求继续进行武器核查。五个常任理事国中，美国和英国主张动武，而法国、俄罗斯和中国主张继续对伊核查。十个非常任理事国分为三派："主战派""主查派"和"中间派"。3 月 7 日，联合国安理会再次召开会议，核查机构负责人对伊拉克的合作给予了高度评价。除美、英、西、保四国公开支持动武，要求通过动武的新决议，其他 11 国表示应该政治解决伊拉克问题，给和平一个机会。在世界上，包括海湾地区和一

---

① S/RES/687 (1990)，联合国网站：http://www.un.org/zh/sc/documents/resolutions。

② S/RES/1441 (2002)，联合国网站：http://www.un.org/zh/sc/documents/resolutions。

些阿拉伯国家，甚至包括一向支持美国的科威特都希望避免对伊拉克采取任何军事行动。2003 年 3 月 20 日，美英联军在未经联合国安理会授权的情况下对伊拉克首都巴格达发动空中打击。4 月 9 日，美军攻入巴格达。5 月 1 日，美国总统布什宣布在伊主要战事结束。战后，安理会参与了伊拉克重建的政治进程，2003 年 5 月 22 日通过第 1483 号决议解除对伊拉克的经济制裁，① 7 月 13 日，伊拉克临时管理委员会宣告成立，8 月 14 日安理会通过第 1500 号决议对此表示欢迎并授权秘书长安南设立一个联合国伊拉克援助团来协助联合国在伊拉克的各项工作。② 10 月 16 日，安理会通过美国提交的关于战后重建的决议草案，即第 1511 号决议，授权成立一支由美国领导的驻伊多国部队。③ 2004 年 6 月 8 日，安理会通过美、英、罗马尼亚提交的有关向伊拉克移交主权的第 1546 号决议，结束了美英对伊拉克的占领。④

决议内容。伊拉克战争爆发前，2002 年第 1441 号决议主要内容：回顾其以往有关决议，包括 1990 年第 661（1990）号、第 678（1990）号，1991 年第 686（1991）号、第 687（1991）号、第 688（1991）号、第 707（1991）号、第 715（1991）号，1995 年第 986（1995）号，1999 年第 1284（1999）号，2001 年第 1382（2001）号决议，⑤ 以及所有有关主席声明；认识到伊拉克拒不遵守安理会决议及扩散大规模毁灭性武器和远程导弹对于国际和平与安全构成威胁；谴责伊拉克未能按照第 687（1991）号决议的要求准确、充分、彻底、完全地披露其发展大规模毁灭性武器的所有情况，谴责伊拉克一再阻挠立即、无条件地进入联合国特别委员会和国际原子能机构指定的地点，未按照第 687（1991）号决议的要求充分和无条件地合作，并于 1998 年停止同特委会和原子能机构的一切合作；决心确保伊拉克不加条件地立即完全遵守第 687（1991）号决议和其他有关决议规定的义务；重申全体会员国维护伊拉克、科威特和各

---

① S/RES/1483（2003），联合国网站：http：//www. un. org/zh/sc/documents/resolutions。
② S/RES/1500（2003），联合国网站：http：//www. un. org/zh/sc/documents/resolutions。
③ S/RES/1511（2003），联合国网站：http：//www. un. org/zh/sc/documents/resolutions。
④ S/RES/1546（2004），联合国网站：http：//www. un. org/zh/sc/documents/resolutions。
⑤ S/RES/1441（2004），联合国网站：http：//www. un. org/zh/sc/documents/resolutions。

邻国的主权和领土完整的决心，为确保安理会的各项决定得到完全遵守，根据《联合国宪章》第七章采取行动：（1）决定伊拉克一直在重大违反包括第 687（1991）号决议在内的各项有关决议规定的义务，不与联合国视察员和原子能机构合作，完成第 687（1991）号决议要求采取的行动。（2）决定给予伊拉克履行安理会有关决议裁军义务的最后机会；设立一个强化的视察制度，旨在全面地完成安理会第 687（1991）号决议和其后各项决议规定的裁军进程。（3）决定伊拉克政府为履行其裁军义务，除半年申报外，还应在本决议通过之日起 30 天内向监核视委、原子能机构和安理会提交一份准确、充分和完整的当前情况申报，说明发展化学、生物和核武器、弹道导弹以及诸如无人航空器和供飞机使用的播散系统等的方案。（4）决定伊拉克如在申报中提供虚假陈述或遗漏不全，或在任何时候不遵从和充分合作执行本决议，即构成进一步重大违反义务，并将提报安理会评估。（5）决定伊拉克应让监核视委和原子能机构立即、无阻碍、无条件和无限制地前往视察他们想要视察的任何及所有（包括地下的）地方、设施、建筑物、设备、记录和运输工具；决定继续处理此案等。

伊拉克战争爆发后，2003 年第 1483 号决议主要内容：回顾了以往各项有关决议，重申伊拉克享有主权和领土完整，又重申必须消除伊拉克境内的大规模毁灭性武器并最终确认伊拉克解除武装，强调认为伊拉克人民有权自由决定自己的政治前途，控制自己的自然资源，欢迎有关各方承诺支持创造环境使他们能尽早实现这些目标，鼓励伊拉克人民组成有代表性的政府，这一政府应该基于法治，不分种族、宗教或性别，应给予所有伊拉克公民平等的权利与公正，联合国应在人道主义救济、伊拉克重建及恢复和建立伊拉克有代表性的国家和地方政府机构方面发挥关键作用，申明对伊拉克前政权犯下的罪行和暴行追究责任，根据《联合国宪章》第七章规定采取行动：（1）呼吁各会员国和有关国际组织协助伊拉克人民努力改革机构和重建国家，并根据本决议内容为伊拉克的稳定和安全做出贡献；（2）吁请有此能力的所有会员国响应联合国和其他国际组织援助伊拉克的人道主义呼吁，帮助满足伊拉克人民人道主义的需求和其他需求，提供粮食、医疗用品和重建伊拉克经济基础结构所需资源；（3）呼吁会员国对于伊拉克前政权应对罪行和暴行负责的成员拒绝给予安全庇护，并支持将他们绳之以法的行动；（4）吁请管理当局，依照《联合国宪章》和其他有关国际法规定，通过对该领土的有效行政管理增进伊拉克人民的福祉，包括努力恢复安全与稳定和创造条件使伊拉克人民能自由决定自己的政治前途；（5）吁请有关各方完全遵守国际法，尤其是 1949 年日内瓦四公约和 1907 年《海牙章程》所规定的义务；（6）请秘书长任命一名伊拉克问题特别代表，规定其独立职责应包括定期向安理会报告他根据本决议进行的活动，协调联合国开展在伊拉克境内冲突后进程中的活动，在伊拉克境内从事人道主义援助和重建工作；（7）支持伊拉克人民在管理当局帮助下，与特别代表一起工作，组成一个伊拉克临时行政当局，作为由伊拉克人运作的过渡政府，直到伊拉克人民建立一个获得国际承认的有代表性的政府，承担管理当局的职责，等等。①

决议对国际法治的消极影响。在伊拉克战争上，安理会通过决议等方式，经历了充分发挥作用、被边缘化、恢复发挥作用三个历史阶段的变化。第一个阶段从 2002 年 10 月安理会开始磋商伊拉克问题到 2003 年 3 月绝大多数安理会理事国反对美国提交安理会的第二个提议。此间，安理会通过了第 1441 号决议，开展对伊拉克的武器核查。② 在这个时期，多个大国形成反战同盟，坚持通过政治途径解决伊拉克问题，并坚持必须获得安理会授权才能动武的原则。美国没有安理会的授权，就没有在伊拉克问题上动武的合法性。客观地说，这个时期，安理会对于阻止美国动武产生积极的作用和影响。第二阶段从 2003 年 3 月伊拉克战争开始到 5 月，美国绕开联合国安理会，对伊拉克动武。该事实表明，集体安全机制不能保障个别国家发动战争和使用武力，联合国安理会有可能被边缘化。在这种单边主义面前，联合国安理会决议也显得无能为力。第三阶段从 2003 年 5 月到 2004 年 6 月，安理会的作用得到恢复，通过一些重要决议为伊拉克的政治和经济重建做出了贡献，也使得美国对伊拉克的管制回到联合国框架内。可见，国际社会对联合国安理会的支持并没

---

① S/RES/1483（2003），联合国网站：http：//www. un. org/zh/sc/documents/resolutions。

② S/RES/1441（2002），联合国网站：http：//www. un. org/zh/sc/documents/resolutions。

有因阻止战争努力的失败而减弱。

　　从总体上看，在整个伊拉克战争中最重要的环节，联合国安理会未能制止伊拉克战争的爆发，一方面暴露了美国的单边主义行径，另一方面说明联合国安理会及其决议机制约束力的局限性及其对国际法治作用和影响的局限性。美国以谎言为借口发动伊拉克战争，给伊拉克和中东地区带来深重灾难，属于严重的侵略战争，是对国际法治追求目标中世界和平与稳定的严重破坏。因为联合国安理会对国际和平与安全的失控，直到战后十多年后的今天，伊拉克社会动乱频仍，自杀式爆炸不时发生，社会很不稳定，主要就是这场战争留下的恶果。本案例也属于安理会决议机制未能阻止美国发动战争的典型例证。

　　纵观前文所述的科索沃危机、伊拉克战争、利比亚战争、阿富汗战争、乌克兰危机、叙利亚危机等例证，联合国安理会对于某些局势或者情景下的维护国际和平与安全方面发挥的作用是有局限性的，甚至是无能为力的，或者是想有作为而徒劳无功的。在联合国安理会决议实践中，因为面对的具体的问题和情形不同，上述五种消极影响具体表现形式也可能各异，有的可能交叉或者综合出现，有的在处理同一问题的不同阶段有所体现。不过，它们的共同点在于损害了联合国及其安理会的权威，也损害了安理会决议本身的权威，影响了国际法治的发展进程。但不能否认的是，在这些非法发动的战争或者武装冲突发生的过程中，联合国安理会通过决议积极干预，起到了一定的缓解矛盾或者延迟战争或冲突爆发的作用，而在局势恶化，战争与冲突不可避免时，联合国安理会再通过决议督促各方注意人道主义，保护战时人权，并为战后重建做了一些有效的工作。正如有学者通过数据统计获得的结论中指出的：联合国安理会决议作为一种国际制度，在预防冲突和解决冲突性的议题中其职能无法得到充分发挥，制度上的有效性和执行力较差，但在战争或冲突后的和平建设与全球性议题上，安理会可以相对发挥较为充分的作用。①

---

　　①　韩召颖、张蒂：《联合国安理会制度有效性的考察》，《南开学报》（哲学社会科学版）2008 年第 5 期。

第二节　联合国安理会决议对国际法治构建局限性的原因分析

任何一种社会现象的背后都是有动机和原因的，联合国安理会决议对国际法治构建局限性的原因也客观存在，其中既有国家主观原因，也有霸权主义和强权政治、联合国自身体制等原因的存在。

一　国家利益的原因

在国际社会中，每一个国家都是一个拥有自身独特利益的主体，每个国家的意见、观点和动机自然会受到其国家利益的深刻影响。国家利益也是各国参与国际活动的出发点和归宿，直接影响国家的主观动机与行为。当然，国家在考虑本国利益的时候，也会站在平衡他国利益、着眼长远利益的角度，适当牺牲本国的利益、照顾他国的利益，或者牺牲局部的利益、兼顾全局的利益，或者牺牲暂时的利益、兼顾长远的利益，但最重要的是为了本国的长期的全局性的利益。因此，各国在国际关系中扮演的角色自然会存在国家主观的原因，无论是作为安理会决议的参与国，如常任理事国或非常任理事国之一，还是主动或被动卷入某种被安理会表决的局势或制度的倡议者、参与者、被决议者或受决议影响者。

如同自然人一样，国家也有趋利避害的一面。国家利益和国家主观因素可能影响到安理会决议的过程和结果，使之偏离国际法治的轨道和方向。

二　霸权主义和强权政治的影响

上述国家利益或主观因素的极端表现形式或者例证就是大国利己主义、霸权主义和强权政治。它们的共同特征就是崇尚国家利益至上，不惜违背和牺牲他国和国际社会的共同利益。

自联合国成立后，比较典型的例子是两个大国——美国和苏联，它们各自在全世界建立自己的势力范围，打击对手，展开军备竞赛。受到这种冷战思维的影响，联合国安理会陷入半瘫痪状态，在 1989 年苏联解体前的 40 多年时间里，联合国安理会因为美苏各自行使否决权，能够做出的决议十分有限。而直到苏联解体后短短的 20 多年里，联合国安理会的决议数等于之前的两倍多。这足见两极格局时期因为大国利己主义、霸权主义和强权政治等对于安理会决议的消极影响。苏联解体后，美国继续奉行强权政治，随着 2000 年 11 月乔治·布什在总统大选中获胜，他决心挑战全球规则，发起了一场针对国际法的战争，① 在国际事务中推行双重标准。上述关于朝鲜战争、科索沃危机、伊拉克战争、利比亚战争、阿富汗战争和叙利亚危机等都是美国主导下为其利益最大化而挑起的争端，绕开联合国使用武力，破坏了国际和平与安全。近年来，美国双重标准的最新例证还有：在 2015 年 10 月 18 日北京香山军事论坛上，美国代表针对南海问题妄加指责中国建立正常基础设施的行为是搞"军事化"，② 而无视自己在南海和亚太地区驻军达到 60% 的问题，以及声称进入中国岛礁 12 海里领海范围内的威胁并于此后实施了这样的侵略行为，大搞双重标准。

大国政治的核心问题在于某些大国操纵和控制了国际事务的基本方向，不顾其他国家的利益，甚至故意给相关国家制造麻烦，从自己好恶确立国际关系的格局，党同伐异，破坏国际规则，任意妄为。③ 一方面，大国霸权主义与强权政治本身直接影响了安理会，使之不能正确地或者合法地进行决议来推动国际法治。另一方面，霸权主义会威胁到他国的安全从而产生生存危机，如朝核危机，其实质就是国家安全问题，因为美国霸权的存在以及美国将朝鲜列入"流氓国家"的侮辱国格的行为，必然诱使朝鲜发展核武器来保护自己。④ 可见，这也是霸权主义造成的消极和负面影响。

———————————

① ［英］菲利普·山德斯：《无法无天的世界——当代国际法的产生与破灭》，单文华等译，人民教育出版社 2011 年版，第 7 页。

② 源自 2015 年 10 月 18 日中午 12 时 20 分中央电视台新闻联播的报道消息。

③ 何志鹏：《国际法治论》，北京大学出版社 2016 年版，第 174 页。

④ 江河：《朝核危机的国际法解读：以安理会决议为视角》，《武汉科技大学学报》2013 年第 1 期。

三 联合国体制的原因

很显然，联合国体制在维护国际和平与安全方面优于国际联盟体制，但从创立的根源与初衷来看，联合国的创立者们是第二次世界大战的战胜国，他们的设想除了顾及全球和平与稳定外，也会局限于这些战胜国自身的根本利益。从联合国本身的性质来看，它只是一个个主权国家自愿加入组成的政府间国际组织，并不是一个世界政府。尽管有被视为国际法的《联合国宪章》的约束，但当某些成员例如美国在违反《联合国宪章》使用武力的情况下，其他会员国想维护《联合国宪章》也没有强制的办法。因此，联合国体制本身的性质决定了它的命运。联合国安理会常任理事国就是由中、美、英、法、俄五大国组成，在集体安全保障方面采用"五大国一致"的原则。安理会的否决权制度在一定程度上使得大国政治在国际法的实践中发挥了重要作用。① 大国政治在某种程度上主导着国际法的运行机制，并且决定着国际法的实效状态特别是国际法秩序和价值的实现。在联合国实际运行中，安理会常任理事国往往不断行使否决权，逃避涉及自己利益的提案，实际成了有关责任的豁免者或者特权者，甚至绕开联合国单独行动行使武力，如美国在上述有关案例中的行为。常任理事国常常过多关注自身的利益，它们之间往往斗争多于合作。这些体制上的固有弊端影响了安理会的正确决策，导致其对国际法治作用和影响的障碍和局限性。

应该说，联合国安理会决议对国际法治作用和影响的局限性乃至消极影响的原因是很多的，其中既有国家利益的分歧，也有国际法性质和国际环境的影响，还有安理会组成代表性不够以及决议机制自身的瑕疵，另外，国际法治自身概念的不完全确定性及其发展的无限性等，也是评估这种作用和影响时受到局限的重要原因。还有西方学者指出联合国安理会的某些决议具有立法性，打乱了联合国与其成员国之间的利益平衡，也是造成消极影响的一个方面，需要通过辅助性原

---

① 江河：《朝核危机的国际法解读：以安理会决议为视角》，《武汉科技大学学报》2013 年第 1 期。

则加以制衡。①

　　最后，需要指出的是，尽管联合国安理会决议对于国际法治的作用和影响存在局限性甚至是消极作用和影响，但纵观联合国的历史以及联合国安理会决议的历史，不难看出，安理会作为国际社会唯一具有执行力的机关，其决议对于国际法治的积极作用和影响大于其消极作用和影响。其在某些情势下未能避免或制止冲突和战争，并不能否认其在为数更多的国际局势中为缓和、化解冲突及其战后重建等方面而做出的卓有成效的努力和成就。正如西方学者指出的，即便在当今单极格局背景下，作为世界唯一超级大国的美国在军事干预他国之前，也尽力寻求联合国安理会和北约组织的合法授权，如它在海湾战争、科索沃战争、伊拉克战争前的作为等都是如此。② 对于恐怖主义的泛滥、如何保护冲突与战争中妇女儿童以及普通平民的安全和如何防止大规模杀伤性武器的泛滥等这些关乎整个人类和平与安全的全球性问题，安理会的作用是不可替代的。③ 可以说，在错综复杂的国际局势面前，联合国安理会做到了有所为，有所不为，始终在积极构建国际社会的和平与安全，推动着国际法治的进程。

---

　　① Nicholas Tsagourias, "Security Council Legislation, Article 2 (7) of the UN Charter, and the Principle of Subsidiarity", *Leiden Journal of International Law*, No. 24, 2011, p. 539.

　　② Stefano Recchia, "Why Seek International Organization Approval under Unipolarity?", *International Relations*, Vol. 30, No. 1, 2016, pp. 78 – 101.

　　③ 韩召颖、张蒂:《联合国安理会制度有效性的考察》,《南开学报》(哲学社会科学版) 2008 年第 5 期。

第五章

联合国安理会决议机制改革与
国际法治的未来

万事万物都在发展和变化之中。无论是安理会决议机制还是国际法治，也都是时刻处于发展和变化之中的，安理会决议机制也会随着国际力量的不断调整、变化与平衡而发展变化；国际法治本身也是安理会决议机制变革的重要推动力量之一，安理会决议机制的改革反过来也会推动国际法治的进程。安理会及其决议机制将随着时代的发展而不断变革和调整自己，朝着更加有利于国际法治的方向发展，而国际法治发展的深度与广度，也将依赖于包括安理会在内的整个国际社会为追求依法治理而做出的共同努力。在一定程度上，安理会决议机制的改革与国际法治之间存在较强的互动关系或者正相关关系，可以说，国际法治的未来在一定程度上取决于联合国安理会决议机制的改革进程。

第一节 联合国安理会决议机制现存的
问题及其对国际法治的掣肘

近年来，因为联合国在一系列国际事件与问题的处理上不尽如人意，有关联合国改革的呼声一浪高过一浪，而联合国改革的焦点主要集中在联合国安理会的改革，安理会改革的中心问题在是否应该扩大安理会成员国和包括否决权等决议机制改革方面。2005 年 3 月 20 日，在第 59 届联大会议上，秘书长安南向第 60 届联大提交了《大自由：为人人共享安全、发展和人权而奋斗》① 的联合国改革方案的报告，为联合国改革拉开了序幕。

一 安理会决议机制存在的问题或挑战

安理会属联合国的主要机关之一，因而，安理会决议机制的问题也是联合国的问题。反之，联合国面临的问题中有的也是安理会面临的问题。

（一）联合国及其安理会面临的问题或挑战

安理会决议机制存在问题的前提是联合国及其安理会本身存在一些问题，面临需要加以变革和调整的挑战。因此，首先应该从联合国及其安理会面临的问题和挑战加以研究分析，再细化到决议机制存在的问题和挑战。联合国成立 70 多年以来，既取得了巨大的成就，也面临多方面的压力、问题和挑战。联合国及其安理会作为维护国际和平与安全的机构，面对的问题和挑战具体体现在以下方面。

1. 人口、资源与环境压力的挑战

第二次世界大战后全球人口激增，世界资源与环境面临巨大挑战，加上地区分配不平衡，经济发展水平很不一致，导致国家之间、地区之间关系紧张，各种矛盾与冲突跨越国境且不断加剧，构成对联合国体制和安全理事会能力的挑战。从本质上来分析，人口、资源与环境的压力问题是造成战争、武装冲突甚至流行病毒的根源。因此，单靠联合国维护国际和平与安全的职能无法协调，需要全球有关人口组织、贸易组织、卫生组织等以及各国国内机构的协同努力，包括制订合理的经济发展计划，减少环境污染，控制人口规模，合理利用海洋和太空，解决难民问题，促进全球自由贸易，改善气候恶化趋势，等等。

2. 大国利己主义、霸权主义和强权政治的挑战

在国际实践中，联合国受制于大国主导型的国际政治格局。以美国等为首的大国不断推行大国利己主义，轻视或不顾弱小国家的主权和利益，寻求在全世界范围内的霸权，大行单边主义，常常绕开联合

---

① 联合国网站：http://www.un.org/zh/sc/documents/resolutions。

国使用武力，破坏了国际关系的民主与法治秩序，伊拉克战争、利比亚战争、阿富汗战争等都是例证。一旦绕开联合国安理会动武成为一种习惯，其他大国也会加以效仿。这种挑战尤其是美国作为唯一超级大国推行的霸权主义政策如果任其发展，可能使得联合国及其安理会被边缘化。

3. 区域组织对联合国安理会的挑战

《联合国宪章》确立了在维持国际和平与安全领域以联合国安理会为主、各区域组织为辅的集体安全体制，但没有真正有效地发挥作用。① 反之，在实践中，类似北约这样的区域组织绕开安理会并对其权威构成侵蚀和挑战，而联合国及其安理会对此无能为力。作为一个区域性组织，北约在事实上避开安理会的授权采取军事行动树立了其他大国或区域组织未来援引的先例，即国家可以在宪章之外诉诸武力，而不顾国际法的约束。② 其中重要的一个原因在于：截至 2015 年，联合国和各区域组织之间尚未建立一种基于明确分工、有效决策和明确承担有关决议执行义务的维持国际和平与安全的合作模式。③

4. 不特定的国际和平与安全问题的挑战

二战结束以来，由于国际交往日益频繁以及上述霸权主义等原因，不特定的、突发的国际安全与和平事件不断发生，战争与武装冲突从未中断过，安理会应接不暇，从资源调度到能力考验方面都成了很大的问题，难以应对当前的国际和平与安全局势的需要，如何提高其效率和执行力，尤其是预防战争与冲突成为紧迫的实践问题。如果不解决这些问题，安理会很有可能沦落为其会员国中某些大国的侵略政策提供合法性

---

① 孙焕为：《区域组织对联合国安理会的挑战——对 20 世纪主要国际事例的简要法律评析》，《法学评论》2001 年第 1 期；《联合国宪章》第 33 条规定：任何争端之当事国，于争端之继续存在足以危及国际和平与安全之维持时，应尽先以谈判、调查、调停、和解、公断、司法解决、区域机关或区域办法之利用，或各该国自行选择之其他和平方法，求得解决。

② Richard A. Falk, "Kosowo, World Order and the Future of International Law, 93A", *Journal of International Law*, Vol. 93, 1999, p. 197.

③ Mohammed Bedjaou General Editor, *International Law: Achievements and Prospects*, Martiny, Nihoff Publishers Unesco, 1998, p. 731.

的橡皮图章式的机关。① 除了传统军事方面的不安定因素外，国际恐怖主义、海盗活动等次传统问题也威胁着国际和平与安全，还有艾滋病、"非典"、埃博拉病毒等大规模传染病的流行也威胁着国际社会的安全。

5. 联合国自身体制问题的挑战

随着全球格局的变化，联合国自身体制方面暴露出一些问题：缺乏预防战争和冲突的制度与机制；资金来源不足，难以维持维和行动等不断增长的需要；安理会代表性不够，引起众多国家的不满；体制变革问题悬而未决造成压力，构成重大挑战。另外，如国外学者所言：没有明确的法律依据安排任何机构判断安理会决议及其行为的合法性，安理会是它自己行为的裁判者，② 它既当运动员又当裁判员，这也是危险的。鉴于国际社会中不存在类似国内法中的统一的立法机关，国际法规则的形成仍然主要有赖于国家和国际组织的实践，而西方大国避开安理会授权采取武力解决国际问题的实践，对于联合国安理会在维持国际和平与安全方面的首要地位的影响是灾难性的，严重削弱着安理会在多边集体安全机制中的作用，联合国体制本身受到巨大的冲击和挑战。

除了以上问题和挑战，联合国及其安理会还面临科技快速发展、太空拓展权益等方面对其提出的挑战。联合国改革关系到世界和平、稳定、发展与合作的大局，牵动整个国际社会，波及全球国际关系。

（二）安理会决议机制面临的问题或挑战

因为安理会是联合国内唯一具有执行力的机构，联合国的问题集中反映到安理会上，而安理会决议是区别于主席声明等其他决定并具有强制执行力的法律文件，其决议机制便成为联合国体制中问题的焦点，除了上述联合国面临的问题也是安理会决议机制面临的问题之外，安理会决议机制面临的问题还具体表现在以下方面。

---

① Ruth Wedgwood, "The Enforcement of Security Council Resolution 687: The Threat of Force against Iraq' Weapons of Mass Destruction", *American Journal of International Law*, Vol. 92, Issue 4, 1998, p. 724.

② David P. Forsythe, "The UN Security Council and Human Rights", *International Policy Analysis*, May 2012, p. 2.

1. 关于安理会会员国数量增加的问题

目前，安理会由 15 个理事国组成，占全球国家总数的比重不到 8%。多年来，关于联合国改革的问题也集中在扩大安理会理事国数量的问题。人们通常认为，只有通过增加数量，才能让安理会更有代表性，更加民主。如果需要增加，应该如何增加。对于是否能够入选安理会的决定因素，国外学者也对人口、经济、参战、援助等因素的影响做过较系统的研究。①

2. 关于安理会常任理事国增加的问题

与会员国数量密切相关的第二个问题是安理会常任理事国数量的增加问题。因为安理会常任理事国享有就实体问题一票否决的权力，一些新兴大国如德国、日本、印度和巴西等一直谋求"入常"，以扩大本国在国际上的地位和影响。

3. 关于常任理事国否决权去留与否决范围的问题

与增加常任理事国数量密切相关的问题是常任理事国否决权的去留问题，这个问题又分为两个层面的问题：一是原有的常任理事国的否决权是否应该加以某种程度和范围的限制；二是新增加的常任理事国是否应该享有否决权，如果享有，各自权力是否应该一样。

4. 关于安理会决议机制工作效率的问题

这个问题涉及安理会的工作制度与机制，包括如何让安理会能够应对全球和平与安全领域突发事件的挑战，如何使其工作过程具有更大的透明度，如何让常任理事国和非常任理事国合作共事发挥作用，等等。

5. 关于安理会决议透明度的问题

多年来，安理会决议过程很多都是以"闭门"会议的方式进行，只公布结果，缺乏透明度，世界各国要求联合国安理会提高透明度的呼声高涨，安理会也在尝试减少"闭门"会议的方式增加其工作的透明度，争取获得更加广泛的支持。

除了上述问题外，安理会决议机制还面临如何与联合国内外的其他

---

① Axel Dreher, Matthew Gould, Mathew D. Rablen, James Raymond Vreeland, "The Determinants of Election to the United Nations Security Council", *Business Media New York*, Vol. 158, 2013, p. 125.

机构协作共同促进国际法治等方面的问题和挑战。安理会的改革是联合国改革的核心和重中之重，由于其是维护国际和平与安全的核心机构，安理会常任理事国的组成是国际权力结构的缩影，其工作方式的改革与成员国的扩大必将牵涉到各方的利益，其变动也意味着国际权力架构的变动。

二　安理会决议机制对国际法治的掣肘

如上所述，安理会决议机制现存众多困难或问题。这些困难或问题影响了安理会积极作用的正常发挥，从而形成了对国际法治的掣肘。这也是安理会决议机制亟须改革的问题。归纳起来，安理会决议机制改革中涉及的中心问题，一是需要解决代表性不够、扩大安理会常任理事国和非常任理事国的问题，二是否决权高度集中、新增常任理事国是否应该享有否决权的问题以及原有否决权是否应该受到合理限制的问题，三是安理会决议程序如何增加过程透明度和结果公正性的问题。这三个方面的问题如果不加以解决，始终会影响安理会积极作用的正常发挥，从而形成对于国际法治的掣肘。考虑到国际社会的实际变化情况和国际法治的追求目标，理想的安理会机制和制度变革成果应该体现在这三个问题的合理统筹和协同解决上，分述如下。

（一）关于代表性不够而应否扩大安理会的问题

结合上述国际社会中各国要求改革联合国安理会的呼声以及当今国际社会现实环境、力量对比和地缘政治情况的变化，原有的 15 个理事国很难代表全球 190 多个国家的心声和诉求，影响了联合国安理会决议机制的代表性，降低了联合国作为国际法治的引擎和中心平台的作用、威信和执行力，不利于通过安理会决议机制构建国际法治的制度、机制与机构，也不利于全面实现国际法治的目标。

因此，应该扩大联合国安理会成员，既要增加常任理事国数量，也要适当增加非常任理事国数量，但是具体的数额和配比不能由少数国家或者个人人为地加以简单认定，应该严格依据《联合国宪章》规定的程序综合衡量候选国家的各项指数来加以决策、遴选和表决，或者在依照有关法定程序修改《联合国宪章》后按照新的有关规定进行调整。

（二）关于常任理事国否决权废存与范围问题

如前文所述，否决权的高度集中，使很多决议草案不能酝酿进入程序，也使得美国这个超级大国利用否决权阻碍有利于国际和平与安全的决议，形成对于国际法治的掣肘。

关于否决权又包括两个层面的问题，一是原有的否决权是否应该根据现实需要和发展情况加以合理限制，答案应该是肯定的，在处理战争与武装冲突等涉及国际和平与安全的重大问题决议上，不能因为一国的否决票而做出错误的决议或者不能决议，而且，如前文提到的，对于发动战争或者武装冲突的国家应该排除在有关表决程序参与者之外，即建立有效的当事国回避制度。二是对于新增常任理事国是否应该享有否决权的问题，根据同一地位和身份的国家权利义务应该平等的原则，新增常任理事国应该享有同样的否决权，确保其有能力并且负责任地来共同维护国际和平与安全。如果对其否决权加以歧视性的限制，将有碍于其作用的充分发挥，也失去了增加常任理事国应有的意义。

（三）关于决议程序透明度和结果公正性的问题

这个问题涉及安理会的工作方式，分为工作过程的透明度问题与决议结果的公正性或合法性问题。长期以来，安理会会议和表决程序缺乏公正性和透明度，影响了国际社会对其认可度和在国际法治中积极作用和影响力的发挥。

增加安理会决议过程的透明性方面，应该适用一般会议都应公开，只有极少数会议可以采取"闭门"会议的原则，其决议的过程、各国代表的观点等内容应该加以公开。在增加安理会决议结果的公正性方面，除了上述提到的实行当事国回避制度外，对于决议内容可能存在重大国际法律疑问的情况下，应该建立相应的制度和机制确保将这样的具有法律争议的决议内容提交国际法院等国际司法机构进行咨询，以便在进行表决前获得专业的法律判断，避免在程序和实体上犯下违法的错误，做出无效或非法的决议。

需要指出的是，截至 2015 年，上述建议仅仅是综合已有建议方案得出的理想中的方案，要变成现实，依然任重道远。

（四）安理会决议机制改革理想与现实的差距

当前，因其对于国际法治的掣肘，关于联合国安理会改革的呼声很高，但与之相伴的是意见很多，而且差距很大。这样使理论与实务界人们的想法不一，在现实中各国观点迥异甚至矛盾重重，很难加以统一并形成正果。例如常任理事国的增加问题，德、日、印、巴等准备"入常"的国家当然积极支持，但它们的周边又有极力反对的国家，在大国之间对于具体国家的"入常"问题又是各有看法和打算，例如美国积极支持日本"入常"，将安理会改革作为对外政策的手段，[①] 在限制安理会扩大的同时又支持盟友日本"入常"，以强化美国在安理会的主导地位；而俄罗斯、中国以及众多东北亚、东南亚曾经受到日本侵略的国家极力反对日本"入常"，认为日本出现对于帝国主义侵略罪行及战争责任反省的历史退步，并且还在积极谋求发展军国主义，对世界和平构成威胁，不符合一个安理会常任理事国的道义形象，毕竟联合国安理会常任理事国不只是需要国家经济指标或者是否拥有核武器，还有政治影响力和道义力量等因素。在包括现任安理会常任理事国在内的各国对于同一国家不同的态度、意见迥异的现实面前，通过现有的《联合国宪章》规定来推进改革可谓步履维艰。再如否决权问题，它是为维护大国的特殊利益而设置的，是第二次世界大战后大国主宰世界政治事务的产物，在一定程度上也是为"强权政治"披上了合法的外衣，尽管其对于国际关系中排除绝对平等的错误观念等在实践中发挥了一定的积极作用，但需要加以合理的改革。有主张改革否决权的学者认为可以从设置对否决权的制衡制度、强化"集体否决权"的作用、扩大安理会和加强联大的权力等方面进行，[②] 还有学者认为应该集中于安理会本身的改革，不要同时涉及太多、太复杂的问题。

可见，无论对于安理会组成、否决权还是工作方式与程序的改革意见，各方观点相差都很大，难以统一，需要在联合国改革中梳理轻重，

---

① 毛瑞鹏：《美国当前联合国安理会改革政策分析》，《世界经济与政治论坛》2008 年第 4 期。

② 王帅、万里：《论联合国安理会否决权的改革之路》，《湖南第一师范学报》2009 年第 4 期。

计划好先后步骤，并按照法定的程序和办法来加以推进。因为，安理会决议机制的改革本身，也是推进国际法治进程的一个重要组成部分。也因为国际法治与联合国及其安理会的目标、宗旨和原则等几近一致，联合国及其安理会面临的问题和挑战也可以说是国际法治面临的问题和挑战，它们之间的差异只是在于从不同的角度加以侧重研究的问题。

第二节　联合国安理会决议机制改革与国际法治的发展

纵观联合国及其安理会的历史，无论其成就与功效如何，联合国及其安理会的宗旨、原则、目标和方向等都是与国际法治的宗旨、原则、目标和方向相似或者高度一致的，二者之间存在明显的正相关的互动关系，设计好联合国安理会决议机制改革的理想蓝图将直接有利于国际法治的进程，国际法治的未来有赖于包括联合国安理会在内的全球法治参与者和构建者们长期不懈的努力。

一　安理会改革与国际法治的目标

联合国及其安理会是协调国际法治的一个中心平台，是二战后维护国际和平与安全方面国际秩序的集体安全制度的载体，但今天已经不能完全适应全球化时代的需求。国际情势的变化严重震荡着安理会原有的权力结构以及由此确立的权力秩序，国际法律秩序也遭遇严重的挑战，需要加以变革。联合国作为国际政治的中心舞台，其改革的主要目的之一包括遏制单边主义，推进多边主义，而且这种多边主义应该是合理的、民主的多边主义，不是绝对的、泛民主化的多边主义。而国际法治是为了在制度上解决非中心权威问题，因为许多独立国家都会坚持国家之间在法律上平等和独立自由的权利。① 安理会改革的结果应该符合国际法治

---

① S. Chesterman, "An International Rule of Law?" *American Journal of Comparative Law*, Vol. 56, No. 2, 2008, pp. 331－361; I. Hurd, "The Rule of Law, Domestic and International", *Paper presented to the Regional Colloquium on International Law and International Organization*, Madison, WI, May 3, 2013.

基本原则中的促进国际关系的民主化原则，减少对于权力的滥用或者绕开联合国的行为，促进国际法治和平、安全、发展和人权目标的实现。因此，安理会改革的目标应该是建立一个更加民主、平等、开放和强有力的集体安全保障体制，确保维护国际和平与安全，联合国及其安理会、安理会决议机制改革的宗旨与国际法治追求的理想和目标应该是一致的。

二　安理会决议机制改革与国际法治的良性互动

安理会决议机制改革的目标是为了维护国际和平与安全，而国际法治的应有之义也是为了构建一个和平、安全的国际法律秩序以确保社会发展和人权保护的实现，从目标上来看二者的努力方向是一致的，在作用和影响方面二者之间存在正相关的关系或者良性互动的关系，具体阐述如下。

首先，联合国及其安理会虽然是一个国际政治组织，带有浓厚的政治色彩，但它们是通过各国达成或加入《联合国宪章》这个国际法律文件的形式而产生的，可以说，它首先是甚至本质上就是一个法律组织，目标是依法构建全球法律秩序来规范各国的行为，使得二战后全球形成了以联合国为中心的国际法律秩序。然而，在当今全球化大背景下，各种国际性矛盾和问题层出不穷，引发了国际法律秩序危机，也就是威胁到国际法治的进程，也震荡着在维持国际和平与安全方面负有重大责任的联合国安理会及其决议机制。具体来说，1999 年北约在没有安理会授权也不通知安理会的情况下，以维护人道主义和欧洲和平与安全为名，对南斯拉夫进行大规模的空中打击。2001 年"9·11 事件"后美国在阿富汗发动出于报复动机的战争，使得安理会国际地位大为下降，声誉受到严重损害。2003 年，美国和伊拉克在关于大规模杀伤性武器问题上出现严重分歧，也使得安理会陷入严重分歧，之后美国绕开安理会发动伊拉克战争。一件件与国际和平与安全相关的恶性事件造成了国际法律秩序的危机和安理会内部的不和谐因素。这些事件也反映出安理会这一组织机构的不少弊端，包括其解决国际危机局势的有效性、及时性不够与在协商方面难以达成一致性等问题。① 因此，安理会及其决议机制需要对

① 李雪平：《联合国安理会改革的国际法思考》，《法律科学》2005 年第 4 期。

其内部结构加以改革。

其次，安理会决议机制改革的本质是在优化其内部结构的同时，进一步优化国际法治的机构。因为在当今国际社会，国际法治的中心平台就是联合国及其安理会，而安理会决议机制是改革的核心环节，因此，安理会决议机制改革就是优化国际法治的平台和结构，使之更能促进实现国际法治追求的和平、安全、发展和人权的目标。另一方面，国际法治在理论上的深入与实践中的发展，能够为安理会决议机制改革的进行提供理论与道义上的指引，并在国际社会缔造一个良好的法治舆论环境。在这方面，联合国国际法委员会、联合国大会和秘书处分别通过编撰国际法、召开有关全球依法治理的动员大会或者组织实施有关国际法治行动方面承担良好的协作功能。全球国际法学家们、外交工作者等在理论与实务领域为国际法治的宣传也做出了特别的贡献，这些为国际法治付出的努力均有利于安理会决议机制改革的进程。

最后，鉴于包括联合国在内的所有国际组织是主权国家协调与国际合作的一种重要且行之有效的法律形式，[①] 安理会作为一个法律组织的内设机构，其权力与运作都是各国通过法律形式授予的，那么安理会决议机制的改革问题首先也是一个法律制度问题和法治问题，涉及以下一些重大的国际法律问题需要加以权衡和解决。[②]

1. 安理会"大国一致"原则下的决策制度所涉及的法律上的利益平衡问题

敦巴顿橡树园会议上通过的《关于建立普遍性安全组织的建议案》使得"大国一致"原则得以具体化，并通过《联合国宪章》得以法律化。"大国一致"原则在法律上的意义在于使得"五大国"在全球集体安全体制的特殊地位被永久化，而集体安全体制的有效运作及安理会职权的行使在实质上取决于"五大国"能否达成一致。[③] 因此，安理会是在特殊时期、特殊条件下政治联盟和军事联盟以法律形式体现的产物，"大国一

---

① 李雪平：《联合国安理会改革的国际法思考》，《法律科学》2005 年第 4 期。
② 李雪平：《联合国安理会改革的国际法思考》，《法律科学》2005 年第 4 期。
③ 黄惠康：《国际法上的集体安全制度》，武汉大学出版社 1990 年版，第 87 页。

致"原则是安理会决策制度的基础，"否决权"则是该决策制度的核心，与国家主权平等的国际法原则存在深刻的法律上的矛盾。"五大国"的否决权反映的是 1945 年的世界格局，而不是 21 世纪的。① 改革的方向应该着眼于提高解决问题的效率和目标，适用"多数一致"的民主与法治决策模式，那样也更顺应全球多极化背景下国家力量的变化及其法律权力义务上的对称与平衡。因此，"大国一致"原则和常任理事国有关否决权制度与国际法治的精神和要求是不相符合的。

2. 安理会改革所涉及的对《联合国宪章》加以修订的问题

安理会及其决议机制的改革，不可回避的是涉及《联合国宪章》（简称《宪章》）这个法律文件的修订问题，而对于《宪章》的任何修改，其本质上是一个法律问题，应该符合国际法和国际法治的目标、原则和要求。具体来说，首先，《宪章》修订规定了严格的启动程序上的法律要求。根据《宪章》第 108、第 109 条之规定，关于是否应该修订《宪章》的提案，需要会员国的表决，包括全体会议上三分之二的可决票加上安理会任何九个理事国的可决票才能决定是否应该召开全体会议讨论《宪章》修订的问题；关于修订的内容则需要参加全体会议三分之二会员国的可决票来表决；关于会员国对修订的国内批准程序，要求包括安理会常任理事国在内的联合国三分之二的会员国按其宪法程序进行国内批准。只有经过上述全部程序后，《宪章》的修订才对所有会员国产生效力。其次，在《宪章》的实体内容修订上，因改革内容涉及国际政治权力结构的调整和所有会员国的国家利益，在程序上要求更为复杂，要求三分之二的会员国同意且需要九个理事国配合。最后，因涉及实体内容，还需要常任理事国"五大国"达成一致，如果其中任何一个行使"否决权"，则"修宪"努力可能前功尽弃。因为安理会首先是一个政治机构，其次才是一个法律机构。② 因此，安理会改革首先是一种国际政治行为，但其结果将最终落脚于法律文件的修改，属于政治与法律行为的互动。

---

① Jonathan R. Strand & David P. Rapkin, *Weighted Voting in the United Nations Security Council: A Simulation*, SAGE Publications, 2011, pp. 772 – 802.

② David P. Forsythe, "The UN Security Council and Human Rights", *International Policy Analysis*, May 2012, p. 2.

3. 安理会组织结构变动中的权力与利益的平衡与协调问题

联合国安理会是由主权国家组成，代表着全球190多个会员国的权力与利益。它不仅需要对组织内部权力、义务与利益加以平衡和协调，而且要对安理会组织与外界各国之间的权力、义务与利益加以协调和平衡。在安理会协调和平衡的利益中，具体体现在对于各国权力、义务和利益的作用和影响，因为国家利益是国家存在与国际社会的核心价值，是各主权国家追逐的核心利益，国家无论做出什么选择，都以国家利益为核心动力，追求国家利益的最大化。现存联合国及其安理会体制就是为全球各国设置了一个国际利益结构，而全球化进程调整着国际社会各主权国家的经济利益，并为重新安排世界秩序提供了国际政治空间。主张改革安理会的权力结构，既是对国际政治权力的诉求，也是扩张国家利益的一个重要途径。但历史已经证明，寻求国际社会的变革需要国际法的有力支撑，在国家主权占据主导地位的世界，抛弃国际法所做出的平衡与协调，必将引起国际组织中权力、义务和利益结构的无序动荡，从而危及世界和平与安全。① 因此，联合国安理会决议机制改革既属于一个政治进程，也属于一个依据国际法律治理国际社会的法律进程。

4. 安理会改革与区域办法之间的法律关系问题

联合国集体安全体制与通过区域办法维持国际和平与安全的体制是并存的。二者之间的关系体现在《联合国宪章》第52条的规定中。该条规定："缔结此项办法或设立此项机关之联合国会员国，将地方争端提交安全理事会以前，应依该项区域办法或由该区域机关力求和平解决。"第53条规定："为维持国际和平与安全起见，依区域办法或由区域机关所已采取或正在考虑之行动，不论何时应向安全委员会充分报告之。"全球性国际组织和区域性国际组织依据其宪法性文件在相当范围内应该互相配合发挥调整世界秩序的功能和作用，但显然上述第52条和第53条之间存在矛盾和冲突，这也是1999年北约轰炸南联盟、2001年阿富汗战争和2003年伊拉克战争问题上面临危机的理论依据根源。因此，上述条款必须加以修改和统一，以便让区域办法和全球办法有机协调，相辅相成，

---

① 李雪平：《联合国安理会改革的国际法思考》，《法律科学》2005年第4期。

共同维护国际和平与安全。

综上所述，安理会决议机制的改革问题，很大程度上是主权国家为基础的国际社会对于《联合国宪章》加以修改的问题，其改革必须综合考虑、平衡和解决上述几个方面的法律问题。而安理会改革的成功，必将对于提升当代国际法律秩序起到重要的作用，进而促进国际法治的发展进程。因为，只有建立在公正的、完善的国际法律秩序基础上的国际政治和经济秩序，才是公平的、合理的，才是符合国际法的稳定的、可靠的国际秩序，也才能全面、正确地发挥相关国际组织和机构在维持世界和平、安全与发展方面的应有作用。安理会应根据《联合国宪章》促进和加强国际法治，从而推进国际社会的法律治理。历史与现实已经证明，只有安理会自身服从法治，才能符合法治的原则。在实践中，安理会应该做到依法约束自己的权力，不任意扩大自己的权力并力争让其工作程序具有更广泛的代表性和更多的民主。如果安理会能在维持国际和平与安全方面的工作以及包括在改革自身方面始终一贯地坚持法治原则，则会对国际法治发挥重要的促进作用，形成安理会改革与国际法治发展二者之间的良性互动关系。

三　安理会决议机制改革的必要性及方案

（一）安理会决议机制改革的必要性

关于安理会及其决议机制是否需要改革，学界莫衷一是。联合国安全理事会的现有成员组成，形成二战结束时胜利国打造的国际权力结构。所谓国际权力结构，是由国际体系中的军事力量分配结构、经济力量分配结构和世界系统结构性能力结构等三个要素构成的。[1] 国际权力结构的三个要素是军事力、经济力和国际影响力。二战中，以美、苏、英、中、法为核心的同盟国打败了以德、日、意为核心的轴心国，它们之间达成了包括《联合国宪章》在内的一系列战胜国协议，构建了战后的国际权力结构。经过 70 多年的发展，随着冷战的结束、全球经济的发展以及新兴大国的崛起，国际社会权力结构发生了重大的变迁。但是，有学者认为这种变迁还没有达到改变现有国际权力结构、变动安理会常任理事国

---

[1]　龙小农、刘继南：《对联合国安理会改革的几点思考》，《国际问题研究》2005 年第 4 期。

组成的地步。该学者认为在条件尚未成熟时突击变动联合国核心的权力结构，改变安理会常任理事国成员的组成，有可能让联合国重蹈国际联盟的覆辙，或使安理会分帮结派，使得联合国出现分裂倾向。① 简而言之，该学者认为目前不必进行安理会及其决议机制的改革。还有学者认为现有联合国体制已经不能完全适应全球化时代的需求，在国际和平与安全方面面临新问题时显得无能为力和危机重重，安理会应在解决国际法律问题的基础上进行改革并由此推动和平稳定的国际新秩序的形成。②

任何事物的发展都有一个从量变到质变的过程。二战后 70 多年以来国际局势发生了很大的变化，联合国为了维持国际和平与安全发挥了积极的作用，对于国际法治的推进做出了贡献，也成功地防止了再次发生世界大战。但是，鉴于上述联合国及其安理会面临的问题与挑战，也鉴于国家力量对比、地区发展水平等发生了变化，加上东欧剧变、苏联解体，国际权力结构正在发生重大的变迁，重新调整联合国体制下的国际权力结构，使之向着提高工作效率、增进国家间关系的民主化、更有效地维护国际和平与安全以及缔造一个更有利于经济发展和人权保障的、依法治理的国际和谐社会而努力，必将成为一个不可逆转的趋势。这个趋势甚至是客观存在的，不会因为霸权主义或者学界反对声音等因素而转移。因此，增加安理会常任理事国的数量问题是不可回避的必然趋势。再如关于安理会否决权制度的问题，一方面，该制度能够基本有效地维持半个多世纪并且至今仍然在有效地发挥作用；有其积极的方面：它体现了国际关系中的实质正义，排除了绝对平等的错误主张，起到了保障国际和平与安全的"安全阀"的作用。③ 但现行的安理会否决权制度在解决国际争端、维护世界和平的过程中存在这样一些难以逾越的问题和障碍：④ 第一，否决权使得"五大国"享有了实际上的额外豁免

---

① 龙小农、刘继南：《对联合国安理会改革的几点思考》，《国际问题研究》2005 年第 4 期。

② 李雪平：《联合国安理会改革的国际法思考》，《法律科学》2005 年第 4 期。

③ 王帅、万里：《论联合国安理会否决权的改革之路》，《湖南第一师范学报》2009 年第 4 期。

④ 王帅、万里：《论联合国安理会否决权的改革之路》，《湖南第一师范学报》2009 年第 4 期。

权。在否决权制度下，"五大国"具有比其他国家更大的国际权力与责任，可以通过适用否决权阻止那些不利于自己的安理会决议的通过，实际是脱离了安理会的约束。正如罗斯福总统曾经说的，否决权代表了"大国想把自己置于法律之上的一种企图"①。已经发生的诸多事实也表明，只要牵涉到这些大国的自身利益，即使是赤裸裸的武力干涉，安理会也很难通过决议加以谴责，更谈不上制裁，使得不少人认为"宪章第39条规定的强制行动不能以常任理事国或其保护的国家为对象"②。第二，否决权成为当年美国与苏联争霸的工具。美苏两国利用否决权在安理会内相互斗争，首先，美国企图操纵和控制联合国，而苏联为了维护其权益频繁使用否决权，从1946年到1965年苏联共使用否决权104次。20世纪60年代后国际局势大变，苏联实力上升，从1965年到1985年美国使用否决权42次以对抗苏联。第三，否决权沦为冷战后某些国家推行霸权主义政策的工具。20世纪90年代后，苏联解体，美国成为世界超级大国，走上单边主义道路，在安理会中，只要不符合美国利益的决议或者限制了其霸权主义的行径，它就行使否决权。在布什上台后，美国单边主义进一步发展，2003年在没有获得安理会授权的情况下，美国不顾法国、俄国、中国和其他非常任理事国及安理会之外其他许多国家的强烈反对，对伊拉克发动了第二次战争。这些年来又先后以反恐、民主、人权等名义在南斯拉夫、阿富汗、利比亚等国家发动战争。美国正在成为联合国集体安全制度以及国际法治进程中最大和最危险的威胁。而常任理事国一票否决权制度成为美国实施其侵略外交政策的权柄。因此，安理会否决权制度也必须加以适当的限制和改革，这样才更符合国际法治的基本原则。

（二）安理会决议机制改革的方案

如前文所述，安理会决议机制改革的问题，首先是成员国和常任理事国数量的问题，其中更核心的是常任理事国的席位增加和否决权等问

---

① 《1941—1945年苏联伟大卫国战争期间苏联部长主席同美国总统和英国首相通信集》（第二卷），世界知识出版社1963年版，第216页。

② ［美］汉斯·凯尔森：《国际法原理》，王铁崖译，华夏出版社1989年版。

题。自从 1997 年安南担任联合国秘书长以来，先后在 1997 年和 2004 年共两次推出安理会改革方案，体现了不同时期国际权力的变迁。有关两套方案的基本情况如下。

1997 年 1 月，安南成立安理会改革工作组开始安理会改革工作，3 月份即提出安理会改革方案：增加五个常任理事国，其中发达国家两个，亚、非、拉各一个，四个非常任理事国，其中亚、非、拉、东欧各一个；新常任理事国不享有否决权；现任常任理事国仅限于在根据《联合国宪章》第七章采取行动时使用否决权。2003 年伊拉克战争后，主张联合国改革的呼声又高涨。2004 年 9 月，第 59 届联大会议将安理会改革作为重点。11 月份，联合国改革问题高级别名人小组向安南秘书长提出报告，建议：将安理会席位从现在的 15 席增加到 24 个席位，并且提出了两个备选方案：方案一：新增 6 个不具备否决权的常任理事国，其中亚、非各 2 个，欧洲 1 个，南北美洲共 1 个；新增 3 个非常任理事国，每隔两年轮换一次。方案二：维持 5 个常任理事国的数目不变，新增 8 个 4 年任期的"半常任理事国"，其中亚、非、欧各 2 个名额，南北美共 2 个名额；将原有任期 2 年的 10 个非常任理事国增加到 11 个，成员国总席位为 24 个。[①]

上述关于安理会组成的几套改革方案都在一定程度上反映了国际权力变迁的现实，但因为安理会扩大规模、增加常任理事国和否决权问题等涉及各方利益，改革分歧比较大，未能取得实质性的进展。作为唯一超级大国和最大会费分摊国的美国，虽然主张略增安理会成员国，但仅明确表态支持日本"入常"，对于发展中国家"入常"持消极态度。[②] 对于这些问题各国立场各异。而根据《联合国宪章》，有关改革都有严格的程序要求，例如，要想成为常任理事国，不仅需要得到全部联合国会员国中三分之二多数票，还需得到 5 个常任理事国全部的赞成票。各国关于安理会改革的分歧具体体现在：安理会扩大规模如何确定合适度、常任理事国和非常任理事国应该如何确定搭配比例、如何体现地区均衡原则以及如何确定新增常任理事国的标准，等等。要改变现有的国际权力

---

① 龙小农、刘继南：《对联合国安理会改革的几点思考》，《国际问题研究》2005 年第 4 期。
② 刘文冬：《美国对安理会扩大的立场分析》，《黑龙江教育学院学报》2011 年第 8 期。

结构，增加安理会核心成员，在国际社会特别是大国之间难以达成利益和权力上的平衡，更难在联合国的所有成员中达成多数意见。[①] 但国际社会发展不可否认的事实是，德国、日本、印度、巴西、南非等国的崛起不可阻挡其在国际权力结构中寻求更高的地位和更大的话语权，2004 年第二方案中"准常任理事国"的设立在一定程度上反映了这种国际权力的现实变迁。不过一些国家"入常"之路仍很艰辛，例如日本和德国虽然经济实力位居全球前列，但日本未能对军国主义历史罪行深刻反省，缺乏"入常"的道义力量，在外交上则一边倒向美国，缺乏独立性，如果"入常"，也容易成为美国称霸世界的工具；德国的欧洲邻国已有英、法为常任理事国，如果德国"入常"，会引起其他欧盟大国的心理失衡和不满。[②] 但是，从发展的角度来看，联合国及其安理会组成以及决议机制等方面的改革势在必行，尤其需要指出的是，安理会中发展中国家成员国比例偏低，应该加以改变使之具有更为广泛的代表性。

关于否决权设置与改革的问题，有学者主张从以下角度加以改革：[③] 第一，设置对否决权的制衡制度。也就是在否决权机制外再设置一个否决机制，对于被常任理事国否决的决议，必要时可提交安理会所有成员国再次表决，当达到一定多数票时，可推翻常任理事国的否决。这样能够体现常任理事国与非常任理事国之间的分权制衡，强化中小国家的权力。第二，强化集体否决权的作用。根据《联合国宪章》的规定，"实质性事项"需要 9 个理事国的赞成票才可能通过，其前提是"大国一致"，即赞成票总数达不到 9 票，即使"五大国"都赞成也不能通过，相当于 7 个非常任理事国的否决票即可行使"集体否决权"。可以改革为 10 张赞成票才可能通过某项提案，这样，否决票数只需要达到 5 票，以避免非常任理事国滥用否决权，平衡好常任理事国和非常任理事国之间的权力。第三，扩大安理会，因为享有权力的主体越多，权力会越分散。其实质

① 龙小农、刘继南：《对联合国安理会改革的几点思考》，《国际问题研究》2005 年第 4 期。

② Jiang Shiwei, *UN Security Council Reform*, www. researchgate. net/publication/ 309398631, 2011, p. 36.

③ 王帅、万里：《论联合国安理会否决权的改革之路》，《湖南第一师范学报》2009 年第 4 期。

是变相削弱否决权的效力。1965 年曾成功改革将非常任理事国从 6 个增加到 10 个，因此再一次扩大是可能的。第四，加强联合国大会的权力。这是从安理会外部变相限制否决权。鉴于联大成员的广泛性和代表性更强，加强联合国大会就会相应削弱安理会否决权的效力，这将成为未来发展的一个趋势。此外，在安理会表决权方面，有国外学者还主张参照国际货币基金组织的投票权重设置办法对安理会各国权重加以改革，考虑国家的人口、维和方面的贡献、对联合国的经济贡献等因素。① 因此，在国际社会日益更趋民主化的今天，限制否决权成为安理会改革的大方向之一。

关于安理会的工作方式的改革问题，主要集中在增加决议过程的透明度和确保决议结果的公正性与合法性方面。主流的观点支持安理会应该减少"闭门"会议，增加透明度，强调安理会应该守法，避免做出违法的决议，确保在维护国际和平与安全的过程中自身行为的合法、公开与公正。

四　安理会决议机制改革的理想蓝图

面对当今国际社会和平与安全方面面临的威胁以及联合国安理会的薄弱环节，安理会决议机制的改革应该针对这些问题进行并设计理想的改革蓝图，该改革方向应该符合国际法治的方向和要求。在改革蓝图的基础上再行设计具体的决议机制的理想方案，使之更加符合国际法治的追求目标和基本原则，改革的结果是能够进一步推进国际法治的进程。这将是一项复杂的系统工程。

（一）安理会决议机制改革的理想蓝图

安理会决议机制改革的理想蓝图应该是在理论上能够解决当前安理会面临的问题与困境的科学、合理且具有可操作性的模式，以实现国际法治的追求目标。该改革蓝图中应该包含的制度或者实现的理想目标如下。

---

① Jonathan R. Strand & David P. Rapkin, *Weighted Voting in the United Nations Security Council: A Simulation*, SAGE Publications, 2011, p. 772.

1. 建立预防和制止战争与武装冲突的制度

鉴于近几十年来战争与武装冲突不断，而且主要是因为在大国政治干预下形成的战争，首要的任务是有必要通过安理会决议机制构建更加强有力的预防和制止战争与武装冲突的制度和机制，使得非法战争与武装冲突难以爆发，同时，将国际争端最大限度地纳入政治途径并加以解决。一旦发生战争或武装冲突，安理会对于非法一方或者参与各方能够做出有约束力的决议及时加以制止，使得正在发生的非法战争或者武装冲突能够在最短的时间内停止下来，从而成功地预防和制止战争与武装冲突。

2. 建立惩罚战争或武装冲突发起者的制度

作为对预防和制止战争与武装冲突的制度与机制的补充，应该建立对于非法战争或者武装冲突加以惩罚的决议机制，尤其对于首先使用武力的一方进行更为严峻的处罚，明确处罚的制度、方式和监督机制，包括对国家的战争赔偿、对于个人的刑事问责以及对于财产的执行等，必要的话，联合国安理会可以和世界贸易组织、世界银行、国际法院、国际刑事法院建立处罚的联动机制，一起合作来惩罚非法战争与武装冲突的发起者。从理论上来说，根据现有的国际法以及《联合国宪章》的规定，凡是绕开安理会授权首先使用武力的都是非法使用武力者，任何非法使用武力者都应该受到严厉的处罚。如果能够建立起来并确保其实施机制，惩罚制度与机制能够有效地起到预防战争与武装冲突的作用。

3. 建立更为有效的人权保障机构与制度

鉴于当前联合国及其安理会在通过决议保护战时人权方面已经取得丰硕的业绩，但是仍然面临巨大的挑战和困难，例如当前叙利亚难民危机的愈演愈烈就是明证，联合国及其安理会应该通过决议调动一切有关力量来维护战时平民、妇女儿童、新闻工作者的人身权利和财产权利，包括因战乱而成为难民的人的权利。尤其值得探索的是，非法发动战争或者武装冲突的一方或者多方应该为损害战时人权或者难民问题付出更大的经济代价。如果存在多方发动非法战争或武装冲突的场合，则各方的经济代价应该根据过错程度加以衡量并确定按照比例原则进行分摊。这样的做法也是对于非法发动战争与武装冲突的惩罚机制的补充。

在构建以上制度的同时，需要特别强调的是，针对发动战争或者武装冲突的国家可能会妨碍安理会决议的提起和通过，一定要建立当事国回避制度，凡是涉及要对当事国评价、处罚或者承担其他义务的决议程序，该当事国应该回避有关会议和决议程序，除非邀请其代表陈述有关事实和观点，但其不能参与表决，更不能行使"一票否决权"。也只有这样，才能从制度上防止"既当运动员又当裁判员"的现象，确保联合国安理会决议机制的公正性，提高其决策效率和透明度，使之朝着符合国际法治的方向良性发展。

（二）安理会决议机制改革的理想方案

从法律上来说，安理会决议机制改革涉及修订《联合国宪章》的问题。《联合国宪章》作为国际法律体系中非常重要的组成部分，其修订涉及的程序内容和实体内容，应该符合其本身的规定并密切联系国际社会追求国际法治的价值取向，不能偏离公正和法治的轨道。①

在 2005 年的世界峰会上，各国领导人表示支持对联合国安理会进行改革，以增强其代表性、提高效率和透明度；而自安理会上一次增加非常任理事国席位 50 年已经过去了，但在这一敏感而困难的问题上，谈判仍然裹足不前。2015 年 10 月 30 日，联大召开全会，就安理会中的公平代表性和增加安理会成员的问题进行辩论。有将近 60 个国家的代表在会上呼吁加快安理会改革步伐，以便使其更好地反映当今世界的地缘政治格局。当前国际社会面临的现实问题是，现在有更多的国家有能力、信心和意愿承担起维护国际和平与安全的责任，如果只增加非常任理事国席位，将不能使安理会正确、平衡地反映地缘政治的现实要求，而扩大常任理事国席位却能够加强安理会的功能和权威。同时，有关改革的谈判还需要解决安理会常任理事国的否决权问题。一些国家提出在出现大规模暴行如战争与武装冲突的情况下限制使用否决权的动议。在德、日、印、巴积极"入常"的背景下，美国为了拉拢日本协助自己称霸，在主张限制安理会常任理事国过于扩大的前提下，积极支持日本"入常"。②

---

① 李雪平：《联合国安理会改革的国际法思考》，《法律科学》2005 年第 4 期。
② 李雪平：《联合国安理会改革的国际法思考》，《法律科学》2005 年第 4 期，第 126 页。

中国一贯积极支持安理会进行合理而必要的改革，目标是增强安理会的效率和权威，增加发展中国家特别是非洲国家的代表性和发言权，① 让更多的国家特别是占会员国大多数的中小国家能够有更多机会参与安理会决策，发挥更大的作用。② 同时，中国认为，安理会改革政府间谈判应通过广泛的民主协商，寻求一揽子解决方案，达成最广泛共识；不应为改革人为设定时限，也不应强行推出不成熟的改革方案。③ 毕竟，如同国外学者所指出的：因为机构性障碍，现在的联合国大会比联合国早期更难在安理会改革问题上达成一致。④

五　国际法治的未来

国际法治，作为国际社会治理的精神、价值、理念和原则，是一个较新的命题。⑤ 国际法治目标的实现依赖于包括联合国及其安理会在内的国际社会全体成员的共同努力，它将是多种因素综合作用的结果，是一项复杂的系统工程，也是一个漫长的历史过程。无疑，在这个过程中，作为国际法治的引擎和最重要的推手，⑥ 联合国及其安理会在维护国际和平与安全方面发挥着重要的作用，它是维护国际和平与安全方面国际法治的中心平台。面对人口、资源与环境的压力，大国政治与霸权主义、恐怖主义行径等的威胁，联合国安理会决议机制必须加以改革，这种改革应该扬长避短，恪守《联合国宪章》的宗旨和原则，并尊重和遵循上述国际法治的基本原则，才能使其真正为世界的和平、安全、发展和人权事业做出应有的贡献。

---

① 《联大主席希望在新谈判主席领导下切实推进安理会改革进程》，新浪新闻：http://news. sina. com。

② 联合国网站：http://www. un. org/chinese/News/story. asp? NewsID = 25020。

③ 联合国网站：http://www. un. org/chinese/News/story. asp? NewsID = 25020。

④ Madeleine O. Hosli, Rebecca Moody, Bryan O' Donovan, Serguei Kaniovski, Anna C. H. Little, "Squaring the Circle? Collective and Distributive Effects of United Nations Security Council Reform", www. Springerlink. com, 2011, p. 58.

⑤ 曾令良：《中国践行国际法治 30 年：成就与挑战》，《武大国际法评论》2011 年第 1 期。

⑥ 曾令良：《中国践行国际法治 30 年：成就与挑战》，《武大国际法评论》2011 年第 1 期。

（一）国际法治面临的问题或挑战

与联合国及其安理会面临的问题与挑战有相似点，但也有其不同的侧重点。国际法治面临的问题和挑战可以概括如下。

1. 大国政治对国际法治的困扰

从外界环境来看，首要的困扰国际法治的就是大国政治。有学者认为，大国政治是当今世界秩序、国际关系中的核心问题，需要加以变革和消除。① 大国政治即强权政治，在实践中表现为霸权主义，指大国、强国把本国的利益看得高于一切，将自己的意志强加于人，甚至粗暴地干涉他国的内政，侵犯别国主权和独立，或者推翻现行政府，谋求在全球或特定地区的主导或统治地位。例如，中国在鸦片战争、甲午战争后签订的一系列不平等条约、2002 年阿富汗战争、2003 年伊拉克战争、2011年利比亚战争、2012 年叙利亚战争、2013 年乌克兰危机等，表明多年来人类社会一直受到大国政治的困扰。大国政治的目标与国际法治的目标是背道而驰的，违背了国际社会应该尊重和遵守法治原则的主张，破坏了国际关系中的民主。可以说，如果大国对联合国及其安理会以及其他国际事务非法干涉少些，国际法治的进程就会更多些。有学者提议终结大国政治的途径，例如，通过小国之间的团结制约大国政治，通过新兴大国遏制大国政治，通过联合国等国际体制和制度消除大国政治，通过大国自身的反省、观念与行为的转变等来消除大国政治，等等。② 不过，因为国家利益自私性等因素的存在，在可以预见的未来，大国政治还将在比较长的时期内存在并影响着国际法治的进程。

2. 美国因素对国际法治的消极影响

在大国对国际法治的影响中，尤其需要强调美国的独特作用和影响。不可否认的是，在二战后包括创立联合国组织在内的构建国际法律秩序的过程中，美国因为其自身的实力和联邦法律体系等原因，曾经发挥了积极的主导作用和影响，但随着其国力的日益强大，美国对于国际法和

① 何志鹏：《大国政治的终结——国际法治的目标探究》，《吉林大学社会科学学报》2013年第 3 期。

② 何志鹏：《大国政治的终结——国际法治的目标探究》，《吉林大学社会科学学报》2013年第 3 期。

国际法治构成了很大的消极影响。[①] 在联合国成立后，美国即与苏联开展冷战，导致世界分成两大阵营，阻碍了国际法律秩序的正常运作。冷战结束后，作为唯一超级大国的美国先后主导发动了 1990 年第一次伊拉克战争和 2003 年第二次伊拉克战争，紧接着，美国大行单边主义，冲击国际法和国际法律秩序，绕开联合国带领北约其他成员国挑起科索沃危机、阿富汗战争、利比亚战争等一系列战争和武装冲突，从领导作用来分析，其中美国就是"主犯"，北约的其他国家只是"从犯"。可以说，当今世界，没有美国对联合国体制的冲击，国际法治进程将会更为顺利。美国因素成为制约国际法治进程的最为重要的因素之一。

3. 国际法治理论本身的模糊与不确定

与国际法治外在影响因素共存的内在问题是：国际法治概念本身尚缺乏广泛的共识，存在模糊性与不确定性。因为国际法的历史也不过是近一二百年的事，通过国际法律建立国际秩序的构想和概念不过是近几十年的事情，国际法治从概念、理论到理念还尚处于一个幼稚阶段，其发展需要一个漫长的过程。其幼稚性表现在研究国际法治的学者和成果很少，甚至有包括很多国际法学者在内的人不相信国际社会存在构建法治的基础和前提，认为国际法治就是乌托邦式的不可能实现的理想；在相信并积极探讨和研究国际法治的学者中，对于国际法治的概念观点各异，难以统一，对于其特征和理论体系的深入研究则更为少见。因此，总体来说，国际法治自身的理论体系还很不完善，这种理论上的不成熟和没有取得广泛共识的现状直接影响到国际法治实践中在方向上的迷失、目标上的不明和行动上的不力。

4. 国际法治制度、机构与机制的匮乏

所谓制度，一般指要求大家共同遵守的办事规程或行动准则，也可以说是在一定的历史条件下形成的法令、礼仪习俗等规范或规格。机构指的是有两个或两个以上构件通过活动连接形成的构件系统。而机制指

---

① 罗孝智：《试论美国对国际法和国际法治的积极与消极影响》，《怀化学院学报》2014 年第 12 期。

有机体的构造、功能及其相互关系或机器的构造和工作原理。① 应该说，这三者之间既有密切的关联，又有明显的区别：通常，有机构的存在，才能有制度和机制，而没有制度和机制的机构，不成其为机构。与国际法治理论本身的模糊和不确定性等同时存在的是其制度、机构与机制的匮乏，国际法治尚缺乏强有力的法律制度的保障。在机构方面，如果说联合国、世界银行、世界贸易组织、国际法院、国际刑事法院都是国际法治的机构的话，相比国内的立法、行政和司法等机构，它们也是较为"软弱"的机构，对于国际违法行为往往不能加以有力的制裁，而且它们之间缺乏明显的权力分工与制衡等机制上的合作关系，加上美国和北约等区域性组织的搅和，使得国际法治的秩序很难像国内秩序一样井然有序，毕竟国际社会不存在统一的世界政府。因此，在当前国际格局下，国际法治缺乏制度、机构到机制上的强有力的保障，国际法治的行动很难避免单边主义等其他不利因素的重重干扰，国际法治的目标不可能一蹴而就地得到实现。

当然，如同联合国及其安理会面临的挑战，国际法治同样面临除了军事因素外的其他挑战，例如全球人口、资源与环境之间的矛盾、气候恶化的矛盾、全球性病毒流行的问题，还有国际恐怖主义、海盗问题等传统问题的挑战，等等。

（二）国际法治的几种发展趋势

基于上述对于联合国及其安理会、国际法治面临的问题和挑战的分析，可以预见，如果不能应对和解决这些问题，任其发展，则国际法治的前景不容乐观，可能形成恶性的发展态势；反之，如果能够积极应对这些问题，排除外界对于国际法治的阻碍和干扰，加强国际法治的制度、机构与机制建设，国际法治有可能焕发出蓬勃的生机，朝着良性的方向发展。通过评估困扰国际法治的问题与挑战，分析其解决途径、可能解决的程度和前景等，可以大致预测国际法治未来发展的走向与趋势。

1. 可能出现的恶性发展趋势

如上所述，大国霸权主义、区域组织、南北矛盾的加剧等主客观因

---

① 《现代汉语大词典》，上海辞书出版社 2006 年版，第 182 页。

素在挑战着联合国及其安理会、国际法治的原则与规则，阻碍着国际法治向着良性的方向发展，使之难以实现和平、安全、发展与人权的目标，例如，近年来发生的伊拉克战争、阿富汗战争、科索沃危机、乌克兰危机、利比亚战争等，都是因为冷战结束后在世界走向多极化的过程中大国强权政治的典型表现，违背了主权平等原则、和平解决国际争端原则以及不干涉内政原则等众多的国际强行法准则，破坏了国际和平与安全，严重损害了联合国及其安理会的权威，使之面临可能被"边缘"化而重蹈国际联盟覆辙的命运，甚至可能会导致第三次世界大战的爆发，严重威胁和阻碍着国际法治的进程。另外，联合国及其安理会体制的改革极其缓慢，经历了 70 多年改革之后的联合国虽然带着成就，但也背负着沉重的包袱，在一系列接连不断的国际和平与安全事件中疲惫不堪，既要面对外界的压力和影响，也要协调内部的改革进程，对于国际法治的制度、机构与机制建设往往显得力不从心。如果联合国安理会改革迟迟不能获得推进或者改革失败，则国际法治的进程可能受到影响甚至出现倒退的趋势。

任何事物都是正反两方面力量相互斗争的结果。如果推进国际法治的力量足够强大，可以反作用于阻碍国际法治的力量，则国际法治得以推行。如果妨碍国际法治的力量占了上风，则国际法治得不到推进，国际法治状况会出现倒退。从目前国际权力与治理结构来看，联合国安理会在国际法治中的表现对于国际法治具有举足轻重的作用。如果作为协调国际法治的主要机构乏力，国际法治要想取得突破性的进展是很困难的，反之，在联合国体制推进国际法治乏力的同时，上述种种消极因素会乘虚而入，侵蚀国际法治的机体，有可能带来国际法治的倒退或者恶化发展趋势。

2. 可以争取的良性发展趋势

与恶性发展趋势相对的另外一种乐观的发展趋势就是良性发展势头。一方面，当今世界正在进入一个以和平与发展为主题的时代，各国相互依存度较以往更为紧密，人们对于和平与发展的需要超过对冲突与战争的需求，国际格局中冷战的结束、多极化的进一步发展缓和了国际局势，人口的膨胀与有限资源、环境恶化之间的矛盾以及气候变化、国际恐怖主义等全球性问题需要各国加强团结以一个整体来应对。地区性经济和政治联盟多于军事联盟，例如，美洲国家组织、非洲国家组织、亚太经济合作组织、东南亚国家联盟、二十国集团、77 国集团等就是例证，各国你中有我，我中有你，相互之间利益交织，形成更加紧密的经济与政治联系，一旦局部发生战争，牵一发而动全身，国际力量之间就会积极加以平衡和协调。这种态势有利于国际和平与安全环境的持久存在。另一方面，从联合国体制的改革来看，70 多年的成功经验为其今后的国际实践奠定了良好的基础，在改革条件成熟时开展进一步的制度、机构与机制的改革，将会更加有利于国际法治的进程。因此，争取国际法治向着良性的方向发展，是国际社会通过不懈努力可能实现的目标。中国提出"国际和谐社会"的主张也表明国际关系存在良性发展的机遇。[1]

以上可能存在的恶性发展趋势和可能争取的良性发展趋势代表了人们对于当今时代国际法治进程的悲观与乐观的较极端的观点，在现实中也代表了两种可能实际发展的极端态势。当然，还可能存在一种中间观点和现实中很大程度上出现的状况，就是认为国际法治的发展将会维持现有的状态，既不会发生重大倒退，也不会有重大和颠覆性发展。毋庸置疑的是，只要国际法治概念和理论建立在对现有的国际秩序的科学分析的基础之上，客观冷静地探寻其发展的真谛，并将国际法治的发展目标的实现与衡量标准等和客观现实严谨地结合起来，是可以得出较为科学的预测结论的。毕竟，国际法治的历史进程是国际社会各方力量汇合起来博弈的结果。

在理想与现实的反差面前，面对各种问题和挑战，国际法治的道路仍然任重道远，包括其自身定义的界定与理论体系还需要不断完善和成熟，直至达成广泛的共识并将共识付诸行动。国际社会理论与实务界需要携手同心，共同为促进国际法治的未来进程做出努力。有关大国需要认真反省，放弃本国利益至高无上的错误理念，放弃单边主义行为，兼顾他国主权平等与合理利益以及国际社会的长远利益，缔造民主、法治化的现代国际关系理念，共创国际"和谐社会"。安理会常任理事国应该

---

① 何志鹏：《国际法治论》，北京大学出版社 2016 年版，第 197 页。

珍惜二战后建立的联合国体制中法治构建的已有成果，带头遵守法治原则。安理会中非常任理事国对于国际事务的依法治理以及在监督安理会本身遵守法治原则方面同样能够发挥重要的作用和影响。① 广大中小国家、第三世界国家更需要团结一致，共同弘扬依法治理国际社会的理念，遵守《联合国宪章》和安理会决议。国际社会交往中的其他一切主体，包括联合国之外的其他一切政府间国际组织、非政府间国际组织、跨国公司、其他法人和单位、自然人等，均应该遵守国际法和国际法治的基本原则。

在国际法治面前，国际社会各种影响因素可以分为两类：有利于国际法治的因素和不利于国际法治的因素。国际社会应该趋利避害，从制度、机构与机制上有组织、有系统地防止和遏制不利于国际法治的因素，避免国际法治向恶化方面的发展趋势，创造更多的有利于国际法治的因素，开创国际法治的良好发展势头，建立一个公正、安全、和平的法治世界。② 应该说，在全球日益多极化的今天，通过国际社会各方面的积极努力，国际法治的未来前景是光明的。

第三节　中国参与和促进联合国
国际法治进程的实践

联合国是中国外交在新时期"有所作为"并积极发挥全球影响力的主要场所。正如国外学者所言，中国作为"五常"之一可以通过安理会先后限制或许可某些行为，能够通过联合国大会制度表达政治和道义诉求，能够通过参与联合国维和行动提升解放军的战斗力。③ 中国在不同时

---

① Alejandro Rodiles, "Non-Permanent Members of the United Nations Security Council and the Promotion of the International Rule of Law", *Goettingen Journal of International Law* Vol. 5, No. 2, 2013, p. 343.

② 邵沙平、苏洁澈：《加强和协调国际法治——国际法新趋势探析》，《昆明理工大学学报》2009 年第 5 期。

③ ［英］罗斯玛丽·伏特：《中国在联合国中的责任与担当》，《复旦学报》（社会科学版）2014 年第 5 期。

期对于促进联合国国际法治进程发挥了一定的推动作用。

一 中国参与联合国安理会决议的实践

联合国成立 70 多年以来，中国参与联合国工作和安理会决议的历史也可以分为两个阶段：第一阶段是从 1941 年至 1971 年，自筹划创立联合国的工作启动以来中国一直都是主要参与国。联合国成立后，国民党当局代表占据联合国及安理会席位，参与了涉及中国利益的朝鲜战争的有关决议，以及美军进驻台湾海峡的有关决议。这两项决议均不利于中国。但中华人民共和国成立后，通过倡导"和平共处五项原则"等影响了联合国、国际法和国际法治的原则。第二阶段从 1972 年至 2023 年，1971 年中华人民共和国恢复在联合国的一切合法权利，这个阶段中国实行改革开放的政策，主要集中精力于国内经济建设。这一阶段，直接涉及中国利益的决议有因美国轰炸中国驻南斯拉夫大使馆事件安理会有关动议。在美苏两极争霸主导安理会期间，中国作为常任理事国之一，对于维护国际和平与安全虽然发挥了一定的作用，但一直处于发挥辅助作用和不太活跃的地位，据统计，从 1971 年到 2012 年，中国仅仅 9 次行使安理会否决权。

自改革开放以来，中国经济迅猛发展，在全球政治经济中的影响力大增。在世界历史上，还从未有过中国这样的大国在短短三四十年里实力获得如此快速的增长。① 但因为国际法的起源和发展主要是西方国家在掌控，长期以来中国对国际法的影响力很弱以及二战后国际政治、经济格局主要由欧美国家所主导并建立在西方传统国际法规则基础之上等因素，中国在安理会决议的提起、表决等程序中多数时候只是扮演一个配角和参与者，没有起到作为一个大国和安理会常任理事国应有的主导作用。据统计，从 1971 年 10 月中国恢复联合国合法席位到 2012 年年底，此间联合国安理会提出的决议草案有 1791 个，中国一共投了 137 次弃权票，仅投了 9 次否决票。随着中国实力的不断增强，中国在不同意时会倾向于通过投否决票加以反对，以维护自身的合法权益或国际和平与安全。而国际法治作为建立国际政治经济新格局的基础，其进程为中国进

---

① 徐崇利：《软硬实力与中国对国际法的影响》，《国际法学》2012 年第 7 期。

一步提升国际地位，发挥更大国际影响力，在更广泛范围内参与国际政治经济的发展提供了新的机遇。① 如果议案危及世界和平与安全，中国不同意时会投否决票，对于不同地区涉及不同利益的议题，中国也有考量，一般来说，对于涉及中东问题的议题，中国倾向于规避风险，但如果涉及危害中国周边或自身利益的议题，中国会投否决票。② 通常，联合国安理会提案中存在争议的往往是涉及"干涉内政"的提案，这也是中国在发展过程中面临的核心挑战之一，自进入 21 世纪以来，随着联合国对于"不干涉内政"有关国际法规范的认识与实践正在发生深刻的变化，中国也越来越积极地对待安理会的强制行动，并愿意承担与自身原则、利益和实力相符的国际责任。③ 可以预见，中国在安理会决议中的主导作用将会越来越凸显。

二　中国参与联合国安理会决议机制改革的实践

有学者认为，国际法治是在全世界范围内推行，它不局限于由各国组成的国际社会，也包括各个国内社会。④ 从这个意义上说，各国国内法治可以说是国际法治的组成部分。因此，中国国内法治是国际法治的一个组成部分。一方面，中国作为世界上最大的发展中国家，人口众多，经济总量达到世界第二，1971 年重返联合国担任常任理事国至今，在国际事务中发挥越来越大的作用和影响。法治是中国走和平发展道路的必然历史选择，⑤ 中国国内法治与国际法治紧密相连。改革开放 40 多年来，中国在践行国际法治方面成就丰硕：为国际法治的核心价值和目标提出了新的理念和原则、全面参与了国际立法和决策、积极参与国际维和与构建地区安全行动、扶植中小发展中国家法治能力建设、参加和实施多

---

① 王子妍、罗超、李何佳：《国际法治的革新者：中国的角色转换与策略》，《武大国际法评论》2012 年第 1 期。

② 漆海霞、张佐莉：《弃权还是否决——中国如何在安理会投票中表达反对立场》，《世界经济与政治》2014 年第 5 期。

③ 甄妮、陈志敏：《"不干涉内政"原则与冷战后中国在安理会的投票实践》，《国际问题研究》2014 年第 3 期。

④ 曾令良：《中国践行国际法治 30 年：成就与挑战》，《武大国际法评论》2011 年第 1 期。

⑤ 曾令良：《法治中国与国际法治紧密相连》，《法制与社会发展》2013 年第 4 期。

边国际条约、创造性地和平解决了港澳问题、促进了国际法在中国的研究、教学与传播，① 等等。另一方面，中国在国际社会中的地位逐渐提高，对于国际法自身话语的需求与国际法中国话语的缺位之间仍然形成了比较大的反差。② 这反映出中国在政治经济呈现强大国际影响力的时代背景下，在国际法和国际法治上的国际影响力和作用稍微落后，需要继续加强和提升中国的国际法治地位与国际形象。2005 年 9 月 15 日，在联合国成立 60 周年首脑会议上，时任中国国家主席胡锦涛发表了《努力建设持久和平、共同繁荣的和谐世界》的重要讲话，倡议坚持多边主义，实现共同安全；坚持互利合作，实现共同繁荣；坚持包容精神，共建和谐世界；坚持积极稳妥方针，推进联合国改革。③ 在这个新多边主义时代，国际法治与中国法治具有更为密切的联系，④ 中国应采取措施推进新多边主义，实现中国法治与国际法治之间的良性互动。国际法治的中国立场意味着中国对于国际法律事务提出具有其文化与价值取向特征的观念、态度以及方案，⑤ 包括在安理会中发挥更为积极的作用和影响，以推进国际法治迈向新的进程。

随着中国综合国力的不断提升，中国应该在国际场合、外交领域更加积极地利用法律手段，更主动地参与国际法律活动，在国际立法中敢于发出自己的声音，在国际司法中提出我们的看法和意见，在国际事务执行中提出我们的制度设计，表明我们的立场和理想。⑥ 尤其，在联合国安理会决议程序与机制中，中国更应该充分发挥匡扶正义、弘扬法治的积极作用和影响，肩负起一个大国应该承担的国际责任。有关具体建议如下。

（一）积极倡导"和平共处"五项原则、"和谐社会"和"人类命运共同体"等国际法治理念

1953 年 12 月，周恩来在北京接见印度谈判代表团时，首次系统地提

---

① 曾令良：《中国践行国际法治 30 年：成就与挑战》，《武大国际法评论》2011 年第 1 期。
② 何志鹏：《国际法治的中国立场》，《武大国际法评论》2011 年第 2 期。
③ 邵沙平、黄颖：《新多边主义时代中国国际法的使命》，《暨南学报》2011 年第 1 期。
④ 邵沙平、黄颖：《新多边主义时代中国国际法的使命》，《暨南学报》2011 年第 1 期。
⑤ 何志鹏：《国际法治的中国立场》，《武大国际法评论》2011 年第 2 期。
⑥ 何志鹏：《国际法治的中国立场》，《武大国际法评论》2011 年第 2 期。

出了和平共处五项原则。缅甸总统吴登盛于 2014 年 6 月 18 日在北京人民大会堂举行的和平共处五项原则发表 60 周年纪念大会上的演讲指出："和平共处五项原则得到越来越多的国家、国际组织和国际会议的承认和接受，并且载入了包括联合国大会通过的数个宣言等在内的一系列主要国际文件之中。"① 而和谐社会理念是中国于 2002 年党的十六大召开期间提出的，其部分原因是针对国际上的"中国威胁论"，旨在缔造和谐的国际环境。② 构建和谐世界的主张意味着要用更加宽容的态度面对不同的人类文明，不强调文明之间的冲突，更不赞成在不同的文明之间挑起冲突和战争。③ 2014 年 3 月，习近平主席在联合国教科文组织总部演讲时指出："当今世界，人类生活在不同文化、种族、肤色、宗教和不同社会制度所组成的世界里，各国人民形成了你中有我、我中有你的命运共同体。"④ 和平共处五项原则、和谐社会和人类命运共同体观念是中国对于国际社会和联合国的独特贡献，其中"和平共处"五项原则已经被公认为国际关系的基本准则，成为国际强行法的一部分，构建社会主义和谐社会的理论和人类命运共同体理念是中国近年来根据国际形势的发展需要而提出的主张，获得国际社会的普遍赞誉。它们的表达提升了中国的形象，代表了中国对国际事务乃至国际法治的鲜明的观点。对于这种观念应该通过中国代表在安理会决议程序中加以大力宣扬，并落实在有关表决行动中，以团结其他会员国，顾全国际大局，缔造一个良好的内部合作氛围，提高安理会决议工作的效率和决议的质量，以便作出能够有利于推进国际法治的决议。

（二）应对美国的单边主义

在当前美国一再推行单边主义的情况下，中国应该团结其他理事国，积极批评和遏制美国的单边主义行径，必要时行使否决权加以制止，尤其是对于其发动战争的非法提案，应该协同上述国家共同应对。在当今

---

① 赵建文：《和平共处五项原则与〈联合国宪章〉的关系》，《当代法学》2014 年第 6 期。

② 陈红梅：《和谐社会理论提出的背景》，《消费导刊—理论广角》2009 年第 10 期。

③ 何志鹏：《国际法治论》，北京大学出版社 2016 年版，第 508 页。

④ 习近平：《出席第三届核安全峰会并访问欧洲四国和联合国教科文组织总部、欧盟总部时的演讲》，人民出版社 2014 年版，第 14 页。

国际形势下，法国和英国虽然还在美国主导的北约组织内，但已经开始与美国在一些重大国际事务中保持一定的距离和独立性。中国与俄罗斯于 1996 年建立战略合作伙伴关系，20 多年来双方政治互信不断深化，在涉及主权、安全、发展等核心利益问题上相互坚定支持，两国在国际和地区事务中保持密切战略协作①能够使它们在安理会中密切配合、协同一致地应对美国因素对国际法治的挑战。1992—2015 年，中俄共发表 26 次首脑联合声明，其中有 12 次提出要加强两国在联合国中的合作与协调，加强联合国及安理会在维护世界和平与安全方面的中心地位。实践证明，中俄协作具有重大的影响力，属于安理会的守卫者。② 当然，在具体的决议程序中，还应该根据决议针对的具体案情缜密分析后设计具体的策略和方案来加以应对和处理。

（三）维护《联合国宪章》的权威并推进改革

鉴于联合国及其安理会的改革已经成为必然趋势，中国应该以科学的态度积极应对和支持联合国及其安理会的改革，但主张联合国及其安理会的改革应该严格依据《联合国宪章》规定的程序和实体条件约定来进行，以确保改革不会盲目冒进或者出现违法改革的现象，确保联合国及其安理会改革遵循国际法治的追求目标和基本原则。在具体的策略问题上，例如，应该反对日本在不成熟的情况下积极寻求"入常"行为，等等。

同时，中国应该在决议技术上积极学习和借鉴苏联和美国的有关表决实践经验，提高在安理会的决议能力，在联合国之外，积极参与其他全球性国际组织和区域性国际组织如世界贸易组织、国际货币基金组织、世界银行、亚太经济合作组织、二十国集团等的活动，构建东南亚国家联盟、东北亚合作机制等亚洲区域联盟，推进上海合作组织与"一带一路"建设高质量发展，积极主动协调解决南海问题，注重培养大批高层次的国际法律人才，提出中国对于国际法和国际法治的自己的观念和主

---

① 李东阳、鲍洋：《俄罗斯和中亚四国投资环境评价》，《中央财经大学学报》2009 年第 12 期。

② 王志琛：《中俄在联合国安理会的合作及其影响因素分析》，《俄罗斯东欧中亚研究》2017 年第 1 期。

张，提高中国在国际法上的话语权，以缔造良好的外部环境，配合中国在联合国安理会的行动。当然，大力提升国内法治水平也是这个过程中必不可少的"内功"。在安理会改革中，中国既要维护本国利益，也要顾及国际社会整体利益，特别是广大发展中国家的权益。对于安理会改革的焦点即其扩大问题，中国主张增加发展中国家尤其是非洲国家的代表数量，对于积极争取"入常"的德、日、印、巴四国，中国根据双边关系的情况灵活处理。[①] 总之，作为一个负责任的大国，中国应该为推动安理会改革、推进国际法治的建设做出更大的贡献。

---

① 刘文冬：《中国对安理会扩大的立场分析》，《赤峰学院学报》（汉文哲学社会科学版）2014 年第 10 期。

结　　论

　　国际法治是国际法发展与全球化等因素的产物。在一定意义上也是人类社会必然经历的一个历史过程。尽管关于其概念、定义和理论至今仍然很不成熟，没有获得广泛的共识，但从自然法角度考量，自从有了国际法，人类就开始了国际法治的进程。通过分析国际法的基本原则、联合国组织的追求目标和国际法治的概念等，可以确定国际法治的追求目标为和平、安全、发展和人权，而其基本原则应该包括树立《联合国宪章》的权威的原则、促进国际关系的民主化原则、遵守国际条约和国际习惯法规则的原则、确保国际法统一适用原则、完善国际立法原则、权力分立与制衡原则、促进和保障人权原则等。对于国际法治的研究应该从历史的、动静结合的视角加以展开，同时注意到其相对性和无限性等特征。

　　联合国及其安理会是国际法治的引擎和最重要的机构平台，与世界贸易组织、世界银行、国际刑事法院等全球性和区域性国际组织与机构共同推进国际法治。安理会作为肩负维护国际和平与安全职责且在联合国组织中是唯一具有执行力的机构，其通过决议的方式行使有关职能，对于国际法治的推进具有重要的作用和影响。截至2015年，联合国安理会已经做出各类决议近2400项，在苏联解体、世界局势缓和之后更加活跃，决议数量激增，对于国际法治的推进产生了重要的影响。

　　安理会决议发挥积极作用和影响的宏观表现形式体现在安理会决议完善了国际法治平台、制度、机制，追求着国际法治的目标：（1）强化了国际法治的平台；（2）完善国际法治的制度；（3）提升了国际法治的司法监督机制；（4）代行领土托管制度；（5）设立附属机构加大执行力度。在微观方面，安理会决议对国际法治的贡献和具体的作为体现在安理会决议对国际法治主体和维护国际关系方面的积极作为：（1）保障和平衡国家之间的权益；（2）惩罚国际犯罪；（3）促进和保障人权尤其是战时人权；（4）弘扬民主法治理念，促进国际关系的民主化；（5）构建协调各国行动的中心，等等。总之，安理会决议在主要行使国际行政或执法部门功能的同时，对于国际立法和司法也起到了积极的完善和补充作用，有助于建立起国际权力制衡与分立的法治体系。

安理会决议在发挥积极作用和影响的同时，基于联合国及安理会自身的性质、国际矛盾与纠纷的性质等因素，加上大国霸权主义、强权政治对国际法治的挑战和影响，还有安理会自身体制上的问题，使得安理会决议的效率和作用受到消极的影响，具体体现在：在战争与冲突面前不能决议或者无所作为，或效率低下，或做出错误的、非法的决议，例如安理会在朝鲜战争、科索沃危机、两次伊拉克战争、利比亚战争、阿富汗战争、乌克兰危机、叙利亚危机等国际局势中的表现，严重损害了联合国及安理会的权威与声誉，阻碍了国际法治的历史进程。

安理会决议对于国际法治的积极作用和影响明显大于消极作用，二战后人类社会再也没有爆发世界大战就是明证。然而，在全球化进一步加深和世界多极化的背景下，在大国主义、恐怖主义、海盗活动、互联网的冲击、人口压力、环境恶化、气候变化等问题和挑战面前，联合国及安理会决议机制需要加以改革。在各国改革观念、政策和主张迥异的局面中，联合国及其安理会改革不能冒进，应该依据《联合国宪章》稳步推进，包括《联合国宪章》内容的修改也应该严格依据国际法和《联合国宪章》本身的规定。安理会及其决议机制改革应该符合国际法治的追求目标和基本原则。

中国作为一个已经崛起的发展中的大国和安理会常任理事国之一，过去70多年以来在安理会决议机制中处于相对被动和保守的地位。今后，中国应该肩负起更大的责任，在安理会表决中发挥更加重要的主导作用。在具体的策略方面，应该敢于提出中国的国际法治理念，包括和平共处五项原则、国际和谐社会和人类命运共同体等理念，在安理会中弘扬民主与法治精神，团结包括其他常任理事国和非常任理事国在内的正义国家，抵制大国霸权主义，积极提出具有中国特色的国际法治未来发展的愿景和路线。总之，中国作为国际法治的倡导者、参与者、践行者和推动者，应为国际法治的进程做出自己应有的贡献。

附录:部分决议原文

安理会第 82（1950）号决议

联合国安理会决议案八十二

大韩民国遭受侵略之控诉决定

一九五〇年六月二十五日，理事会第四七三次会议决定依暂行议事规则第三十九条规定邀请大韩民国代表于审议本问题期间列席理事会议席。

八十二（一九五〇）．一九五〇年六月二十五日决议案

安全理事会，

复按大会于一九四九年十月二十一日决议案二九三（四）所获结论，认大韩民国政府为合法成立之政府，在联合国韩国问题临时委员会所能视察及咨询及大多数韩国人民居住之韩国部分行使有效管制与管辖；该政府系经该部分韩国选民依法自由表达意愿且在临时委员会监视下选出；又该政府为韩国境内唯一具有此种资格之政府，

深悉大会一九四八年十二月十二日决议案一九五（三）及一九四九年十月二十一日决议案二九三（四）对可能后果所表关切，认为除非会员国对联合国促成韩国完全独立与统一所求成果勿作损害行为，则后果或将随至；又悉该两决议案对联合国韩国问题委员会报告书注 1 内所陈情势威胁大韩民国及其人民之安全与福利甚或导致公开之军事冲突一节亦表关切，

鉴悉北朝鲜部队对大韩民国施行武装攻击至深关切，

断定此种行为构成对和平之破坏；

一

要求立即停止敌对行动；

促请北朝鲜当局立即将其军队撤至北纬三十八度；

二

请联合国韩国问题委员会：

（a）尽速将该委员会对此项情势周详考虑后之建议具报，勿事积延；

（b）监视北朝鲜军队撤至北纬三十八度；

（c）将本决议案执行情形随时向安全理事会具报；

三

促请全体会员国尽力协助联合国执行本决议案，勿予北朝鲜当局任何援助。

第四三七次会议以九票对零票通过，弃权者一（南斯拉夫）。①

安理会第 83（1950）号决议

安全理事会，

业已要求立即停止敌对行动，

且以促请北朝鲜当局即将军队撤至北纬三十八度；

鉴悉联合国韩国问题委员会报告书所称北朝鲜当局既未停止敌对行动，且未将其军队撤至北纬三十八度，是以亟须采取紧急军事措施，以恢复国际和平与安全，

傅悉大韩民国吁请联合国立即采取有效步骤，以保持和平与安全，

建议联合国会员国给予大韩民国以击退武装攻击及恢复该区内国际和平与安全所需之援助。

第四七四次会议以七票对一票（南斯拉夫）通过。②

①　https：//www.un.org/zh/sc/documents/resolutions/.

②　https：//www.un.org/zh/sc/documents/resolutions/.

安理会第 1221（1999）号决议

1999 年 1 月 12 日
安全理事会第 3965 次会议通过

安全理事会，

重申 1991 年 5 月 30 日第 696（1991）号决议以及其后各项有关决议，特别是 1998 年 9 月 16 日第 1196（1998）号和 1998 年 12 月 31 日第 1219（1998）号决议，

回顾 1998 年 12 月 23 日安理会主席的声明（S/PRST/1998/37），

对 1999 年 1 月 2 日第二架联合国租用的飞机在争取安哥拉彻底独立全国联盟（安盟）控制的领土被击落，造成近几个月在该地区损失的飞机达到 6 架，表示愤慨，

深切关注上述飞机乘客和机组人员的下落，并对这些事件中的生命损失深表遗憾，

强调无论何人攻击以联合国名义采取行动的人员都是不可接受、毫无道理的，

痛惜在澄清在安盟控制的领土上发生的这些悲惨事件并允许迅速派遣一个联合国搜寻和救援团方面缺乏安盟的合作，

根据《联合国宪章》第七章采取行动，

1. 谴责两架联合国租用飞机被击落，痛惜其他商用飞机在可疑的情况下失事，并要求立即停止所有这类攻击；

2. 重申安理会决心通过立即对这些悲惨事件进行客观的国际调查来查明在安盟控制的领土上两架联合国租用飞机被击落和其他商用飞机在可疑情况下失事的事实真相并确定责任，再次呼吁有关各方，特别是安盟充分合作为这一调查提供便利；

3. 断定安盟领导人若纳斯·萨文比先生尚未满足安理会 1998 年 12 月 31 日第 1219（1998）号决议所载的要求；

4. 重申要求安盟领导人若纳斯·萨文比先生立即诚意合作，以搜寻和救援上述各事件可能的幸存者；

5. 欢迎安哥拉政府采取了具体行动贯彻 1999 年 1 月 5 日安哥拉总统

对秘书长特使所作承诺，为联合国的搜寻与救援努力提供合作，并鼓励它继续提供此种合作；

6. 请国际民用航空组织（民航组织）一俟当地条件允许就全力支持调查这些事件，并敦促有调查能力和专门知识的会员国在接到要求时协助联合国调查这些事件；

7. 强调会员国有义务遵守 1993 年 9 月 15 日第 864（1993）号、1997 年 8 月 28 日第 1127（1997）号、1998 年 6 月 12 日第 1173（1998）号决议中所载对安盟采取的措施；

8. 表示打算追究有关违反上文第 7 段所述措施的报道，采取步骤以加强这些措施的执行，并根据第 864（1993）号决议所设委员会将于 1999 年 2 月 15 日前利用包括国际电信联盟在内的有关机构和组织的专门知识编写的报告，考虑采取包括电信领域在内的额外措施；

9. 请上文第 8 段所述委员会主席就如何加强执行上文第 7 段所述措施与非洲统一组织（非统组织）和南部非洲发展共同体（南部非洲共同体）协商；

10. 决定继续积极处理此案。①

安理会第 1231（1999）号决议

1999 年 3 月 11 日
安全理事会第 3986 次会议通过

安全理事会，

回顾其 1998 年 7 月 13 日第 1181（1998）号和 1999 年 1 月 12 日第 1220（1999）号决议以及 1999 年 1 月 7 日的主席声明（S/1999/PRST/1），

表示继续关注塞拉利昂的脆弱局势，

申明所有国家承诺尊重塞拉利昂的主权、政治独立和领土完整，

审议了 1999 年 3 月 4 日秘书长关于联合国塞拉利昂观察团（联塞观察团）的第五次报告（S/1999/237），并注意到其中所载的建议，

1. 决定将联塞观察团的任务期限延至 1999 年 6 月 13 日；

---

① https：//www.un.org/zh/sc/documents/resolutions/.

2. 欢迎秘书长在其报告第 46 段和第 54 段中表示打算尽快在弗里敦重新建立联塞观察团,为此增加目前军事观察员和人权人员的人数,并重新部署必要的工作人员来支持迁往弗里敦的事宜,但须密切注意当地的安全状况;

3. 谴责反叛分子对塞拉利昂平民,特别是对妇女和儿童犯下的暴行,指责秘书长报告第 21 段至第 28 段所述在塞拉利昂最近暴力升级期间发生的所有侵犯人权和违反国际人道主义法的行为,包括招募儿童兵的行为,并敦促有关当局调查关于此类违法行为的所有指控,以期将犯罪者绳之以法;

4. 呼吁塞拉利昂冲突各方充分尊重人权和国际人道主义法以及人道主义工作人员的中立和不偏不倚,并确保人道主义援助完全和不受阻碍地送达受害人民;

5. 表示严重关切继续有报道说塞拉利昂的反叛分子正获得支助,包括供应武器和雇佣军,尤其是从利比里亚境内提供支助;

6. 确认 1999 年 2 月 23 日利比里亚总统给秘书长的信(S/1999/213)和 1999 年 2 月 19 日利比里亚政府的声明(S/1999/193),其中说明它正为制止利比里亚国民参与塞拉利昂的战斗而采取行动,包括采取措施鼓励利比里亚战斗人员返回,指示利比里亚国家安全机构确保没有任何武器跨界流动和没有任何武器和弹药通过利比里亚领土转运,并请秘书长同马诺河联盟各国和西非国家经济共同体(西非经共体)的其他成员国协调,继续考虑在利比里亚/塞拉利昂边界与西非经共体军事观察组(西非观察组)的部队一道部署联合国监测员的可行性和有效性;

7. 重申所有国家均有义务遵守严格遵从安理会 1998 年 6 月 5 日第 1171(1998)号决议关于禁止出售或供应军火及有关物资的规定;

8. 表示打算继续严密审查外部向塞拉利昂反叛分子提供支助的问题,并考虑根据当地的事态发展进一步采取步骤解决这一问题;

9. 表示支持旨在和平解决冲突、使塞拉利昂恢复持久和平与稳定的一切努力,特别是西非经共体国家所做的努力,鼓励秘书长通过其塞拉利昂问题特别代表促进为此目的进行对话,欢迎塞拉利昂总统于 1999 年 2 月 7 日发表声明(S/1999/138,附件),表示塞拉利昂政府愿意继续努

力同反叛分子进行对话，并呼吁有关各方，特别是反叛分子，认真参与
这些努力；

10. 赞扬西非观察组为恢复塞拉利昂和平、安全与稳定所做的努力，
并吁请所有会员国向西非观察组提供财政和后勤支助，考虑向塞拉利昂
政府迅速提供双边援助，以建立新的塞拉利昂军队来保卫国家；

11. 请秘书长随时向安理会详细通报塞拉利昂局势，并为此于 1999
年 6 月 5 日前向安理会再提交一份报告，就联塞观察团将来的部署和任务
的执行提出建议；

12. 决定继续积极处理此案。①

安理会第 1244（1999）号决议

1999 年 6 月 10 日安全理事会第 4011 次会议通过

安全理事会，

铭记《联合国宪章》的宗旨和原则，以及安全理事会维持国际和平
与安全的首要职责，

回顾其 1998 年 3 月 31 日第 1160（1998）号、1998 年 9 月 23 日第
1199（1998）号、1998 年 10 月 24 日第 1203（1998）号和 1999 年 5 月
14 日第 1239（1999）号决议，

惋惜这些决议的规定没有得到完全遵守，

决心解决南斯拉夫联盟共和国科索沃严峻的人道主义局势，为所有
难民和流离失所者安全自由地返回家园提供条件，

谴责对科索沃居民的一切暴力行为以及任何一方的恐怖主义行为，

回顾秘书长 1999 年 4 月 9 日所作的声明，其中对在科索沃发生的人
道主义悲剧表示关切，

重申所有难民和流离失所者均有权安全返回家园，

回顾前南斯拉夫问题国际法庭的管辖范围和任务规定，

欢迎 1999 年 5 月 6 日通过的关于政治解决科索沃危机的一般原则
（S/1999/516，本决议附件 1），并欢迎南斯拉夫联盟共和国接受 1999 年 6

---

① https：//www. un. org/zh/sc/documents/resolutions/.

月 2 日在贝尔格莱德提出的文件第 1 至第 9 点内所载的原则（S/1999/649，本决议附件 2）和南斯拉夫联盟共和国同意这项文件。

重申全体会员国根据《赫尔辛基最后文件》和附件 2 的规定，对南斯拉夫联盟共和国以及该区域其他国家的主权和领土完整的承诺，

重申以往各项决议中的呼吁，要求在科索沃实行高度自治和有效的自我管理，

认定该区域的局势继续对国际和平与安全构成威胁，

决心确保国际人员的安全和保障，确保有关各方根据本决议履行自己的责任，并为此目的根据《联合国宪章》第七章采取行动，

1. 决定科索沃危机的政治解决应根据附件 1 的一般原则和附件 2 所进一步阐述的原则和其他要点；

2. 欢迎南斯拉夫联盟共和国接受上文第 1 段所指的原则和其他要点，并要求南斯拉夫联盟共和国充分合作加以迅速执行；

3. 特别要求南斯拉夫联盟共和国立即并可核实地停止在科索沃的暴力和镇压行为，按照一个快速的时间表开始并完成可核实的分阶段从科索沃撤出所有军事、警察和准军事部队的工作，与此同时将在科索沃部署国际安全存在；

4. 确认在撤退之后，将准许议定数目的南斯拉夫和塞尔维亚军事和警察人员回到科索沃按照附件 2 履行职责；

5. 决定在联合国主持下在科索沃部署国际民事和安全存在，酌情配备适当的装备和人员，并欢迎南斯拉夫联盟共和国同意这些存在；

6. 请秘书长与安全理事会协商，任命一名特别代表来统管国际民事存在的执行工作，还请秘书长责成其特别代表与国际安全存在密切协调，以确保这两种存在目标一致并互相支持；

7. 授权会员国和有关国际组织根据附件 2 第 4 点在科索沃建立国际安全存在，并提供一切必要手段以根据下文第 9 段履行职责；

8. 确认需要向科索沃早日迅速部署有效的国际民事和安全存在，并要求各方为其部署工作提供充分合作；

9. 决定将要部署在科索沃进行活动的国际安全存在的职责包括：

（a）吓阻重新发生敌对行动，维持并在必要时强制执行停火，确保

联盟和共和国的军事、警察和准军事部队，除附件2第6点规定者外，撤出科索沃并防止其返回；

（b）按照下文第15段的规定使科索沃解放军（科军）和其他科索沃阿尔巴尼亚人武装集团非军事化；

（c）建立安全的环境，使难民和流离失所者能够安全地回返家园，国际民事存在能够运作，过渡行政当局能够设立，人道主义援助能够运送；

（d）确保公共安全和秩序，直到国际民事存在能够接管这项职责；

（e）监督排雷工作，直到国际民事存在能够酌情接管这项职责；

（f）酌情支助国际民事存在的工作并与其密切协调；

（g）按规定执行监测边界的任务；

（h）确保本身、国际民事存在和其他国际组织的保护和行动自由；

10. 授权秘书长，在有关国际组织的协作下，在科索沃设立国际民事存在，以便在科索沃建立一个临时行政当局，使科索沃人民能够在南斯拉夫联盟共和国内享有高度自治，并进行过渡行政管理，同时设立临时民主自治机构并监督其发展，以确保科索沃所有居民有正常和平生活的条件；

11. 决定国际民事存在的主要职责包括：

（a）在最后解决之前，充分考虑到附件2和《朗布伊埃协定》（S/1999/648），促进建立科索沃的高度自治和自我管理；

（b）在必要的地点和时间履行基本民事管理职能；

（c）在达成政治解决、包括举行选举之前，组织民主和自治的自我管理临时机构并监督其发展；

（d）在这些机构设立后，移交其行政管理职责，同时监督和支助科索沃地方临时机构和其他建设和平活动的加强；

（e）考虑到《朗布伊埃协定》（S/1999/648），促进旨在决定科索沃将来地位的政治进程；

（f）在最后阶段，监督科索沃临时机构将权力移交给根据政治解决办法设立的机构；

（g）支助关键基础设施的重建和其他经济重建；

（h）与国际人道主义组织协调，支助人道主义和救灾援助；

（i）维持治安，包括设立地方警察部队，同时在科索沃部署国际警察人员；

（j）保护和促进人权；

（k）确保所有难民和流离失所者安全、无阻地返回科索沃的家园；

12. 强调人道主义救济行动必须取得协调，南斯拉夫联盟共和国必须让人道主义援助组织不受阻碍地进入科索沃，并同这些组织合作以确保迅速、有效地运送国际援助；

13. 鼓励所有会员国和国际组织捐助经济和社会重建以及难民和流离失所者的安全回返，在这方面并强调必须尽早召开一次特别为了上文第11（g）段所列目的的国际捐助者会议；

14. 要求有关各方，包括国际安全存在，同前南斯拉夫问题国际法庭充分合作；

15. 要求科军和其他科索沃阿尔巴尼亚人武装集团立即终止一切进攻行动，并遵守国际安全存在的首长同秘书长特别代表协商后规定的非军事化要求；

16. 决定第1160（1998）号决议第8段所实施的禁令不适用于供国际民事和安全存在使用的军火及有关物资；

17. 欢迎欧洲联盟和其他国际组织正在为受科索沃危机影响区域的经济发展和稳定拟订一套全面办法，包括在广泛国际参与下执行《东南欧稳定条约》，以便进一步促进民主、经济繁荣、稳定和区域合作；

18. 要求该区域所有国家为执行本决议所有方面的规定提供充分合作；

19. 决定国际民事和安全存在最初为期12个月，除非安全理事会另有决定，否则以后将予延续；

20. 请秘书长定期向安理会报告本决议的执行情况，包括国际民事和安全存在的领导人提出的报告，首批报告应在本决议通过后30天内提出；

21. 决定继续积极处理此案。

安理会第 1244（1999）号决议附件 1

1999 年 5 月 6 日八国集团外交部长在彼得斯贝格中心举行的会议结束时主席发表的声明

八国集团外交部长通过关于科索沃危机的政治解决办法基本原则如下：

——立即并可核实地停止在科索沃的暴力和镇压；

——从科索沃撤出军队、警察和准军事部队；

——在科索沃部署经联合国核可并通过的、足以保证实现共同目标的有效国际民事和安全存在；

——在科索沃建立一个由联合国安全理事会决定的临时行政当局，以确保科索沃所有居民有正常和平生活的条件；

——所有难民和流离失所者安全自由地返回，并且人道主义援助组织不受阻碍地进入科索沃；

——充分考虑到《朗布依埃协定》和南斯拉夫联盟共和国及该区域其他国家的主权和领土完整原则，开展政治进程，以订立一个临时政治框架协定，规定科索沃高度自治，并使科索沃解放军非军事化；

——对该危机区域的经济发展和稳定有一套全面办法。

安理会第 1244（1999）号决议附件 2

应就解决科索沃危机的下列各项原则达成协议：

1. 立即并可核实地停止在科索沃的暴力和镇压。

2. 按照一个快速的时间表可核实地从科索沃撤出所有军事、警察和准军事部队。

3. 在联合国主持下在科索沃部署有效的国际民事和安全存在，可根据《宪章》第七章所作决定行事，有能力保证共同目标得到实现。

4. 有大批北大西洋公约组织人员参加的国际安全存在必须在统一的指挥和控制下进行部署，受权为科索沃境内所有人民建立安全的环境，并为所有流离失所者和难民安全返回家园提供便利。

5. 作为国际民事存在的一部分，建立科索沃临时行政当局，使科索沃人民能在南斯拉夫联盟共和国内享有高度自治，办法由联合国安全理事会决定。临时行政当局将进行过渡行政管理，同时设立临时民主自治机构并监督其发展，以确保科索沃所有居民有正常和平生活的条件。

6. 在撤出之后，将准许议定数目的南斯拉夫和塞尔维亚人员返回以履行下列职务：

——与国际民事特派团和国际安全存在联络；

——标记布雷区和排雷；

——在塞族祖先遗址派驻人员；

——在主要的边界过境点派驻人员。

7. 让所有难民和流离失所者在联合国难民事务高级专员办事处的监督下自由地安全返回，让人道主义援助组织不受阻碍地进入科索沃。

8. 充分考虑到《朗布依埃协定》和南斯拉夫联盟共和国及该区域其他国家的主权和领土完整原则，开展政治进程，以订立一个临时政治框架协定，规定科索沃高度自治，并使科索沃解放军非军事化。当事各方为解决这场危机进行的谈判不应当阻延或干扰民主自治机构的成立。

9. 对该危机区域的经济发展和稳定有一套全面办法。这将包括在广泛国际参与下执行东南欧稳定条约，以便进一步促进民主、经济繁荣、稳定和区域合作。

10. 暂停军事行动的条件是接受上文提出的原则，还要同意以前提出的其他必要条件——详列于下文脚注内。然后将迅速缔结一项军事—技术协定，其中除其他外，规定更多模式，包括科索沃境内南斯拉夫和塞族人员的作用和职能：

撤出

——撤出程序，包括分阶段撤出的详细时间表，以及在塞尔维亚划定缓冲区—部队将撤至缓冲区之后。

返回的人员

——与返回人员有关的设备；

——他们的职责范围；

——他们返回的时间表；

——划定他们工作的地理范围；

——关于他们与国际安全存在和国际民事特派团的关系的规则。

注

其他必要条件：

——迅速而精确的撤出时间表，例如在七天内完成撤出和在 48 小时内将防空武器撤至 25 公里共同安全区之外；

——为执行上述四项职务而返回的人员将受国际安全存在的监督，人数应限于议定的一个小数目（几百人，而不是几千人）；

——在可核实的撤出开始之后将暂停军事行动；

——军事—技术协定的讨论和达成不应延长原先决定的完成撤出行动的时间。①

<h2 style="text-align:center">安理会第 1260（1999）号决议</h2>

1999 年 8 月 20 日安全理事会第 4035 次会议通过

安全理事会，

回顾其 1998 年 6 月 5 日第 1171（1998）号、1998 年 7 月 13 日第 1181（1998）号、1999 年 3 月 11 日第 1231（1999）号决议和其他有关决议以及 1999 年 5 月 15 日的主席声明（S/PRST/1999/13），

又回顾 1999 年 6 月 11 日第 1245（1999）号决议将联合国塞拉利昂观察团（联塞观察团）的任务期限延长到 1999 年 12 月 13 日，

申明所有国家承诺尊重塞拉利昂的主权、政治独立和领土完整，

审议了秘书长 1999 年 7 月 30 日的报告（S/1999/836），

1. 欢迎 1999 年 7 月 7 日塞拉利昂政府与塞拉利昂革命联合阵线（联阵）在洛美签署了《和平协定》（S/1999/777），并赞扬多哥总统、秘书长特别代表、西非国家经济共同体（西非经共体）和所有参与推动洛美谈判的人为这一成就作出的贡献；

2. 赞扬塞拉利昂政府果敢努力争取和平，包括为执行《和平协定》已经采取了立法和其他措施，又赞扬联阵领导人朝和平迈出了决定性的一步，并呼吁双方确保协定的各项规定得到充分执行；

3. 又赞扬西非经共体军事观察组（西非观察组）为在塞拉利昂恢复

---

① https：//www.un.org/zh/sc/documents/resolutions/.

安全与稳定、保护平民和和平解决冲突作出的杰出贡献,并敦促所有国家继续向西非观察组提供技术、后勤和财政支助,包括经由为支助塞拉利昂境内的维持和平及有关活动而设的联合国信托基金来提供支助,以帮助观察组在塞拉利昂维持关键的驻留,继续执行其任务;

4. 核准暂时扩大联塞观察团到至多210名军事观察员,加上必要的设备和行政及医疗支助,以执行秘书长报告第38段规定的任务,并决定按秘书长报告第39段所述,新增的军事观察员应在安全条件许可时部署,并且暂时在西非观察组提供安全的情况下行动;

5. 强调联合国人员和有关人员的安全、保障和行动自由极为重要,注意到塞拉利昂政府和联阵在《和平协定》中同意对此提供保证,并敦促塞拉利昂各方充分尊重联合国人员和有关人员的地位;

6. 核准按秘书长报告第40段至第52段所述,加强联塞观察团的政治、民事、新闻、人权和儿童保护部门,包括任命一名秘书长副特别代表和扩大秘书长特别代表办事处;

7. 鼓励有关各方正就塞拉利昂维和行动的今后安排,包括西非观察组和联合国各自的工作、编制和任务规定等问题进行的磋商,并欢迎秘书长打算再向安理会提出关于联塞观察团新的任务规定和行动概念的全盘建议;

8. 吁请联阵和塞拉利昂所有其他武装集团根据《和平协定》的规定立即开始解散和交出武器,并充分参加塞拉利昂的解除武装、复员和重返社会方案;

9. 敦促所有国家和国际组织,特别是经由国际复兴开发银行为此目的设立的信托基金,提供资源协助确保解除武装、复员和重返社会方案顺利进行;

10. 强调塞拉利昂迫切需要促进和平与民族和解,培养对人权负责和尊重的态度,在这方面注意到秘书长报告第54段的观点,欢迎《和平协定》中关于在塞拉利昂设立真相与和解委员会和人权委员会的规定,并吁请塞拉利昂政府和联阵确保这些委员会在《和平协定》规定的时限内迅速设立;

11. 欢迎塞拉利昂有关各方通过了《人权宣言》,并强调如秘书长报告第 20 段所述，塞拉利昂需要国际援助解决人权问题，作为在该国建立责任制的第一步；

12. 强调国际社会和塞拉利昂政府必须设计和执行一些方案，应付战争受害者，特别是肢体伤残者的特殊需要，在这方面并欢迎塞拉利昂政府在《和平协定》中承诺为此目的设立一个特别基金；

13. 强调迫切需要向塞拉利昂人民提供大量人道主义援助，特别是在救济机构迄今无法进入的国内大部分地区，并敦促所有国家和国际组织响应 1999 年 7 月提出的机构间订正联合呼吁，优先提供这种援助；

14. 吁请当事各方确保人道主义援助安全无阻地运交塞拉利昂需要援助的人，保证人道主义人员的安全和保障，并且严格遵守国际人道主义法的有关规定；

15. 强调需要持续慷慨援助塞拉利昂重建、经济与社会复原和发展的更长期任务，并敦促所有国家和国际组织参加这些努力并积极提供捐助；

16. 欢迎塞拉利昂政府承诺与联合国儿童基金会、秘书长儿童和武装冲突问题特别代表办事处和其他国际机构合作，对塞拉利昂儿童兵长期的重返社会问题给予特别注意，并鼓励参与的机构也关心塞拉利昂受冲突影响的所有儿童的特殊需要，包括经由解除武装、复员和重返社会方案和真相与和解委员会予以关注，并且支助肢体伤残、遭受性剥削和诱拐的儿童受害者，支助恢复保健和教育服务，支助心理创伤的儿童复健和保护无人伴随的儿童；

17. 欢迎秘书长报告第 44 段所述，他决定由联合国与国家和国际伙伴协商，为塞拉利昂制订一个战略框架方针；

18. 请秘书长随时将塞拉利昂局势详细通报安理会，并尽快向安理会再提出一份报告，其中就该国可能需要的扩大的联合国维持和平存在的任务规定和结构提出建议；

19. 决定继续积极处理此案。①

---

① https：//www.un.org/zh/sc/documents/resolutions/.

安理会第 1289（2000）号决议

2000 年 2 月 7 日安全理事会第 4099 次会议通过

安全理事会，

回顾其 1998 年 6 月 5 日第 1171（1998）号、1998 年 7 月 13 日第 1181（1998）号、1999 年 3 月 11 日第 1231（1999）号、1999 年 8 月 20 日第 1260（1999）号、1999 年 9 月 17 日第 1265（1999）号、1999 年 10 月 22 日第 1270（1999）号决议和其他有关决议以及 1999 年 5 月 15 日的主席声明（S/PRST/1999/13），

申明所有国家承诺尊重塞拉利昂的主权、政治独立和领土完整，

回顾 1994 年 12 月 9 日通过的《联合国人员和有关人员安全公约》中的有关原则，

欢迎并鼓励联合国在所有维持和平行动作出努力，使维持和平人员注意预防和控制艾滋病毒/艾滋病和其他传染病，

注意到 2000 年 1 月 17 日塞拉利昂外交和国际合作部长给安理会主席的信（S/2000/31），

审议了秘书长 1999 年 9 月 23 日（S/1999/1003）、1999 年 12 月 6 日（S/1999/1223）和 2000 年 1 月 11 日（S/2000/13）的报告以及 1999 年 12 月 23 日秘书长给安理会主席的信（S/1999/1285），

确定塞拉利昂局势继续对该区域国际和平与安全构成威胁，

1. 注意到第 1270（1999）号决议所设联合国塞拉利昂特派团（联塞特派团）的部署将告完成；

2. 欢迎塞拉利昂政府、塞拉利昂革命联合阵线党领导人、西非国家经济共同体军事观察组（西非观察组）和联塞特派团为执行 1999 年 7 月 7 日在洛美签署的《和平协定》（S/1999/777）所作的努力；

3. 再次呼吁当事各方履行《和平协定》规定的所有义务，促进塞拉利昂恢复和平、稳定、民族和解与发展，并强调塞拉利昂人民和领导人要对和平进程的成功负最终责任；

4. 关切地注意到，尽管取得了进展，但和平进程迄今仍受损于对解除武装、复员和重返社会方案的参与有限而零星，释放被劫持者和儿童

兵的工作缺乏进展，劫持人质和袭击人道主义人员的事件持续发生，并深信根据下文第 9 至 12 段规定扩大联塞特派团将创造条件，使当事各方可以作出努力，确保全面执行《和平协定》的条款；

5. 还关切地注意到塞拉利昂平民的人权继续受到侵犯，并强调《和平协定》给予的大赦不适用于该协定签署之日以后发生的此种侵犯行为；

6. 吁请当事各方和所有其他有关方面采取步骤，确保在全国各地充分执行解除武装、复员和重返社会方案，特别促请革命联合阵线（联阵）、民防部队、前塞拉利昂武装部队/武装部队革命委员会（武革委）及所有其他武装集团充分参加该方案并与所有负责执行方案的人合作；

7. 注意到 1999 年 12 月 23 日秘书长的信中报告，尼日利亚、几内亚和加纳政府决定从塞拉利昂撤出其余留的西非观察组特遣队；

8. 对西非观察组在塞拉利昂为恢复民主，维持和平、安全与稳定方面作出不可或缺的贡献表示感谢，高度赞扬这些部队及部队派遣国政府的勇气和牺牲，并鼓励所有国家进一步协助部队派遣国支付它们为在塞拉利昂部署西非观察组而承担的费用；

9. 决定将联塞特派团的军事部分扩大到至多 11100 名军事人员，其中包括已经部署的 260 名军事观察员，但须根据实地情况及和平进程，特别是解除武装、复员和重返社会方案所获进展定期审查，并注意到秘书长 2000 年 1 月 11 日的报告第 33 段；

10. 根据《联合国宪章》第七章采取行动，还决定修改联塞特派团的任务规定，以包括下列额外工作，由联塞特派团在部署地区于力所能及的范围内参照实地情况加以执行：

（a）向特别是在弗里敦的关键地点和政府大楼、重要的十字路口和包括隆吉机场在内的主要机场提供安全；

（b）为人员、货物和人道主义援助沿具体指定的干道自由流动提供便利；

（c）在解除武装、复员和重返社会方案的所有地点和场地内提供安全；

（d）在共同部署地区协调和协助塞拉利昂执法当局行使职能；

（e）看守从前战斗人员收缴的武器、弹药和其他军事装备，随后并

协助其处置或销毁;

授权联塞特派团采取必要行动完成以上规定的额外任务,申明联塞特派团在执行任务时可采取必要行动确保其人员的安全和行动自由,并且考虑到塞拉利昂政府的责任,在部署地区于力所能及的范围内向面临人身暴力的急迫威胁的平民提供保护;

11. 还决定从本决议通过之日起,将经修改的联塞特派团任务期限延长六个月;

12. 授权按秘书长 2000 年 1 月 11 日报告中的建议,增加联塞特派团的民事、民警、行政和技术人员;

13. 欢迎秘书长在 2000 年 1 月 11 日的报告中表示打算在联塞特派团设立一个地雷行动处,负责对联塞特派团人员进行防雷培训,并协调在塞拉利昂开展业务的各非政府组织和人道主义机构的排雷活动;

14. 强调从西非观察组顺利过渡到联塞特派团对成功执行《和平协定》和塞拉利昂的稳定至关重要,为此促请有关各方协调部队调动和撤离的时间安排;

15. 重申联合国人员及有关人员的安全、保障和行动自由极为重要,注意到塞拉利昂政府和联阵在《和平协定》中同意对此提供保证,并要求塞拉利昂各方充分尊重联合国人员和有关人员的地位;

16. 重申请塞拉利昂政府在本决议通过后 30 天内与秘书长缔结一份部队地位协定,并回顾在这一协定缔结之前,应暂时适用 1990 年 10 月 9 日的部队地位示范协定(A/45/594);

17. 又重申仍有必要在塞拉利昂促进和平与民族和解,促进问责制和尊重人权,并促请塞拉利昂政府、各专门机构、其他多边组织、民间社会和各会员国加紧努力,按照《和平协定》的规定,设立真相与和解委员会、人权委员会和巩固和平委员会,作为充分运作的有效机构;

18. 强调塞拉利昂政府按照《和平协定》第七条第 6 款的规定对黄金、钻石和其他资源的开采实行全面控制,以造福该国人民,极为重要,为此呼吁使战略资源管理、国家重建和发展委员会早日有效运作;

19. 欢迎向国际复兴开发银行为筹措解除武装、复员和重返社会进程的经费而设立的多边捐助信托基金已经提供的捐款,并促请尚未捐款的所有国家、各国际组织和其他组织向该基金慷慨捐款，使该进程有足够的经费，使《和平协定》的各项规定能够充分执行；

20. 强调塞拉利昂政府对在该国提供足够的安全部队负最终责任，为此呼吁它采取紧急步骤，组建专业和负责任的国家警察和武装部队，并强调国际社会为此目的提供慷慨支持和援助的重要性；

21. 重申仍然迫切需要为塞拉利昂人民提供大量援助，并需要持续慷慨援助塞拉利昂建设和平、重建、经济与社会恢复和发展的更长期任务，并促请所有国家、国际组织和其他组织优先提供此种援助；

22. 请秘书长继续每 45 天向安理会提出报告，除其他外，对实地安全条件进行评估，以便按秘书长 2000 年 1 月 11 日报告所述，不断审查联塞特派团的部队人数和所执行的任务；

23. 决定继续积极处理此案。①

安理会第 1304（2000）号决议

2000 年 6 月 16 日安全理事会第 4159 次会议通过

安全理事会，

回顾其 1999 年 4 月 9 日第 1234（1999）号、1999 年 8 月 6 日第 1258（1999）号、1999 年 9 月 17 日第 1265（1999）号、1999 年 11 月 5 日第 1273（1999）号、1999 年 11 月 30 日第 1279（1999）号、2000 年 2 月 24 日第 1291（2000）号和 2000 年 4 月 19 日第 1296（2000）号决议，以及 1998 年 7 月 13 日（S/PRST/1998/20）、1998 年 8 月 31 日（S/PRST/1998/26）、1998 年 12 月 11 日（S/PRST/1998/36）、1999 年 6 月 24 日（S/PRST/1999/17）、2000 年 1 月 26 日（S/PRST/2000/2）、2000 年 5 月 5 日（S/PRST/2000/15）和 2000 年 6 月 2 日（S/PRST/2000/20）的主席声明，

重申《联合国宪章》的宗旨和原则以及安全理事会维持国际和平与安全的主要责任，

又重申所有国家都有义务不使用武力侵犯任何国家的领土完整或政

---

① https：//www.un.org/zh/sc/documents/resolutions/.

治独立，或进行与联合国宗旨不符的任何其他行动，

重申刚果民主共和国和该区域所有国家的主权、领土完整和政治独立，

又重申刚果民主共和国对其自然资源的主权，并关切地注意到关于非法开采该国资源的报道，以及这些行动对安全状况和战事持续可能产生的影响，

在这方面，呼吁刚果民主共和国境内冲突各方和其他有关方面与非法开采刚果民主共和国自然资源和其他形式财富问题专家小组（S/PRST/2000/20）充分合作，协助该小组进行调查和访问该区域，

对该国境内敌对行动持续不断深表关切，

表示特别愤慨的是，乌干达和卢旺达部队自 2000 年 6 月 5 日起在刚果民主共和国基桑加尼再次交战，乌干达和卢旺达没有遵守两国在 2000 年 5 月 8 日和 2000 年 5 月 15 日的联合声明（S/2000/445）中作出的停止敌对行动和撤出基桑加尼的承诺，并痛惜乌干达和卢旺达部队对刚果民众造成的平民丧生、平民受威胁和财产遭破坏，

回顾安理会坚决支持《卢萨卡停火协定》（S/1999/815），并坚决要求所有各方履行该协定规定的义务，

对迟迟不能执行《停火协定》和 2000 年 4 月 8 日坎帕拉脱离接触计划表示遗憾，并强调必须创造新势头确保和平进程取得进展，

深表关注刚果民主共和国政府同非洲统一组织（非统组织）协助指定的全国对话调解人缺乏合作，包括阻止代表们参加 2000 年 6 月 6 日的科特努筹备会议；

欢迎秘书长 2000 年 6 月 13 日的报告（S/2000/566），

回顾刚果民主共和国境内冲突各方有责任确保联合国人员和有关人员在该国全境的安全和保障，

欢迎停火协定政治委员会成员参加其 2000 年 6 月 15 日和 16 日的会议，

表示严重关切刚果民主共和国境内主要由于冲突而造成的人道主义状况，并强调必须向刚果民众提供大量人道主义援助，

还对长期冲突对刚果民主共和国全境平民的安全造成的悲惨后果表

示震惊，并深表关注所有侵犯人权和违反国际人道主义法的行为，尤其是在该国东部，特别是在基伍斯和基桑加尼发生的此种行为，

认定刚果民主共和国的局势继续对该区域的国际和平与安全构成威胁，

根据《联合国宪章》第七章采取行动，

1. 呼吁所有各方在刚果民主共和国全境停止敌对行动并履行《停火协定》和 2000 年 4 月 8 日坎帕拉脱离接触计划有关条款规定的义务；

2. 重申无保留地谴责乌干达和卢旺达部队侵犯刚果民主共和国的主权和领土完整，在基桑加尼交战，并要求这些部队及其盟友停止进一步交战；

3. 要求乌干达和卢旺达部队以及刚果武装反对派部队和其他武装团体立即完全撤出基桑加尼，并呼吁《停火协定》各方尊重该城及其周围地区的非军事化；

4. 还要求：

（a）侵犯刚果民主共和国主权和领土完整的乌干达和卢旺达两国遵照《停火协定》和 2000 年 4 月 8 日坎帕拉脱离接触计划所订的时间表，不再拖延地将其所有部队撤出刚果民主共和国领土；

（b）对于乌干达和卢旺达部队完成的每一阶段撤军，其他各方应遵照同一时间表对等撤军；

（c）遵照《停火协定》的规定结束刚果民主共和国境内一切其他直接间接的外国军事存在和活动；

5. 在这方面要求所有各方在脱离接触和撤出外国部队过程中不要采取任何进攻行动；

6. 请秘书长经常审查按第 1291（2000）号决议的授权和规定的条件部署联合国组织刚果民主共和国特派团（联刚特派团）人员的安排，监测上文第 1 段至第 5 段所述停止敌对行动、部队脱离接触和撤出外国部队的情况，并协助规划这些任务，又请秘书长建议这方面可能必要的任何调整；

7. 呼吁所有各方遵照上文第 1 至第 5 段，对联刚特派团监测停止敌对行动、部队脱离接触和撤出外国部队的工作给予合作；

8. 要求《停火协定》各方提供合作，协助联刚特派团部署到秘书长

特别代表认为必要的行动地区，包括取消对联刚特派团人员行动自由的限制并确保他们的安全；

9. 呼吁刚果各方按照《停火协定》的规定充分参与全国对话进程，并特别呼吁刚果民主共和国政府重申对全国对话的充分承诺，遵守这方面的义务，同非统组织协助指定的调解人合作，并且允许政治反对派和民间社会团体充分参与对话；

10. 要求所有各方停止向《停火协定》附件 A 第 9.1 章提到的武装团体提供任何形式的援助和合作；

11. 欢迎各方作出努力就《停火协定》附件 A 第 9.1 章提到的所有武装团体成员解除武装、复员、重新安置和重返社会问题进行对话，并敦促各方尤其是刚果民主共和国政府和卢旺达政府，充分合作继续作出这种努力；

12. 要求所有各方尤其要遵守《停火协定》附件 A 第 12 章关于刚果民主共和国及其邻国边界沿线安全局势正常化的各项规定；

13. 谴责在刚果民主共和国境内干出的一切屠杀和其他暴行，并敦促对所有这类事件进行国际调查，以期将负责者绳之以法；

14. 认为乌干达和卢旺达政府应赔偿它们对基桑加尼平民造成的生命损失和财产破坏，并请秘书长提交一份损害情况评估作为赔偿的基础；

15. 呼吁刚果民主共和国境内冲突各方保护人权并尊重国际人道主义法；

16. 呼吁所有各方确保救济人员能够安全无阻地接触所有需要援助的人，并回顾各方也必须对联合国和有关人道主义救济人员的安全、保障和行动自由提供保证；

17. 还呼吁所有各方与红十字国际委员会合作，使其能够执行任务和《停火协定》交付的工作；

18. 重申必须于适当时机在联合国和非统组织主持下举行一次大湖区和平、安全、民主和发展问题国际会议，由该区域所有国家政府和其他有关各方参加；

19. 表示如果本决议得不到各方充分遵守，安理会就会考虑采取根据《联合国宪章》赋予的责任可以实行的措施；

20. 决定继续积极处理此案。①

安理会第 1325（2000）号决议

2000 年 10 月 31 日安全理事会第 4213 次会议通过

安全理事会，

回顾其 1999 年 8 月 25 日第 1261（1999）号、1999 年 9 月 17 日第 1265（1999）号、2000 年 4 月 19 日第 1296（2000）号和 2000 年 8 月 11 日第 1314（2000）号决议以及各项有关的主席声明，又回顾主席在 2000 年 3 月 8 日联合国妇女权利与国际和平日（国际妇女节）向新闻界发表的声明（SC/6816），

又回顾《北京宣言和行动纲要》（A/52/231）的承诺以及题为"2000 年妇女：二十一世纪两性平等、发展与和平"的联合国大会第二十三届特别会议成果文件中的承诺（A/S－23/10/Rev. 1），特别是有关妇女和武装冲突的承诺，

铭记《联合国宪章》的宗旨和原则以及安全理事会根据《宪章》维持国际和平与安全的首要责任，

表示关切受武装冲突不利影响包括成为难民和国内流离失所者的人绝大多数是平民，特别是妇女和儿童，战斗人员和武装分子日益以他们为攻击目标，并认识到这种情况对持久和平与和解的影响，

重申妇女在预防和解决冲突及建设和平方面起重要作用，强调妇女平等参加和充分参与维持和促进和平与安全的一切努力至关重要，以及加强妇女在有关预防和解决冲突的决策方面的作用，

又重申必须充分执行在冲突中和冲突后保护妇女和女孩权利的国际人道主义和人权法，

强调各方必须确保排雷和防雷宣传方案考虑到妇女和女孩的特殊需要，

确认亟须将性别观点纳入维持和平行动的主流，在这方面，注意到《关于将性别观点纳入多层面和平支援行动的温得和克宣言》（S/2000/

---

① https：//www. un. org/zh/sc/documents/resolutions/.

693），

又确认 2000 年 3 月 8 日主席向新闻界发表声明建议向所有维持和平人员提供关于冲突局势下妇女和儿童的保护、特殊需要和人权的专门训练，此项建议十分重要，

认识到了解武装冲突对妇女和女孩的影响，作出有效的体制安排保证她们得到保护并充分参与和平进程，能大大有助于维持和促进国际和平与安全，

注意到必须汇集关于武装冲突对妇女和女孩影响的数据，

1. 敦促会员国确保在预防、管理和解决冲突的国家、地区和国际机构和机制的所有决策层增加妇女人数；

2. 鼓励秘书长实施其要求增加妇女参与解决冲突与和平进程决策层人数的战略行动计划（A/49/587）；

3. 敦促秘书长任命更多妇女为特别代表和特使，代表他进行斡旋，在这方面，呼吁会员国向秘书长提供人选，供列入定期更新的中央名册；

4. 还敦促秘书长谋求扩大妇女在联合国实地行动中的作用和贡献，特别是担任军事观察员、民警、人权和人道主义工作人员；

5. 表示愿意将性别观点纳入维持和平行动，并敦促秘书长确保酌情在实地行动中设立处理妇女问题的部门；

6. 请秘书长向会员国提供有关妇女的保护、权利和特殊需要以及有关妇女参与所有维持和平和建设和平措施的重要性的培训准则和材料，请会员国将这些要素以及提高对艾滋病毒/艾滋病的认识的训练纳入本国准备部署的军事人员和民警人员的训练方案，并请秘书长确保维持和平行动文职人员得到类似培训；

7. 敦促会员国对关注性别问题的培训努力，包括对联合国妇女基金和联合国儿童基金会等有关基金和方案以及联合国难民事务高级专员办事处和其他有关机构进行的努力，提供更多的自愿财政、技术和后勤支助；

8. 呼吁所有有关行动者在谈判和执行和平协定时，采取性别观点，除其他外包括：

（a）妇女和女孩在遣返、重新安置、复原、重返社会和冲突后重建中的特殊需要；

（b）采取措施，支持当地妇女的和平倡议和解决冲突的当地进程，并让妇女参加和平协定的所有执行机制；

（c）采取措施，确保保护和尊重妇女和女孩的人权，特别是在宪法、选举制度、警察和司法方面；

9. 呼吁武装冲突各方充分尊重适用于平民尤其是妇女和女孩的权利和保护的国际法，特别是根据1949年日内瓦四公约及其1977年《附加议定书》、1951年《难民公约》及其1967年《议定书》、1979年《消除对妇女一切形式歧视公约》及其1999年《任择议定书》、1989年《联合国儿童权利公约》及其2000年5月25日两项《任择议定书》规定适用于他们的义务，同时铭记《国际刑事法院罗马规约》的有关规定；

10. 呼吁武装冲突各方采取特别措施，保护妇女和女孩在武装冲突局势下免受基于性别的暴力，特别是强奸和其他形式的性凌虐，以及所有其他形式的暴力；

11. 强调所有国家都有责任终止有罪不罚现象，并起诉应对种族灭绝、危害人类罪和包括对妇女和女孩施加性暴力和其他暴力在内的战争罪负责者，在这方面并强调可行时必须把此种罪行排除在大赦条款之外；

12. 呼吁武装冲突各方尊重难民营和定居点的平民和人道主义性质，包括在设计难民营和定居点时考虑到妇女和女孩的特殊需要，并回顾其1998年11月19日第1208（1998）号决议和2000年4月19日第1296（2000）号决议；

13. 鼓励所有参与规划解除武装、复员和重返社会工作的人员照顾到男女前战斗人员的不同需要并考虑到其家属的需要；

14. 重申准备在根据《联合国宪章》第四十一条采取措施时考虑到对平民可能产生的影响，铭记妇女和女孩的特殊需要，以便考虑适当的人道主义豁免规定；

15. 表示愿意确保安全理事会代表团考虑到性别因素和妇女权利，包括通过与当地和国际妇女团体协商；

16. 请秘书长就武装冲突对妇女和女孩的影响、妇女在建设和平中的作用以及和平进程和解决冲突的性别层面进行研究，又请他向安全理事会提出报告说明此项研究的结果，并把报告提供给联合国所有会员国；

17. 请秘书长酌情在其提交安全理事会的报告中列入在所有维持和平特派团中将性别观点纳入主流以及关于妇女和女孩的所有其他方面的进展情况；

18. 决定继续积极处理此案。

安理会第 1378（2001）号决议

2001 年 11 月 14 日安全理事会第 4415 次会议通过

安全理事会，

重申以往关于阿富汗的各项决议，特别是 1999 年 10 月 15 日第 1267（1999）号、2000 年 12 月 19 日第 1333（2000）号和 2001 年 7 月 30 日第 1363（2001）号决议，

重申 2001 年 9 月 12 日第 1368（2001）号和 2001 年 9 月 28 日第 1373（2001）号决议，

考虑到最近特别是在喀布尔的事态发展，欢迎特别代表打算在适当地点紧急召开一次阿富汗各种进程的会议，并欢迎六国加两国小组外交部长和其他高级代表 2001 年 11 月 12 日发表的关于阿富汗局势的宣言，以及其他国际集团提供的支持，

赞同秘书长特别代表在安全理事会 2001 年 11 月 13 日会议上概述的办法，

深表关切，

1. 呼吁所有阿富汗部队不要采取报复行动，严格遵守人权和国际人道主义法规定的义务，并确保联合国人员和有关人员以及人道主义组织人员的安全和保障及行动自由；

3. 表示完全支持秘书长特别代表完成其任务，并呼吁阿富汗境内和流亡海外的阿富汗人以及会员国同他合作；

4. 鼓励各会员国支持确保已不在塔利班控制下的阿富汗地区的安全和保障，特别是确保尊重作为阿富汗全体人民首都的喀布尔，和尤其是保护平民、过渡当局、联合国人员和有关人员以及人道主义组织人员的努力；

6. 决定继续积极处理此案。①

安理会第 1386 决议（2001）号

安全理事会，

重申以往关于阿富汗问题的各项决议，特别是 2001 年 11 月 14 日第 1378（2001）号和 2001 年 12 月 6 日第 1383（2001）号决议，

支持根据《联合国宪章》根除恐怖主义的国际努力，并重申 2001 年 9 月 12 日第 1368（2001）号和 2001 年 9 月 28 日第 1373（2001）号决议，

欢迎阿富汗的局势发展将使所有阿富汗人可以不受压迫、没有恐惧地享受不可剥夺的权利和自由，

认识到在阿富汗全境提供安全、维持法律和秩序的责任在于阿富汗人自己，

重申赞同 2001 年 12 月 5 日在波恩签署的关于在阿富汗重建永久政府机构之前的临时安排的协定（S/2001/1154）（《波恩协定》），

注意到《波恩协定》附件一第 3 段请安全理事会考虑授权早日在阿富汗部署国际安全部队，注意到秘书长特别代表 2001 年 12 月 14 日介绍他与阿富汗当局联系的情况，其中述及他们欢迎在阿富汗部署经联合国授权的国际安全部队，

注意到 2001 年 12 月 19 日阿卜杜拉·阿卜杜拉博士给安全理事会主席的信（S/2001/1223），

欢迎 2001 年 12 月 19 日大不列颠及北爱尔兰联合王国外交及联邦事务大臣给秘书长的信（S/2001/1217），并注意到联合王国在信中表示愿意率先组建和指挥国际安全援助部队，

强调所有阿富汗部队都必须严格遵守人权法和国际人道主义法规定的义务，包括尊重妇女的权利，

重申对阿富汗主权、独立、领土完整和国家统一的坚定承诺，

断定阿富汗局势仍然对国际和平与安全构成威胁，

---

① https：//www.un.org/zh/sc/documents/resolutions/.

决心与按照《波恩协定》成立的阿富汗临时当局进行协商,确保充分执行国际安全援助部队的任务,

为此,根据《联合国宪章》第七章采取行动,

1. 按照《波恩协定》附件一的设想,授权成立国际安全援助部队,为期6个月,协助阿富汗临时当局在喀布尔及其周围地区维持安全,以便阿富汗临时当局以及联合国人员能够在安全环境中工作;

2. 吁请会员国向国际安全援助部队提供人员、装备和其他资源,并请这些会员国通知该部队领导人和秘书长;

3. 授权参加国际安全援助部队的会员国采取一切必要措施履行任务;

4. 吁请国际安全援助部队在执行任务时与阿富汗临时当局和秘书长特别代表密切协商;

5. 呼吁所有阿富汗人与国际安全援助部队和有关国际政府组织和非政府组织合作,并欢迎《波恩协定》的缔约方承诺尽其所能并利用其影响力确保安全,包括确保所有联合国人员和部署在阿富汗的国际政府组织和非政府组织的其他所有人员的安全、保障和行动自由;

6. 注意到《波恩协定》的阿富汗缔约方在该协定附件一中承诺将所有军事部队撤出喀布尔,并呼吁它们与国际安全援助部队合作落实这项承诺;

7. 鼓励邻国和其他会员国向国际安全援助部队提供可能要求的必要援助,包括提供飞越许可及过境;

8. 强调国际安全援助部队的费用将由参加的有关会员国分摊,请秘书长设立一个信托基金,通过它把捐款提供给有关会员国或行动,并鼓励会员国向该基金捐款;

9. 请国际安全援助部队领导人通过秘书长定期报告其任务的执行进展情况;

10. 吁请参加国际安全援助部队的会员国提供援助,帮助阿富汗临时当局建立和训练新的阿富汗安全和武装部队;

11. 决定继续积极处理此案。①

---

① https://www.un.org/zh/sc/documents/resolutions/.

安理会第 1424（2002）号决议

2002 年 7 月 12 日安全理事会第 4574 次会议通过

安全理事会，

回顾其以前各项有关决议，包括 1992 年 10 月 6 日第 779（1992）号、1995 年 3 月 31 日第 981（1995）号、1996 年 12 月 12 日第 1088（1996）号、1998 年 1 月 13 日第 1147（1998）号、1998 年 7 月 15 日第 1183（1998）号、1999 年 1 月 15 日第 1222（1999）号、1999 年 7 月 15 日第 1252（1999）号、2000 年 1 月 13 日第 1285（2000）号、2000 年 7 月 13 日第 1307（2000）号、2001 年 1 月 12 日第 1335（2001）号、2001 年 6 月 21 日第 1357（2001）号、2001 年 7 月 11 日第 1362（2001）号和 2002 年 1 月 15 日第 1387（2002）号决议，

审议了秘书长 2002 年 6 月 28 日关于联合国普雷维拉卡观察团（联普观察团）的报告（S/2002/713），

再次重申对克罗地亚共和国在国际公认边界内的独立、主权和领土完整的承诺，

再次注意到 1992 年 9 月 30 日克罗地亚共和国总统和南斯拉夫联盟共和国总统在日内瓦签署的《联合声明》，尤其是第 1 条和第 3 条，其中第 3 条重申双方关于普雷维拉卡半岛非军事化的协议，以及 1996 年 8 月 23 日《克罗地亚共和国与南斯拉夫联盟共和国关系正常化协定》（S/1996/706，附件），

满意地注意到联普观察团责任区总的局势仍保持稳定和平静，并对双方在双边关系正常化方面取得进展感到鼓舞，

赞扬联普观察团发挥的作用，并注意到仍需联合国军事观察员驻留，以维持有助于谈判解决普雷维拉卡争议问题的条件，

回顾 1994 年 12 月 9 日通过的《联合国人员和有关人员安全公约》所载有关原则和 2000 年 2 月 10 日的主席声明（S/PRST/2000/4），

1. 授权联合国军事观察员依照第 779（1992）号和第 981（1995）号决议以及秘书长 1995 年 12 月 13 日的报告（S/1995/1028）第 19 和第 20 段，继续监测普雷维拉卡半岛的非军事化情况，直至 2002 年 10 月 15 日，

并请秘书长酌情在此日期之前向安理会提出报告；

2. 重申吁请双方在联合国指定各区内停止一切违反非军事化制度的行为，与联合国军事观察员充分合作，确保他们的安全和充分且不受限制的行动自由；

3. 欢迎克罗地亚共和国政府和南斯拉夫联盟共和国政府的关系正常化继续取得进展以及设立国家间边界委员会，并敦促双方加紧努力，以便按照《关系正常化协定》第 4 条，谈判解决普雷维拉卡争议问题，并表示如果双方通知安理会说已如秘书长 2002 年 6 月 28 日的报告（S/2002/713）第五节所述通过谈判达成协议，就打算审查上文第 1 段所作授权的时限；

4. 决定继续处理此案。①

安理会第 1441（2002）号决议

2002 年 11 月 8 日安全理事会第 4644 次会议通过

安全理事会，

回顾其以往所有有关决议，特别是 1990 年 8 月 6 日第 661（1990）号、1990 年 11 月 29 日第 678（1990）号、1991 年 3 月 2 日第 686（1991）号、1991 年 4 月 3 日第 687（1991）号、1991 年 4 月 5 日第 688（1991）号、1991 年 8 月 15 日第 707（1991）号、1991 年 10 月 11 日第 715（1991）号、1995 年 4 月 14 日第 986（1995）号和 1999 年 12 月 17 日第 1284（1999）号决议，以及所有有关主席声明，又回顾其 2001 年 11 月 29 日第 1382（2001）号决议和它充分执行该决议的意图，认识到伊拉克不遵守安理会决议及扩散大规模毁灭性武器和远程导弹对国际和平与安全构成威胁，回顾其第 678（1990）号决议授权会员国使用一切必要手段维护和执行其 1990 年 8 月 2 日第 660（1990）号决议和第 660（1990）号决议之后的所有有关决议并恢复该地区的国际和平与安全，还回顾其第 687（1991）号决议规定了伊拉克必须履行的义务，作为实现安理会宣布的恢复该地区国际和平与安全的目标的必要步骤，谴责伊拉克未按照

---

① https：//www. un. org/zh/sc/documents/resolutions/.

第 687（1991）号决议的要求准确、充分、彻底、完全地透露其发展大规
模毁灭性武器和射程一百五十公里以上的弹道导弹的方案，其持有的全
部这种武器、部件及生产设施与地点的所有情况，以及一切其他核方案，
包括它声称其用途与核武器可用材料无关的任何核方案，还谴责伊拉克
一再阻挠立即、无条件和无限制地进入联合国特别委员会（特委会）和
国际原子能机构（原子能机构）指定的地点，未按照第 687（1991）号
决议的要求充分和无条件地同特委会和原子能机构的武器视察员合作，
并最终于 1998 年停止同特委会和原子能机构的一切合作，对于自 1998 年
12 月以来，尽管安理会一再要求伊拉克向第 1284（1999）号决议所设作
为特委会后续组织的联合国监测、核查和视察委员会（监核视委）和原
子能机构提供迅速、无条件和无限制的准入，但没有按照有关决议的规
定在伊拉克对大规模毁灭性武器和弹道导弹进行国际监测、视察和核查
深感遗憾，并对因而延长该区域的危机和伊拉克人民的痛苦表示遗憾，
又谴责伊拉克政府不履行其根据第 687（1991）号决议作出的关于恐怖主
义的承诺、根据第 688（1991）号决议作出的关于停止镇压本国平民并允
许国际人道主义组织接触伊拉克所有需要援助者的承诺，以及根据第 686
（1991）号、第 687（1991）号和第 1284（1999）号决议作出的关于交还
被伊拉克非法拘留的科威特和第三国国民或合作查明其下落、或归还伊
拉克非法攫取的科威特财产的承诺，回顾安理会在其第 687（1991）号决
议中宣布，停火将以伊拉克接受该决议各项规定，包括其中所载为伊拉
克规定的义务为基础，决心确保伊拉克不加条件或限制地立即完全遵守
第 687（1991）号决议和其他有关决议为其规定的义务，并回顾安理会的
这些决议构成判断伊拉克遵守与否的标准，回顾作为特别委员会后续组
织的监核视委以及原子能机构必须有效运作才能执行第 687（1991）号决
议和其他有关决议，注意到 2002 年 9 月 16 日伊拉克外交部长给秘书长的
信是纠正伊拉克持续不遵守安理会有关决议的必要的第一步，还注意到
2002 年 10 月 8 日监核视委执行主席和原子能机构总干事作为维也纳会议
的后续行动写给伊拉克政府萨迪将军的信阐述了作为监核视委和原子能
机构在伊拉克境内恢复视察的先决条件的实际安排，并对伊拉克政府继
续不确认信中所述的安排表示最严重的关切，重申全体会员国决心维护

伊拉克、科威特和各邻国的主权和领土完整,赞扬秘书长和阿拉伯国家联盟成员国及其秘书长为此作出的努力,决心确保安理会的各项决定得到完全遵守,根据《联合国宪章》第七章采取行动:

1. 决定伊拉克一直而且仍然在重大违反包括第 687(1991)号决议在内的各项有关决议为其规定的义务,尤其是伊拉克不与联合国视察员和原子能机构合作,完成第 687(1991)号决议第 8 段至第 13 段要求采取的行动;

2. 决定在确认上文第一段的同时,以本决议给予伊拉克履行安理会有关决议规定的裁军义务的最后机会;并为此决定设立一个强化的视察制度,旨在全面、核实地完成安理会第 687(1991)号决议和其后各项决议规定的裁军进程;

3. 决定伊拉克政府为了开始履行其裁军义务,除提交所要求的半年申报之外,还应在本决议通过之日起 30 天内向监核视委、原子能机构和安理会提交一份准确、充分和完全的当前情况申报,说明其发展化学、生物和核武器、弹道导弹以及诸如无人航空器和供飞机使用的播散系统等其他运载系统的方案,包括其持有的任何这种武器、部件、分部件、战剂储存及有关材料与设备和确切地点,其研究、发展和生产设施的地点和工作的所有情况,以及一切其他化学、生物和核方案,包括它声称其用途与武器生产或材料无关的任何方案;

4. 决定伊拉克如在根据本决议提交的申报中提供虚假陈述或遗漏不全,以及伊拉克如在任何时候不遵从和充分合作执行本决议,即构成进一步重大违反伊拉克承担的义务,并将提报安理会,以便根据下文第 11 段和第 12 段进行评估;

5. 决定伊拉克应让监核视委和原子能机构立即、无阻碍、无条件和无限制地前往视察他们想要视察的任何及所有(包括地下的)地方、设施、建筑物、设备、记录和运输工具,并应让监核视委或原子能委员会根据其任务的任何方面,按其选择的方式或地点,立即、无阻碍、无限制地单独接触所有官员和其他人员;还决定监核视委和原子能机构可自行斟酌决定在伊拉克境内或境外进行面谈,可帮助接受面谈者及其家属离开伊拉克,并可完全由监核视委和原子能机构斟酌决定,在伊拉克政府观察员不在场的情况下进行这种面谈；指示监核视委并请原子能机构至迟于本决议通过后 45 天恢复视察，并在其后 60 天向安理会通报最新情况；

6. 赞同监核视委执行主席和原子能机构总干事 2002 年 10 月 8 日给伊拉克政府萨迪将军的信（附后），并决定该信的内容对伊拉克具有约束力；

7. 还决定，鉴于伊拉克长期中断监核视委和原子能机构的驻在，为了让它们完成本决议和以前各项有关决议所述任务，无论以前有何谅解，安理会现确定以下修正或新增授权，以便利它们在伊拉克的工作，这些授权对伊拉克都具有约束力：

——监核视委和原子能机构应决定视察小组的人员组成并确保这些小组由可请到的最有资格和经验的专家组成；

——所有监核视委和原子能机构人员均享有《联合国特权和豁免公约》和《原子能机构特权与豁免协定》规定的、相当于特派团专家的特权和豁免；

——监核视委和原子能机构享有不受限制地进出伊拉克的权利，自由、无限制和立即进出各视察地点的权利，以及视察任何地点和建筑物的权利，包括与进入其他地点一样，享有立即、无阻碍、无条件和无限制地进入总统府邸的权利，无论 1998 年 3 月 2 日第 1154（1998）号决议有何规定；

——监核视委和原子能机构有权要伊拉克提供和以往与伊拉克化学、生物、核子和弹道导弹方案及相关研究、发展和生产设施有关的所有人员的名单；

——应由足够的联合国警卫确保监核视委和原子能机构设施的安全；

——为冻结受视察地点，监核视委和原子能机构有权宣布禁区，包括周围地区和通道，伊拉克将在禁区停止地面和空中交通，以便确保受视察地点没有任何东西被改变或拿走；

——监核视委和原子能机构可自由、不受限制地使用和降落固定翼和旋转翼飞机，包括有人驾驶和无人驾驶侦察机；

——监核视委和原子能机构有权独自斟酌决定将所有违禁武器、分系统、部件、记录、材料和其他有关物品以可核查方式拆除、销毁或使其变为无害，并有权扣押或关闭用于生产上述物品的任何设施或设备；

——监核视委和原子能机构有权自由进口和使用视察所需的设备或材料，没收和出口视察时查获的任何设备、材料或文件，监核视委或原子能机构人员或官员或个人行李不受搜查；

8. 还决定伊拉克不得对联合国、原子能机构或采取行动维护安理会任何决议的任何会员国的任何代表或人员采取或威胁采取敌对行动；

9. 请秘书长立即将对伊拉克具有约束力的本决议通知伊拉克；要求伊拉克在通知发出后七天之内确认它打算全面遵守本决议；还要求伊拉克立即无条件地同监核视委和原子能机构积极合作；

10. 请所有会员国全力支持监核视委和原子能机构执行任务，包括提供涉及违禁方案或这两个机构任务的其他方面的任何情报，其中包括伊拉克自 1998 年以来试图获取违禁物品的任何情报，并就应受视察的地点、应面谈的人员、这类面谈的条件和应收集的数据提出建议，监核视委和原子能机构应向安理会报告这方面的结果；

11. 指示监核视委执行主席和原子能机构总干事将伊拉克任何干扰视察活动的行为和任何不遵守裁军义务、包括本决议规定的接受视察义务的情况立即报告安理会；

12. 决定在收到按上文第 4 段或第 11 段提出的报告之后立即召开会议，以审议有关局势和全面遵守安理会所有有关决议以确保国际和平与安全的必要性；

13. 在这方面回顾安理会曾一再警告伊拉克如继续违反其义务将面临严重后果；

14. 决定继续处理此案。①

联合国安全理事会第 1441（2002）号决议附件

2002 年 10 月 8 日联合国监测、核查和视察委员会执行主席布利克斯/国际原子能机构总干事巴拉迪给伊拉克总统办公室顾问埃米尔·萨迪将军的信：

---

① https：//www.un.org/zh/sc/documents/resolutions/.

在最近的维也纳会议上，我们讨论了监核视委和原子能机构在伊拉克恢复视察所需的实际安排。你可能记得，在维也纳会议结束时，我们商定一项声明，其中列举了会议取得的一些主要成果，尤其是伊拉克接受安全理事会所有相关决议所规定的所有视察权利。此项接受不附带任何条件。

2002 年 10 月 3 日我们向安全理事会作简报时，安理会成员建议我们就维也纳会议上得出的所有结论编拟一份书面文件。此信列出了这些结论，请你们予以确认。我们将就此向安全理事会报告。

会议结束时发表的声明澄清，准许监核视委和原子能机构立即、无条件和无限制地出入各相关地点，包括过去称为"敏感地点"的地方。但如我们所注意到的那样，1998 年的《谅解备忘录》将八个总统府邸置于特殊程序之下。如果这些府邸如所有其他地点一样可立即、无条件和无限制地出入，监核视委和原子能机构将本着同样的专业精神对它们进行视察。

我们确认我们的理解是，监核视委和原子能机构有权决定进入任何特定地点所需的视察员人数。将根据接受视察的地点的大小和复杂程度作出这一决定。我们还确认，如指定其他地点，即伊拉克未曾公布的或特委会或原子能机构以前未曾视察过的地点，伊拉克将得到通报，通报方法是在视察员抵达此类地点时出具一份视察通知书。

伊拉克将确保不销毁被禁材料、设备、记录或其他相关物品，除非视情况而定有监核视委和（或）原子能机构视察员在场，而且是应他们的要求销毁。

监核视委和原子能机构可同伊拉克境内任何人进行面谈，只要它们认为此人可能掌握与它们的任务相关的信息。伊拉克将为此类面谈提供便利。将由监核视委和原子能机构选择面谈的方式和地点。

与过去一样，国家监测局将充当视察员在伊拉克的对口部门。巴格达不断监测和核查中心将如其前身巴格达监测和核查中心那样设在原有房地，保持相同条件。国家监测局将如以前那样免费提供翻修房地的服务。

国家监测局将免费提供以下服务和设施：（a）提供陪同人员以便利

进出要视察的地点和同要面谈的人员联系；（b）为巴格达不断监测和核查中心提供一条热线电话，由讲英语者每周七天每天 24 小时值班；（c）按要求提供人员和在伊拉克境内的地面交通等支助；（d）按视察员要求协助搬运材料和设备（建筑、挖掘设备等）。国家监测局还将确保为正常工作时间以外的视察提供陪同人员，包括在晚上和节假日。

监核视委/原子能机构可设立区域办事处，如设在巴士拉和摩苏尔，供视察员使用。伊拉克将为此目的免费提供宽敞的办公楼、工作人员宿舍及适当的陪同人员。

监核视委和原子能机构可使用任何种类的语音或数据传输，包括卫星和（或）内陆网络，无论是否有加密功能。监核视委和原子能机构也可在实地安装可直接向巴格达不断监测和核查中心、纽约和维也纳传输数据的设备（如传感器、监视摄像机）。伊拉克将为此提供便利，不得干扰监核视委或原子能机构的通讯。

伊拉克将免费为所有监测设备提供保护，并应监核视委和原子能机构的要求为数据远程传输安装天线。经监核视委通过国家监测局提出要求，伊拉克将为通信设备分配频率。

伊拉克将为所有监核视委和原子能机构人员提供警卫。伊拉克将为这些人员指派按正常租金收费的安全和合适住所。监核视委和原子能机构将要求其工作人员只居住在它们与伊拉克协商确定的住所内。

关于使用固定翼飞机运输人员和设备及用于视察的问题，已澄清的是，监核视委和原子能机构工作人员抵达巴格达所乘飞机可在萨达姆国际机场降落。进港飞机的起飞点将由监核视委决定。监核视委和原子能机构的直升机业务将继续使用拉希德空军基地。监核视委与伊拉克将在该空军基地建立空中业务联络处。伊拉克将在萨达姆国际机场和拉希德空军基地提供必要的支助房地和设施。伊拉克将如以前那样免费提供飞机燃料。

关于在伊拉克的固定翼飞机和旋转翼飞机的空中业务这一更广泛问题，伊拉克将在禁飞区以外的伊拉克领空保证空中业务安全。至于禁飞区内的空中业务，伊拉克将在其控制范围内采取一切步骤确保这些业务的安全。

在视察期间为了伽马射线探测等技术活动的需要，可在伊拉克全国任何地区不受限制地利用直升机飞行。医疗后送也可使用直升机。

关于空中图像的问题，监核视委可能会恢复U–2或幻影式飞机的飞越。相关的实际安排将类同于以前的做法。

与过去一样，将根据联合国的通行证或证明书在入境点向所有抵达工作人员发放签证；不需要其他的出入境手续。将在飞机抵达巴格达前一小时提供飞机旅客名单。监核视委或原子能机构的人员或公、私行李不受搜查。监核视委和原子能机构将确保其人员尊重伊拉克有关限制某些物品，如有关伊拉克国家文化遗产的物品出口的法律。监核视委和原子能机构可将所需的所有物品和材料，包括卫星电话和其他设备运入或撤出伊拉克。关于样品，只要可行，监核视委和原子能机构将把样品分割，一部分给伊拉克，另一部分留作参考。监核视委和原子能机构将酌情把样品送交一个以上的实验室进行分析。

请确认上述内容正确反映了维也纳会谈结果。

自然，我们在视察时可能需要其他的实际安排。与上述事项一样，我们期待伊拉克在这些事项上也能给予各方面合作。

联合国监测、核查和视察委员会　　　　国际原子能机构

执行主席　　　　　　　　　　　　　　总干事

汉斯·布利克斯（签名）　　　　　　　穆罕默德·巴拉迪（签名）①

安理会第1483（2003）号决议

2003年5月22日安全理事会第4761次会议通过

安全理事会，

回顾以往各项有关决议，

重申伊拉克的主权和领土完整，

又重申必须消除伊拉克的大规模毁灭性武器并最终确认伊拉克解除武装，

---

① https://www.un.org/zh/sc/documents/resolutions/.

强调伊拉克人民有权自由决定自己的政治前途和控制自己的自然资源，欢迎有关各方承诺支持创造环境使他们能尽早这样做，并表示决心使伊拉克人治理自己的那一天迅速到来，

鼓励伊拉克人民努力组成有代表性的政府，这一政府应基于法治，不分种族、宗教或性别，给予所有伊拉克公民平等的权利和公正，并在这方面回顾 2000 年 10 月 31 日第 1325（2000）号决议，

欢迎伊拉克人民在这方面采取的最初步骤，并就此注意到 2003 年 4 月 15 日纳西里亚声明和 2003 年 4 月 28 日巴格达声明，

决议联合国应在人道主义救济、伊拉克重建，以及恢复和建立有代表性的国家和地方政府机构方面发挥关键作用，

注意到工业化七国集团财政部长和中央银行行长 2003 年 4 月 12 日发表的声明，其中各成员国确认需要多边努力，帮助伊拉克重建和发展，并需要国际货币基金组织和世界银行协助这些努力，

又欢迎秘书长和各专门机构恢复人道主义援助，继续努力向伊拉克人民提供粮食和医药，

欢迎秘书长任命其伊拉克问题特别顾问，

申明必须对伊拉克前政权犯下的罪行和暴行追究责任，

强调必须尊重伊拉克的考古、历史、文化和宗教遗产，持续保护考古、历史、文化和宗教场所、博物馆、图书馆和纪念物，

注意到 2003 年 5 月 8 日美利坚合众国和大不列颠及北爱尔兰联合王国常驻代表给安全理事会主席的信（S/2003/538），并确认两国作为统一指挥下的占领国（"管理当局"），根据适用国际法，具有特定的权力、责任和义务，

还注意到非占领国的其他国家现在正在或将来可能在管理当局领导下开展工作，

还欢迎会员国愿意提供人员、设备和其他资源，在管理当局领导下，为伊拉克的稳定和安全作出贡献，

关切自 1990 年 8 月 2 日以来许多科威特国民和第三国国民仍然下落不明，

断定伊拉克局势虽有改善，仍然对国际和平与安全构成威胁，

根据《联合国宪章》第七章采取行动，

1. 呼吁各会员国和有关组织协助伊拉克人民努力改革机构和重建国家，并根据本决议为伊拉克的稳定和安全作出贡献；

2. 吁请有此能力的所有会员国立即响应联合国和其他国际组织援助伊拉克的人道主义呼吁，帮助满足伊拉克人民的人道主义需求和其他需求，提供粮食、医疗用品和重建与恢复伊拉克经济基础结构所需资源；

3. 呼吁会员国对于伊拉克前政权据称应对罪行和暴行负责的成员拒绝给予安全庇护，并支持将其绳之以法的行动；

4. 吁请管理当局，依照《联合国宪章》和其他有关国际法，通过对该领土的有效行政管理促进伊拉克人民的福祉，特别包括努力恢复安全与稳定和创造条件使伊拉克人民能够自由决定自己的政治前途；

5. 吁请有关各方完全遵守国际法特别是1949年日内瓦四公约和1907年《海牙章程》所规定的义务；

6. 吁请管理当局和有关组织及个人，继续努力找出、查明和遣返1990年8月2日或其后在伊拉克境内的所有科威特国民和第三国国民，或送回其遗骸，并归还科威特档案，这是伊拉克前政权没有做到的，在这方面，指示高级协调员，同红十字国际委员会和三方委员会协商，在伊拉克人民适当支持下，并同管理当局协调，采取步骤，完成有关失踪科威特国民和第三国国民命运和财产下落的任务；

7. 决定所有会员国应采取适当步骤，促进将1990年8月6日第661（1990）号决议通过以来从伊拉克国家博物馆、国家图书馆和伊拉克其他地点非法取走的伊拉克文化财产以及其他考古、历史、文化、科学稀有和宗教重要物品安全交还伊拉克机构，包括规定禁止买卖或转让这类物品和可合理怀疑是非法取走的物品，并吁请联合国教育、科学及文化组织、国际刑警组织和其他国际组织酌情协助执行本段；

8. 请秘书长任命一名伊拉克问题特别代表，其独立职责应包括定期向安理会报告他根据本决议进行的活动，协调联合国在伊拉克境内冲突后进程中的活动，在伊拉克境内从事人道主义援助和重建活动的联合国和国际机构间进行协调，并与管理当局协调，通过以下方式支援伊拉克人民：

（a）在联合国机构之间以及联合国机构与非政府组织之间协调人道主义和重建援助；

（b）促进难民和流离失所者安全、有序和自愿回返；

（c）与管理当局、伊拉克人民及其他有关方面密切合作，推进恢复和建立有代表性的国家和地方政府机构的努力，包括共同努力促进建立国际承认的有代表性的伊拉克政府的进程；

（d）与其他国际组织合作，促进关键基础设施的重建；

（e）通过与适当的国家和区域组织、民间社会、捐助者和国际金融机构协调等办法，促进经济重建和可持续发展的条件；

（f）鼓励国际努力为基本民政管理职能作出贡献；

（g）促进保护人权；

（h）鼓励国际致力重建伊拉克民警部队的能力；

（i）鼓励国际致力促进法律和司法改革；

9. 支持伊拉克人民在管理当局帮助下，与特别代表一起工作，组成一个伊拉克临时行政当局，作为由伊拉克人运作的过渡行政当局，直到伊拉克人民建立一个国际承认的有代表性的政府，承担管理当局的职责；

10. 决定，第 661（1990）号决议和其后各项有关决议，包括 1992 年 10 月 2 日第 778（1992）号决议所规定的禁止与伊拉克贸易和向伊拉克提供金融或经济资源的所有禁令均不再适用，但关于禁止向伊拉克出售和供应军火及有关物资的禁令除外，除非是管理当局为本决议和其他有关决议之目的所需的军火和有关物资；

11. 重申伊拉克必须履行解除武装的义务，鼓励大不列颠及北爱尔兰联合王国和美利坚合众国不断向安理会通报两国在这方面的活动，并强调安理会打算再次审议 1991 年 4 月 3 日第 687（1991）号、1999 年 12 月 17 日第 1284（1999）号和 2002 年 11 月 8 日第 1441（2002）号决议规定的联合国监测、核查和视察委员会和国际原子能机构的任务；

12. 注意到已设立一个伊拉克发展基金，由伊拉克中央银行保管，并由伊拉克发展基金国际咨询和监测委员会核准的独立公共会计师进行审计，期望国际咨询和监测委员会早日举行会议，其成员应包括秘书长、国际货币基金组织总裁、阿拉伯社会和经济发展基金总干事和世界银行行长的正式合格代表；

13. 还注意到，伊拉克发展基金内的资金应按管理当局的指示，与伊拉克临时行政当局协商，为下文第 14 段规定的用途支用；

14. 强调伊拉克发展基金应以透明的方式用于满足伊拉克人民的人道主义需要、重建经济和修复伊拉克的基础设施、继续解除伊拉克的武装、支付伊拉克民政当局的费用以及造福伊拉克人民的其他用途；

15. 吁请各国际金融机构协助伊拉克人民重建和发展经济，以及便利广大捐助界的援助工作，并欢迎各债权人，包括巴黎俱乐部内的债权人，愿意寻求办法解决伊拉克的主权债务问题；

16. 请秘书长与管理当局协调，在本决议通过后的六个月内继续行使安全理事会 2003 年 3 月 28 日第 1472（2003）号和 2003 年 4 月 24 日第 1476（2003）号决议规定的职责，并在这段时间内以最具成本效益的方式终止"石油换粮食"方案（"方案"）在总部一级和外地开展的业务，把该方案之下任何余留活动的管理责任移交给管理当局，包括采取以下必要措施：

（a）尽快协助根据伊拉克前政府所签订并得到核准和供资的合同，运输和确实证明送交由秘书长及其指定的代表，与管理当局和伊拉克临时行政当局协调，所指明的优先民用货物，用于向伊拉克人民提供人道主义救济，包括在必要时按第 1472（2003）号决议第 4（d）段的规定谈判这些合同及其信用证的条款或条件的调整；

（b）鉴于情况的变化，与管理当局和伊拉克临时行政当局协调，审查每一份已核准和供资合同的相对效用，以确定这些合同是否包含为满足伊拉克人民当前和重建期间的需求所必需的物品，并推迟对那些经确定效用可疑的合同及其信用证采取行动，直到一个得到国际承认的有代表性的伊拉克政府能够自行决定是否应履行这些合同；

（c）在本决议通过后 21 天内，以 1995 年 4 月 14 日第 986（1995）号决议第 8（d）段所设账户中的预留资金为基础，向安全理事会提供业务概算，以供安全理事会审查和审议，其中须列明：

（一）联合国为确保持续进行与执行本决议有关的活动所需的全部已

知费用和预计费用,包括负责在总部和外地执行该方案的有关联合国机构和计划署的业务费用和行政费用;

(二) 与终止方案有关的全部已知费用和预计费用;

(三) 为将各会员国根据第 778(1992)号决议第 1 段的要求向秘书长提供的资金交还伊拉克政府而需要的全部已知费用和预计费用;

(四) 特别代表和被指定担任国际咨询和监测委员会成员的秘书长合格代表在上述六个月期间的全部已知费用和预计费用,以后这些费用应由联合国承担;

(d) 把第 986(1995)号决议第 8(a)和 8(b)段所设各个账户合并为一个基金;

(e) 偿付与终止方案有关的所有余留债务,包括以最具成本效益的方式,与那些以前在该方案下同秘书长订立合同义务的各方谈判任何必要的清偿付款,这笔款项应由第 986(1995)号决议第 8(a)和 8(b)段所设账户支付,并与管理当局和伊拉克临时行政当局协调,确定联合国及其有关机构在按第 986(1995)号决议第 8(b)和 8(d)段所设账户下签订的合同将来的地位;

(f) 与管理当局和伊拉克临时行政当局密切协调,制定一项全面战略,在方案终止之前 30 天提供给安全理事会,从而向管理当局送交方案的所有相关文件并移交方案的所有业务责任;

17. 还请秘书长尽快从第 986(1995)号决议第 8(a)和 8(b)段所设账户的未支配资金中将 10 亿美元转入伊拉克发展基金,将会员国根据第 778(1992)号决议第 1 段的要求向秘书长提供的资金交还伊拉克政府,并决定在扣除与运送已批准合同的货物有关的所有联合国费用和上文第 16(c)段所列举的方案费用、包括剩余债务后,尽早把第 986(1995)号决议第 8(a)、8(b)、8(d)和 8(f)段所设代管账户内的所有剩余资金转入伊拉克发展基金;

18. 决定从本决议通过时起终止秘书长在该方案下承担的与观察和监测活动有关的职能,包括终止对伊拉克石油和石油产品出口的监测;

19. 决定在上文第 16 段规定的六个月期间终了时解散第 661(1990)号决议第 6 段所设委员会,还决定该委员会应查明下文第 23 段所指的个人和实体；

20. 决定，在本决议通过之日后，伊拉克的所有石油、石油产品和天然气的出口销售均应按国际市场当前最佳做法进行，由向上文第 12 段所述国际咨询和监测委员会负责的独立公共会计师进行审计，以保证透明，还决定，除下文第 21 段的规定外，这种销售的所有收入均应存入伊拉克发展基金，直至妥善组成国际承认的有代表性的伊拉克政府；

21. 还决定，上文第 20 段所述收入的 5% 应存入根据第 687（1991）号决议及其后各项有关决议设立的补偿基金，而且这项要求应对妥善组成的得到国际承认的有代表性的伊拉克政府及其任何继承者具有约束力，除非国际承认的有代表性的伊拉克政府和行使权力确定以何种方式确保向补偿基金付款的联合国赔偿委员会理事会另有决定；

22. 注意到建立一个得到国际承认的有代表性的伊拉克政府的意义，以及通过上文第 15 段所述程序迅速完成伊拉克债务结构调整的益处，还决定，在 2007 年 12 月 31 日之前，除非安理会另有决定，原产于伊拉克的石油、石油产品和天然气在所有权尚未过户给原购买者之前，均应免于针对其提出的司法诉讼，不受任何形式的查封、扣押或执行，所有国家均应在本国法律制度下采取任何必要步骤来确保提供这种保护，凡出售上述物资所得收入和产生的债务以及伊拉克发展基金均应享受与联合国同等的特权和豁免，但是，对于必须用这些收入或债务为在本决议通过之日以后发生的生态事故、包括漏油事故的估定损害履行赔偿责任的任何法律诉讼，不适用上述特权和豁免；

23. 决定，境内有以下资产的所有会员国：

（a）伊拉克前政府或其国家机关、公司或代理人于本决议通过之日在伊拉克境外的资金或其他金融资产或经济资源，或

（b）萨达姆·侯赛因或伊拉克前政权其他高级官员及其直系亲属，包括由他们本人或代表他们或按他们指示行事的人直接间接拥有或控制的实体，转移出伊拉克或获取的资金或其他金融资产或经济资源，

均应毫不拖延地冻结这些资金或其他金融资产或经济资源，并立即将其转入伊拉克发展基金，除非这些资金或其他金融资产或经济资源是以前司法、行政或仲裁留置令或裁决的标的物，但有一项谅解

是，除非另有处理，私人或非政府实体可以向国际承认的有代表性的伊拉克政府就这些转移的资金或其他金融资产提出权利主张；还决定这些资金或其他金融资产或经济资源应同样享受第 22 段规定的特权、豁免与保护；

24. 请秘书长定期向安理会汇报特别代表在执行本决议方面进行的工作以及国际咨询和监测委员会的工作，并鼓励大不列颠及北爱尔兰联合王国和美利坚合众国定期向安理会通报依本决议进行的努力；

25. 决定在本决议通过后十二个月内审查其执行情况，并考虑可能需要采取的进一步措施；

26. 吁请会员国和国际及区域组织协助执行本决议；

27. 决定继续处理此案。①

安理会第 1490（2003）号决议

2003 年 7 月 3 日安全理事会第 4783 次会议通过

安全理事会，

回顾其以往所有有关决议，包括 1991 年 4 月 3 日第 687（1991）号、1991 年 4 月 9 日第 689（1991）号、1993 年 2 月 5 日第 806（1993）号、1993 年 5 月 27 日第 833（1993）号和 2003 年 5 月 22 日第 1483（2003）号决议，

注意到秘书长 2003 年 6 月 17 日关于联合国伊拉克—科威特观察团（伊科观察团）的报告（S/2003/656），

重申所有会员国对伊拉克和科威特主权和领土完整的承诺，

认识到已不再需要伊科观察团的继续运作和第 687（1991）号决议所设的非军事区来防止伊拉克对科威特采取行动威胁到国际安全，

表示赞赏科威特政府对观察团作出大量自愿捐助，

赞扬伊科观察团和维持和平行动部（维和部）人员发挥的出色作用，又注意到伊科观察团自 1991 年至 2003 年圆满完成了任务，

根据《联合国宪章》第七章采取行动，

---

① https：//www. un. org/zh/sc/documents/resolutions/.

1. 决定将伊科观察团的任务期限最后一次延长到 2003 年 10 月 6 日；

2. 指示秘书长开展谈判，将伊科观察团无法搬迁的财产和不能以其他方式处置的资产酌情移交科威特和伊拉克两国；

3. 决定在伊科观察团任务于 2003 年 10 月 6 日结束时，撤销从伊科边界向伊拉克境内延伸十公里、向科威特境内延伸五公里的非军事区；

4. 请秘书长向安理会报告伊科观察团的任务完成情况；

5. 表示赞赏科威特政府决定支付观察团自 1993 年 11 月 1 日以来三分之二的费用；

6. 决定继续处理此案。①

安理会第 1500（2003）号决议

2003 年 8 月 14 日安全理事会第 4808 次会议通过

安全理事会，

回顾其以往各项有关决议，特别是 2003 年 5 月 22 日第 1483（2003）号决议，

重申伊拉克的主权和领土完整，

又重申第 1483（2003）号决议有关段落规定的联合国在伊拉克的关键作用，

审议了秘书长 2003 年 7 月 15 日的报告（S/2003/715）：

1. 欢迎 2003 年 7 月 13 日成立具有广泛代表性的伊拉克管理委员会，认为这是朝向伊拉克人民组成一个国际承认的和有代表性的政府以行使伊拉克主权迈出的重要一步；

2. 决定设立联合国伊拉克援助团，以支持秘书长按照其 2003 年 7 月 15 日报告所列结构和责任履行第 1483（2003）号决议规定的任务，任期最初为 12 个月；

3. 决定继续处理此案。②

---

① https：//www.un.org/zh/sc/documents/resolutions/.

② https：//www.un.org/zh/sc/documents/resolutions/.

安理会第 1501 (2003) 号决议

2003 年 8 月 26 日安全理事会第 4813 次会议通过

安全理事会,

回顾其以前关于刚果民主共和国问题的各项有关决议和安理会主席声明,特别是第 1484 (2003) 号和第 1493 (2003) 号决议,

重申安理会承诺尊重刚果民主共和国和该区域所有国家的主权、领土完整和政治独立,

深切关注刚果民主共和国东部地区特别是伊图里区以及北基伍和南基伍两省持续的敌对状况,

重申安理会支持和平进程和全国和解,特别是通过联合国组织刚果民主共和国特派团(联刚特派团)提供支持,

又重申安理会支持按照第 1484 (2003) 号决议部署于布尼亚的临时紧急多国部队,并强调需要确保最佳条件,让多国部队于 2003 年 9 月 1 日将权力转交给联刚特派团,以期尽可能最有效地促进伊图里区的持续稳定,

注意到秘书长 2003 年 8 月 14 日致安全理事会主席的信(S/2003/821)以及信中所载建议,

注意到刚果民主共和国的局势继续对该区域的国际和平与安全构成威胁,

根据《联合国宪章》第七章采取行动,

1. 核可秘书长 2003 年 8 月 14 日的信中所载的建议;

2. 授权临时紧急多国部队成员国在该部队最晚会延续到 2003 年 9 月 15 日的脱离接触期间,如联刚特派团提出要求并且在特殊情况下有此需要,即应在其 2003 年 9 月 1 日之前尚未撤离布尼亚的部队力所能及的范围内,向部署在该镇及其附近地区的联刚特派团特遣队提供援助;

3. 决定继续积极处理此案。①

---

① https：//www. un. org/zh/sc/documents/resolutions/.

安理会第1546（2004）号决议

2004年6月8日安全理事会第4987次会议通过

安全理事会，

欢迎伊拉克向民主选举政府过渡开始了一个新的阶段，并期待在2004年6月30日结束占领并由享有完全主权和独立的伊拉克临时政府承担全部责任和权力，

回顾其以往关于伊拉克问题的各项决议，

重申伊拉克的独立、主权、统一和领土完整，

又重申伊拉克人民自由决定自己政治未来和支配自己自然资源的权利，

认识到国际支助，特别是该区域各国、伊拉克邻国和各区域组织的支助，对于伊拉克人民努力实现安全与繁荣至关重要，并指出本决议的成功执行将有助于区域稳定，

欢迎如秘书长2004年6月7日信（S/2004/461）中所述，秘书长特别顾问为协助伊拉克人民组成伊拉克临时政府作出努力，

注意到伊拉克管理委员会的解散，并欢迎在落实2003年10月16日第1511（2003）号决议所述伊拉克政治过渡安排方面取得的进展，

欢迎伊拉克临时政府承诺努力建立一个政治权利和人权得到充分尊重的、民主、多元和统一的联邦制伊拉克，

强调所有各方均需尊重和保护伊拉克的古代、历史、文化和宗教遗产，

申明法治、民族和解、尊重包括妇女权利在内的人权、基本自由和包括自由公平选举在内的民主的重要性，

回顾于2003年8月14日成立联合国伊拉克援助团（联伊援助团），申明应由联合国发挥主导作用，协助伊拉克人民和政府建立有代表性的政府机构，

认识到国际支助恢复稳定和安全状况对增进伊拉克人民的福祉并使有关各方能够为伊拉克人民开展工作至关重要，并欢迎各会员国根据2003年5月22日第1483（2003）号决议和第1511（2003）号决议为此

作出贡献,

回顾 2004 年 4 月 16 日美国提交安全理事会的关于多国部队所作努力和所取得的进展的报告,

确认本决议所附伊拉克临时政府总理 2004 年 6 月 5 日给安理会主席的信中请求多国部队继续驻留,

还确认多国部队的驻留取得伊拉克主权政府同意以及多国部队同该政府密切协调的重要性,

欣见如本决议所附美国国务卿 2004 年 6 月 5 日给安理会主席的信中所述,多国部队愿意继续努力为支持政治过渡,特别是将要举行的选举,协助维持伊拉克的安全和稳定,并为联合国派驻伊拉克的人员提供安全,

注意到协助维持伊拉克安全与稳定的所有部队都承诺按照国际法包括国际人道主义法规定的义务行事,并同有关国际组织合作,

申明为伊拉克经济重建和发展提供国际援助的重要性,

确认伊拉克石油收入和伊拉克发展基金享有豁免和特权对伊拉克有益,并指出需要作出规定在联军临时权力机构解散后由伊拉克临时政府及其后继者继续支用该基金,

认定伊拉克局势继续对国际和平与安全构成威胁,

根据《联合国宪章》第七章采取行动,

1. 核可成立 2004 年 6 月 1 日组建的伊拉克主权临时政府,在 2004 年 6 月 30 日前承担管理伊拉克的全部责任和权力,同时在伊拉克民选过渡政府按下面第 4 段的设想就职前,避免采取影响伊拉克在有限的临时期限以后的命运的任何行动;

2. 欣见在 2004 年 6 月 30 日占领也将结束,联军临时权力机构将不复存在,伊拉克将重新行使全部主权;

3. 重申伊拉克人民自由决定自己政治未来并全面掌管本国财政资源和自然资源的权利;

4. 核可拟议的伊拉克政治过渡到民主政府的时间表,包括:

(a) 成立伊拉克主权临时政府,在 2004 年 6 月 30 日前承担管理责任和权力;

(b) 召开体现伊拉克社会多样性的全国会议;

（c）如有可能在 2004 年 12 月 31 日前，但无论如何不迟于 2005 年 1 月 31 日，举行过渡时期国民议会的直接民主选举，国民议会除其他外将负责成立伊拉克过渡政府和草拟伊拉克的永久性宪法，以便在 2005 年 12 月 31 日前依宪法选举政府；

5. 请伊拉克政府考虑如何通过召开一次国际会议来支持上述进程，并指出安理会欢迎召开这样一次会议来支持伊拉克的政治过渡和伊拉克的恢复，以有利于伊拉克人民和该区域的稳定；

6. 呼吁所有伊拉克人和平地充分实施这些安排，并呼吁所有国家和有关组织支持实施这些安排；

7. 决定秘书长特别代表和联合国伊拉克援助团（联伊援助团）视情况许可，按照伊拉克政府的请求执行其援助伊拉克人民和政府的任务时，应：

（a）发挥主导作用：

一、在 2004 年 7 月协助召开全国会议，以选举协商理事会；

二、就举行选举的程序向伊拉克独立选举委员会以及伊拉克临时政府和过渡时期国民议会提供咨询意见和支助；

三、促进伊拉克人民就起草国家宪法的问题开展全国对话和建立共识；

（b）并且：

一、在建立有效的行政部门和社会服务部门方面，向伊拉克政府提供咨询意见；

二、协助重建、发展和人道主义援助工作的协调与实施；

三、促进人权保护、民族和解以及司法和法律改革，以便加强伊拉克的法治；

四、就全面人口普查的初期规划向伊拉克政府提供咨询意见和协助；

8. 欢迎新组成的伊拉克临时政府不断努力发展在伊拉克临时政府及其后继者的权力下运作的伊拉克安全部队，其中包括伊拉克武装部队（下称"伊拉克安全部队"），这些部队将逐步发挥更大作用，最终承担维持伊拉克安全与稳定的全部责任；

9. 指出多国部队是应新组成的伊拉克临时政府的请求驻留伊拉克，

因此重申根据第 1511（2003）号决议建立的统一指挥的多国部队的授权，同时考虑到本决议所附的信函；

10. 决定多国部队应有权采取一切必要措施，按照本决议所附信函，协助维持伊拉克的安全与稳定，这些信函除其他外，表示伊拉克请求多国部队继续驻留并规定了部队的任务，其中包括防止和威慑恐怖主义，以便除其他外，联合国能够按上文第 7 段发挥作用协助伊拉克人民，伊拉克人民能够不受恐吓地自由实施政治进程时间表和方案，并从重建和恢复活动中受益；

11. 在这方面欢迎本决议所附信函除其他外指出，目前正在落实各种安排，以建立伊拉克主权政府与多国部队的安全伙伴关系并确保两者的协调，在这方面还指出伊拉克安全部队对伊拉克有关部长负责，伊拉克政府有权向多国部队提供伊拉克安全部队，以便共同开展行动，信中所述的安全机构将是伊拉克政府和多国部队就各种基本安全和政策问题包括敏感的进攻行动政策达成协议的论坛，并将通过密切协调和协商，确保伊拉克安全部队与多国部队间的全面伙伴关系；

12. 还决定应按照伊拉克政府的要求或在本决议通过之日后十二个月，审查多国部队的任务，并且该任务在上文第 4 段所述政治进程完成后结束，并宣布如果伊拉克政府提出要求，将提前终止该任务；

13. 注意到所附美国国务卿的信中表示打算设立一个在多国部队统一指挥下的单独实体，专为联合国派驻伊拉克的人员提供安全，确认实施为在伊拉克工作的联合国系统工作人员提供安全的措施将需要大量资源，并吁请会员国和有关组织提供这些资源，包括向该实体提供捐助；

14. 确认多国部队还将通过征聘、训练、装备、辅导和监测方案，协助伊拉克安全部队和机构建立能力；

15. 请会员国及国际和区域组织按照同伊拉克政府的协议，向多国部队提供援助，包括军事部队，以帮助满足伊拉克人民对安全和稳定、人道主义援助和重建援助的需要，并支持联伊援助团的工作；

16. 强调必须建立由伊拉克内政部控制的有效的伊拉克警察和边境执法部门以及由伊拉克政府其他部会控制的设施保护部队来维持法律、秩序和安全，包括打击恐怖主义，并请会员国和国际组织协助伊拉克政府建立这些伊拉克机构的能力；

17. 谴责伊拉克境内的所有恐怖行为，重申会员国根据 2001 年 9 月 28 日第 1373（2001）号、1999 年 10 月 15 日第 1267（1999）号、2000 年 12 月 19 日第 1333（2000）号、2002 年 1 月 16 日第 1390（2002）号、2003 年 1 月 17 日第 1455（2003）号和 2004 年 1 月 30 日第 1526（2004）号决议承担的义务和其他有关国际义务，这些义务除其他外，涉及伊拉克境内和来自伊拉克的恐怖活动或针对伊拉克公民的恐怖活动，并特别重申呼吁会员国防止恐怖分子过境进出伊拉克、为恐怖分子提供军火和资助恐怖分子，并再次强调该区域各国特别是伊拉克邻国在这方面加强合作的重要性；

18. 确认伊拉克临时政府将在协调对伊拉克的国际援助方面承担主要作用；

19. 欢迎会员国和国际组织努力响应伊拉克临时政府的请求，在伊拉克重建行政能力的过程中提供技术和专家援助；

20. 再次要求会员国、国际金融机构和其他组织加强努力，协助伊拉克人民重建和发展伊拉克经济，包括通过一个协调的捐助者援助方案提供国际专家和必要资源；

21. 决定以往各项决议规定的有关向伊拉克出售或供应军火及有关物资的禁令不适用于伊拉克政府或多国部队为本决议的目的所需的军火或有关物资，强调所有国家都必须严格遵守这些禁令，指出伊拉克的邻国在这方面的重要性，并吁请伊拉克政府和多国部队各自确保具备妥善的实施程序；

22. 指出上段的规定不影响有关 1991 年 4 月 3 日第 687（1991）号决议第 8 段和第 12 段所列物项或 1991 年 8 月 15 日第 707（1991）号决议第 3（f）段所述活动的禁令或各国的义务，并重申打算重新审查联合国监测、核查和视察委员会以及国际原子能机构的任务；

23. 吁请会员国和国际组织响应伊拉克的请求，协助伊拉克努力使伊拉克退伍军人和前民兵成员重返伊拉克社会；

24. 注意到联军临时权力机构解散后，伊拉克发展基金内的资金应仅按伊拉克政府的指示支用，并决定应以透明、公平的方式通过伊拉克的预算来使用伊拉克发展基金,包括偿还伊拉克发展基金未清的债务,应继续适用第 1483(2003)号决议第 20 段规定的安排,将出口销售石油、石油产品和天然气所得收入存入基金,国际咨询和监测委员会应继续开展活动,监测伊拉克发展基金,并增加一名由伊拉克政府指定的适当合格的个人,作为有完全表决权的成员,并应作出适当安排继续将第 1483(2003)号决议第 21 段所述的收入存入基金;

25. 还决定根据伊拉克过渡政府的要求,或在本决议通过之日起十二个月,审查上段中关于将收入存入伊拉克发展基金和国际咨询和监测委员会的作用的规定,这些规定在上文第 4 段所述政治进程完成后即应失效;

26. 决定随着联军临时权力机构的解散,伊拉克临时政府及其后继者应承担移交给权力机构的有关石油换粮食方案的权利、责任和义务,包括该方案的所有业务责任和权力机构为履行这类责任而承担的任何义务,以及确保独立证明货物确已送交的责任,还决定,自本决议通过之日起算的 120 天过渡期期满后,伊拉克临时政府及其后继者应负责认证以往定为优先的合同的交货情况,此种认证应视为根据这类合同释放资金所需的独立证明,同时应酌情磋商,以确保这些安排的顺利实施;

27. 还决定第 1483(2003)号决议第 22 段应继续适用,但该段所规定的特权和豁免不适用于伊拉克在 2004 年 6 月 30 日以后承担的合同义务所引起的任何最终裁决;

28. 欢迎许多债权人,包括巴黎俱乐部成员,承诺设法大幅度减少伊拉克的主权债务,吁请会员国以及国际和区域组织支持伊拉克的重建,促请国际金融机构和双边捐助者立即采取必要步骤向伊拉克提供各种贷款和其他财政援助及安排,确认伊拉克临时政府有权为此缔结和执行所需的协定和其他安排,并请债权人、各机构和捐助者与伊拉克临时政府及其后继者优先处理这些事项;

29. 回顾会员国仍然有义务依照第 1483(2003)号决议第 19 和第 23 段以及 2003 年 11 月 24 日第 1518(2003)号决议的要求,冻结某些资金、资产和经济资源并将其转入伊拉克发展基金;

30. 请秘书长在本决议通过之日三个月内向安理会报告联伊援助团在

伊拉克的行动，以后每季度报告在全国选举和履行联伊援助团所有责任方面取得的进展；

31. 请美国在本决议通过之日后三个月内，代表多国部队向安理会报告该部队的工作和进展情况，以后每季度提出报告；

32. 决定继续积极处理此案。①

安理会第 1589（2005）号决议

2005 年 3 月 24 日安全理事会第 5148 次会议通过

安全理事会，

回顾其以往关于阿富汗的各项决议，尤其是 2004 年 3 月 26 日将联合国阿富汗援助团（联阿援助团）任务期限延至 2005 年 3 月 26 日的第 1536（2004）号决议，

重申对阿富汗主权、独立、领土完整和国家统一的坚定承诺，

再次欢迎 2004 年 10 月 9 日成功举行总统选举，

确认迫切需要对付阿富汗境内一直存在的各种挑战，包括禁毒，某些地区缺乏安全，恐怖主义威胁，在全国范围使阿富汗民兵全面解除武装、复员和重返社会以及解散非法武装团伙，及时筹备议会、省级和地区选举，建立阿富汗政府机构，加快司法部门改革，促进和保护人权以及经济和社会发展，

重申在这方面继续支持执行 2001 年 12 月 5 日《波恩协定》和 2004 年 4 月 1 日《柏林宣言》及其各项附件的规定，并承诺此后继续支持阿富汗政府和人民重建自己的国家，巩固宪政民主基础，恢复他们在国际大家庭中的合法地位，

回顾并强调 2002 年 12 月 22 日《喀布尔睦邻友好关系宣言》（S/2002/1416）的重要性，鼓励所有有关国家继续贯彻《喀布尔宣言》和 2003 年 9 月在迪拜签署的《关于贸易、过境和内向型投资的宣言》，

表示赞赏并坚决支持秘书长及其阿富汗问题特别代表目前正在开展的努力，强调联合国在促进阿富汗和平与稳定方面继续发挥中心和公正

---

① https：//www.un.org/zh/sc/documents/resolutions/.

作用,

1. 欢迎秘书长 2005 年 3 月 18 日的报告（S/2005/183）；

2. 决定从本决议通过之日起将联阿援助团的任务期限再延长 12 个月；

3. 强调必须紧急建立尽早举行自由公正选举的框架,在这方面欢迎联合选举管理机构宣布将于 2005 年 9 月 18 日举行议会下院（人民院）和省理事会选举,吁请联阿援助团继续提供必要支助以促成在最广泛参与情况下及时进行选举,并敦促捐助界与阿富汗政府和联阿援助团密切协作,迅速根据该框架提供必要财政支助,并考虑向选举观察团提供捐助。

4. 强调提供安全保障对举行可信的议会、省级和地区选举至关重要,为此吁请会员国提供人员、设备和其他资源,支持在阿富汗其他地区扩大国际安全援助部队以及设立省级重建队,并与联阿援助团和阿富汗政府密切协作；

5. 欢迎国际社会努力协助建立阿富汗新议会并确保其有效运作,这对阿富汗政治未来和迈向自由民主的阿富汗至关重要；

6. 欢迎按照《波恩协定》开展的解除武装、复员和重返社会（复员方案）进程已取得重大进展,鼓励阿富汗政府继续积极努力加速复员方案进程以使其能在 2006 年 6 月完成,解散非法武装团伙以及处置弹药储存,并请国际社会进一步为这些努力提供援助；

7. 欢迎阿富汗政府迄今为执行 2003 年 5 月通过的国家禁毒战略所作出的努力,包括 2005 年 2 月启动《2005 年禁毒执行计划》,这反映阿富汗政府以新的决心解决毒品种植、生产和贩运问题,敦促阿富汗政府采取果断行动,制止毒品加工和贸易并在建立机构、宣传运动,替代生计、阻截和执法、刑事司法、根除毒品、减少需求、治疗吸毒成瘾者和区域合作等领域采取该计划提出的具体措施,并吁请国际社会为阿富汗政府全面执行该计划的所有方面提供各种可能的援助；

8. 支持在阿富汗境内、阿富汗邻国和贩运路线沿途国家打击毒品及其前体的非法贩运活动,包括增强它们之间的合作,以加强缉毒管制,遏止毒品流动,并为此欢迎在 2002 年 12 月 22 日《喀布尔睦邻友好关系宣言》的框架内于 2004 年 4 月 1 日签署《禁毒问题柏林宣言》；

9. 请联阿援助团继续支持目前为建立公正、透明的司法系统所作的努力，包括重建和改造监狱部门，以便在阿富汗全国加强法治；

10. 吁请各方在阿富汗全国充分尊重人权和国际人道主义法，在这方面请联阿援助团在联合国人权事务高级专员办事处的支持下，继续协助全面执行阿富汗新宪法人权条款，特别是关于妇女充分享有人权的条款，赞扬阿富汗独立人权委员会勇敢监测阿富汗境内尊重人权的情况并坚定促进和保护人权，在这方面欢迎委员会 2005 年 1 月 29 日的报告和拟议的国家过渡时期司法战略，并请国际社会支持这项努力；

11. 欢迎阿富汗国家军队和阿富汗国家警察的发展壮大以及正在为加强其能力而作出的努力，认为这是朝向实现由阿富汗安全部队在全国各地提供安全保障和确保法治的目标迈出的重要步骤；

12. 吁请阿富汗政府在国际社会包括持久自由行动联盟和国际安全援助部队根据其不断发展的特定职责提供援助的情况下，继续消除基地组织分子、塔利班和其他极端主义团伙、民兵部队派别暴力行动和犯罪活动，特别是毒品贸易暴力活动对阿富汗的安全与稳定造成的威胁；

13. 请秘书长在议会选举后及时向安理会报告阿富汗的形势发展，并就联阿援助团的未来作用提出建议；

14. 决定继续积极处理此案。

安理会第 1598（2005）号决议

2005 年 4 月 28 日安全理事会第 5170 次会议通过

安全理事会，

回顾其以往关于西撒哈拉的所有决议，包括 2003 年 7 月 31 日第 1495（2003）号、2004 年 4 月 29 日第 1541（2004）号和 2004 年 10 月 28 日第 1570（2004）号决议，

重申承诺协助各方实现公正、持久和彼此接受的政治解决，其中将规定西撒哈拉人民在符合《联合国宪章》原则和宗旨的安排下实行自决，并指出各方在这方面的作用和责任，

再次呼吁该区域各方和各国继续同联合国充分合作，结束当前的僵局，在谋求政治解决方面取得进展，

敦促波利萨里奥阵线遵照国际人道主义法，不再拖延地释放所有余留的战俘，并呼吁摩洛哥和波利萨里奥阵线继续同红十字国际委员会合作，查明自冲突开始以来失踪人员的下落，

审议了秘书长 4 月 19 日的报告（S/2005/254），并注意到秘书长 1 月 27 日的临时报告（S/2005/49），

1. 决定将联合国西撒哈拉全民投票特派团（西撒特派团）的任务期限延至 2005 年 10 月 31 日；

2. 申明需要充分遵守同西撒特派团达成的有关停火的各项军事协定；

3. 吁请各会员国考虑为建立信任措施提供自愿捐款，以便能够增进失散家人之间的接触，特别是家庭团聚的探访；

4. 期待收到秘书长 4 月 19 日的报告（S/2005/254）所述的、对特派团行政部分和其他民政部分的结构进行全面审查的结果；

5. 请秘书长在任务期限结束之前提交关于西撒哈拉局势的报告；

6. 决定继续处理此案。

安理会第 1612（2005）号决议

2005 年 7 月 26 日安全理事会第 5235 次会议通过

安全理事会，

重申其 1999 年 8 月 25 日第 1261（1999）号、2000 年 8 月 11 日第 1314（2000）号、2001 年 11 月 20 日第 1379（2001）号、2003 年 1 月 30 日第 1460（2003）号和 2004 年 4 月 22 日第 1539（2004）号决议，这些决议有助于建立一个保护受武装冲突影响儿童的全面框架，

注意到在保护受武装冲突影响的儿童方面取得的进展，特别是在推行和制定准则及标准方面，同时仍然深为关切实地缺乏全面进展，冲突各方继续违反关于武装冲突中儿童权利及其保护的国际法有关条款而不受惩罚，

强调各国政府要在切实保护和救济所有受武装冲突影响儿童方面起主要作用，

回顾各国有责任终止有罪不罚现象，起诉应对种族灭绝、危害人类罪、战争罪和其他侵害儿童的极端恶劣罪行负责的人，

深信应将保护武装冲突中的儿童视为任何解决冲突综合战略的一个重要方面，

重申它负有维护国际和平与安全的主要责任，并为此重申决心处理武装冲突对儿童产生的广泛影响，

强调决心确保其关于保护受武装冲突影响的儿童的各项决议以及其他国际准则和标准得到尊重，

审议了秘书长 2005 年 2 月 9 日的报告（S/2005/72），强调本决议并不寻求从法律上确定秘书长报告所指情况是否属于日内瓦四公约及其《附加议定书》范围内的武装冲突，也不预断卷入上述情况的非国家当事方的法律地位，

感到严重关注的是，已证明违反有关国际法使用儿童兵与贩运小武器和轻武器之间有联系，强调所有国家需要采取措施，预防和制止这类贩运活动，

1. 强烈谴责武装冲突各方违反对其适用的国际义务，招募和使用儿童兵，并谴责对武装冲突中的儿童进行的其他所有侵犯和虐待；

2. 注意到秘书长根据第 1539（2004）号决议第 2 段要求提出的与建立一个儿童与武装冲突问题监测和报告机制有关的行动计划，并就此：

（a）强调这一机制旨在收集并提供关于违反有关国际法招募和使用儿童兵的及时、客观、准确与可靠的信息，以及对受武装冲突影响的儿童进行的其他侵犯和虐待的信息，该机制应向将根据本决议第 8 段设立的工作组报告；

（b）还强调这一机制必须在各国政府和有关联合国及民间社会行动者的参与和合作下，开展工作，包括在国家一级这样做；

（c）强调联合国实体在监测和报告机制框架内采取的所有行动都必须旨在酌情支持和补充各国政府在保护儿童和使其恢复正常生活方面的作用；

（d）还强调，联合国实体为保护儿童和与之建立联系，在监测和报告框架内同非国家武装集团开展的对话，必须在和平进程（倘若有这种进程）和联合国与有关政府之间的合作框架范围内进行；

3. 请秘书长立即实施上述监测和报告机制，首先在现有资源范围内，

与有关国家密切协商,针对秘书长报告(S/2005/72)附件中列出的、列入安全理事会议程的武装冲突的各方,实施这一机制,然后与有关国家密切协商,针对秘书长报告(S/2005/72)附件中列出的其他武装冲突的各方,实施该机制,同时铭记安全理事会的讨论情况和会员国发表的看法,特别是会员国在每年关于儿童与武装冲突问题的辩论中发表的看法,并考虑到将于2006年7月31日向安全理事会报告的关于实施该机制情况的独立审查的结果和建议。独立审查将包括:

(a)对该机制的总体效力和对通过该机制收集到的信息的及时性、准确性、客观性和可靠性进行的评估;

(b)该机制如何有效地同安全理事会和联合国其他机构的工作建立联系的资料;

(c)责任分工是否有效和明确的信息;

(d)为该机制捐款的联合国单位和经费来自自愿捐款的组织所涉及的预算和其他资源问题的信息;

(e)关于全面实施该机制的建议;

4. 强调,秘书长只可为保护受武装冲突影响的儿童和出于保护他们的具体目的,实施这一监测和报告机制,因此,机制的实施不应预断或暗示安全理事会就某一局势是否列入其议程作出了决定;

5. 欣见儿童基金会和联合国其他实体采取举措,收集关于违反有关国际法招募和使用儿童兵以及在武装冲突局势中对儿童进行其他侵犯和虐待的信息,请秘书长在实施第3段所述机制的初期阶段,适当考虑这些举措;

6. 指出,其他国际、区域和国家机构可根据其任务规定和工作范围,审议该机制收集的待由秘书长向大会和安全理事会汇报的信息,以确保受武装冲突影响儿童受到保护,其权利和福祉得到保障;

7. 严重关注第1539(2004)号决议第5(a)段所要求的行动计划的制订和执行工作缺乏进展,为此呼吁有关各方与联合国维持和平行动特派团和联合国国家工作队密切合作,立即根据其各自任务规定,在其能力范围内,制订和实施行动计划;并请秘书长提出标准,以协助制订这类行动计划;

8. 决定成立一个由安理会所有成员组成的安全理事会工作组，审查本决议第3段所述机制提交的报告，审查在制订和执行本决议第7段所述行动计划方面取得的进展，审议向其提交的其他有关信息；并决定该工作组应：

（a）就可采取哪些措施促进保护受武装冲突影响的儿童，向安理会提出建议，具体包括就维持和平特派团的适当任务提出建议，和针对冲突各方提出建议；

（b）酌情要求联合国系统的其他机构采取行动，根据各自的任务规定，支持执行本项决议。

9. 回顾其第1539（2004）号决议第5（c）段，重申打算考虑通过提出针对具体国家的决议，实行有针对性和程度有别的措施，例如，禁止向那些违反了有关武装冲突中的儿童的权利与保护的国际法，且被列入安全理事会议程的有关冲突的各方，出口和供应小武器、轻武器和其他军事装备，并禁止向其提供军事援助；

10. 强调联合国维持和平特派团和联合国国家工作队有责任按照各自的任务规定，有效贯彻落实安全理事会决议，协调一致处理受武装冲突影响的儿童的问题，进行监测，并向秘书长提出报告；

11. 欢迎联合国各维持和平行动努力执行秘书长对性剥削和性虐待行为的零容忍政策，确保其人员充分遵守联合国的行为守则；请秘书长在这方面继续采取一切必要行动，并向安全理事会通报情况；促请部队派遣国采取适当的预防行动，包括在部署部队之前进行提高认识的培训，并采取惩戒行动和其他行动，确保在涉及其人员的案件中，全面追究责任；

12. 决定继续把保护儿童的具体规定列入联合国维持和平行动的任务规定，包括视情逐一配置儿童保护顾问，请秘书长确保在每一个联合国维持和平行动的筹备阶段，系统地评估是否需要配备儿童保护顾问、顾问的人数和作用；欣见对儿童保护顾问的作用和活动进行了综合评估，以便吸取经验教训和采纳最佳做法；

13. 欣见区域和次区域组织和安排最近采取举措，保护受武装冲突影响的儿童，并鼓励这些组织和安排继续把儿童保护问题纳入其宣传、政策和方案;建立同侪审查以及监测和报告机制;在各自的秘书处建立儿童保护机制;在它们的和平行动和实地工作中配置儿童保护人员并进行培训;采取次区域和区域间行动,通过制定和执行关于儿童与武装冲突的准则,制止冲突期间对儿童造成伤害的活动,特别是跨界招募和绑架儿童、非法运送小武器以及非法进行自然资源贸易;

14. 呼吁所有有关各方确保,所有和平进程、和平协定以及冲突后的恢复重建规划和方案,都明确列入对受武装冲突影响的儿童的保护和他们的权利与福祉;

15. 呼吁所有有关各方遵守对其适用的保护受武装冲突影响的儿童的国际义务,遵守它们向秘书长儿童与武装冲突问题特别代表、儿童基金会和其他联合国机构作出的具体承诺,酌情在联合国与有关国家政府之间的合作框架内,与联合国维持和平特派团和联合国国家工作队充分合作,落实和履行这些承诺;

16. 敦促各会员国、联合国实体、区域和次区域组织以及其他有关各方采取适当措施,控制对儿童有害的非法的次区域和跨界活动,包括非法开采自然资源、从事非法小武器贸易、绑架儿童、使用和招募儿童当兵参战,以及其他违反有关国际法侵犯和虐待武装冲突中的儿童的行为;

17. 敦促所有有关各方,包括会员国、联合国实体和金融机构,支持建立和加强国家机构和地方民间社会网络的能力,以便提倡维护受武装冲突影响的儿童的权利,保护他们,帮助他们恢复正常生活,确保地方一级的儿童保护举措有可持续性;

18. 请秘书长指示所有有关的联合国实体在现有资源范围内采取具体措施,有系统地把受武装冲突影响的儿童的问题列入各自机构的工作,包括在所有有关办事处、部门和实地分配适当的财力和人力,用于保护受战争影响的儿童,并根据各自的任务规定,在保护武装冲突中的儿童方面,加强彼此之间的合作与协调;

19. 再次请秘书长确保其有关具体国家局势的报告,都论及保护儿童问题,作为报告的一个具体内容,并表示打算在审议列入其议程的这些局势时,充分注意报告提供的信息;

20. 请秘书长于 2006 年 11 月提交一份报告，说明本决议以及第 1379（2001）、1460（2003）和 1539（2004）号决议的执行情况。报告除其他外，将列有以下方面的信息：

（a）有关各方是否遵守有关规定，不再违反有关国际法招募或使用儿童参加武装冲突，停止其他侵犯受武装冲突影响的儿童的行为；

（b）在实施第 3 段所述监测和报告机制方面取得的进展；

（c）在制定和执行本决议第 7 段所述行动计划方面取得的进展；

（d）对儿童保护顾问的作用和活动进行的评估；

21. 决定继续积极处理此案。①

安理会第 1712（2006）号决议

2006 年 9 月 29 日安全理事会第 5542 次会议通过

安全理事会，

回顾其以往关于利比里亚局势和该次区域局势的各项决议和主席声明，尤其是 2003 年 9 月 19 日第 1509（2003）号、2006 年 7 月 13 日第 1694（2006）号和 2006 年 3 月 31 日第 1667（2006）号决议，

欣见秘书长 2006 年 9 月 12 日的报告（S/2006/743），

还欣见利比里亚政府采取措施打击腐败，

赞赏西非国家经济共同体（西非经共体）和非洲联盟（非盟）继续支持利比里亚和平进程，并赞赏国际社会提供财政援助和其他援助，

赞扬联合国利比里亚特派团（联利特派团）在秘书长特别代表的领导下提供支助，在利比里亚恢复和平与稳定过程中发挥了重大作用，

强调，在完成前战斗人员重返社会和遣返工作、紧急改组利比里亚安全部门和维持利比里亚及该次区域稳定方面，仍然存在重大挑战，

欣见联利特派团在利比里亚边境脆弱地区进行部署，

重申仍然需要联利特派团提供支助，保障塞拉利昂问题特别法庭的安全，

认定利比里亚局势继续对该区域的国际和平与安全构成威胁，

---

① https：//www.un.org/zh/sc/documents/resolutions/.

根据《联合国宪章》第七章采取行动,

1. 决定将联合国利比里亚特派团(联利特派团)的任务期限延长到 2007 年 3 月 31 日;

2. 重申打算授权秘书长按第 1609(2005)号决议的规定,于需要时,临时对联利特派团和联合国科特迪瓦行动的部队进行重新部署;

3. 认可秘书长关于在情况许可时,在不损害利比里亚安全的情况下分阶段逐步合并、缩编和撤出联利特派团特遣队的建议;

4. 请秘书长尤其参照其 2006 年 9 月 12 日报告第 70 段和第 71 段及附件 1 提出的基本基准,特别是改组安全部门、前战斗人员重返社会、促进政治和民族和解、巩固国家在全国的管辖权、开展司法改革、恢复政府对本国自然和矿物资源的有效控制以及建立必要的稳定安全环境以促进经济增长等基准,监测利比里亚在实现稳定方面取得的进展,并继续向安全理事会通报情况;

5. 吁请利比里亚政府与联利特派团密切协调,采取必要措施,争取实现上文第 4 段所述基准,包括确保有效执行《森林改革法》,继续致力于执行政府经济管理方案,迅速制订国家安全政策和建立国家安全体制,并鼓励国际社会支持这些努力;

6. 欣见联利特派团努力执行秘书长对性剥削和性虐待的零容忍政策,确保其人员充分遵守联合国行为守则,请秘书长在这方面采取一切必要行动,并向安全理事会通报情况,敦促出兵国采取适当的预防行动,包括进行部署前提高认识培训,并采取惩戒行动和其他行动,确保彻底调查对其人员提出的性剥削或性虐待指控,并在指控得到证实时,进行惩处;

7. 决定继续积极处理此案。

安理会第 1718(2006)号决议

2006 年 10 月 14 日安全理事会第 5551 次会议通过

安全理事会,

回顾其以往各项相关决议,包括第 825(1993)号决议,第 1540(2004)号决议、尤其是第 1695(2006)号决议,以及 2006 年 10 月 6 日

的主席声明（S/PRST/2006/41），

重申核、生物和化学武器及其运载工具的扩散对国际和平与安全构成威胁，

严重关切朝鲜民主主义人民共和国（朝鲜）声称已于2006年10月9日进行一次核武器试验，这一试验对《不扩散核武器条约》和旨在加强防止核武器扩散全球机制的国际努力构成的挑战，以及对该区域内外的和平与稳定造成的危险，

表示坚信应该维护防止核武器扩散的国际机制，并回顾，根据《不扩散核武器条约》，朝鲜不能具有核武器国家的地位，

痛惜朝鲜宣布退出《不扩散核武器条约》并谋求发展核武器，

还痛惜朝鲜已拒绝无条件地重返六方会谈，

认可中国、朝鲜、日本、大韩民国、俄罗斯联邦和美国于2005年9月19日发表的《共同声明》，

强调朝鲜回应国际社会的其他安全和人道主义关切的重要性，

表示深为关切朝鲜声称进行的试验已加剧该区域内外的紧张局势，认定因此存在对国际和平与安全的明显威胁，

根据《联合国宪章》第七章采取行动，并根据第四十一条采取措施，

1. 谴责朝鲜声称于2006年10月9日进行的核试验，公然无视安理会各项相关决议，尤其是第1695（2006）号决议和2006年10月6日的主席声明（S/PRST/2006/41），其中包括这一试验将招致国际社会的普遍谴责并将明显威胁国际和平与安全；

2. 要求朝鲜不再进行任何核试验或发射弹道导弹；

3. 要求朝鲜立即收回其退出《不扩散核武器条约》的宣告；

4. 还要求朝鲜重返《不扩散核武器条约》和国际原子能机构（原子能机构）的保障监督，并强调《不扩散核武器条约》所有缔约国都需要继续履行其条约义务；

5. 决定朝鲜应暂停所有与弹道导弹计划相关的活动，并就此重新作出其原先关于暂停发射导弹的承诺；

6. 决定朝鲜应以完全、可核查和不可逆的方式放弃所有核武器和现有核计划，严格按照《不扩散核武器条约》对缔约方适用的义务和国际

原子能机构（原子能机构）保障监督协定的条款和条件（IAEA INF-CIRC/403）行事，并向原子能机构提供超出这些规定范围的透明措施，包括让原子能机构接触它要求和认为需要接触的人员、文件、设备和设施；

7. 又决定朝鲜应以完全、可核查和不可逆的方式放弃现有的其他所有大规模杀伤性武器和弹道导弹计划；

8. 决定：

（a）所有会员国应防止经由本国领土或本国国民，或使用悬挂本国国旗的船只或飞机，直接或间接向朝鲜提供、销售或转让下列物项，不论它们是否源于本国领土：

一、《联合国常规武器登记册》所界定的任何作战坦克、装甲战斗车、大口径火炮系统、作战飞机、攻击直升机、军舰、导弹或导弹系统，或包括零部件在内的相关材料，或由安全理事会或下文第 12 段设立的委员会（委员会）认定的物项；

二、S/2006/814 号和 S/2006/815 号文件清单列出的所有物项、材料、设备、货物和技术，除非委员会在本决议通过 14 天内，在同时考虑到 S/2006/816 号文件清单的情况下修订或完成其规定，以及安全理事会或委员会认定的可能有助于朝鲜的核相关、弹道导弹相关或其他大规模杀伤性武器相关计划的其他物项、材料、设备、货物和技术；

三、奢侈品；

（b）朝鲜应停止出口上文（a）一项和（a）二项所述的一切物项，所有会员国应禁止本国国民从朝鲜，或使用悬挂本国国旗的船只或飞机，采购此类物项，不论其是否源于朝鲜领土；

（c）所有会员国应防止本国国民，或从本国领土向朝鲜转让，或从朝鲜国民或其领土接受转让，任何与提供、制造、维修或使用上文（a）一项和（a）二项所述物项相关的技术培训、咨询、服务或援助；

（d）所有会员国都应根据其各自法律程序，立即冻结本决议通过之日或其后任何时间，在本国领土内的，由委员会或安全理事会指认参与或包括用其他非法手段支持朝鲜核相关、其他大规模杀伤性武器相关和弹道导弹相关计划的人或实体，或代表其行事或按其指示行事的人或实体，直接或间接拥有或控制的资金、其他金融资产和经济资源，并确保本国国民或本国领土内的任何人或实体不向此类人员或实体提供或为其利益而提供任何资金、金融资产或经济资源；

（e）所有会员国都应采取必要措施，防止委员会或安全理事会指认的对朝鲜的核相关、弹道导弹相关和其他大规模杀伤性武器相关计划的政策负责，包括支持或推动这些政策的人及其家属，入境或过境，但本段的规定绝不强迫一国拒绝本国国民入境；

（f）为确保本段的要求得到遵守进而防止非法贩运核、生物或化学武器及其运载工具和相关材料，呼吁所有会员国根据本国当局和立法的规定并遵循国际法采取合作行动，包括需要时对进出朝鲜的货物进行检查；

9. 决定上文第 8 段（d）项的规定不适用于经相关国家认定的下列金融或其他资产或资源：

（a）基本开支所必需，包括用于支付食品、房租或抵押贷款、药品和医疗、税款、保险费及水电费，或专门用于支付合理的专业服务费和偿付与提供法律服务有关的费用，或国家法律规定的按惯例置存或保管冻结的资金、其他金融资产和经济资源应收取的费用或服务费，但相关国家须先将酌情授权动用这类资金、其他金融资产和经济资源的意向通知委员会，且委员会在收到该通知后五个工作日内未作出反对的决定；

（b）非常开支所必需，但条件是相关国家已先将这一认定通知委员会并得到了委员会的批准，或

（c）司法、行政、仲裁留置或裁决的对象，在此情况下，这些资金、其他金融资产和经济资源可用来执行留置或裁决，但该留置或裁决须是在本决议通过之日前作出的，受益人不是上文第 8 段（d）项所述人员或安全理事会或有关委员会指明的人或实体，且相关国家已将其通报了委员会；

10. 决定上文第 8 段（e）项规定的措施不适用于以下情况：委员会逐案认定，出于人道主义需要，包括为履行宗教义务之目的，此类旅行是合理的，或委员会认为给予豁免将推进本决议的目标；

11. 吁请所有会员国自本决议通过之日起三十天内向安全理事会报告

为有效执行上文第 8 段规定而采取的步骤;

12. 决定根据其暂行议事规则第二十八条,成立一个由安理会全体成员组成的安全理事会委员会,以开展下列工作:

（a）设法向所有国家,尤其是生产或拥有上文第 8 段（a）项所述物项、材料、设备、货物和技术的国家,索取关于它们为有效执行本决议第 8 段规定的措施采取行动的信息,以及安理会在这方面可能认为有用的其他任何信息;

（b）审查据称违反本决议第 8 段规定的措施的信息,并采取适当行动;

（c）审议要求享受上文第 9 段和第 10 段规定豁免的申请,并作出决定;

（d）确定为上文第 8 段（a）一项和第 8 段（a）二项之目的,需要列入的其他物项、材料、设备、货物和技术;

（e）指认受上文第 8 段（d）项和第 8 段（e）项规定措施约束的其他个人和实体;

（f）颁布必要的准则,以协助执行本决议规定的措施;

（g）至少每 90 天向安全理事会报告工作,并提出意见和建议,特别是关于如何加强上文第 8 段规定措施的效力;

13. 欢迎和进一步鼓励所有有关国家作出努力,加紧外交努力,不采取任何可能加剧紧张局势的行动,推动早日恢复六方会谈,以期迅速落实中国、朝鲜、日本、大韩民国、俄罗斯联邦和美国于 2005 年 9 月 19 日发表的《共同声明》,实现可核查的朝鲜半岛无核化,维护朝鲜半岛及东北亚的和平与稳定;

14. 吁请朝鲜立即无条件地重返六方会谈,努力迅速落实中国、朝鲜、日本、大韩民国、俄罗斯联邦和美国于 2005 年 9 月 19 日发表的《共同声明》;

15. 申明安理会将不断审议朝鲜的行动,并准备审议上文第 8 段所列措施是否适当,包括届时视朝鲜遵守本决议各项规定的情况,根据需要,加强、修改、中止或解除这些措施;

16. 强调,如果有必要采取补充措施,则须进一步作出决定;

17. 决定继续积极处理此案。

安理会第1792（2007）号决议

2007 年 12 月 19 日安全理事会第 5810 次会议通过

安全理事会，

回顾其以往关于利比里亚和西非局势的各项决议和主席声明，

欣见利比里亚政府在国际社会支持下，自 2006 年 1 月以来在重建利比里亚以造福全体利比里亚人方面持续取得进展，

回顾安理会决定不延长第 1521（2003）号决议第 10 段对原产于利比里亚的圆木和木材制品规定的措施，强调利比里亚必须在木材部门继续取得进展，有效实施并强制执行 2006 年 10 月 5 日经签署成为法律的《国家林业改革法》，包括解决土地产权和土地保有权问题，养护和保护生物多样性，以及制订商业森林作业合同授标过程，

回顾安理会决定终止第 1521（2003）号决议第 6 段关于钻石的各项措施，

欢迎利比里亚政府参与金伯利进程证书制度，注意到利比里亚实施了必要的内部管制并满足了金伯利进程的其他要求，吁请利比里亚政府继续认真努力，确保这些管制切实有效，

强调联合国利比里亚特派团（联利特派团）在加强利比里亚全境安全、帮助政府在全国尤其是在钻石和木材产区及边界地区行使其权力方面，仍然起着重要作用，

注意到联合国利比里亚问题专家小组 2007 年 12 月 5 日的报告（S/2007/689，附件），包括关于钻石、木材、定向制裁及军火与安全问题的内容，

审视了第 1521（2003）号决议第 2 和第 4 段及第 1532（2004）号决议第 1 段所定措施以及在满足第 1521（2003）号决议第 5 段所列条件方面取得的进展，并断定取得的进展未足以满足这些条件，

强调决心支持利比里亚政府努力满足这些条件，并鼓励捐助方也这样做，

敦促所有各方支持利比里亚政府确定并采取措施，确保在满足第

1521（2003）号决议第 5 段所列条件方面取得进展，

认定尽管利比里亚已经取得重大进展，但当地局势继续对该区域的国际和平与安全构成威胁，

根据《联合国宪章》第七章采取行动，

1. 决定根据安理会对迄今在满足解除第 1521（2003）号决议所定措施的条件方面的进展作出的评估:

（a）自本决议通过之日起，将第 1521（2003）号决议第 2 段规定的、经第 1683（2006）号决议第 1 段和第 2 段及第 1731（2006）号决议第 1（b）段修订的关于军火的措施以及第 1521（2003）号决议第 4 段规定的关于旅行的措施，再延长 12 个月；

（b）会员国在交付根据第 1521（2003）号决议第 2（e）段或第 2（f）段、第 1683（2006）号决议第 2 段或第 1731（2006）号决议第 1（b）段供应的所有军火和有关物资后，须立即通知第 1521（2003）号决议第 21 段所设委员会；

（c）在利比里亚政府向安理会报告已满足第 1521（2003）号决议所列的终止有关措施的条件并向安理会提供信息说明据以作出此种评估的理由后，应利比里亚政府的要求审视上述任何措施；

2. 回顾第 1532（2004）号决议第 1 段所定措施仍然生效，关切地注意到专家小组关于这方面缺乏进展的结论，并吁请利比里亚政府继续尽一切必要努力履行其义务；

3. 重申安理会打算至少每年一次审视第 1532（2004）号决议第 1 段所定措施；

4. 欢迎联利特派团向利比里亚政府提供援助，与林业发展局进行联合巡逻，以加强政府对林区的管制；

5. 决定将根据第 1760（2007）号决议第 1 段任命的现任专家小组的任期再延长至 2008 年 6 月 20 日，以执行以下任务:

（a）前往利比里亚和邻国执行后续评估任务，以便进行调查并编写一份报告，说明第 1521（2003）号决议规定的、经上文第 1 段延长的措施的执行情况和任何违反这些措施的情况，其中包括与委员会指认的第 1521（2003）号决议第 4（a）段和第 1532（2004）号决议第 1 段所述个

人相关的任何信息，并包括非法军火贸易的各种资金来源，如来自自然资源的资金；

（b）评估第 1532（2004）号决议第 1 段所定措施的影响和实效，尤其是对前总统查尔斯·泰勒名下资产的影响和实效；

（c）评估利比里亚国会 2006 年 9 月 19 日通过的、经约翰逊·瑟里夫总统 2006 年 10 月 5 日签署后成为法律的林业立法的执行情况；

（d）评估利比里亚政府遵守金伯利进程证书制度的情况，并协同金伯利进程评估遵守情况；

（e）至迟在 2008 年 6 月 1 日，就本段列举的所有问题，通过委员会向安理会提出报告，并在该日之前酌情非正式地向委员会通报最新情况，特别是 2006 年 6 月解除第 1521（2003）号决议第 10 段所定措施以来在木材部门取得的进展以及 2007 年 4 月解除第 1521（2003）号决议第 6 段所定措施以来在钻石部门取得的进展；

（f）与其他相关专家组，尤其是第 1782（2007）号决议第 8 段重新组建的科特迪瓦问题专家组，以及与金伯利进程证书制度积极合作；

（g）确定可在哪些领域加强该区域各国的能力并就此提出建议，以利于执行第 1521（2003）号决议第 4 段和第 1532（2004）号决议第 1 段所定措施；

6. 请秘书长重新任命专家小组现任成员，并作出必要财政和安保安排，支持专家小组的工作；

7. 吁请所有国家和利比里亚政府在专家小组任务所涉各个方面，与专家小组通力合作；

8. 鼓励利比里亚政府在利比里亚全面参与并实施金伯利进程证书制度之后的一年内，邀请金伯利进程进行一次审视访问；

9. 鼓励金伯利进程酌情通过安全理事会所设委员会，向安理会通报可能对利比里亚进行的任何审视访问，以及对利比里亚政府实施金伯利进程证书制度的进展所作的评估；

10. 决定继续积极处理此案。

安理会第 1910（2010）号决议

2010 年 1 月 28 日安全理事会第 6266 次会议通过

安全理事会,

回顾其以往关于索马里局势的各项决议和主席声明,

回顾其关于武装冲突中保护平民的第 1674（2006）号、第 1738（2006）号和第 1894（2009）号决议、关于妇女与和平与安全的第 1325（2000）号、第 1820（2008）号、第 1888（2009）号和第 1889（2009）号决议以及关于儿童与武装冲突的第 1612（2005）号和第 1882（2009）号决议,

重申尊重索马里的主权、领土完整、政治独立和统一,

重申对全面持久解决索马里局势的承诺,

重申全力支持吉布提和平进程,该进程为就索马里问题达成持久政治解决方案提供了框架,表示支持《过渡联邦宪章》,确认有必要促进索马里人之间的和解与对话,强调必须通过一个最终包容各方的政治进程来建立基础广泛并具有代表性的体制,

赞扬非洲联盟驻索马里特派团（非索特派团）对实现索马里持久和平与稳定的贡献,感谢乌干达和布隆迪两国政府继续承诺向非索特派团提供部队和装备,并谴责任何针对非索特派团和过渡联邦政府的敌对行为,

赞扬秘书长特别代表艾哈迈杜·乌尔德-阿卜杜拉先生,重申安理会坚决支持其努力,

欣见非洲联盟和平与安全理事会 2010 年 1 月 8 日第 214 次会议公报把非索特派团的任务期限再延长 12 个月,

重申必须重建、训练、装备和保留索马里安全部队,因为这对索马里的长期稳定至关重要,并强调国际社会提供协调、及时和持续的支持的重要性,

大力鼓励迅速支付 2009 年 4 月 23 日在布鲁塞尔的索马里问题国际会议上为支持索马里安全机构和非索特派团认捐的资金,并确认及时和可预见的供资对于过渡联邦政府和非索特派团十分重要,

再次表示严重关切索马里境内战事不断，重申对过渡联邦政府的支持，

谴责武装团体和外国战斗人员，特别是青年党，破坏索马里和平与稳定，向过渡联邦政府、非索特派团和平民发起恐怖袭击，着重指出索马里武装团体，特别是青年党，对索马里和国际社会构成恐怖主义威胁，

强调有效的宣传和沟通工作对于支持过渡联邦政府和非索特派团以及巩固政治进程的重要性，表示严重关切持续发生的袭击记者事件，

重申严重关切索马里境内人道主义局势的不断恶化，强烈谴责索马里境内武装团体以人道主义援助为袭击目标，阻挠人道主义援助的运送，以致无法在某些地区运送人道主义援助，对一再袭击人道主义人员的事件感到遗憾，最强烈地谴责一切违反国际人道主义法和人权法，对平民和人道主义人员采取的暴力行为或虐待行为，重申必须同有罪不罚现象作斗争，

表示关切向索马里提供的人道主义资金的大幅减少，呼吁所有会员国响应当前和未来的人道主义，联合呼吁提供捐助，

谴责一切侵犯人权及违反国际人道主义法和人权法的行为，着重指出索马里各方有责任充分履行其在这方面的义务，并采取适当措施保护平民，包括妇女和儿童，并回顾安全理事会儿童与武装冲突问题工作组关于索马里武装冲突各方的结论（S/AC.51/2008/14），

回顾其第1897（2009）号决议，确认索马里境内的持续不稳定是索马里沿海海盗和海上武装抢劫行为的促成因素，强调国际社会需要采取综合对策处理海盗问题及其根源，包括训练索马里海岸警卫队，并欢迎索马里沿海海盗问题联络小组、各国及各国际和区域组织所作努力，

欢迎秘书长2009年12月31日的报告（S/2009/684）及其关于过渡联邦政府在国际社会支持下继续在政治、安全和恢复三个轨道上采取行动的建议，

认定索马里局势对该区域的国际和平与安全构成威胁，

根据《联合国宪章》第七章采取行动，

1. 决定授权非洲联盟成员国把非索特派团维持到2011年1月31日，授权特派团采取一切必要措施，执行第1772（2007）号决议第9段规定

的现有任务；

2. 请非洲联盟继续在索马里境内部署非索特派团，并增加兵力，以便非索特派团达到 8000 人的原定兵员，以此加强它全面完成任务的能力；

3. 请非索特派团继续协助过渡联邦政府组建索马里警察部队和国家安全部队，并协助收编其他成员国或组织在索马里境外训练的索马里部队；

4. 请秘书长继续为非索特派团提供第 1863（2009）号决议所要求的一揽子后勤支助，直至 2011 年 1 月 31 日，包括提供装备和宣传支助等服务，但不包括他给安全理事会的信（S/2009/60）中所述资金划转，同时确保联合国资金的支出有问责制和透明度；

5. 鼓励会员国支助非索特派团和索马里安全部门机构，向其提供适当和必要的装备；

6. 请非索特派团确保以透明和有效的方式，把根据一揽子支助计划提供的所有装备和服务用于指定目的，还请非洲联盟向秘书长报告根据联合国与非洲联盟之间订立的谅解备忘录使用这些装备和服务的情况；

7. 请秘书长通过设在亚的斯亚贝巴的现有联合国规划小组，继续在非索特派团的规划和部署方面向非洲联盟提供技术和专家咨询；

8. 促请会员国及区域和国际组织及时向联合国非索特派团信托基金慷慨捐款，或为支持非索特派团提供直接双边捐款，并鼓励捐助者与联合国和非洲联盟密切合作，以确保及时提供适当的资金和装备，特别是非索特派团士兵的薪金和特遣队所属装备费用；

9. 回顾安理会声明打算按照第 1863（2009）号决议所述，设立一个联合国维持和平行动，指出关于部署这种行动的任何决定均须特别考虑到 2009 年 4 月 16 日秘书长的报告（S/2009/210）中述及的条件，并请秘书长在遵守其报告（S/2009/210）所述条件的情况下采取报告第 82 段至 86 段所述措施；

10. 强调索马里的长期安全取决于过渡联邦政府能否在《吉布提协议》框架内按照国家安全战略，有效组建国家安全部队和索马里警察部队；

11. 促请各会员国、区域组织和国际组织及时向联合国索马里安全机构信托基金慷慨捐款，并按照第 1772（2007）号决议第 11（b）段和第 12 段的规定，与非索特派团协调，为索马里安全部队提供援助，包括提供训练和装备；

12. 请秘书长继续协助过渡联邦政府建立过渡安全机构，包括组建索马里警察部队和国家安全部队，此外继续帮助过渡联邦政府制定尊重法治和保护人权的国家安全战略，包括制订关于解除武装、复员和重返社会（复员方案）及司法和惩戒能力的计划，并为其安全部队的行动建立法律和政策框架，包括建立治理、审查和监督机制；

13. 重申第733（1992）号决议第5段所规定、经第1425（2002）号决议第1段和第2段进一步阐明的措施不适用于在符合吉布提和平进程和遵循第1772（2007）号决议第12段所述通知程序的情况下，根据第1772（2007）号决议第11段（b）和第12段向过渡联邦政府提供、用于发展其安全部门机构的用品和技术援助；

14. 再次呼吁索马里各方支持《吉布提协议》，呼吁停止一切敌对行动、武装对抗行为以及破坏过渡联邦政府的企图；

15. 欣见过渡联邦政府做出的和解努力，促请过渡联邦政府同所有愿意合作并愿意放弃暴力的团体一起，继续并加强在《吉布提协议》的框架内做出的这些努力，并请秘书长通过其索马里问题特别代表继续与国际社会一道促进和解；

16. 呼吁立即停止所有针对平民和人道主义人员的违反国际人道主义法和人权法的暴力或虐待行为；

17. 呼吁各方和各武装团体采取适当措施，确保人道主义人员和物资的安全和安保，并要求各方确保人道主义援助能够全面、安全和不受阻碍地通行，及时送到全国各地需要援助的人的手中；

18. 请秘书长考虑到其报告（S/2009/684）中的建议，通过其索马里问题特别代表和联合国索马里政治事务处（联索政治处）加倍努力，对联合国系统在索马里境内的所有活动进行有效协调并制定统筹办法，为在索马里实现持久和平与稳定的努力提供斡旋和政治支持，并动员国际社会为索马里的近期恢复和长期经济发展提供资源和支助；

19. 呼吁过渡联邦政府采取一切适当措施，改进索马里境内的安全状况，请秘书长按其报告（S/2009/210）所述，根据有关安全状况，加快拟在摩加迪沙部署联索政治处和包括联合国非索特派团支助办事处在内

的联合国其他办事处和机构的相关部门的工作;

20. 请秘书长,作为 2001 年 12 月 31 日安全理事会主席声明(S/PRST/2001/30)和安全理事会第 1872(2009)号决议为其规定的报告义务的一部分,从 1 月 1 日起每四个月就本决议所有方面提出报告,并表示安理会打算审查相关情况;

21. 决定继续积极处理此案。①

安理会第 1918(2010)号决议

2010 年 4 月 27 日安全理事会第 6301 次会议通过

安全理事会,

回顾其以往关于索马里局势的各项决议,尤其是第 1814(2008)号、第 1816(2008)号、第 1838(2008)号、第 1844(2008)号、第 1846(2008)号、第 1851(2008)号和第 1897(2009)号决议,

继续严重关切海盗和海上武装劫船行为对索马里和该区域其他国家的局势以及对国际航海和海上商业航线的安全的威胁,

重申,1982 年 12 月 10 日《联合国海洋法公约》(《公约》)所述国际法,特别是《公约》第一○○、一○一和一○五条,确立了适用于打击海盗和海上武装抢劫行为以及适用于其他海洋活动的法律框架,

还重申第 1897(2009)号决议延长的授权仅适用于索马里局势,不影响会员国在任何其他情势下履行国际法规定的权利、义务或责任,包括《公约》规定的任何权利或义务,并特别强调不应认为第 1897 号决议是在确立习惯国际法,

强调有必要处理由于索马里及该区域其他国家司法系统能力有限而造成的各种问题,以便有效地起诉海盗嫌犯,

赞赏地注意到联合国毒品和犯罪问题办公室(禁毒办)和其他国际组织和捐助者正协同索马里沿海海盗问题联络小组(海盗问题联络小组)提供援助,加强索马里、肯尼亚、塞舌尔及该区域其他国家司法和惩戒系统的能力,以按照适用的国际人权法起诉海盗嫌犯和关押被定罪的

---

① https://www.un.org/zh/sc/documents/resolutions/.

海盗,

赞扬欧盟阿塔兰特行动、北大西洋公约组织联合保护者行动和海盾行动、联合海上力量的 151 联合特遣队以及其他以本国名义与过渡联邦政府合作采取行动和相互合作采取行动的国家发挥作用,打击索马里沿海海盗行为和武装劫船行为,包括将海盗嫌犯绳之以法,

赞扬肯尼亚共和国迄今为在本国法院起诉海盗嫌犯和关押被定罪者所做努力,鼓励肯尼亚继续这些努力,同时确认该国在这方面遇到的困难,

又赞扬其他国家迄今为在本国法院起诉海盗嫌犯所做努力,

确认塞舌尔关于参与起诉海盗嫌犯的决定,尤其欢迎塞舌尔 2010 年 2 月 6 日决定考虑成为一个区域起诉中心的东道国,

赞扬海盗问题联络小组决定建立一个国际信托基金,以资助由禁毒办管理的索马里沿海海盗问题联络小组采取举措,支付与起诉海盗嫌犯有关的开支并资助其他打击海盗行为的举措,欢迎参与国家提供捐款,鼓励其他潜在捐助者为该基金捐款,

欣见海盗问题联络小组区域能力需求评估报告获得通过,敦促各国和国际组织提供尽可能全面的支助,以早日落实报告的建议,

赞扬那些根据包括人权法在内的适用国际法,修订本国法律以便将海盗行为定为犯罪并协助在本国法院起诉海盗嫌犯的国家,强调各国需要继续在这方面做出努力,

与此同时关切地注意到,一些国家的国内法中没有将海盗行为定为犯罪的条款和/或对海盗嫌犯提起有效刑事起诉的程序条款,

确认索马里沿海海盗问题联络小组正在努力探讨可建立哪些机制来更有效地起诉索马里沿海的海盗和武装抢劫嫌犯,

强调,要创造条件持久根除索马里沿海海盗和海上武装抢劫行为,就必须在索马里实现和平和稳定,加强国家体制,实现经济和社会发展,尊重人权与法治,还强调索马里的长期安全取决于过渡联邦政府能否在《吉布提协议》框架内,按照国家安全战略,有效组建国家安全部队和索马里警察部队,

关切地注意到一些海盗行为嫌犯未经审判获释,决心创造条件,确

保追究海盗的责任,

1. 申明,如不起诉那些要对索马里沿海海盗行为和武装抢劫行为负责的人,就会破坏国际社会打击海盗的努力;

2. 吁请所有国家,包括该区域各国,根据本国法律将海盗行为定为犯罪,并积极考虑按照适用的国际人权法,起诉在索马里沿海抓获的海盗嫌犯,并监禁被定罪者;

3. 在这方面,欣见实施海事组织《吉布提行为守则》的进展,吁请其参加方尽快全面实施该守则;

4. 请秘书长在 3 个月内向安全理事会提交一份报告,列出可采用哪些方案来推动起诉和监禁那些要对索马里沿海海盗和武装抢劫行为负责的人,特别是可用于开展以下工作的方案:建立可能有国际单位的国内特别分庭、一个区域法庭或一个国际法庭以及相应的监禁安排,同时考虑到海盗问题联络小组的工作、建立国际法庭和混合法庭的现行做法以及取得和维持实质性成果所需要的时间和资源;

5. 决定继续处理此案。①

安理会第 1955 (2010) 号决议

2010 年 12 月 14 日安全理事会第 6447 次会议通过

安全理事会,

注意到秘书长 2010 年 10 月 13 日和 2010 年 11 月 23 日写给安理会主席的信(S/2010/513 和 S/2010/598),内附 2010 年 9 月 20 日和 23 日及 2010 年 11 月 12 日卢旺达问题国际刑事法庭("国际法庭")庭长的信,

回顾其 1994 年 11 月 8 日第 955 (1994) 号、1998 年 4 月 30 日第 1165 (1998) 号、2000 年 11 月 30 日第 1329 (2000) 号、2002 年 5 月 17 日第 1411 (2002) 号、2002 年 8 月 14 日第 1431 (2002) 号、2006 年 10 月 13 日第 1717 (2006) 号、2008 年 7 月 18 日第 1824 (2008) 号、2008 年 12 月 19 日第 1855 (2008) 号、2009 年 7 月 7 日第 1878

---

① https://www.un.org/zh/sc/documents/resolutions/.

（2009）号、2009 年 12 月 16 日第 1901（2009）号和 2010 年 6 月 29 日第 1932（2010）号决议，

尤其回顾安全理事会在 2003 年 8 月 28 日第 1503（2003）号和 2004 年 3 月 26 日第 1534（2004）号决议中吁请国际法庭采取一切可能的措施，在 2004 年年底以前完成调查，在 2008 年年底以前完成所有一审工作，并在 2010 年完成全部工作，注意到国际法庭在其完成工作战略报告（S/2010/574）中做出的国际法庭无法在 2010 年完成全部工作的评估，注意到四名常任法官将调至上诉分庭工作，一名常任法官将在完成其负责案件后离开国际法庭，

深信延长第 1901（2009）号决议给予秘书长的授权是明智之举，以便在《国际法庭规约》规定的 9 名审案法官以外任命新的审案法官，作为一项临时措施，使国际法庭能够尽快完成审判并进行更多审判，以实现《完成工作战略》中的各项目标，

敦促国际法庭采取一切可能措施，迅速完成工作，

注意到国际法庭庭长对失去经验丰富的工作人员感到关切，重申留住工作人员对于及时完成国际法庭的工作至关重要，

根据《联合国宪章》第七章采取行动，

1. 决定批准约瑟夫·阿索卡·德席尔瓦法官和塔格里德·希克迈特法官审结在其任期届满前已开始审理的 "Ndindiliyimana 等人案"，尽管其任期于 2010 年 12 月 31 日届满；

注意到国际法庭打算在 2011 年 3 月审结该案；

2. 决定批准约瑟夫·马桑切法官审结在其任期届满前已开始审理的 "Hategekimana 案"，尽管其任期于 2010 年 12 月 31 日届满；注意到国际法庭打算在 2011 年 1 月审结该案；

3. 决定，为了让国际法庭完成现有审判并进行更多审判，在国际法庭任职的审案法官总数有时可暂时超过《国际法庭规约》第 11 条第 1 款规定的 9 人上限，任何一段时间里最多可达 12 人，但至迟应于 2011 年 12 月 31 日恢复到 9 人上限；

4. 重申国际法庭必须有足够的工作人员来迅速完成工作，呼吁秘书处和联合国其他有关机构在国际法庭即将完成其工作之际继续同国际法

庭书记官长合作，寻找实际可行的办法解决这一问题，并同时呼吁国际法庭再次作出努力，注重履行核心职能；

5. 决定继续处理此案。①

安理会第 1960（2010）号决议

2010 年 12 月 16 日安全理事会第 6453 次会议通过

安全理事会，

再次承诺以相互促进的方式继续全面执行第 1325（2000）号、第 1612（2005）号、第 1674（2006）号、第 1820（2008）号、第 1882（2009）号、第 1888（2009）号、第 1889（2009）号和第 1894（2009）号决议和所有相关安理会主席声明，

欣见秘书长 2010 年 11 月 24 日的报告（S/2010/604），但仍然深为关注在武装冲突中性暴力特别是针对妇女和儿童的性暴力问题上进展缓慢，并注意到如秘书长报告所述，世界各地的武装冲突中均有性暴力发生，

再次深切关注，尽管安理会一再谴责武装冲突中针对妇女和儿童的暴力行为，包括武装冲突中的性暴力行为，尽管安理会多次要求武装冲突所有各方立即停止此类行为，但此类行为继续发生，而且在有些情况下是有计划的，或普遍发生，其残暴性骇人听闻，

重申冲突的所有国家当事方和非国家当事方都要充分遵守适用国际法为其规定的义务，包括禁止一切形式的性暴力，

重申文职和军事领导人都要按照指挥官负责的原则，表明防止性暴力、打击有罪不罚现象和实施问责制的决心和政治意愿，并重申，不采取行动即是发出容忍在冲突中发生性暴力的信息，

回顾各国有责任铲除有罪不罚现象，起诉犯有灭绝种族罪、危害人类罪、战争罪和其他严重危害平民罪行的人，并为此关切地注意到，只有为数不多的施行性暴力的人被绳之以法，同时认识到，各国司法系统在冲突中和冲突后可能严重削弱，

欣见在根据第 1888（2009）号决议部署的旨在协助各国家当局加强

---

① https：//www.un.org/zh/sc/documents/resolutions/.

法治的专家组着手开展工作方面取得进展；重申，必须在出现特别值得关注的武装冲突中性暴力情况时，同联合国在实地的派驻人员合作，在征得东道国政府同意后，迅速部署专家组，并为此赞赏提供自愿捐款，支持专家组的工作，

认识到按照国际法的规定，各国负有尊重和保障本国境内和受其管辖的所有人的人权的首要责任，

重申武装冲突各方负有采取一切可行措施确保平民得到保护的首要责任，

回顾国际人道主义法规定，在武装冲突期间，作为平民的一部分，妇女和儿童一般应得到保护，由于他们面临的风险特别大，他们还应得到特别保护，

重申有冲突的社会和正在摆脱冲突的社会如要正视过去虐待身陷武装冲突的平民的行为并防止今后发生这类侵害行为，就必须杜绝有罪不罚现象，提请注意可考虑采用的各种司法与和解机制，其中包括国家、国际和"混合"刑事法院和法庭及真相与和解委员会，注意到这些机制不仅可以促进追究个人对严重罪行的责任，而且可以促进和平、真相、和解及受害人的权利，

回顾《国际刑事法院罗马规约》和各特设国际刑事法庭规约中都列有各种性暴力罪，

重申各国必须在国际社会的支持下，尤其是在农村地区，扩大性暴力受害者获得保健服务、心理辅导、法律协助和在社会经济方面重返社会的服务的途径，同时必须考虑残疾人的特殊需要，

欢迎维持和平行动特别委员会报告（A/64/19）中关于以下事项的提议、结论和建议：维持和平行动特派团需要有足够能力并有明确和适当的准则来完成为其规定所有任务，包括预防和应对性暴力；强调，必须确保特派团高级领导参加保护平民的工作，包括预防和应对武装冲突中性暴力行为的工作，以确保特派团所有部门和各级指挥链都适当了解并参与执行特派团的保护任务和它们的相关责任；欣见秘书长在确定用于执行保护平民任务的业务工具方面取得的进展；鼓励部队和警察派遣国充分利用这些重要材料并提供反馈，

认识到秘书长已作出努力，解决正式和平进程中妇女代表人数不足、缺少接受过处理性暴力问题适当培训的调解员和停火监督员以及联合国主持的和平谈判中缺少女性首席和平调解人或女性主要和平调解人的问题；并鼓励进一步做出这些努力，

欢迎将妇女编入维持和平特派团，行使文职、军事和警察职能，认识到她们的存在可能会鼓励当地社区的妇女报告性暴力行为，

审议了秘书长 2010 年 11 月 24 日的报告（S/2010/604），强调本决议不寻求对秘书长报告所述局势是否属于日内瓦四公约及其《附加议定书》范畴内的武装冲突作出任何法律认定，也不预先判定此类局势所涉非国家当事方的法律地位，

1. 重申，性暴力，如果在战争中作为一种策略，或作为针对平民发动的广泛或有计划攻击的一部分来使用，可严重加剧武装冲突并延长其持续时间，阻碍恢复国际和平与安全；为此申明，采取有效步骤防止和应对这类性暴力行为可大大有助于维护国际和平与安全；表示安理会随时准备在审议其议程所列有关局势时，视需要采取适当步骤，处理武装冲突中发生的广泛或有计划的性暴力行为；

2. 再次要求武装冲突所有各方立即完全停止一切性暴力行为；

3. 鼓励秘书长在根据第 1820（2008）号和第 1888（2009）号决议提交的年度报告中提供关于确信涉嫌实施强奸或其他形式性暴力或应对此种行为负责的武装冲突当事方的详细信息，并在这些年度报告的附件中列出在安全理事会议程所列武装冲突中确信涉嫌一再实施强奸或其他形式性暴力行为或应对此种行为负责的武装冲突当事方；表示打算把该名单用作依据，由联合国与这些当事方进行重点交涉，包括酌情按有关制裁委员会的程序采取措施；

4. 请秘书长根据本决议的规定，在考虑到列名和除名标准特殊性的情况下，根据秘书长报告（A/64/742 – S/2010/181）的第 175、176、178 和 180 段，对列入秘书长关于武装冲突中的性暴力问题的年度报告的当事方适用这一标准；

5. 吁请武装冲突各方作出并履行打击性暴力行为的具体和有时限的承诺，承诺除其他外，应包括通过指挥系统发布禁止性暴力的明确命令，

并在《行为守则》、野战手册或相应的文件中禁止性暴力；还吁请各方作出并履行关于及时调查所述侵害行为的具体承诺，以追究有侵害行为的人的责任；

6. 请秘书长追踪和监测在安全理事会议程所列武装冲突中一再实施强奸或其他形式性暴力行为的当事方履行这些承诺的情况，并通过相关报告和情况通报会，定期向安理会报告最新情况；

7. 重申打算在武装冲突中采取或延长定向制裁时，考虑在适当时列入指认强奸行为和其他形式性暴力的标准；呼吁所有维和特派团和联合国其他有关特派团和联合国机构，尤其是儿童与武装冲突问题工作组、负责儿童与武装冲突问题的秘书长特别代表和负责冲突中性暴力问题的秘书长特别代表，与联合国安全理事会有关制裁委员会交流所有与性暴力有关的信息，包括通过联合国安全理事会各制裁委员会的相关监测组和专家组这样做；

8. 请秘书长酌情就冲突所涉性暴力问题，包括就武装冲突和冲突后以及执行第1888（2009）号决议所涉及的其他情况下的强奸行为，做出监测、分析和提交报告的安排，同时考虑到每个国家的特殊性，确保在外地一级采用协调一致的做法，并鼓励秘书长与联合国行动者、国家机构、民间社会组织、医疗服务提供者和妇女团体建立联系，以加强对强奸和其他形式的性暴力发生率、趋势和模式的数据收集和分析工作，以协助安理会考虑采取适当行动，包括采取定向和逐级加强的措施，同时充分尊重根据安理会关于儿童与武装冲突问题的第1612（2005）和第1882（2009）号决议建立的监测和报告机制的完整性和特殊性；

9. 请秘书长继续确保负责儿童与武装冲突问题的秘书长特别代表和负责冲突中性暴力问题的秘书长特别代表的工作有充分的透明度、合作和协调；

10. 欣见两性平等顾问开展的工作；期待依照第1888（2009）号决议为维持和平特派团任命更多的保护妇女顾问；指出这些顾问可在依照本决议执行部分第8段做出的监测、分析和提交报告安排的框架中做出贡献；

11. 欣见秘书长为维和人员精心制作了打击性暴力行为的场景培训教

材，并鼓励会员国将其作为筹备和部署联合国维持和平行动的参考；

12. 强调指出，特派团要完成任务，就要同当地社区进行有效的沟通；并鼓励秘书长增强特派团的沟通能力；

13. 表示打算在核准和延长任务授权时适当考虑性暴力问题，并请秘书长酌情在技术评估团中列入两性平等问题专家；

14. 鼓励组成联合国制止冲突中性暴力行为行动的各个实体以及联合国系统其他有关部分继续支持上述负责冲突中性暴力问题的秘书长特别代表的工作，并加强所有有关利益攸关者的合作和信息共享，以加强协调，避免总部和国家一级工作重叠，改进全系统的应对工作；

15. 鼓励会员国派更多的女军人和女警员参加联合国维持和平行动，为所有军事和警务人员提供有关性暴力和基于性别暴力的充分培训，以便他们除其他外，履行其责任；

16. 请秘书长继续并加紧努力，对联合国维持和平人员以及人道主义人员的性剥削和性虐待行为采取零容忍政策；还请秘书长继续提供和分发有关处理性暴力问题的指导准则，用于对军事和警务人员进行部署前培训和上岗培训，协助各特派团根据具体情况制订外地处理性暴力问题的程序，确保向部队和警察派遣国提供技术支持，在军事和警务人员部署前和上岗培训时为他们提供处理性暴力问题的指导；

17. 请负责冲突中性暴力问题的特别代表继续依照第 1888（2009）号决议提供关于性暴力问题的情况通报；

18. 请秘书长继续就第 1820（2008）号和第 1888（2009）号决议执行情况向安理会提交年度报告，并至迟在 2011 年 12 月提交关于第 1820（2008）号和第 1888（2009）号决议及本决议执行情况的下一次报告，报告除其他外，应列入：

（a）关于以道德的方式及时收集信息的详细的协调和战略计划；

（b）在做出第 8 段所述监测、分析和提交报告安排方面取得的进展的信息；

（c）关于确信涉嫌实施强奸或其他形式性暴力行为或应对这种行为负责的武装冲突当事方的详细资料，和内有关于在安理会议程所列武装冲突中确信涉嫌大肆实施强奸或其他形式性暴力行为或应对这种行为负责的当事方名单的附件；

（d）联合国特派团性暴力问题协调人努力与驻地协调员/人道主义协调员、联合国国家工作队密切合作并酌情与负责儿童和武装冲突问题的秘书长特别代表和负责冲突中性暴力问题的秘书长特别代表和/或专家组密切合作以处理性暴力问题的最新情况；

19. 决定继续积极处理此案。①

安理会第 1972（2011）号决议

2011 年 3 月 17 日安全理事会第 6496 次会议通过

安全理事会，

重申其以往关于索马里局势的各项决议和主席声明，尤其是第 733（1992）号决议，该决议规定禁止向索马里运送任何武器和军事装备（下称"索马里军火禁运"），其后相关决议亦对禁运做出了详述和修正，并重申第 1844（2008）号和第 1916（2010）号决议，

重申尊重索马里的主权、领土完整、政治独立和统一，

谴责武器和弹药供应和与这些供应相关的财务和技术援助违反军火禁运流入或流经索马里，严重威胁索马里的和平与稳定，

再次坚决要求所有国家，特别是该区域各国，不采取任何违反军火禁运的行动，并采取一切必要步骤，追究违禁者的责任，

呼吁所有国家切实采取第 1844（2008）号决议规定的定向措施，

强调在提供人道主义援助时信守遵守中立、公正、人道和独立原则的重要性，

注意到安全理事会对第 1916（2010）号决议第 5 段规定措施的影响进行的审查，并注意到索马里人道主义援助协调员 2010 年 7 月 12 日、2010 年 11 月 23 日和 2011 年 3 月 2 日的报告，

认定索马里局势继续对该区域的国际和平与安全构成威胁，

根据《联合国宪章》第七章采取行动，

1. 强调所有国家都有义务全面遵守第 733（1992）号决议规定的、

---

① https：//www.un.org/zh/sc/documents/resolutions/.

其后相关决议做出详述和修正的措施和第 1844（2008）号决议规定的措施；

2. 重申所有各方都有义务促进和确保国际人道主义法在索马里境内得到遵守；

3. 着重指出人道主义援助行动的重要性，谴责对人道主义援助的政治化、滥用或挪用，呼吁会员国和联合国采取一切可行步骤以便在索马里减少上述这些做法；

4. 决定在本决议通过之日起 16 个月内，在不妨碍别处开展的人道主义援助方案的情况下，第 1844（2008）号决议第 3 段为会员国规定的义务不适用于为确保联合国、其专门机构或方案、在联合国大会具有观察员地位的提供人道主义援助的人道主义组织或其执行伙伴在索马里及时提供迫切需要的人道主义援助而需要支付的资金、其他金融资产或经济资源；

5. 请紧急救济协调员于 2011 年 11 月 15 日并于 2012 年 7 月 15 日向安全理事会报告上文第 3 段和第 4 段的执行情况以及在索马里提供人道主义援助遇到的任何障碍，并请相关的联合国机构以及在联合国大会具有观察员地位的提供人道主义援助的人道主义组织提供与上文第 3 段和第 4 段相关的信息，以协助联合国索马里人道主义援助协调员编写上述报告；

6. 决定继续积极处理此案。①

安理会第 1973（2011）号决议

2011 年 3 月 17 日安全理事会第 6498 次会议通过

安全理事会，

回顾其 2011 年 2 月 26 日第 1970（2011）号决议，

谴责利比亚当局未遵守第 1970（2011）号决议，

严重关切局势恶化、暴力升级和平民伤亡严重，

重申利比亚当局有责任保护利比亚民众，重申武装冲突各方负有采取一切可行步骤确保平民受到保护的首要责任，

---

① https：//www.un.org/zh/sc/documents/resolutions/.

谴责严重、有系统地侵犯人权，包括任意拘留、强迫失踪、酷刑和即决处决，

还谴责利比亚当局对记者、媒体专业人员和相关人员施加暴力和进行恫吓，敦促利比亚当局遵守第 1738（2006）号决议所述的国际人道主义法为其规定的义务，

认为目前在阿拉伯利比亚民众国发生的针对平民人口的大规模、有系统的攻击可构成危害人类罪，

回顾安理会在第 1970（2011）号决议第 26 段中表示愿意考虑视需要另外采取适当措施，协助和支持人道主义机构返回，在阿拉伯利比亚民众国提供人道主义援助和有关援助，

表示决心保护平民和平民居住区，确保人道主义援助迅速和无阻碍地通过，并确保人道主义人员的安全，

回顾阿拉伯国家联盟、非洲联盟、伊斯兰会议组织秘书长谴责已经和正在阿拉伯利比亚民众国发生的严重侵犯人权和违反国际人道主义法行为，

注意到伊斯兰会议组织 2011 年 3 月 8 日的最后公报和非洲联盟和平与安全理事会 2011 年 3 月 10 日关于设立一个利比亚问题高级别特设委员会的公报，

又注意到阿拉伯国家联盟理事会 2011 年 3 月 12 日决定要求设立利比亚军用飞机禁飞区，并在遭受炮击的地方建立安全区作为防范措施，以便保护利比亚人民和居住在阿拉伯利比亚民众国的外国人，

还注意到秘书长 2011 年 3 月 16 日呼吁立即停火，

回顾其把 2011 年 2 月 15 日以来的阿拉伯利比亚民众国局势问题移交国际刑事法院检察官的决定，并强调必须追究那些应对袭击平民事件，包括空中和海上袭击事件负责者或合谋参与者的责任，

重申关切那些被迫逃离阿拉伯利比亚民众国境内暴力行为的难民和外国工人的困境，欢迎邻国，特别是突尼斯和埃及为解决这些难民和外国工人的需要做出的反应，并呼吁国际社会支持这些努力，

谴责利比亚当局继续使用雇佣军，

认为在阿拉伯利比亚民众国领空禁止一切飞行是保护平民以及保障

运送人道主义援助的安全的一个重要因素，是促进在利比亚境内停止敌对行动的一个果断步骤，

还表示关切外国国民在阿拉伯利比亚民众国的安全和他们的权利，

欢迎秘书长任命阿卜杜勒·伊拉·穆罕默德·哈提卜先生担任其利比亚特使，支持他努力寻找一个持久和平解决阿拉伯利比亚民众国危机的办法，

重申对阿拉伯利比亚民众国主权、独立、领土完整和国家统一的坚定承诺，

认定阿拉伯利比亚民众国局势继续对国际和平与安全构成威胁，

根据《联合国宪章》第七章采取行动，

1. 要求立即实行停火，全面停止暴力和对平民的所有袭击和虐待；

2. 强调需要进一步做出努力，寻找满足利比亚人民合理要求的解决危机办法，并注意到秘书长决定派其特使前往利比亚和非洲联盟和平与安全理事会决定派其高级别特设委员会前往利比亚，以便协助开展对话，促成必要的政治改革，从而寻找一个和平持久的解决办法；

3. 要求利比亚当局遵守国际法，包括国际人道主义法、人权法和难民法为其规定的义务，采取一切措施保护平民，满足他们的基本需要，并确保人道主义援助快速、无阻碍地通行；

4. 授权已通知秘书长的以本国名义或通过区域组织或安排和与秘书长合作采取行动的会员国，采取一切必要措施，尽管有第1970（2011）号决议第9段的规定，以便保护阿拉伯利比亚民众国境内可能遭受袭击的平民和平民居住区，包括班加西，同时不在利比亚领土的任何地方派驻任何形式的外国占领军，请有关会员国立即通知秘书长它们根据本段的授权采取的措施，并应立即向安全理事会通报这些措施；

5. 确认阿拉伯国家联盟在事关维护该区域国际和平与安全的事务中发挥重要作用，并在铭记《联合国宪章》第八章的同时，请阿拉伯国家联盟成员国与其他会员国合作执行第4段；

6. 决定在阿拉伯利比亚民众国领空禁止一切飞行，以帮助保护平民；

7. 还决定第6段规定的禁令不适用于完全属于人道主义目的的飞行，例如交付或协助交付援助，包括医疗用品、粮食、人道主义工作人员和

有关援助，或从阿拉伯利比亚民众国疏散外国国民，也不适用于下文第 4 段或第 8 段授权进行的飞行，或根据第 8 段的授权采取行动的国家认为对利比亚人民有益的其他必要飞行，且这些飞行应与第 8 段设立的机制进行协调；

8. 授权已通知秘书长和阿拉伯国家联盟秘书长的以本国名义或通过区域组织或安排采取行动的会员国视需要采取一切必要措施，强制执行上文第 6 段规定的禁飞，并请有关国家与阿拉伯国家联盟合作，与秘书长一起密切协调它们为执行这一禁令正在采取的措施，包括建立一个适当机制来执行上文第 6 段和第 7 段的规定；

9. 呼吁所有以本国名义或通过区域组织或安排采取行动的会员国为执行上文第 4、第 6、第 7 段和第 8 段提供协助，包括批准任何必要的飞越；

10. 请有关会员国对它们为执行上文第 4、第 6、第 7 段和第 8 段采取的措施，包括用于监测和批准获得授权的人道主义飞行或撤离飞行的实际措施，相互密切协调并与秘书长密切协调；

11. 决定有关会员国应立即向秘书长和阿拉伯国家联盟秘书长通报为履行上文第 8 段的授权而采取的措施，包括提供行动构想；

12. 请秘书长立即向安理会通报有关会员国为履行上文第 8 段的授权而采取的任何行动，并在 7 天内向安理会报告本决议执行情况，包括关于违反上文第 6 段规定的禁飞的信息，其后每月报告一次；

13. 决定用下一段取代第 1970 (2011) 号决议第 11 段："呼吁所有以本国名义或通过区域组织或安排采取行动的会员国，特别是该区域国家，为确保第 1970 (2011) 号决议第 9 段和第 10 段规定的武器禁运得到严格执行，在有关国家有情报提供合理理由认为货物中有经本决议修订的第 1970 (2011) 号决议第 9 段或第 10 段禁止供应、销售、转移或出口的物项，包括提供武装雇佣军人员时，应在其境内，包括港口和机场和在公海上，检查进出阿拉伯利比亚民众国的船只和飞机，呼吁此类船只和飞机的所有船旗国对此类检查予以合作，并授权会员国采取一切符合具体情况的措施，开展此类检查"；

14. 请根据上文第 13 段在公海上采取行动的会员国相互密切协调并

与秘书长密切协调，还请有关各国立即向秘书长和第 1970（2011）号决议第 24 段所设委员会（简称"委员会"）通报为履行上文第 13 段的授权而采取的措施；

15. 要求会员国，不管是以本国名义采取行动，还是通过区域组织或安排采取行动，在按照上文第 13 段进行检查时，立即向委员会提交初步书面报告，特别是说明检查的理由、这些检查的结果以及是否获得合作；如果发现禁止转移的物品，则进一步要求这些会员国在晚些时候，向委员会提交后续书面报告，提供检查、没收和处置的相关细节和转移的相关细节，包括对物项、其来源和预定目的地进行描述（如果初次报告中没有这些信息）；

16. 谴责雇佣军持续流入阿拉伯利比亚民众国，呼吁所有会员国严格遵守第 1970（2011）号决议第 9 段为其规定的义务，防止向阿拉伯利比亚民众国提供武装雇佣军人员；

17. 决定所有国家都应该不让任何在阿拉伯利比亚民众国境内注册的飞机或由利比亚国民或公司拥有或经营的飞机，从其领土起飞、在其领土降落或飞越其领土，除非有关飞行事先得到委员会的批准，或为紧急降落；

18. 决定所有国家，如有情报提供合理理由认为飞机上载有经本决议修订的第 1970（2011）号决议第 9 段和第 10 段禁止供应、销售、转移或出口的物项，包括提供武装雇佣军人员，应不让飞机从其领土起飞、在其领土降落或飞越其领土，但紧急降落不在此列；

19. 决定，第 1970（2011）号决议第 17、第 19、第 20 段和第 21 段中规定的资产冻结，应适用于委员会指认的在其境内的由利比亚当局或由代表其或按其指示行事的个人或实体，或委员会指认的由其所拥有或控制的实体直接或间接拥有或控制的资金、其他金融资产和经济资源，还决定，所有会员国均应确保本国国民或本国境内任何个人或实体均不向委员会指认的利比亚当局，或代表其或按其指示行事的个人或实体，或由其所拥有或控制的实体，或委员会指认的以这些个人或实体为受益方，提供任何资金、金融资产或经济资源，并指示委员会在本决议通过后 30 天内并在其后酌情指认这些利比亚当局、个人或实体；

20. 申明安理会决心确保在晚些时候尽快将依照第 1970（2011）号决议第 17 段冻结的资产提供给阿拉伯利比亚民众国人民并用于促进其福祉；

21. 决定所有国家应要求本国国民、受本国管辖的个人和在本国境内组建或受本国管辖的公司，在与阿拉伯利比亚民众国境内组建或受利比亚管辖的实体、代表它们或按它们指示行事的任何个人或实体和由它们拥有或控制的实体开展业务时，保持警惕，如果有情报提供合理理由认为这类业务可能有助于对平民使用暴力和武力；

22. 决定附件一中所列个人应接受第 1970（2011）号决议第 15 段和第 16 段中规定的旅行限制，还决定对附件二中所列个人和实体实行第 1970（2011）号决议第 17、第 19、第 20 段和第 21 段规定的资产冻结；

23. 决定第 1970（2011）号决议第 15、第 16、第 17、第 19、第 20 段和第 21 段规定的措施还应适用于安理会或委员会确定的违反或协助他人违反第 1970（2011）号决议各项规定，尤其是第 9 段和第 10 段规定的个人和实体；

24. 请秘书长与委员会协商，设立一个最多有八名专家的小组（"专家小组"），初步任期一年，在委员会的指导下，开展以下工作：

（a）协助委员会执行第 1970（2011）号决议第 24 段和本决议规定的任务；

（b）收集、审查和分析各国、联合国相关机构和其他有关各方执行第 1970（2011）号决议和本决议所定措施情况的资料，尤其是不遵守决议的事件；

（c）就安理会、委员会或各国认为可改善相关措施执行情况的行动提出建议；

（d）至迟在小组任命后 90 天内向安理会提交一份临时工作报告，并至迟在其任期结束前 30 天内向安理会提交最后报告，包括其结论和建议；

25. 敦促所有国家、联合国相关机构和其他有关各方与委员会和专家小组充分合作，尤其是提供其掌握的有关第 1970（2011）号决议和本决议所定措施执行情况的任何资料，尤其是不遵守决议的事件；

26. 决定第 1970（2011）号决议第 24 段规定的委员会任务也适用于本决议所定措施；

27. 决定所有国家，包括阿拉伯利比亚民众国，应采取必要措施，确保不得应利比亚当局、或阿拉伯利比亚民众国境内任何人或实体、或任何通过或者为这些人或实体索赔的人的要求，对合同或其他交易的执行因第 1970（2011）号决议、本决议和相关决议规定的措施而受到的影响，提出索赔；

28. 重申安理会打算不断审查利比亚当局的行动，并强调安理会准备随时审查本决议和第 1970（2011）号决议规定的措施，包括根据利比亚当局遵守本决议和第 1970（2011）号决议的情况，酌情加强、暂停或解除这些措施。

29. 决定继续积极处理此案。①

安理会第 1977（2011）号决议

2011 年 4 月 20 日安全理事会第 6518 次会议通过

安全理事会，

重申其 2004 年 4 月 28 日第 1540（2004）号、2006 年 4 月 27 日第 1673（2006）号和 2008 年 4 月 25 日第 1810（2008）号决议，

重申核武器、化学武器和生物武器及其运载工具的扩散对国际和平与安全构成威胁，

重申所有会员国都需要在军备控制、裁军和在所有不扩散大规模毁灭性武器及其运载工具方面充分遵守义务和履行承诺，

重申防止核生化武器扩散不得妨碍为和平目的在材料、设备和技术方面进行的国际合作，与此同时，不得为扩散目的滥用和平利用的目标，

仍然严重关切恐怖主义的威胁和非国家行为者有可能获得、开发、贩运或使用核生化武器及其运载工具，

重申决心根据《联合国宪章》为其规定的首要职责，采取适当、有效的行动，应对核生化武器及其运载工具的扩散给国际和平与安全带来

---

① https：//www.un.org/zh/sc/documents/resolutions/.

的任何威胁，

重申安理会决定，对第 1540（2004）号决议所述任何义务的解释均不得抵触或改变《不扩散核武器条约》《化学武器公约》《生物和毒素武器公约》缔约国的权利和义务，也不得改变国际原子能机构或禁止化学武器组织的责任，

指出在打击非国家行为者非法贩运核生化武器、其运载工具和相关材料的活动方面，各国间需按照国际法开展国际合作，

确认需要酌情加强对国家、区域、次区域和国际努力的协调，以加强全球对策，应对大规模毁灭性武器及其运载工具的扩散对国际和平与安全构成的严重挑战和威胁，

强调各国需要根据本国授权和立法，依照国际法采取所有适当的国家措施，加强出口管制，控制可用于大规模毁灭性武器及其运载工具的技术的无形转让和信息的获取，防止为扩散提供资金和运输扩散物资，保护敏感材料的安全，

认可第 1540（2004）号决议所设委员会（下称"1540 委员会"）已按照其工作方案开展的工作，包括为促进工作方案的执行而设立工作组，

确认各国在执行第 1540（2004）号决议方面取得的进展，同时注意到，各国在决议所涉某些方面采取的措施有所减少，

又认可 1540 委员会与相关国际、区域和次区域组织开展的宝贵活动，

注意到国际社会为充分执行第 1540（2004）号决议，包括为防止资助扩散活动，做出的努力，并考虑到反洗钱金融行动任务组的框架所提供的指导，

注意到并非所有国家都已向 1540 委员会提交关于第 1540（2004）号决议执行情况的国家报告，

还注意到所有国家全面执行第 1540（2004）号决议，包括颁布国家法律和确保执行这些法律的措施，是一项长期任务，需要在国家、区域和国际各级不断做出努力，

为此确认 1540 委员会和会员国之间进行对话的重要性，强调直接接触是这种对话的一个有效途径，

确认很多国家在执行第 1540（2004）号决议方面仍需要援助，强调

必须应各国请求向其提供适合其需要的有效援助，并欢迎 1540 委员会在这方面发挥协调和促进作用，

为此强调，必须加强各国之间、1540 委员会与各国之间以及 1540 委员会与相关国际、区域和次区域组织之间的相互协助及合作，以帮助各国执行第 1540（2004）号决议，

确认必须在实现 2010 年核安全问题首脑会议的总体目标和具体目标方面取得进展，以此协助有效地执行安全理事会第 1540（2004）号决议，

呼吁各国紧急携手努力，防止和打击核恐怖主义行径，包括增加合作和充分执行相关国际公约，并采取适当措施加强现有的法律框架，以保证切实追究犯有核恐怖主义罪行者的责任，

认可 2009 年对第 1540（2004）号决议执行情况的全面审查，注意到审查的最后文件中的结论和建议，

根据《联合国宪章》第七章采取行动：

1. 重申第 1540（2004）号决议的各项决定和要求，再次强调所有国家全面执行该项决议的重要性；

2. 决定把 1540 委员会的任务期限延长 10 年，直至 2021 年 4 月 25 日；

3. 决定，1540 委员会在五年后并在延长其任务期限前，分别对第 1540（2004）号决议的执行情况进行一次全面审查，包括在必要时对任务的调整提出建议，并向安全理事会提交一份阐述这些审查结论的报告，亦为此决定，第一次审查应在 2016 年 12 月之前举行；

4. 又决定 1540 委员会应在每年 5 月底之前向安全理事会提交年度工作方案，并决定应在 2011 年 5 月 31 日之前编制出下一份工作方案；

5. 决定继续向 1540 委员会提供专家协助，为此目的：

（a）请秘书长与 1540 委员会协商，建立一个最多由八名专家组成的小组（简称"专家组"），在委员会指导和监督下开展工作，成员应拥有适当经验和知识，以便向委员会提供专业意见，协助委员会执行第 1540（2004）号、第 1673（2006）号和第 1810（2008）号决议及本决议为其规定的任务，包括协助为更好地执行第 1540（2004）号决议提供帮助；

（b）在这方面请 1540 委员会考虑提交给委员会和专家组的有关所需

专长、广泛的地域代表性、工作方法、模式和结构的建议，包括考虑是否可在专家组内设立一个负责协调和领导的职位，并最迟在 2011 年 8 月 31 日向安全理事会提交这些建议；

执行

6. 再次呼吁所有尚未提交关于本国为执行第 1540（2004）号决议采取或打算采取的步骤的第一次报告的国家，毫不拖延地向 1540 委员会提交此报告；

7. 再次鼓励所有已经提交报告的国家酌情或在接获 1540 委员会要求时提供补充资料，说明本国执行第 1540（2004）号决议的情况，包括自愿说明本国的有效做法；

8. 鼓励所有国家在 1540 委员会酌情协助下，自愿编制本国的执行行动计划，提出执行第 1540（2004）号决议各项重要规定的重点和计划，并向 1540 委员会提交这些计划；

9. 决定第 1540 委员会应继续加紧努力，通过它的工作方案，推动所有国家全面执行第 1540（2004）号决议，工作方案应包括汇编和全面审查有关各国执行第 1540（2004）号决议的情况以及各国在外联、对话、援助和合作方面的努力，尤其应列入该决议第 1、第 2 段和第 3 段所涉及的所有方面，涵盖：（a）衡算，（b）实物保护，（c）边境管制和执法努力，（d）国家对出口和转口实行的管制，包括对为此种出口和转运提供的资金和筹资等服务，实施管制；必要时列入小组工作的具体重点，同时考虑到每年 12 月底前在专家组协助下编写的第 1540（2004）号决议执行情况年度审查报告；

10. 促请 1540 委员会继续积极同各国及相关国际、区域和次区域组织接触，推动交流第 1540（2004）号决议所涉领域中的经验、教训和有效做法，尤其是借鉴各国提供的信息和成功提供援助的例子，并就有无可能有助于执行第 1540（2004）号决议的方案相互进行联系，同时铭记按具体情况提供援助有益于在国家一级有效执行第 1540（2004）号决议；

11. 为此鼓励 1540 委员会在必要的相关专业人员支持下，就第 1540（2004）号决议的执行积极与各国进行对话，包括应邀访问各国；

12. 请 1540 委员会在专家组支持下，确定有效的做法、模板和准则，以整理一个关于第 1540 (2004) 号决议的汇编并考虑制订一个关于该决议的技术参考指南,供各国自愿在执行第 1540 (2004) 号决议过程中使用,并在这方面鼓励 1540 委员会在酌情征得有关国家同意后,也斟酌利用相关专门人员,包括民间社会和私营部门的专门人员;

援助

13. 鼓励请求援助的国家向 1540 委员会提出它们的请求,并鼓励它们利用委员会这方面的援助模板;

14. 敦促各国和有关国际、区域和次区域组织,酌情向委员会通报它们能够在哪些领域提供援助,并呼吁以前尚未向 1540 委员会提交援助联络机构的国家和组织,在 2011 年 8 月 31 日前提交联络机构;

15. 敦促 1540 委员会继续加强其作用,协助提供技术援助以促进执行第 1540 (2004) 号决议,特别是在专家组支持下,通过应有关国家邀请进行访问、援助模板、行动计划或提交给 1540 委员会的其他信息等途径,积极开展工作,使提供的援助与申请的援助相匹配;

16. 支持 1540 委员会继续做出努力,确保有一个协调一致的透明援助程序,及时为寻求援助的国家和准备提供援助的国家提供随时可取的信息;

17. 鼓励准备提供援助的国家、申请援助的国家、其他有关国家及有关国际、区域和次区域组织召开有 1540 委员会参加的关于援助问题的会议;

与国际、区域和次区域组织的合作

18. 吁请有关国际、区域和次区域组织至迟在 2011 年 8 月 31 日指定并向 1540 委员会提供执行第 1540 (2004) 号决议的联络或协调机构;并鼓励它们就执行第 1540 (2004) 号决议的技术援助和其他所有相关问题,与 1540 委员会加强合作和分享信息;

19. 重申需要继续加强 1540 委员会、安全理事会关于基地组织和塔利班及有关个人和实体的第 1267 (1999) 号决议所设委员会和安全理事会关于反恐怖主义的第 1373 (2001) 号决议所设委员会之间目前正在进行的合作,包括酌情加强信息交流,在各自任务授权范围内协调对各国的考察,提供技术援助以及处理与三个委员会都有关的其他问题,并表示打算就共同关心的领域向各委员会提供指导,以便更好地协调它们的努力；

透明度和外联

20. 请 1540 委员会除其他外，尽可能充分地利用委员会的网站，继续实行增加透明的措施和活动，敦促委员会在专家组参与下，定期召开对所有会员国开放的会议，介绍委员会和专家组就上述目标开展的活动；

21. 请 1540 委员会在国际、区域、次区域一级和酌情在国家一级继续安排和参加关于执行第 1540（2004）号决议的外联活动，推动改进这些外联工作，把重点放在与执行工作有关的具体专题和区域问题上；

行政及资源

22. 认识到 1540 委员会执行任务需要不断得到支持和有充足的资源；为此：

（a）核可裁军事务厅向 1540 委员会提供的现有行政和后勤支助，并决定该委员会至迟在 2012 年 1 月向安理会报告能否加强这种支助，包括通过加强裁军事务厅的区域能力，以支持区域、次区域和国家各级的决议执行工作；

（b）吁请秘书处提供并维持足够的专业人员，以支持本决议概述的 1540 委员会的活动；

（c）鼓励有能力向裁军事务厅提供资源的国家提供资源，以协助各国履行第 1540（2004）号决议规定的义务，并向 1540 委员会提供"实物"捐助或免费培训和专业人员，以帮助专家组及时和有效地满足援助申请；

（d）请 1540 委员会与有关国际、区域和次区域组织及联合国其他机构密切合作，考虑如何利用和保留专业人员，包括专家组的前任专家，从而可以在执行第 1540（2004）号决议方面，将其用于执行具体任务和满足援助需求；

（e）促请 1540 委员会继续鼓励和充分利用自愿财政捐款，以协助各国确定和满足它们在执行第 1540（2004）号决议方面的需要，并请 1540 委员会斟酌促进高效和有效地利用联合国系统内现有的筹资机制；

23. 决定继续处理此案。①

安理会第 1980（2011）号决议

2011 年 4 月 28 日安全理事会第 6525 次会议通过

安全理事会,

回顾其以往关于科特迪瓦局势的决议和主席声明, 特别是第 1880（2009）号、第 1893（2009）号、第 1911（2010）号、第 1933（2010）号、第 1946（2010）号、第 1962（2010）号和第 1975（2011）号决议;

重申其对科特迪瓦主权、独立、领土完整和统一的坚定承诺, 并回顾睦邻友好、互不干涉和区域合作原则的重要性,

表示注意到 2011 年 3 月 30 日秘书长的报告（S/2011/211）、联合国科特迪瓦问题专家组 2011 年报告（S/2011/272）和 2010 年最后报告（S/2011/271）,

强调第 1572（2004）号、第 1643（2005）号和第 1975（2011）号决议规定的措施继续有助于科特迪瓦的稳定, 并强调这些措施旨在支持科特迪瓦和平进程,

欣见科特迪瓦阿拉萨纳·德拉马纳·瓦塔拉总统现已能够依照科特迪瓦人民在 2010 年 11 月 28 日总统选举中表达的愿望, 并在得到国际社会承认的情况下, 全面履行国家元首的职责,

强调全体科特迪瓦人务必不断努力, 通过对话和协商促进全国和解和巩固和平, 并欢迎非洲联盟（非盟）和西非国家经济共同体（西非经共体）为此提供援助,

回顾关于妇女、和平与安全的第 1325（2000）号、第 1820（2008）号、第 1888（2009）号、第 1889（2009）号和第 1960（2010）号决议、关于儿童与武装冲突的第 1612（2005）号和第 1882（2009）号决议以及关于武装冲突中保护平民的第 1674（2006）号和第 1894（2009）号决议,

再次坚决谴责在科特迪瓦境内发生的一切侵犯人权和违反国际人道

---

① https：//www.un.org/zh/sc/documents/resolutions/.

主义法行为，谴责针对平民，包括妇女、儿童、境内流离失所者和外国国民的一切暴力行为以及其他侵犯和践踏人权行为，尤其是强迫失踪、法外处决、杀害或残害儿童和强奸及其他形式的性暴力，并强调必须将犯罪人绳之以法，

强调必须为第 1584（2005）号决议第 7 段最初设立的专家组执行任务提供充足资源，

认定科特迪瓦局势继续对该区域的国际和平与安全构成威胁，

根据《联合国宪章》第七章采取行动，

1. 决定将第 1572（2004）号决议第 7 段至第 12 段、第 1946（2010）号决议第 5 段和第 1975（2011）号决议第 12 段规定的军火措施和金融及旅行措施延至 2012 年 4 月 30 日，还决定将第 1643（2005）号决议第 6 段规定的防止任何国家从科特迪瓦进口任何毛坯钻石的措施延至 2012 年 4 月 30 日；

2. 决定在上文第 1 段所述期限结束之前，根据第 1933（2010）号决议所述，在全国实现稳定、举行议会选举和采取和平进程重大步骤等方面取得的进展，审查上文第 1 段予以延长的措施，还决定至迟于 2011 年 10 月 31 日对上文第 1 段予以延长的措施进行中期审查，以便可以根据和平进程的进展、侵犯人权行为的相关情况和议会选举的相关事态发展，在 2012 年 4 月 30 日前修正、取消或维持制裁制度的全部或部分措施；

3. 呼吁所有会员国，尤其是该次区域的会员国，全面执行上文第 1 段予以延长的措施，包括酌情强制实施必要的细则和条例，又呼吁联合国科特迪瓦行动（联科行动）在其能力和任务范围内给予充分支持，还呼吁法国部队为此在其部署和能力范围内支持联科行动；

4. 敦促所有非法武装战斗人员立即放下武器，鼓励联科行动在其任务和能力范围内和在部署区内，继续协助科特迪瓦政府收缴和储存这些武器，还呼吁科特迪瓦当局，包括国家委员会，根据西非经共体《关于小武器和轻武器、其弹药及其他相关材料的公约》打击扩散和非法贩运小武器和轻武器行为，以确保这些武器不再有用，也不会非法扩散；

5. 回顾授权联科行动在监测军火禁运期间酌情收缴违反第 1572（2004）号决议第 7 段规定的措施流入科特迪瓦的武器和任何相关材料，

并酌情处置此类武器和相关材料;

6. 深为关切科特迪瓦境内有雇佣军,特别是来自邻国的雇佣军,呼吁科特迪瓦和利比里亚当局协调行动以解决这一问题,还鼓励联科行动和联合国利比里亚特派团(联利特派团)在其各自任务、能力和部署区范围内,分别协助科特迪瓦和利比里亚政府监测其边界,特别关注作战人员的任何跨界行动或武器转让;

7. 重申科特迪瓦当局需要按照第 1739(2007)号、第 1880(2009)号、第 1933(2010)号和第 1962(2010)号决议的规定,让专家组、联科行动和支持联科行动的法国部队,酌情在不进行通知的情况下,不受阻碍地进出第 1584(2005)号决议第 2(a)段所述地点和设施,不受阻碍地查看所有武装安全部队的所有武器、弹药和相关材料,不论它们在何处,包括所发放的上文第 4 段提及的收缴武器;

8. 决定,对供应给科特迪瓦安全部队的车辆适用第 1572(2004)号决议第 7 段规定的措施;

9. 决定,第 1572(2004)号决议第 8(e)段所列的豁免程序仅适用于由科特迪瓦政府正式提出请求并获得制裁委员会事先核准的武器和相关材料、车辆以及为支持科特迪瓦安全部门改革进程而提供的技术培训和援助;

10. 强调指出,安理会随时准备根据第 1572(2004)号决议第 9、11 和 14 段的规定,对委员会指认的人采取定向措施,这些人被认定,除其他外:

(a)威胁科特迪瓦和平与民族和解进程,尤其是阻碍执行《瓦加杜古政治协议》所述和平进程;

(b)攻击或阻碍联科行动、支持联科行动的法国部队和秘书长驻科特迪瓦特别代表的行动;

(c)应对阻碍联科行动及支持联科行动的法国部队行动自由的行为负责;

(d)应对科特迪瓦境内严重侵犯人权和违反国际人道主义法的行为负责;

(e)公开煽动仇恨和暴力;

（f）其行为违反上文第 1 段规定的措施；

11. 重申随时准备对阻碍选举进程的人，特别是阻碍独立选举委员会和所有其他有关机构的行动以及阻挠宣布和核证总统和议会选举结果的人，实行制裁，

12. 请所有有关国家，特别是该次区域的有关国家，与制裁委员会通力合作，授权委员会索取它认为必要的任何进一步信息；

13. 决定将第 1727（2006）号决议第 7 段规定的专家组任期延长至 2012 年 4 月 30 日，请秘书长采取必要措施支持专家组的行动；

14. 请专家组至迟于 2011 年 10 月 15 日向委员会提交中期报告，并在任务期结束 15 天前通过委员会向安全理事会提交最后报告，说明第 1572（2004）号决议第 7、第 9 段和第 11 段、第 1643（2005）号决议第 6 段和第 1975（2011）号决议第 12 段规定的措施的执行情况，并就此提出建议；

15. 决定，第 1727（2006）号决议第 7（e）段提及的报告可适当列入与委员会可能增列第 1572（2004）号决议第 9 段和第 11 段所述个人和实体有关的任何信息和建议，还回顾制裁一般性问题非正式工作组关于最佳做法和方法的报告（S/2006/997），包括论及可采取步骤说明监察机制方法标准的第 21、第 22 段和第 23 段；

16. 请秘书长通过委员会，酌情向安全理事会通报联科行动收集的、在可能情况下经专家组审查的关于向科特迪瓦供应军火和相关物资的信息；

17. 又请法国政府通过委员会，酌情向安全理事会通报法国部队收集的、在可能情况下经专家组审查的关于向科特迪瓦供应军火和相关物资的信息；

18. 又请金伯利进程证书制度机构通过委员会，酌情向安全理事会通报在可能情况下经专家组审查的关于科特迪瓦钻石生产和非法出口的信息，并决定延长第 1893（2009）号决议第 16 段和第 17 段规定的在金伯利进程协调下为科学研究目的获取毛坯钻石享有的豁免；

19. 鼓励科特迪瓦当局与金伯利进程证书制度合作，对毛坯钻石交易内部控制系统进行审查和评估，并对科特迪瓦的潜在钻石资源和生产能

力进行全面地质研究,以便可以酌情调整或解除第 1643 (2005) 号决议第 6 段规定的措施;

20. 鼓励科特迪瓦当局向全国各地,特别是向北部和西部,调派海关和边境管制官员,鼓励联科行动在其职权范围内协助科特迪瓦当局恢复正常的海关和边境管制业务;

21. 敦促所有国家、联合国相关机构和其他组织和有关各方与委员会、专家组、联科行动和法国部队充分合作,尤其是提供它们所掌握的第 1572 (2004) 号决议第 7、第 9 段和第 11 段、第 1643 (2005) 号决议第 6 段和第 1975 (2011) 号决议第 12 段规定的并经上文第 1 段重申的措施可能被违反的信息;还请专家组酌情与所有政治行为体协调其活动;

22. 回顾关于武装冲突中性暴力和基于性别的暴力与儿童问题的第 1960 (2010) 号决议第 7 段和第 1882 (2009) 号决议第 7 (b) 段,欢迎委员会同负责儿童与武装冲突问题的秘书长特别代表和负责冲突中性暴力问题的秘书长特别代表根据各自授权酌情交流信息;

23. 为此,还敦促科特迪瓦各方和所有国家,特别是该区域各国确保:

——专家组成员的人身安全;

——专家组的行动不受阻碍,尤其是接触人员、查阅文件和进出地点,以便专家组执行任务;

24. 决定继续积极处理此案。

安理会第 1985 (2011) 号决议

2011 年 6 月 10 日安全理事会第 6553 次会议通过

安全理事会,

回顾其以往各项相关决议,包括第 825 (1993)、第 1540 (2004)、第 1695 (2006)、第 1718 (2006)、第 1874 (2009)、第 1887 (2009) 号和第 1928 (2010) 号决议,以及 2006 年 10 月 6 日 (S/PRST/2006/41) 和 2009 年 4 月 13 日 (S/PRST/2009/7) 的主席声明,

回顾依照第 1874 (2009) 号决议第 26 段设立一个专家小组,在委员会领导下开展该段规定的工作,

回顾秘书长依照第 1874 (2009) 号决议第 26 段任命的专家小组 2010

年 11 月 12 日的临时报告和 2011 年 5 月 12 日的最后报告,

回顾安全理事会制裁的一般性问题非正式工作组报告(S/2006/997)中的制裁监测机制报告的方法标准,

就此指出,按照专家小组的任务规定提供可信、基于事实的独立评估、分析和建议非常重要,

认定核武器、化学武器和生物武器及其运载工具的扩散继续威胁国际和平与安全,

根据《联合国宪章》第七章采取行动,

1. 决定把第 1874(2009)号决议第 26 段规定的专家小组任务期限延至 2012 年 6 月 12 日,请秘书长为此采取必要的行政措施;

2. 请专家小组最迟于 2011 年 11 月 12 日向委员会提出其中期工作报告,又请专家小组在同委员会讨论后,最迟于 2011 年 12 月 12 日向安理会提交其中期报告,还请专家小组最迟在其任务期限结束前 30 天向委员会提交附有结论和建议的最后报告,并请专家小组在同委员会讨论后,在其任期结束时向安理会提交其最后报告;

3. 请专家小组最迟在获得任命后 30 天内向委员会提出预定工作方案,鼓励委员会定期讨论这一工作方案,并请专家小组向委员会提交对工作方案做出的任何修订;

4. 敦促所有国家、联合国相关机构和其他有关各方与第 1718(2006)号决议所设委员会和专家小组充分合作,尤其是提供它们所掌握的任何有关第 1718(2006)号和第 1874(2009)号决议规定措施执行情况的信息;

5. 决定继续积极处理此案。①

安理会第 2012（2011）号决议

2011 年 10 月 14 日安全理事会第 6631 次会议通过

安全理事会,

重申其以往关于海地的各项决议,尤其是第 1944（2010）号、第

---

① https：//www.un.org/zh/sc/documents/resolutions/.

1927（2010）号、第 1908（2010）号、第 1892（2009）号、第 1840（2008）号、第 1780（2007）号、第 1743（2007）号、第 1702（2006）号、第 1658（2006）号、第 1608（2005）号、第 1576（2004）号和第 1542（2004）号决议，

重申坚决致力于维护海地的主权、独立、领土完整和统一，

确认自从 2010 年 1 月 12 日的地震惨剧发生以来，海地已经取得了相当大的进展，特别是，经民主选举产生的总统与来自反对派的另一名民选总统之间进行了和平的权力交接，这是海地历史上的第一次，

又确认（海地政府同样确认），自安理会第 1908（2010）号、第 1927（2010）号和第 1944（2010）号决议通过以来，总的安全局势虽然脆弱，但有了改善，使联海稳定团得以部分缩编军事和警察能力，作为结束震后安全理事会决定的临时能力超编措施的第一步，同时继续在不破坏海地安全和稳定的情况下调整特派团的兵力，并确认必须根据具体情况和结合安全考虑作出关于联海稳定团未来的决定，

欢迎任命了一名总理和一名最高法院院长，并呼吁海地所有相关政治行为体，特别是行政部门和立法部门，参与为达成一项政治协议进行的有效对话，通过该协议巩固一项具体的前瞻性议程，以便在诸如以下这些关键方面取得进展：海地的安全、预算、恢复和发展优先事项；选举和选举改革，包括妇女参与选举进程；完成宪法改革，

确认海地继续面临重大人道主义挑战，有 60 多万境内流离失所者仍依赖援助维持基本生存，霍乱疫情正在蔓延，国家在自然灾害面前极其脆弱，

强调推进海地恢复和重建工作以及海地的社会和经济发展对于实现持久稳定至关重要，其方式包括提供有效的国际发展合作和增强海地利用这些援助的体制能力，重申在保障安全的同时需要取得社会和经济发展，

强调海地政府在灾后恢复和重建工作，包括减少风险和备灾工作中起主导作用，并着重指出，所有联合国行为体和其他相关利益攸关方在向海地政府提供这方面的援助时，以及为海地社会和经济发展提供总体支持时，需要加强协调与配合，

赞赏海地恢复临时委员会迄今所作工作，联合国继续向其提供协调一致的政策咨询意见和技术支助，还赞赏海地重建基金的工作，这两个机构均在海地中长期重建工作中起中心作用，

赞扬联合国系统在海地开展了广泛的恢复工作，特别是联合国支助的住房方案和垃圾清除方案，以及成功利用联海稳定团的军事工程部队解决 2010 年 1 月地震后的燃眉之急，强调必须促进海地当局和国际及民间行为体在这些任务中的参与，

敦促各捐助者从速履行在 2010 年 3 月 31 日举行的"海地走向新未来"国际捐助者会议上作出的承诺，以期继续产生实际可见的重建红利，并着重指出国家有责任提供明确的指导意见和优先事项，

强调区域组织在海地目前的稳定和重建工作中所起的作用，呼吁联海稳定团继续与区域和次区域组织、国际金融机构和其他利益攸关方，特别是美洲国家组织（美洲组织）和加勒比共同体（加共体）密切合作，

认识到海地的各种挑战相互关联，重申安全、法治、体制改革、全国和解和发展各方面的可持续进展相辅相成，欢迎海地政府和国际社会继续努力应对这些挑战，

表示关注犯罪团伙继续对海地稳定构成威胁，确认总体安全形势得到改善，但还表示关注地震以来的趋势表明，所有主要类别的犯罪都有增加，包括太子港和西部省的谋杀、强奸和绑架案有所增加，

确认继续存在性暴力和基于性别的暴力问题，在太子港的穷人区、境内流离失所者营地和该国其他偏远地区尤其如此，

欢迎海地国家警察努力增加巡逻，加强存在，并直接与民众接触，这或许是报案率提高的一个原因，

认识到海地要实现法治和安全，就要加强国家人权机构，尊重人权，有适当法律程序，打击犯罪行为及性暴力和基于性别的暴力，并消除有罪不罚现象，

确认联海稳定团在保障海地的稳定和安全方面发挥关键作用，并确认联海稳定团和联合国国家工作队迄今在协助海地重建过程中所起辅助作用，重申秘书长特别代表协调和领导海地境内联合国机构、基金和方案的所有活动的权力，并着重指出，秘书长特别代表发挥着重要作用，

来确保联海稳定团与联合国国家工作队之间就各自任务当中相互关联的内容进一步开展协调,同时特别注意加强海地机构的能力,包括重建和发展领域的能力,

赞扬联海稳定团继续协助海地政府维持一个安全稳定的局面,向联海稳定团人员及其派遣国表示感谢,向那些因公受伤或丧生的人致敬,

欢迎海地政府承诺加强法治,并呼吁海地政府协同国际社会继续推进安全部门改革,特别是制定并执行将于 2011 年 12 月之后生效的海地国家警察下一个五年发展计划,强调海地政府必须在国际社会应请求提供的协助下,采取步骤确保海地国家警察达到计划所载改革基准,并鼓励政府在联海稳定团支持下,定期向海地人民通报在达到这些基准方面取得的进展,

着重指出海地国家警察必须得到充足资金,并鼓励海地政府利用国际社会提供的支助为海地人民提供充分的安全保障,

强调必须进一步加强海地司法和监狱系统,以支持更统一一致的海地安全部门,欢迎司法机构在获得充足人力和物力方面取得的进展,并确认监狱系统中仍存在人权问题,例如长期审前拘押、监狱人满为患和保健服务不足等,对可持续的行政改革构成重大挑战,

欢迎联合国海地问题特使、美利坚合众国前总统威廉·克林顿做出努力,加强联合国重建措施,包括采取人道主义和发展行动,跟踪援助承诺和资金支付情况,同海地恢复临时委员会和国际金融机构保持联系,努力确保联合国在海地开展的各项行动协调一致,并指出定期报告这些活动的重要性,

强调联合国海地问题特使办公室和其他联合国实体和会员国大力开展协调的重要性,并强调在实地活动的所有国际行为体都要进行协调,

着重指出需要举办高效、可见的劳动密集型项目,以帮助创造就业和提供基本社会服务,

欢迎秘书长 2011 年 8 月 25 日的报告 (S/2011/540),

认定尽管迄今取得了进展,海地局势继续对该区域的国际和平与安全构成威胁,

根据《联合国宪章》第七章,按照第 1542 (2004) 号决议执行部分

第 7 段第一节所述采取行动，

1. 决定将第 1542（2004）号、第 1608（2005）号、第 1702（2006）号、第 1743（2007）号、第 1780（2007）号、第 1840（2008）号、第 1892（2009）号、第 1908（2010）号、第 1927（2010）号和第 1944（2010）号决议规定的联海稳定团任务的期限延长到 2012 年 10 月 15 日，并打算继续延长；

2. 决定按秘书长报告第 50 段所述，联海稳定团的总兵力将最多有 7340 名各级官兵和一个最多有 3241 名警察的警察部分；

3. 申明将来在调整联海团的兵力配置时应以当地的总体安全形势为依据，同时考虑到社会和政治现实对海地稳定和安全的影响、海地国家能力的日益发展，包括海地国家警察的持续加强，以及本国当局越来越多地履行海地国家在维持本国稳定和安全方面的责任；

4. 确认海地稳定工作在所有方面均由海地政府和人民自主并担负首要责任，欢迎联海稳定团采取步骤，在现有资源的范围内根据请求提供后勤和技术专业知识，以协助海地政府继续采取行动，在国家和地方一级建设法治机构的能力，加快执行政府的流离失所者安置战略，同时确认这些步骤是临时性的，会在海地的能力加强时逐步停止，呼吁稳定团按秘书长的建议迅速着手为此开展活动；

5. 欢迎海地政府通过下放权力等方式努力建设各级安全和法治体制能力，吁请联海稳定团以符合其任务规定的方式，并吁请其他有关行为体继续提供支持，以加强自我维持的国家安全部门机构，特别是在太子港以外的地区提供这种支持，以进一步提升海地政府把国家权力所及扩大到海地全境的能力，确保增强国家权力在全国各地的存在，并促进地方各级的善政；

6. 确认，在举行总统和立法选举后，稳定的政治和体制环境对于稳定以及恢复和重建工作的进展至关重要，再次呼吁联海稳定团支持海地目前的政治进程，包括通过秘书长特别代表办公室提供这种支持，鼓励联海稳定团继续支持即将举行的部分立法机构选举和地方政府选举；与包括美洲国家组织和加共体在内的其他国际利益攸关方合作，协调国际社会为海地提供的选举援助；

7. 欢迎联海稳定团正在做出努力,加强同海地国家警察的协调,增强国家警察的能力,以使国家警察全面负责本国所需安全,包括边界管理和安全工作,以评估威胁因素和阻止非法活动,呼吁海地的国际和区域伙伴根据请求增加在这方面对海地政府的援助;

8. 鼓励海地当局充分利用这种支持,特别是利用其加强海地国家警察的能力,实现重要立法的现代化和执行司法改革计划,采取必要步骤,包括提名人选,让高级司法机构得以充分运作,解决审前长期拘押和监狱人满为患的问题,尤其要关注妇女和儿童;

9. 吁请海地政府在联海稳定团协助下优先制订并执行海地国家警察下一个五年发展计划,以此接续将于 2011 年 12 月到期的现行改革计划,请联海稳定团酌情利用额外支助和当地聘用的现有口译员资源,继续支持甄别、辅导和培训警察和惩戒人员,支持加强监狱部门的体制和业务能力,并根据请求继续向捐助项目提供技术指导,以恢复和建设警务和监狱设施;

10. 欢迎恢复对海地国家警察新招募人员的培训和晋升,强调问责和严格甄别程序的必要性,着重指出,维持和增加国际社会对海地国家警察能力建设的支助,尤其是加强对特警队的辅导和培训,至关重要;

11. 又鼓励联海稳定团与适当的国际行为体合作,协助政府消除帮派暴力、有组织犯罪、贩毒和贩卖儿童活动卷土重来的风险;

12. 呼吁所有捐助者、国际组织和非政府组织协调它们的工作,与海地恢复临时委员会或其继承机构密切合作,以加强政府执行海地全国恢复和发展行动计划的能力;

13. 请联合国国家工作队,同时也吁请所有行为体,开展活动,切实改善有关民众,特别是妇女和儿童的生活状况,以配合海地政府在联海稳定团协助下采取的安全和发展行动;

14. 请联海稳定团继续执行速效项目,进一步增加海地民众对联海稳定团的信任;

15. 鼓励联海稳定团继续协助海地政府充分保护平民,尤其注意满足境内流离失所者和其他弱势群体,特别是妇女和儿童的需求,包括在营地联合开展社区治安工作,同时加强旨在消除性暴力和基于性别的暴力的机制，并回顾安全理事会第 1894（2009）号决议，请秘书长与海地政府、部队和警察派遣国及其他有关行为体密切协商，制订全面的平民保护计划；

16. 强烈谴责严重侵害受武装暴力影响的儿童的行为以及普遍存在的强奸妇女和女孩和对她们实施其他性虐待的行为，呼吁海地政府在联海稳定团和联合国国家工作队的协助下，继续按第 1325（2000）号、第 1612（2005）号、第 1820（2008）号、第 1882（2009）号、第 1888（2009）号和第 1889（2009）号决议的规定，促进和保护妇女和儿童的权利；

17. 请秘书长继续采取必要措施，确保联海稳定团所有人员全面遵守联合国对性剥削和性虐待的零容忍政策，并随时向安理会通报情况，敦促部队和警察派遣国确保涉及此类行为的本国人员受到应有的调查和惩罚；

18. 重申联海稳定团负有人权任务，确认尊重人权是海地实现稳定的必要条件，尤其应注意为在过去几届政府统治下发生的严重侵权行为追究个人责任，敦促海地政府确保海地国家警察和司法部门尊重和保护人权，吁请联海稳定团提供相关监督和支持；

19. 欢迎联海稳定团为满足海地的紧迫需求进行重要的工作，鼓励稳定团在其任务范围内继续充分利用现有手段和能力，包括利用其工程人员，进一步加强海地的稳定，请联海稳定团进行较长期规划，还请秘书长在其下一份报告中说明联海稳定团为鼓励海地对本国重建活动发挥更大自主权所制订的计划；

20. 请联海稳定团继续采用经过充实的减少社区暴力方法，根据海地震后需求有变的情况调整方案，特别关注流离失所者和居住在受暴力行为影响的社区的人；

21. 请联海稳定团继续支持海地当局努力控制小武器的流通，包括举办劳动密集型项目，编制武器登记册，修改关于进口和持有军火的现行法律，改革武器许可证制度，制定和实施全国社区治安理念；

22. 强调指出，行动构想和接战规则等联海稳定团军事和警察部分规划文件必须酌情定期更新，必须符合安理会所有相关决议的规定，请秘书长就这些文件向安理会以及部队和警察派遣国提交报告；

23. 请秘书长每半年，至迟在联海稳定团任期结束前 45 天，向安理会报告联海稳定团执行任务的情况；

24. 请秘书长在其报告中全面评估海地安全面临的威胁，尤其注意所有人，特别是妇女和儿童受到保护的情况，说明流离失所者可持续安置工作的进展，并酌情提出调整联海稳定团结构的备选方案；

25. 决定继续处理此案。①

安理会第 2015（2011）号决议

2011 年 10 月 24 日安全理事会第 6635 次会议通过

安全理事会，

回顾其以往关于索马里局势的各项决议，尤其是第 1918（2010）号和第 1976（2011）号决议，

继续严重关切索马里沿海海盗和海上武装劫船行为日益对索马里局势、该区域国家和其他国家，并对国际航运、海上商业航线安全和海员和其他人的安全，构成威胁，并严重关切海盗和参与索马里沿海海上武装抢劫的人更多地使用暴力，

强调必须寻找综合办法来解决索马里沿海海盗和海上武装抢劫问题，强调需要培养索马里实现持久经济增长的潜力，以此消除海盗行为的基本根源，包括贫穷，从而有助于持久清除索马里沿海的海盗和海上武装抢劫行为以及与之相关的非法活动，

重申尊重索马里的主权、领土完整、政治独立和统一，

重申 1982 年 12 月 10 日《联合国海洋法公约》（公约）特别是第一〇〇、第一〇一和第一〇五条中体现的国际法确立了适用于打击海盗和海上武装抢劫行为以及适用于其他海洋活动的法律框架，

还重申本决议的规定仅适用于索马里局势，不影响国际法为会员国规定的权力和义务或责任，

铭记《关于打击西印度洋和亚丁湾海盗和武装抢劫船舶的行为守

---

① https：//www.un.org/zh/sc/documents/resolutions/.

则》，确认签署国承诺审查本国法律以便确保本国法律将针对船舶的海盗和武装抢劫行为定为犯罪，并确保有适当准则来行使管辖权、开展调查和起诉罪犯，

赞扬那些已经根据适用的包括人权法在内的国际法修订本国法律以便将海盗行为定为犯罪并协助在本国法庭起诉海盗嫌犯的国家，强调需要继续在这方面做出努力，

与此同时关切地注意到一些国家的国内法尚无将海盗行为定为犯罪的条款和/或程序条款，以便切实对海盗嫌犯提起有效刑事诉讼，

重申各国起诉海盗嫌犯对打击索马里沿海海盗行为的重要性，强烈谴责在索马里沿海活动的海盗嫌犯继续劫持人质的行为，对人质在关押期间遭受不人道待遇表示严重关切，认识到对人质家人产生的有害影响，呼吁立即释放所有人质，注意到会员国在劫持人质问题上相互开展合作的重要性和就扣押人质起诉海盗嫌犯的必要性，

确认尽管各国迄今为止做出努力，在本国起诉海盗嫌犯，但目前为此开展的工作仍然不够，必须进一步努力以确保切实将海盗嫌犯绳之以法，

再次关切许多涉嫌参与海盗行为的人未经司法程序即获释放，重申不起诉应对索马里沿海海盗和海上武装抢劫行为负责的人破坏了国际社会打击海盗的努力，决心创造条件，确保追究海盗的责任，

感兴趣地注意到秘书长关于设立一个反海盗特别法庭的报告（S/2011/360）认为，假定提供足够国际援助，索马里兰和邦特兰目前进行的海盗审判预计在三年内达到国际标准，表示希望根据秘书长的上述报告加快这一时限，如果能找到和聘用适当的专家，包括散居海外索马里人中的专家，

欢迎联合国同该区域各国，包括塞舌尔、毛里求斯和坦桑尼亚磋商，并欢迎坦桑尼亚表示愿意在合适条件下协助国际社会在其领土上起诉海盗嫌犯，

认定索马里沿海的海盗和海上武装抢劫事件加剧索马里的局势，而索马里局势继续对该区域的国际和平与安全构成威胁，

1. 重申，正如秘书长索马里沿海海盗行为所涉法律问题特别顾问在

2011 年 1 月 19 日提交给安全理事会的报告（S/2011/30）中强调指出的，在打击海盗行为的总体框架内，加强索马里的责任和让其积极参与起诉海盗嫌犯这一最终目标仍然很重要；

2. 确认过渡联邦政府和索马里有关区域当局在消除索马里沿海海盗行为过程中的主要作用；

3. 为此欢迎索马里方面在 2011 年 9 月 6 日过渡路线图中把同区域实体一起制定反海盗政策和立法列为过渡联邦机构的一个重大任务，指出安全理事会已表示今后将视路线图任务的完成情况为过渡联邦机构提供支持；

4. 赞赏地注意到秘书长根据第 1976（2011）号决议第 26 段起草的关于设立索马里反海盗特别法庭的报告（S/2011/360）；

5. 再次呼吁所有国家，特别是船旗国、港口国和沿海国家、海盗和武装抢劫的受害者以及从事海盗和武装抢劫者的原籍国、根据国际法和本国立法拥有相关管辖权的国家，按照包括人权法在内的适用国际法开展合作，以确定管辖权，调查和起诉所有应对索马里沿海海盗和武装抢劫行为负责的人，包括任何煽动或协助海盗行为的人；

6. 呼吁各国也酌情合作起诉扣押人质的海盗嫌犯；

7. 再次紧急要求过渡联邦政府和索马里有关区域当局在禁毒办和开发署的协助下进行合作，通过一整套反海盗法律，包括起诉非法资助、筹划、协助海盗袭击或从中获利的人的法律，以便确保在索马里切实起诉海盗嫌犯和那些与海盗袭击有关联的人，在定罪后把其他地方起诉的海盗移送到索马里，并尽快在索马里关押被定罪的海盗，强烈敦促过渡联邦政府和索马里区域当局迅速消除其他这方面取得进展的障碍，请过渡联邦政府和索马里有关区域当局在 2011 年 12 月 31 日前向安全理事会提交报告，说明在上述每个领域中采取的行动；

8. 呼吁禁毒办、开发署和其他国际伙伴进一步努力支持制定国内立法、协议和机制，从而能够切实起诉海盗嫌犯，移送和关押被定罪的海盗；

9. 强烈敦促尚未在本国法律中将海盗定为犯罪的国家将其定为犯罪，再次呼吁各国考虑根据包括国际人权法在内的适用国际法，起诉在索马

里沿海抓获的海盗嫌犯和关押被定罪的海盗;

10. 敦促各国和国际组织为反海盗执法目的,交流证据和信息,以期确保有效起诉海盗嫌犯和关押被定罪海盗;

11. 呼吁所有会员国至迟于2011年12月31日向秘书长报告它们为在本国法律中将海盗定为犯罪、起诉和支持起诉在索马里沿海抓获的海盗嫌犯和关押被定罪海盗采取的行动,请秘书长汇编这些信息,并将有关汇编作为安全理事会文件分发;

12. 赞扬禁毒办和开发署如秘书长报告所述,正开展工作,根据秘书长索马里沿海海盗行为所涉法律问题特别顾问的建议,支持进行反海盗审判和增加索马里境内的监狱关押能力;

13. 重申应继续并加强努力,以推动建立有效的司法机制,起诉海盗嫌犯;

14. 欢迎秘书长依其报告(S/2011/360)采取行动,按安全理事会的要求进一步积极协助采取适当的下一步措施,以进一步加强反海盗起诉工作;

15. 请各国和区域组织按秘书长报告(S/2011/360)的建议,考虑可通过哪些方式来争取和允许散居海外的索马里人切实协助反海盗工作,特别是在进行起诉方面;

16. 决定,在不损害进一步采取步骤追究海盗责任的情况下,继续紧急考虑在国际社会大力参与和/或支持的情况下,在索马里和该区域其他国家设立反海盗特别法庭,请秘书长与禁毒办和开发署一起,与索马里和愿意设立这些法庭的国家就以下事项进行磋商:国际援助类别,包括提供帮助这些法庭开展工作的必要国际人员;移送被抓获海盗和相关证据的必要程序安排;这些法庭的预计审案能力;这些法庭的预计时限和费用,并酌情根据这些磋商的结果,在90天内向安理会提交设立这些法庭的详细执行方案;

17. 着重指出,这些法庭不仅要对在海上抓获的嫌犯,而且要对任何煽动或蓄意协助海盗行动的人,包括参与海盗行动的非法筹划、组织、协助或资助这些袭击并从中获利的犯罪网络的主要人物,拥有管辖权;

18. 确认,在起诉能力增加的同时,监狱关押能力必须相应增加,呼吁索马里当局以及禁毒办、开发署和其他国际伙伴都根据国际法，支持在索马里建造并负责地管理监狱；

19. 呼吁会员国、区域组织和其他相关伙伴支持在该区域设立特别法庭，做出或协助做出安排，以借调或其他方式提供国际专家，包括散居海外索马里人中的专家，并通过向信托基金捐款，在这方面以其他方式支持禁毒办、开发署或其他各方的工作；

20. 决定继续处理此案。①

安理会第 2016（2011）号决议

2011 年 10 月 27 日安全理事会第 6640 次会议通过

安全理事会，

回顾其 2011 年 2 月 26 日第 1970（2011）号、2011 年 3 月 17 日第 1973（2011）号和 2011 年 9 月 16 日第 2009（2011）号决议，

重申对利比亚的主权、独立、领土完整和国家统一的坚定承诺，注意到 2011 年 10 月 23 日全国过渡委员会发出的利比亚"解放宣言"，

期待利比亚享有一个建立在民族和解、公正、尊重人权和法治基础上的未来，

重申必须推动所有社会和族裔群体成员全面和有效参与有关冲突后阶段的讨论，包括妇女和少数族群平等参与讨论，

回顾安理会决定将利比亚局势提交国际刑事法院检察官审理，并回顾必须开展的合作，确保追究应对侵犯人权和违反国际人道主义法行为负责的人或参与袭击平民的人的责任，

重申难民和境内流离失所者不断自愿返回是巩固利比亚和平的一个重要因素，

表示关切利比亚境内武器泛滥，可能对区域和平与安全产生影响，又表示打算迅速地进一步处理这一问题，

表示严重关切仍有报道称利比亚境内有报复、任意拘留、非法监禁和未经司法程序的处决行为，

---

① https：//www.un.org/zh/sc/documents/resolutions/.

再次呼吁利比亚当局促进和保护人权和基本自由，包括属于弱势群体的人的人权和基本自由，遵守根据国际法，包括国际人道主义法和人权法承担的义务，敦促在过渡期内和其后尊重所有利比亚人，包括前官员和被关押者的人权，

回顾安理会在第 2009（2011）号决议中决定：

（a）修改第 1970 号决议第 9 段规定的武器禁运的有关规定，以增加豁免，（b）结束第 1970（2011）号决议第 17、第 19、第 20 段和第 21 段以及第 1973（2011）号决议第 19 段规定的对利比亚国家石油公司和 Zue-itina 石油公司的资产冻结，修改第 1970（2011）号决议第 17、第 19、第 20 段和第 21 段以及第 1973（2011）号决议第 19 段对利比亚中央银行、阿拉伯利比亚海外银行、利比亚投资管理局和利比亚非洲投资局实行的资产冻结，（c）停止执行第 1973（2011）号决议第 17 段规定的有关措施，

又回顾安理会打算不断审查第 1973（2011）号决议第 6 段至第 12 段规定的措施，并打算在适当和情况允许时与利比亚当局协商，取消这些措施和终止第 1973（2011）号决议第 4 段对会员国的授权，

铭记《联合国宪章》为安理会规定的维护国际和平与安全的首要责任，根据《联合国宪章》第七章采取行动，

1. 欢迎利比亚境内出现积极事态发展，加强利比亚享有一个民主、和平和繁荣未来的前景；

2. 期待迅速建立一个包容、有代表性的利比亚过渡政府，重申需要在过渡期致力推行民主、善治、法治、民族和解和尊重所有利比亚人的人权和基本自由；

3. 强烈敦促利比亚当局不进行报复，包括不进行任意拘留，呼吁利比亚当局采取一切必要步骤，防止报复、任意拘留和未经司法程序的处决，特别指出利比亚当局有责任保护其民众，包括外国国民和非洲移民；

4. 敦促所有会员国在利比亚当局努力消除侵犯国际人权法和国际人道主义法行为不受惩处局面的过程中与其密切合作；

保护平民

5. 决定第 1973（2011）号决议第 4 段和第 5 段的规定于利比亚当地

时间 2011 年 10 月 31 日 23 时 59 分终止；

禁飞区

6. 又决定第 1973（2011）号决议第 6 段至第 12 段的规定于利比亚当地时间 2011 年 10 月 31 日 23 时 59 分终止；

7. 决定继续积极处理此案。①

安理会第 2020（2011）号决议

2011 年 11 月 22 日安全理事会第 6663 次会议通过

安全理事会，

回顾其以往关于索马里局势的各项决议，尤其是第 1814（2008）号、第 1816（2008）号、第 1838（2008）号、第 1844（2008）号、第 1846（2008）号、第 1851（2008）号、第 1897（2009）号、第 1918（2010）号、第 1950（2010）号、第 1976（2011）号和第 2015（2011）号决议，以及 2010 年 8 月 25 日安理会主席声明（S/PRST/2010/16），

继续严重关切海盗和海上武装劫船行为仍对迅速、安全和有效地向索马里和该区域运送人道主义援助物资，对国际航运和海上商业航线安全，以及对其他易受攻击船舶，包括对依照国际法从事捕捞活动构成威胁，严重关切海盗威胁已扩大到西印度洋以及邻近海域，且海盗能力有所加强，

对据说有儿童参与索马里沿海的海盗活动表示关切，确认索马里境内持续存在的不稳定是索马里沿海海盗和海上武装抢劫行为的促成因素，强调国际社会需要采取全面对策来打击海盗和海上武装抢劫行为并消除其根源，

确认不仅要对在海上捕获的嫌犯，而且要对任何煽动或蓄意协助海盗行动，包括非法筹划、组织、协助或资助这些袭击并从中获益的参与海盗活动犯罪网络的主要人物，进行调查和起诉，再次对许多涉嫌参与海盗行为的人未经司法程序即获释放感到关切，重申不起诉应对索马里沿海海盗和海上武装抢劫行为负责的人破坏国际社会打击海盗的努力，

---

① https：//www.un.org/zh/sc/documents/resolutions/.

决心创造条件，确保追究海盗的责任，

重申根据国际法尊重索马里的主权、领土完整、政治独立和统一，包括索马里对渔业等近海自然资源的权利，回顾必须根据国际法防止非法捕捞和非法倾倒，包括倾倒有毒物品，强调要调查这些所说的非法捕捞和倾倒行为，为此赞赏地注意到秘书长根据安全理事会第 1976（2011）号决议第 7 段编写的关于保护索马里自然资源和水域的报告（S/2011/661），

还重申 1982 年 12 月 10 日《联合国海洋法公约》（《公约》）所述国际法确立了适用于打击海盗和海上武装抢劫行为以及适用于其他海洋活动的法律框架，

再次考虑到索马里的危急局势，以及过渡联邦政府没有能力制止海盗或在制止后予以起诉，也没有能力在索马里沿岸海域，包括在国际航道和索马里领海，进行巡逻并保障安全，

注意到过渡联邦政府数次请求提供国际援助以打击其沿海的海盗行为，包括索马里常驻联合国代表 2011 年 11 月 10 日写信，表示过渡联邦政府感谢安全理事会提供的援助，愿意考虑与其他国家和区域组织合作打击索马里沿海的海盗和海上武装抢劫行为，要求将第 1897（2009）号决议的规定再延长 12 个月，

赞扬欧洲联盟阿塔兰特行动、北大西洋公约组织联合保护者行动和海盾行动、联合海上力量的 151 联合特遣队以及其他以本国名义与过渡联邦政府合作和相互开展合作的国家努力打击索马里沿海海盗行为，保护途经索马里沿海水域的易受袭击船舶，欢迎包括中国、印度、伊朗伊斯兰共和国、日本、马来西亚、大韩民国、俄罗斯联邦、沙特阿拉伯和也门在内的各国如秘书长报告（S/2011/662）所述，做出努力，在该区域部署船舰和/或飞机，

欢迎国际海事组织（海事组织）的《吉布提行为守则》、吉布提行为守则信托基金和支持各国采取举措打击索马里沿海海盗行为信托基金在该区域开展能力建设工作，认识到所有参与此事的国际和区域组织都需要全面开展合作，

赞赏地注意到海事组织和航运业做出努力，制定和更新准则、最佳

管理做法和建议，协助船舶防止和打击索马里沿海包括亚丁湾和印度洋海域的海盗袭击，确认海事组织和索马里沿海海盗问题联络小组（海盗问题联络组）就高风险海域航行船舶派有私人签约武装安保人员一事开展的工作，

关切地注意到，有助于在抓获海盗嫌犯后对他们进行拘押和起诉的能力和国内立法依然有限，影响了对索马里沿海的海盗采取更为有力的国际行动，在有些情况下导致海盗未经审判即被释放，而不管是否有足够的证据来对其提起诉讼，重申依循《公约》关于打击海盗行为的规定，1988 年《制止危及海上航行安全非法行为公约》（《制止海上非法行为公约》）规定缔约方须订立刑事罪名，确立管辖权，并接收所移交的以武力或武力威胁或任何其他形式胁迫手段扣押或控制船舶的责任人或嫌犯，

着重指出必须继续加强收集和保存索马里沿海海盗和海上武装抢劫行为的证据并将其提交有关当局的工作，欢迎海事组织、刑警组织和行业团体目前开展工作，为海员制订关于在发生海盗行为后保护犯罪现场的准则，指出让海员在刑事诉讼中提供证据对于成功起诉海盗行为至关重要，

注意到海盗问题联络组第九次全体会议于 2011 年 7 月 14 日达成一致意见，正式建立关于"与索马里沿海海盗行为有关联的非法资金流动"的第 5 工作组，

还认识到海盗正越来越多地进行绑架和扣押人质，用这些活动帮助筹集资金来购买武器、招募人员和继续开展活动，从而威胁到无辜平民的安全，限制贸易自由通行，

重申国际社会谴责绑架和扣押人质行为，包括受《反对劫持人质国际公约》谴责的行为，强烈谴责在索马里沿海活动的海盗嫌犯继续劫持人质的行为，对人质在关押期间遭受不人道待遇深表关切，认识到对人质家人产生的有害影响，呼吁立即释放所有人质，注意到会员国在劫持人质问题上相互开展合作的重要性和就扣押人质起诉海盗嫌犯的必要性，

赞扬肯尼亚共和国和塞舌尔共和国做出努力，在本国法庭起诉海盗嫌犯，欢迎毛里求斯共和国和坦桑尼亚联合共和国的参与，赞赏地注意到联合国毒品和犯罪问题办公室（禁毒办）、支持各国采取举措打击索马

里沿海海盗行为信托基金和其他国际组织与海盗问题联络组合作提供援助，支持肯尼亚、塞舌尔、索马里和包括也门在内的该区域其他国家采取步骤，按照适用的国际人权法，起诉海盗，包括起诉岸上的协助者和资助者，或在别处起诉他们后，将其监禁在第三国，并强调各国和国际组织需要进一步加强这方面的国际努力，

欢迎索马里国家和地区行政当局愿意相互合作并与起诉海盗的国家合作，以便能根据包括国际人权法在内的适用国际法，按适当的囚犯移交安排，把定罪的海盗遣送回索马里，

欢迎秘书长按第1950（2010）号决议要求提交的关于决议执行情况和索马里沿海海盗和海上武装抢劫情况的报告（S/2011/662），

赞赏地注意到秘书长根据第1976（2011）号决议第26段提交的关于设立索马里反海盗特别法庭的模式的报告（S/2011/360），注意到海盗问题联络组与联合国秘书处目前正做出努力，探讨可否建立其他机制来有效起诉海盗和海上武装抢劫嫌犯，包括在岸上煽动或蓄意协助海盗行为的人，

强调各国要考虑可以采取哪些方法来帮助受海盗行为危害的海员，为此欢迎目前在海盗问题联络组和国际海事组织内开展工作，制订照料遭遇海盗行为的海员和其他人的准则，

还赞赏地注意到禁毒办和开发署目前做出努力，特别是在支持各国采取举措打击索马里沿海海盗行为信托基金的支持下，协助加强索马里，包括地区当局监狱系统的能力，以便根据适用的国际人权法，关押被定罪的海盗，

铭记《关于打击西印度洋和亚丁湾海盗和武装抢劫船舶的吉布提行为守则》，确认签署国做出努力，建立适当的监管和立法框架来打击海盗行为，提高它们在该区域水域巡逻的能力，拦阻可疑船舶和起诉海盗嫌犯，

强调，要创造条件永久消除索马里沿海的海盗和海上武装抢劫行为，就要在索马里境内实现和平与稳定，加强国家机构，实现经济和社会发展和尊重人权与法治，并强调，索马里的长期安全取决于过渡联邦政府根据国家安全战略，在《吉布提协议》框架内切实组建国家安全部队，

包括索马里警察部队,

为此欢迎 2011 年 9 月 6 日的《结束索马里过渡期路线图》要求过渡联邦政府协同地区实体制定反海盗政策和立法以及宣布专属经济区,将此作为过渡联邦机构的主要任务,并指出安全理事会已表示今后将视路线图任务的完成情况为过渡联邦机构提供支持,

认定索马里沿海的海盗和海上武装抢劫事件加剧索马里的局势,而索马里局势继续对该区域的国际和平与安全构成威胁,

根据《联合国宪章》第七章采取行动,

1. 重申安理会谴责和痛惜索马里沿海发生的所有海盗和武装抢劫船舶行为;

2. 确认索马里目前的不稳定是海盗问题的基本起因之一,造成索马里沿海的海盗和海上武装抢劫问题;

3. 强调国际社会需要采取综合对策,打击海盗行为,消除其根本起因;

4. 确认不仅要对在海上捕获的嫌犯,而且要对任何煽动或蓄意协助海盗行动,包括非法筹划、组织、协助或资助这些袭击并从中获益的参与海盗活动犯罪网络的主要人物,进行调查和起诉;

5. 吁请各国也酌情在扣押人质和起诉扣押人质的海盗嫌犯问题上开展合作;

6. 再次关切索马里问题监察组 2008 年 11 月 20 日报告（S/2008/769,第 55 页）得出结论认为,支付的赎金不断增多和第 733（1992）号决议规定的军火禁运没有得到强制执行正在助长索马里沿海的海盗行为,吁请所有国家与索马里和厄立特里亚问题监察组充分合作,交流可能违反军火禁运的行为的信息;

7. 再次吁请有能力的国家和区域组织参与打击索马里沿海海盗和海上武装抢劫行为,尤其是依照本决议和国际法,部署海军舰只、武器和军用飞机,并扣押和处置被用于或有充分理由怀疑被用于在索马里沿海从事海盗和海上武装抢劫行为的船舶、舰艇、武器和其他相关装备;

8. 赞赏海盗问题联络组为促进协调开展工作,以便与海事组织、船旗国和过渡联邦政府合作,遏制索马里沿海的海盗和海上武装抢劫行为,

敦促各国和国际组织继续支持这些努力；

9. 鼓励会员国继续同过渡联邦政府合作打击海盗和海上武装抢劫行为，指出过渡联邦政府在打击海盗和海上武装抢劫行为方面负有首要责任，决定从本决议通过之日起，将第 1846（2008）号决议第 10 段和第 1851（2008）号决议第 6 段规定，并经第 1897（2009）号第 7 段和第 1950（2010）号决议第 7 段延长的给予在索马里沿海同过渡联邦政府合作打击海盗和武装抢劫行为的国家和区域组织的授权，再延长 12 个月，过渡联邦政府已为此事先知会秘书长；

10. 申明本决议延长的授权仅适用于索马里局势，不影响会员国在任何其他局势中根据国际法所具有的权利或义务或责任，包括根据《海洋法公约》所具有的任何权利或义务，并特别强调指出，不得将本决议视作确立习惯国际法，还申明只是在收到过渡联邦政府 2011 年 11 月 10 日来信表示同意之后，才延长授权；

11. 还申明第 733（1992）号决议第 5 段规定，并经第 1425（2002）号决议第 1 段和第 2 段进一步阐明的措施不适用于专门供根据上文第 8 段采取措施的会员国和区域组织使用的武器和军事装备，也不适用于向索马里提供的专门用于第 1950（2010）号决议第 6 段所述用途的技术援助物品，因为第 1772（2007）号决议第 11（b）和第 12 段所定程序已规定此类物品不受这些措施约束；

12. 请各合作国家采取适当步骤，确保其根据第 7 段授权从事的活动不会实际上导致剥夺或损害任何第三国船舶无害通过的权利；

13. 吁请会员国应过渡联邦政府的请求，在知会秘书长的情况下，协助索马里，包括地区当局加强其能力，将那些利用索马里领土策划、协助或从事海盗和海上武装抢劫行为的人绳之以法，并强调，根据本段采取的任何措施都应符合适用的国际人权法；

14. 吁请所有国家，特别是船旗国、港口国和沿海国、海盗和武装抢劫行为受害者和实施者的国籍国以及国际法和国内立法规定拥有相关管辖权的国家，按照适用的国际法，包括国际人权法，合作确定管辖范围并调查和起诉索马里沿海海盗和武装抢劫行为的责任人，包括任何煽动或协助海盗行为的人，确保交给司法机构的所有海盗都经过司法程序，并提供各种协助，包括对其所管辖和控制的人，如受害人和证人以及在根据本决议开展行动过程中扣留的人，提供处置和后勤方面的协助；

15. 吁请所有国家在本国法律中将海盗定为犯罪，考虑根据包括国际人权法在内的适用国际法，起诉在索马里沿海捕获的海盗嫌犯和他们在岸上的协助者和资助者，关押被定罪者；

16. 重申安理会决定按第 2015（2011）号决议的规定，继续紧急考虑在国际社会大力参与和/或支持下，在索马里和该区域其他国家设立反海盗特别法庭，并重申这些法庭不仅要对在海上捕获的嫌犯，而且要对任何煽动或蓄意协助海盗行动的人，包括非法筹划、组织、协助或资助这些袭击并从中获益的参与海盗活动犯罪网络的主要人物，拥有管辖权，强调国家、区域和国际组织需要加强合作，以追究这些人的责任，鼓励海盗问题联络组继续就此开展讨论；

17. 敦促所有国家根据现有的国内法采取适当行动，防止非法资助海盗行为和对海盗收入进行洗钱；

18. 敦促各国与国际刑警组织和欧洲刑警组织合作，进一步调查参与索马里沿海海盗行为的国际犯罪网络，包括那些负责非法资助和协助海盗行为的人；

19. 赞扬国际刑警组织建立一个全球海盗数据库，以便汇总索马里沿海海盗行为的信息，协助开展可供执法部门采取行动的分析工作，敦促所有国家通过适当渠道与国际刑警组织分享这类信息，供数据库使用；

20. 为此强调，需要支持调查和起诉那些非法筹划、组织索马里沿海海盗袭击或非法从中获益的人；

21. 敦促各国和各国际组织为打击海盗执法目的分享证据和信息，以便有效地起诉海盗嫌犯和监禁被定罪的海盗；

22. 赞扬设立支持各国采取举措打击索马里沿海海盗行为信托基金和国际海事组织（海事组织）吉布提守则信托基金，敦促受海盗行为影响的国家和非国家行为体，特别是国际航运界，都为这些基金捐款；

23. 敦促《公约》和《制止海上非法行为公约》缔约国全面履行这些公约和习惯国际法为其规定的相关义务，与禁毒办、海事组织和其他国家与其他国际组织合作，以建立成功起诉索马里沿海海盗和海上武装抢劫行为嫌犯的司法能力；

24. 敦促各国各自或在有关国际组织框架内，积极考虑对有关非法捕捞和非法倾倒的指控进行调查，以便在此类罪行是受其管辖者所为时，进行起诉，并注意到秘书长打算在今后有关索马里沿海海盗问题的报告中通报这些问题的最新情况；

25. 欢迎海事组织关于预防和制止海盗和武装抢劫船舶的建议和准则，着重指出包括航运业在内的所有利益攸关者采用这些建议和准则的重要性，敦促各国与航运业、保险业和海事组织合作，继续制定和实施避免、规避和防卫方面的最佳做法和预告，供船舶在索马里沿海海域受袭或航行时采用，还敦促各国在海上的海盗行为或武装抢劫行为或未遂的此类行为发生后，或其公民和船舶被释放后，立即在第一个停靠港口酌情让其公民和船舶接受法证调查；

26. 请海事组织继续协助预防和制止海盗和武装抢劫船舶行为，特别是与联合国毒品和犯罪问题办公室（禁毒办）、世界粮食计划署（粮食署）、航运业和其他所有有关各方进行协调，并确认海事组织在高风险海域航行船舶派有私人签约武装安保人员方面的作用；

27. 注意到海路安全运送粮食署援助的重要性，欢迎粮食署、欧盟"阿塔兰特行动"和船旗国目前就粮食署船只上派有护船分遣队开展的工作；

28. 请目前正在同过渡联邦政府合作的国家和区域组织在9个月内向安全理事会和秘书长通报为履行上文第9段所述授权采取行动的进展情况，还请通过海盗问题联络组协助打击索马里沿海海盗行为的所有国家，包括索马里和该区域其他国家，在同一截止期限内，报告它们在调查和起诉海盗行为方面确立管辖权和开展合作的努力；

29. 请秘书长在本决议通过后11个月内，向安全理事会报告本决议的执行情况以及索马里沿海海盗和海上武装抢劫行为的有关情况；

30. 表示打算审视有关局势，在过渡联邦政府提出要求时酌情考虑再度延长上文第9段所述授权的期限；

31. 决定继续处理此案。①

---

① https：//www. un. org/zh/sc/documents/resolutions/.

安理会第 2021（2011）号决议

2011 年 11 月 29 日安全理事会第 6671 次会议通过

安全理事会,

回顾其以往有关刚果民主共和国的各项决议和主席声明,

重申其对刚果民主共和国及该区域各国主权、领土完整和政治独立的承诺,

强调刚果民主共和国政府对确保本国境内安全和在尊重法治、人权和国际人道主义法的情况下保护本国公民,负有首要责任,

注意到根据第 1771（2007）号决议设立并经第 1807（2008）号、第 1857（2008）号、第 1896（2009）号和第 1952（2010）号决议延长任期的刚果民主共和国问题专家组（专家组）的临时报告和最后报告（S/2011/345 和 S/2011/738）及其各项建议,

欢迎专家组正与刚果民主共和国政府以及该区域其他国家政府和其他国际论坛开展协作,

再次表示严重关切刚果民主共和国,包括南北基伍省和东方省内有武装团体,致使整个地区长期笼罩在不安全气氛中,并再次表示关切这些武装团体获得区域和国际网络的支持,

谴责各种武器违反第 1533（2004）号、第 1807（2008）号、第 1857（2008）号、第 1896（2009）号和第 1952（2010）号决议,继续在刚果民主共和国境内非法流动以及继续非法流入该国的情况,申明安理会决心继续密切监测它关于刚果民主共和国的各项决议规定的军火禁运和其他措施的执行情况,强调各国均有义务遵守第 1807（2008）号决议第 5段规定的通知要求,

回顾自然资源的非法开采、此类资源的非法贸易与军火的扩散和贩运有关联,是助长和加剧非洲大湖区冲突的主要因素之一,

着重指出,经济发展对于确保长期稳定和巩固和平至关重要,为此表示关切一些采矿区失业率进一步上升,贫困加剧,同时注意到专家组提到的其他采矿区一些商行开展尽职调查、采矿行业管理有所改进和矿物生产与出口有所增加之间的关系,

欢迎大湖区国家在非洲大湖区问题国际会议框架内作出反对非法开采自然资源的区域努力，注意到这些国家承诺制定反对非法开采自然资源的区域举措并认可经济合作与发展组织制定的尽职调查准则，鼓励这些国家执行有关区域举措的内容，

表示关切武装团体越来越多地通过各种犯罪活动，包括非法贩运毒品、非法征税和出售农产品，来寻求新的资金来源，

深为关切地注意到，刚果民主共和国东部一直有侵犯人权和违反人道主义法的行为，包括大量平民被杀和流离失所，招募和使用儿童兵，性暴力屡见不鲜，强调必须将侵权和违法者绳之以法，重申安理会坚决谴责该国发生的所有侵犯人权和违反国际人道主义法的行为，回顾安理会所有有关妇女与和平与安全、儿童与武装冲突和武装冲突中保护平民的决议，

认定刚果民主共和国的局势继续对该区域的国际和平与安全构成威胁，

根据《联合国宪章》第七章采取行动，

1. 决定将第1807（2008）号决议第1段规定的军火措施延至2012年11月30日，并重申该决议第2、第3段和第5段的规定；

2. 决定将第1807（2008）号决议第6段和第8段规定的运输措施延至上文第1段所定期限，重申该决议第7段的规定；

3. 决定将第1807（2008）号决议第9段和第11段规定的金融和旅行措施延至上文第1段所定期限，重申该决议第10段和第12段的规定适用于第1857（2008）号决议第4段提到的个人和实体；

4. 请秘书长将第1533（2004）号决议所设、任期由其后各项决议续长的专家组的任期延至2012年11月30日，请专家组执行第1807（2008）号决议第18段规定、经第1857（2008）号决议第9段和第10段扩大的任务，并至迟于2012年5月18日、再次在2012年10月19日前，通过委员会向安理会提出书面报告；

5. 重申第1952（2010）号决议第6段至第13段的规定，请专家组在其评估尽职调查影响的报告中，全面评估对刚果民主共和国有关采矿区的经济和社会发展产生的影响；

6. 欢迎刚果民主共和国支持联合国专家组和经济合作与发展组织制定的尽职调查准则,还欢迎刚果政府为执行该准则采取的措施,呼吁所有国家支持刚果民主共和国和大湖区各国执行该准则;

7. 鼓励所有国家,特别是该区域各国,继续提高对联合国专家组准则的认识,尤其是在黄金业,以此作为更广泛努力的一部分,以减轻进一步资助刚果民主共和国武装力量〔刚果(金)武装力量〕内的武装团体和犯罪网络的风险;

8. 鼓励刚果民主共和国和大湖区各国要求其海关当局加强对从刚果民主共和国进出口矿物的控制,吁请国际社会视需要在接获要求时,协助刚果民主共和国和大湖区其他国家加强它们在这方面的能力;

9. 建议该区域各国定期公布自然资源,包括黄金、锡石、钶钽铁矿石、黑钨矿、木料和木炭进出口的全部统计数据,在区域一级加强信息交流和联合行动,调查和打击参与非法开采自然资源的区域犯罪网络和武装团体;

10. 回顾联合国组织刚果民主共和国稳定特派团(联刚稳定团)的任务是支持刚果有关当局在五个试点交易柜台周边地区对矿区、贸易路线和市场进行抽查和定期走访,防止通过非法活动,包括生产和买卖自然资源,为武装团体提供支持;

11. 鼓励刚果民主共和国政府在国际伙伴视需要应邀提供援助的情况下,加强武器弹药储存的安全、负责与管理,根据《内罗毕议定书》和小武器问题区域中心规定的标准,迅速执行一个全国武器加标识方案,特别是对国有武器加标识;

12. 鼓励刚果民主共和国政府继续处理国家军队凝聚力这一重大问题,包括进一步确保前武装团体,特别是全国保卫人民大会,适当整编入刚果(金)武装力量和接受审查,确保国家军队人员及时领到薪金,根据规定的指挥控制条例行事,在违反条例时要酌情接受纪律处罚,并确保部署刚果安全部队,缓解安全真空造成的威胁,包括刚果(金)武装力量重组过程中出现的威胁;

13. 要求所有武装团体,特别是卢民主力量、上帝军、马伊—马伊 Yakutumba 派、民族解放力量(民解力量)和民主同盟军,放下武器,立即在刚果民主共和国和大湖区停止针对平民，特别是针对妇女和儿童的一切形式暴力、侵犯人权和违反国际人道主义法行为，包括强奸和其他形式性虐待，并进行复员；

14. 欢迎刚果当局目前为消除有罪不罚现象做出的努力，鼓励它继续这样做，包括打击侵犯人权和违反国际人道主义法，包括施加性暴力的人，打击那些要对非法开采自然资源负责的人，包括非法武装团体或刚果（金）武装力量成员的侵权违法行为；

15. 强调刚果政府必须积极追究那些要对该国境内的战争罪和危害人类罪负责的人的责任，必须为此开展区域合作，包括通过政府目前同国际刑事法院进行的合作，鼓励联刚稳定团利用现有的授权在这方面为刚果政府提供援助；

16. 鼓励所有国家，特别是联刚稳定团和专家组，相互加强合作，还鼓励所有各方和所有国家确保其管辖或控制下的个人和实体与专家组合作，再次要求所有各方和所有国家保障专家组成员的安全，确保他们能不受阻碍地直接进行接触，特别是接触专家组认为与其执行任务有关的人、文件和地点；

17. 吁请专家组积极在自然资源问题上，与其他有关专家小组，特别是第 1980（2011）号决议第 13 段重新设立的科特迪瓦问题专家组和第 1961（2010）号决议第 6 段重新设立的利比里亚问题专家组开展合作；

18. 鼓励联刚稳定团在特派团的选举后 6 个月应急计划中考虑到专家组关于武装团体问题和武装团体编入部队面临的挑战的结论；

19. 吁请所有国家，特别是该区域各国和按本决议第 3 段指认的个人和实体的所在国，定期向委员会报告它们已采取哪些行动来执行第 1952（2010）号决议第 1、第 2 段和第 3 段规定的措施和第 8 段建议采取的措施；

20. 鼓励所有国家向委员会提交符合第 1857（2008）号决议第 4 段标准的个人或实体名字，以及由被提交名字者直接或间接拥有或控制的实体或代表被指认者或按其指示行事的个人或实体的名字，以便列入被指认者名单；

21. 决定酌情至迟于 2012 年 11 月 30 日审查本决议规定的措施，以便酌情视刚果民主共和国的安全局势，特别是包括武装部队整编和国家警察改革在内的安全部门改革的进展，并酌情视刚果和外国武装团体解除武装、复员、遣返、定居和重新融入社会的进展，对其进行调整；

22. 决定继续积极处理此案。①

安理会第 2025（2011）号决议

2011 年 12 月 14 日安全理事会第 6684 次会议通过

安全理事会，

回顾其以往关于利比里亚和西非局势的各项决议和主席声明，

欣见利比里亚政府在国际社会支持下，自 2006 年 1 月以来在重建利比里亚以造福全体利比里亚人方面持续取得进展，

强调利比里亚必须在木材部门继续取得进展，有效实施并强制执行 2006 年 10 月 5 日经签署成为法律的《国家林业改革法》以及关于收入透明度（《利比里亚采掘业透明度措施法》）和关于解决土地产权和保有权（《关于森林土地的社区权利法》和《土地委员会法》）的其他新立法，

鼓励利比里亚政府重申其承诺并加倍做出努力，确保在利比里亚采用金伯利进程证书制度，采取一切可能措施防止走私毛坯钻石，

鼓励利比里亚政府改进对黄金业的管制并就此通过必要的立法，集中精力有效地管理黄金生产业，

强调联合国利比里亚特派团（联利特派团）在改善利比里亚全境安全以及帮助该国政府在全国各地，尤其是在钻石、黄金、木材和其他自然资源产区及边界地区建立管辖权方面继续发挥重要作用，

注意到联合国利比里亚问题专家小组的报告（S/2011/757），

强调安理会决心支持利比里亚政府努力满足第 1521（2003）号决议规定的条件，欢迎建设和平委员会的参与，鼓励包括捐助方在内的所有利益攸关方支持利比里亚政府的努力，

确认维持和平行动部关于联合国各维持和平特派团与安全理事会各制裁委员会专家组之间合作与共享信息的准则得到实施，

---

① https：//www.un.org/zh/sc/documents/resolutions/.

赞扬利比里亚人民于 2011 年 11 月 8 日举行了自由、公平和透明的选举,还赞扬全国选举委员会根据利比里亚法律成功地安排了选举工作,

表示关切 2011 年 11 月 7 日发生的暴力事件,欢迎利比里亚政府设立一个独立特别调查委员会,采用符合国际标准的独立公正程序对事件进行调查,认定有关事实和情况,以追究应对其负责的人的责任,

呼吁所有利比里亚领导人推动重大和解和包容性对话,以巩固和平,推进利比里亚的民主发展,

认定尽管已经有重大进展,但利比里亚局势继续对该区域的国际和平与安全构成威胁,

根据《联合国宪章》第七章采取行动,

1. 重申第 1532(2004)号决议第 1 段规定的措施仍然有效,严重关切地注意到在执行第 1532(2004)号决议第 1 段规定的金融措施方面缺乏进展,要求利比里亚政府尽一切必要努力履行其义务;

2. 决定在本决议通过之日后的 12 个月期间:

(a)延长第 1521(2003)号决议第 4 段规定的旅行措施;

(b)延长第 1521(2003)号决议第 2 段规定,并经第 1683(2006)号决议第 1 段和第 2 段、第 1731(2006)号决议第 1(b)段、第 1903(2009)号决议第 3、第 4、第 5 和第 6 段及第 1961(2010)号决议第 3 段修订的军火措施;

(c)根据全国实现稳定工作取得的进展和举行总统及议会选举的情况,审查本段和第 1 段规定的措施,以确定可否修改或解除制裁制度的全部或部分措施,审查应在上述 12 个月期间结束时进行,中期审查至迟在 2012 年 4 月 30 日前进行;

3. 还决定在利比里亚政府向安理会报告已满足第 1521(2003)号决议所列终止有关措施的条件,并向安理会提供信息说明据以作出此种评估的理由后,应利比里亚政府的请求,审查上述任一措施;

4. 指示委员会与利比里亚政府和相关指认国协调,在专家小组协助下,视需要立即更新公开备查的列入禁止旅行和冻结资产名单的理由以及委员会的准则;

5. 决定将根据第 1903(2009)号决议第 9 段任命的专家小组的任期

在本决议通过之日后延长 12 个月,以执行下列任务:

(a) 前往利比里亚和邻国执行两次后续评估任务,以进行调查并编写一份中期报告和一份最后报告,说明经第 1903 (2009) 号决议修订的军火措施的执行情况和任何违反这些措施的情况,列入任何与委员会指认第 1521 (2003) 号决议第 4 (a) 段和第 1532 (2004) 号决议第 1 段所述个人相关的信息,并说明非法军火贸易的各种资金来源,如来自自然资源的资金;

(b) 评估第 1532 (2004) 号决议第 1 段所规定措施的影响、实效和持续必要性,尤其是对前总统查尔斯·泰勒名下资产的影响、实效和持续必要性;

(c) 确定可在哪些领域加强利比里亚和该区域各国的能力并就此提出建议,以利于执行第 1521 (2003) 号决议第 4 段和第 1532 (2004) 号决议第 1 段规定的措施;

(d) 在利比里亚不断演变的法律框架内,评估森林和其他自然资源在何种程度上促进和平、安全与发展而不是助长不稳定,评估相关立法(《国家林业改革法》《土地委员会法》《关于森林土地的社区权利法》和《利比里亚采掘业透明度倡议法》)及其他改革努力在何种程度上帮助进行这一过渡,并酌情提出建议,说明这些自然资源如何能够更有力地促使该国逐渐走向可持续和平与稳定;

(e) 与金伯利进程证书制度积极合作,并评估利比里亚政府遵守金伯利进程证书制度的情况;

(f) 至迟在 2012 年 6 月 1 日和 2012 年 12 月 1 日,就本段列举的所有问题通过委员会向安理会分别提出一份中期报告和一份最后报告,并在这两个日期之前酌情非正式地向委员会通报最新情况,特别是 2006 年 6 月解除第 1521 (2003) 号决议第 10 段所规定措施以来在森林部门取得的进展,以及 2007 年 4 月解除第 1521 (2003) 号决议第 6 段所规定措施以来在钻石部门取得的进展;

(g) 就自然资源问题与其他相关专家组,尤其是第 1980 (2011) 号决议第 13 段重新组建的科特迪瓦问题专家组和第 2021 (2011) 号决议第 4 段重新组建的刚果民主共和国问题专家组,积极合作;

（h）协助委员会更新公开备查的列入禁止旅行和冻结资产名单的理由；

6. 请秘书长重新任命专家小组，并作出必要财政和安保安排，以支持专家小组的工作；

7. 吁请所有国家和利比里亚政府在专家小组任务的各个方面与专家小组通力合作；

8. 回顾根据 2006 年《西非国家经济共同体关于小武器和轻武器的公约》的规定，相关政府当局要担负控制利比里亚境内以及利比里亚与邻国之间小武器流通的责任；

9. 重申联利特派团和联合国科特迪瓦行动（联科行动）需要定期协调它们在临近利比里亚－科特迪瓦边界地区的战略与行动，以便促进次区域的安全；

10. 重申联利特派团务必在部署区内，并在不影响其任务规定的情况下，继续向利比里亚政府、委员会和专家小组提供力所能及的协助，并继续执行以往的决议，包括第 1683（2006）号决议规定的各项任务；

11. 敦促利比里亚政府完成 2009 年金伯利进程审查小组建议的执行工作，加强对钻石开采和出口的内部管制；

12. 鼓励金伯利进程继续与专家小组合作，并就利比里亚实施金伯利进程证书制度的各种动态提出报告；

13. 决定继续积极处理此案。

安理会第 2067（2012）号决议

2012 年 9 月 18 日安全理事会第 6837 次会议通过

安全理事会，

回顾以往关于索马里局势的各项决议，以及其他关于索马里局势的主席声明，重申尊重索马里的主权、领土完整、政治独立和统一，重申对全面持久解决索马里局势的承诺，确认一个更稳定的索马里对确保区域安全至关重要，欣见过去 12 个月来取得重大进展，举行了全国制宪会议，随后又通过了索马里临时宪法，又欣见世袭长老会和技术甄选委员会在核定议员方面开展重要工作，欣见成立新索马里联邦议会，但对关于甄选过程中出现恐吓行为和腐败现象的报道表示关切,还欣见新联邦议会选出其议长和新总统,认为这表示索马里过渡时期业已完成,也是索马里在迈向更稳定和更负责任的治理道路上的一个重要里程碑,关切令人担忧的挪用公款情况报道,鼓励新索马里当局在财政管理方面坚持高标准,欣见各区域机构,包括非洲联盟和政府间发展管理局在过渡进程中发挥作用,赞扬秘书长特别代表奥古斯丁·马希加博士为在索马里实现和平与稳定所做的努力,赞扬非洲联盟驻索马里特派团(非索特派团)为索马里持久和平与稳定做出的贡献,注意到非索特派团在改善摩加迪沙和索马里中南部其他地区安全局势方面发挥的关键作用,表示感谢布隆迪、乌干达、吉布提、肯尼亚和塞拉利昂等国政府继续承诺向非索特派团提供部队、警察和装备,并肯定非索特派团部队作出的巨大牺牲,再次强烈谴责武装反对派团体和外国战斗人员特别是青年党对索马里机构、非索特派团、联合国人员和设施以及平民的一切攻击,强调索马里武装反对派团体和外国战斗人员特别是青年党对索马里和国际社会构成恐怖威胁,强调绝不允许恐怖主义或暴力极端主义在索马里存在,再次呼吁所有反对派团体放下武器,吁请新索马里当局在非索特派团和国际伙伴的支持下,在非索特派团和索马里国家安全部队控制的地区加强安全,强调必须在从青年党手中收复的地区建立可持续、合法和具有代表性的地方治理和安全结构。

回顾其第 1950(2010)、第 1976(2011)、第 2020(2011)号和第 2036(2012)号决议,赞扬国际社会已经作出的各项努力,包括海军行动和能力建设行动,欣见最近海盗袭击得逞次数有所减少,认识到这些成果有可能逆转,表示严重关注索马里沿海海盗和武装抢劫行为构成的威胁,并确认索马里境内持续存在的不稳定助长了索马里沿海海盗和海上武装抢劫行为,欣见议会中有更多的妇女议员,赞扬索马里当局,并强调必须提高妇女在预防和解决冲突决策中的作用,关切当前索马里人道主义危机及其对索马里人民的影响,谴责任何滥用人道主义援助的行为,强调国际人道主义支持的重要性,重申必须恪守国际法,包括《联合国宪章》及国际人权法和人道主义法规定的各项义务,指出调查违反国际人道主义法行为的重要性,以及追究此类违法行为实施者责任的重要性。

确认除了强大的体制外，建立持久和平与和解方面的过渡司法进程对索马里的重要性，强调全体索马里人包括妇女、民间社会和政府行为体通过包容性协商对话可在和解进程中发挥的作用，注意到索马里人权状况独立专家的任务期限延长了一年，期待即将于 2012 年 9 月 26 日举行的秘书长索马里问题高级别活动，这将是索马里新领导人巩固与国际社会的伙伴关系，包括就促进索马里安全、稳定以及透明和负责任治理采取下一步骤的机会。

1. 表示决心与索马里当局新机构和新部门密切合作，鼓励新总统迅速任命一个包容各方和负责任的政府，特别是任命一位总理，再由总理任命一个可在国内开展建设和平工作的内阁，敦促索马里各行为体和国际社会保证继续予以支持；

2. 强调新索马里当局在实现索马里和解、持久和平与稳定方面发挥的关键作用，吁请索马里当局与国际社会开展建设性合作，落实 2011 年 9 月 6 日路线图的所有延滞内容，以负责任和包容性方式主持政务，并以透明方式管理财政；

3. 强调关切关于议员甄选过程中出现不合规定和恐吓行为的报道，敦促索马里当局调查这些报道，并采取适当行动；

4. 强调新索马里当局必须与各伙伴协商制订方案，确定过渡后的各个优先事项，并加强它与区域机构的关系，请秘书长和联合国相关实体就此提供协助，并着重指出，应在本届议会任期内就《临时宪法》举行全国公民投票并举行大选；

5. 着重指出，索马里当局有责任支持和解，进行有效和包容性地方行政管理，并向索马里人民提供公共服务，强调这些举措必须辅之以将法治机构扩大到从青年党手中收复的地区；

6. 重申愿意对行为危及索马里和平、稳定或安全的任何人采取措施；

7. 表示关切挪用公款的报道，再次呼吁制止挪用公款行为，敦促充分进行合作，迅速成立联合财政管理委员会并使其有效开展工作，吁请索马里当局制订有效管制框架，以促进经济发展，并请参与索马里经济重建的所有伙伴加强协调；指出索马里相关机构能力建设的重要性；

8. 重申妇女在预防和解决冲突以及在建设和平方面发挥的重要作用，强调必须让她们平等参加和充分参与维护和促进和平与安全的各项努力，敦促索马里当局继续促使更多妇女加入索马里所有机构各决策层;

9. 回顾关于武装冲突中保护平民的第 1674 (2006) 号、第 1738 (2006) 号和第 1894 (2009) 号决议，重申支持非索特派团，欣见非索特派团在改善摩加迪沙及其他地区安全方面取得进展，强调非索特派团根据第 2036 (2012) 号决议第 1 段和第 1772 (2007) 号决议第 9 段规定的非索特派团任务和索马里国家安全部队有必要在各伙伴的支持下继续努力，降低青年党和其他武装反对派团体构成的威胁，为此，敦促索马里当局完成索马里国家安全部队的重组，包括确保全面掌控所有整编人员;

10. 欢迎非洲联盟伙伴支持非索特派团，特别是通过欧洲联盟的非洲和平融资机制给予支持，并促请所有伙伴特别是新捐助方支持非索特派团，提供部队津贴所需资金、装备和技术援助，并向联合国非索特派团信托基金提供不带条件的非索特派团经费;

11. 欣见签署《国家安全与稳定计划》，重申索马里当局承担建立善治、法治以及安全和司法机构责任的重要性，强调有必要尽早按照《临时宪法》的构想成立国家安全委员会，以确保索马里人民就今后的安全与司法架构进行包容性对话，敦促国际社会加倍努力，支持索马里安全机构的发展，在这方面，欢迎欧洲联盟培训团向索马里国家安全部队提供支持;

12. 敦促国际社会继续努力，支持索马里司法机构的发展，重申进一步加强对该领域国际支持的协调至关重要，着重指出必须落实 2012 年伦敦和伊斯坦布尔会议商定的各项举措;

13. 鼓励各会员国继续与索马里当局合作并继续相互合作，打击海盗和海上武装抢劫行为，促请各国酌情就劫持人质问题彼此合作，强调根据 2011 年 9 月 6 日的路线图，索马里当局在打击索马里沿海海盗和海上武装抢劫行为方面发挥首要作用，请索马里当局在秘书长和联合国相关实体的协助下，不再推迟地尽快制订一整套反海盗法律，包括起诉那些资助、规划、组织、协助海盗袭击或从中渔利者的法律，以确保尽早有效起诉海盗嫌疑人以及与索马里沿海海盗袭击有关联的人，将在其他地方起诉并定罪的海盗移送索马里，并在索马里关押被定罪的海盗，此外，敦促索马里当局根据《联合国海洋法公约》宣布设立一个专属经济区，促进对索马里沿海水域的有效管理；

14. 指出为第 1846（2008）号决议第 10 段和第 1851（2008）号决议第 6 段以及延长上述两段授权的第 1897（2009）号决议第 7 段、第 1950（2010）号决议第 7 段和第 2020（2011）号决议第 9 段的目的，新索马里当局接管前过渡联邦政府的职能；

15. 强调保护和促进人权、调查违反国际人道主义法行为和将应对此类违法行为负责任的人绳之以法对于新索马里当局的合法性十分重要，吁请索马里履行国际人权法和国际人道主义法为其规定的义务；

16. 欣见索马里当局和联合国 2012 年 5 月 11 日签署关于人权问题的谅解备忘录，敦促各会员国支持所有有关机构改善索马里人权监测情况；

17. 欣见索马里当局和联合国 2012 年 8 月 6 日签署行动计划，以消除杀害和残害儿童行为，注意到这是签署的第一份此类行动计划，促请索马里当局大力执行这一行动计划以及 2012 年 7 月 3 日关于招募和使用儿童兵问题的行动计划，并强调必须将任何此类行为的实施者绳之以法；

18. 强烈谴责许多方面特别是青年党及其有关人员对平民犯下严重和系统的侵权和践踏人权行为，包括暴力侵害儿童、记者和人权捍卫者的行为以及侵害妇女和儿童的性暴力行为，要求立即停止此类行为，并强调必须追究所有此类侵权行为和暴行的责任；

19. 再次要求各方确保允许人道主义援助全面、安全和不受阻碍地通行，及时送到索马里各地需要援助的人手中；

20. 指出国际社会向索马里提供统筹协调的支持至关重要，吁请联合国协调国际社会向索马里提供援助和开展能力建设的努力；欢迎联索政治处的一个办事处逐步迁到摩加迪沙，并敦促所有联合国实体进一步采取步骤，迅速全部搬到索马里，特别是尽快搬到摩加迪沙和从青年党手中收复的地区，设立较固定的办事处；

21. 期待秘书长对联合国在索马里的存在进行机构间审查，强调有必要与索马里当局和非洲联盟开展密切伙伴合作,并与各区域和国际伙伴协商,为联合国系统在索马里开展的所有活动制定一个综合战略方法,并请秘书长至迟于 2012 年 12 月 31 日向安全理事会提出备选办法和建议;

22. 重申支持全面、持久解决索马里局势;

23. 决定继续积极处理此案。①

安理会第 2080（2012）号决议

2012 年 9 月 18 日安全理事会第 6837 次会议通过

安全理事会,

注意到 2012 年 11 月 27 日秘书长给安理会主席的信（S/2012/893）,内附 2012 年 10 月 31 日卢旺达问题国际法庭（"国际法庭"）庭长的信,

回顾 1994 年 11 月 8 日第 955（1994）号、2003 年 8 月 28 日第 1503（2003）号和 2004 年 3 月 26 日第 1534（2004）号决议以及以往关于国际法庭的各项决议,

又回顾 2010 年 12 月 22 日第 1966（2010）号决议设立了刑事法庭余留事项国际处理机制（"余留机制"）,并请国际法庭采取一切可能措施,快速且不迟于 2014 年 12 月 31 日完成全部剩余工作,为关闭法庭做准备并确保顺利过渡到余留机制,

欢迎余留机制的卢旺达问题国际法庭分支于 2012 年 7 月 1 日顺利开始运作,

注意到对刑事法庭余留事项国际处理机制的评估（S/2012/849）,

注意到国际法庭在其关于《完成工作战略》的报告（S/2012/836）中作出的评估和修订后的审判和上诉时间表,

注意到顺利将案件移送卢旺达起诉,强调必须对移送的案件进行适当监测,始终尊重国际法庭移交给卢旺达的被告的权利,

还注意到,剩下的唯一审判将在 2012 年 12 月 31 日完成,国际法庭剩下的上诉将于 2014 年 12 月 31 日完成,并为此赞扬国际法庭,

关切地注意到国际法庭在安置被判无罪的人和被判有罪但已服满刑

---

① https：//www.un.org/zh/sc/documents/resolutions/.

期的人方面仍然有困难，强调必须完成对这些人的安置，

又注意到国际法庭庭长对人员配置问题感到关切，重申工作人员的留用对于及时完成国际法庭的工作至关重要，

敦促国际法庭采取一切可能措施，迅速完成第 1966（2010）号决议要求的工作，

根据《联合国宪章》第七章采取行动，

1. 决定将国际法庭担任上诉分庭法官的下列常任法官的任期延长至 2014 年 12 月 31 日，如指派其审理的案件在此之前结案，任期则提前结束：

——穆罕默德·居内伊（土耳其）

——哈立达·拉希德·汗（巴基斯坦）

——阿莱特·拉马鲁松（马达加斯加）

——巴赫季亚尔·图兹穆哈梅多夫（俄罗斯联邦）

——安德列西亚·瓦斯（塞内加尔）

2. 请国际法庭在它要提交给安全理事会的关于根据 2004 年 3 月 26 日第 1534（2004）号决议落实《完成工作战略》的报告中，通报根据第 1966（2010）号决议把国际法庭的职能协调过渡到余留机制的预定时间，包括具体的预计日期，以期完成国际法庭的全部剩余工作，尽早予以关闭，至迟不晚于 2014 年 12 月 31 日；

3. 敦促各国，特别是逃犯疑似藏身的国家，进一步加强与国际法庭的合作，并向其提供一切必要协助，尤其是在尽快逮捕和移交所有剩余逃犯方面；

4. 赞扬那些已同意在其领土上安置被判无罪的人和被判有罪但已服满刑期的人的国家，再次呼吁其他有能力的国家与国际法庭合作，并为国际法庭进一步做出的努力提供一切必要协助，以安置被判无罪的人和被判有罪但已服满刑期的人；

5. 决定继续处理此案。①

---

① https：//www.un.org/zh/sc/documents/resolutions/.

安理会第 2087（2013）号决议

2013 年 1 月 22 日安全理事会第 6904 次会议通过

安全理事会，

回顾其以往相关决议，包括第 825（1993）、第 1540（2004）、第 1695（2006）、第 1718（2006）、第 1874（2009）号和第 1887（2009）号决议，以及 2006 年 10 月 6 日（S/PRST/2006/41）、2009 年 4 月 13 日（S/PRST/2009/7）和 2012 年 4 月 16 日（S/PRST/2012/13）的主席声明，承认所有国家根据国际法，包括安全理事会相关决议规定的限制，享有开发和利用外层空间的自由，

1. 谴责朝鲜 2012 年 12 月 12 日使用弹道导弹技术进行发射，违反了第 1718（2006）号和第 1874（2009）号决议；

2. 要求朝鲜不再使用弹道导弹技术进行进一步发射，停止其弹道导弹计划的所有相关活动以遵守第 1718（2006）号和第 1874（2009）号决议，并就此重新确认以前做出的暂停导弹发射的承诺；

3. 要求朝鲜立即全面遵守第 1718（2006）号和第 1874（2009）号决议为其规定的义务，包括：以完全、可核查和不可逆的方式放弃所有核武器和现有核计划、立即停止所有相关活动、不使用弹道导弹技术进行进一步发射，不进行核试验或进一步挑衅；

4. 重申第 1718（2006）号和第 1874（2009）号决议中的现有制裁措施；

5. 回顾第 1718（2006）号决议第 8 段规定的并经第 1874（2009）号决议修改的有关措施，认定：

（a）第 1718（2006）号决议第 8（d）段规定的措施应适用于附件一和附件二开列的个人和实体，第 1718（2006）号决议第 8（e）段规定的措施应适用于附件一开列的个人，和（b）第 1718（2006）号决议第 8（a）、8（b）和 8（c）段规定的措施应适用于 INFCIRC/254/Rev.11/Part 1 和 NFCIRC/254/Rev.8/Part2 和 S/2012/947 开列的物项；

6. 回顾第 1874（2009）号决议第 18 段，呼吁会员国为此提高警惕，包括监测本国国民、在本国境内的人、金融机构和依据本国法律同朝鲜

金融机构或代表这些机构组建的其他实体（包括海外分支机构）的活动，或代表朝鲜金融机构，包括其海外分支机构、代表、代理人和附属机构或按其指示行事者的活动；

7. 指示第1718（2006）号决议所设委员会就有船只在船旗国批准进行检查后拒绝接受检查，或在悬挂朝鲜国旗的船只拒绝根据第1874（2009）号决议第12段接受检查的情况发出《协助执行说明》；

8. 回顾第1874（2009）号决议第14段，进一步回顾各国可根据第1718（2006）、第1874（2009）号决议和本决议的规定扣押和处置物项，并进一步澄清，各国处置的方式包括但不限于销毁、使其无法使用、储存或转移至原产国或目的地国以外的其他国家处置；

9. 阐明，第1718（2006）号和第1874（2009）号决议规定的措施禁止转让任何物项，如果交易的相关国家拥有情报提供合理理由令人相信，被指认的个人或实体是该物项的发货方、预期接收方或协助进行该转让；

10. 呼吁尚未报告为执行第1718（2006）号和第1874（2009）号决议采取的措施的会员国提交报告，鼓励其他会员国提交其他关于执行第1718（2006）号和第1874（2009）号决议规定的信息，如果有此信息的话；

11. 鼓励国际机构采取必要步骤，确保所有涉及朝鲜的活动都符合第1718（2006）号和第1874（2009）号决议的规定，进一步鼓励相关机构就其可能涉及这些决议规定的与朝鲜相关的活动，同委员会进行接洽；

12. 痛惜违反第1718（2006）号和第1874（2009）号决议规定的措施的行为，包括使用大量现金以躲避制裁，强调安理会对来自或去往朝鲜，或通过各国领土供应、销售或转让有助于第1718（2006）号和第1874（2009）号决议禁止的活动的物项感到关切，并强调各国在这方面采取适当行动的重要性，呼吁各国对那些为被指认个人或实体工作或按其指示行事的人在本国领土入境或过境一事，保持警惕和克制，指示委员会评估已报告的违反决议行为并酌情采取行动，包括对协助躲避制裁或违反第1718（2006）号和第1874（2009）号决议规定的个人和实体进行指认；

13. 强调包括朝鲜在内所有国家采取必要措施的重要性，以确保不得应朝鲜或朝鲜境内的任何人或实体、或按第 1718（2006）号和第 1874（2009）号决议指认的人或实体、或任何通过或者为这些人或实体索赔的人的请求，对因第 1718（2006）号和第 1874（2009）号决议规定的措施而无法执行的合同或其他交易，提出索赔；

14. 重申安理会希望以和平、外交和政治方式解决当前局势，欢迎安理会成员及其他会员国努力通过对话推动和平、全面地解决，并着重指出，要避免采取任何可能使紧张局势升级的行动；

15. 重申支持六方会谈，呼吁恢复六方会谈，敦促参加会谈的所有各方加紧努力，以全面、迅速落实中国、朝鲜、日本、大韩民国、俄罗斯联邦和美利坚合众国于 2005 年 9 月 19 日发表的共同声明，以和平方式实现可核查的朝鲜半岛无核化，维护朝鲜半岛及东北亚的和平与稳定；

16. 呼吁所有会员国全面履行它们根据第 1718（2006）号和第 1874（2009）号决议承担的义务；

17. 再次强调，所有会员国在执行第 1718（2006）号决议第 8 段（a）之三和（d）时，应根据《维也纳外交关系公约》，不影响驻朝鲜外交使团活动；

18. 着重指出，第 1718（2006）号和第 1874（2009）号决议规定的措施无意对朝鲜平民造成不利的人道主义后果；

19. 申明安理会将继续审议朝鲜的行动，并愿意根据朝鲜的遵守情况，视需要加强、修改、暂停或解除有关措施，并就此表示决心在朝鲜再次进行发射或核试验时，采取重要行动；

20. 决定继续积极处理此案。①

安理会第 2187（2014）号决议

2014 年 11 月 25 日安全理事会第 7322 次会议通过

安全理事会，

回顾其以往第 1996（2011）、第 2046（2012）、第 2057（2012）、第 2109（2013）号、第 2132（2013）和第 2155（2014）号决议，

---

① https：//www.un.org/zh/sc/documents/resolutions/.

重申对南苏丹主权、独立、领土完整和国家统一的坚定承诺，回顾互不干涉、睦邻和区域合作原则的重要性，

回顾其第 2086（2013）号决议，重申维和基本原则，包括当事方同意、中立、除自卫和履行授权外不使用武力，确认每个维和特派团的任务规定是根据有关国家的需要和情况具体制订的，

表示严重忧虑和关切南苏丹的政治、安全和人道主义危机因苏丹人民解放运动（苏人解）的内部政治纷争和该国政治和军事领导人其后引发的暴力而进一步恶化，

强烈谴责正在发生的所述侵犯和践踏人权及违反国际人道主义法行为，包括所有各方（包括武装团体和国家安全部队）的法外处决、基于族裔的暴力、强奸和其他形式性暴力和性别暴力、招募和使用儿童、强迫失踪、任意逮捕和羁押、在平民中散布恐怖的暴力、袭击学校、宗教场所和医院和袭击联合国人员和联合国有关维和人员的行为，以及煽动这些侵权违法的行为，还谴责骚扰民间社会、人道主义人员和记者和针对其采取行动的行为，强调必须追究应对违反国际人道主义法和侵犯践踏人权行为负责的人的责任，并强调南苏丹政府负有保护其领土内受其管辖的平民，包括使其不受危害人类罪和战争罪侵害的首要责任，

表示深为关切有大量的人流离失所，人道主义危机不断恶化，强调冲突所有各方都对南苏丹人民遭受的痛苦负有责任并要确保民众的基本需求得到满足，赞扬联合国人道主义机构和伙伴努力迅速协调一致为民众提供支助，促请冲突所有各方根据国际法有关条款和联合国人道主义援助指导原则，让救济人员、设备和用品全面、安全、迅速不受阻碍地到所有需要援助的人的地方，及时送交人道主义援助，特别是送交给境内流离失所者和难民，谴责对人道主义人员和设施发动的所有袭击，回顾袭击人道主义人员和剥夺民众赖以生存的物品可能违反国际人道主义法，

赞扬政府间发展管理局（伊加特）在联合国和非洲联盟支持下提出的设立一个政治和安全对话论坛的倡议，期待所有各方参加这一进程和尊重伊加特历届国家元首和政府首脑会议做出的决定，

欢迎 2014 年 1 月 23 日在伊加特调解下达成的停止敌对行动协议和被

关押者地位协议、各方之间就《原则宣言》达成的共识、设立停火监测与核查机制、2014 年 5 月 9 日"消除南苏丹危机"协议和 2014 年 11 月 9 日的停止敌对行动的重启和落实方式，同时强烈谴责所有各方一再继续违反停止敌对行动，破坏和平努力，

赞赏地注意到伊加特国家元首和政府首脑会议于 2014 年 6 月 10 日、2014 年 8 月 25 日和 2014 年 11 月 7 日发表公报，重点表明在包容性治理、安全、经济和金融管理、公正、人道主义行动和宪政进程等方面的承诺，并注意到非洲联盟和平与安全理事会 2014 年 6 月 1 日和 2014 年 9 月 17 日的公报，

深切感谢联合国南苏丹特派团（南苏丹特派团）维和人员及其部队派遣国采取行动保护人身受到暴力威胁的平民，包括外国国民，稳定南苏丹特派团营地内外的安全局势，感谢南苏丹特派团努力协助境内流离失所者到特派团场所寻求保护，同时着重指出有必要为境内流离失所者寻找持久解决办法，包括根据关于境内流离失所问题的指导原则寻找其他安全和有保障的地点，还感谢那些在第 2155（2014）号决议通过后部署部队和警察的会员国，

感兴趣地注意到 2014 年 2 月 21 日的南苏丹特派团人权情况中期报告和 2014 年 5 月 8 日的《南苏丹冲突：人权情况报告》，

感到严重关切的是，根据 2014 年 5 月 8 日的《南苏丹冲突：人权情况报告》，有合理理由认为政府和反对派部队都犯有战争罪行和危害人类罪行，包括法外处决、强奸和其他性暴力行为、强迫失踪和任意逮捕和羁押，

强调日益迫切需要在南苏丹消除有罪不罚现象，将犯有这些罪行的人绳之以法，

欢迎非洲联盟调查委员会开展工作，独立和公开地监测、调查和报告人权情况，欢迎它 2014 年 6 月 27 日的《非盟调查委员会关于南苏丹的中期报告》，感兴趣地期待委员会的结论和建议，

强烈谴责利用电台传播仇恨言论和挑动对某一族裔实施性暴力，因为此举可能产生重大影响，促成大规模暴力和加剧冲突，促请政府采取适当措施，阻止这些活动，还敦促所有各方不这样做，而是帮助在各社

区中宣传和平与和解,

强调,只有通过坚定承诺增强妇女的权能、参与和人权,通过提供统一的领导、一致的信息和行动以及支持,让妇女参与各级的决策,才能消除不断阻碍全面执行第 1325(2000)号决议的障碍,

深切关注南苏丹特派团的出行和行动一直受到限制,强烈谴责政府和反对派部队和其他团体对联合国和伊加特的人员和设施发动袭击,包括苏丹解放军 2012 年 12 月击落一架联合国直升机、2013 年 4 月袭击一个联合国车队、2013 年 12 月袭击南苏丹特派团在阿科博的营地、2014 年 8 月身份不明的武装团体击落一架联合国直升机、2014 年 8 月逮捕和关押伊加特的一个监测和核查小组、关押和绑架联合国和联合国有关人员以及 2014 年袭击南苏丹特派团在伯尔和本提乌的营地,促请南苏丹政府认真、迅速完成对这些袭击的调查,将发动袭击者绳之以法,

再次要求南苏丹特派团酌情另外采取措施,确保它在南苏丹的空中行动的安全,并就此向安理会报告情况,

强调必须在平民保护场所内和场所外切实同当地社区保持接触和联系,以便完成南苏丹特派团保护平民的任务,

严重关切对石油设施、石油公司及其雇员进行的威胁,敦促所有各方确保经济基础设施的安全,

回顾安理会第 2117(2013)号决议,深切关注小武器和轻武器的非法转让、不利于稳定的累积和不当使用对南苏丹的和平与稳定构成威胁,

非常关切地注意到联合国地雷行动处 2014 年 2 月在琼格莱州报告说,有人滥用集束弹药,敦促所有各方今后不再使用这类弹药,欢迎伊加特部署监测与核查机制,要求根据 2014 年 1 月 23 日停止敌对行动协议调出和/或逐步撤出武装团体和双方请来的盟友部队,并警告,冲突区域化可产生严重的后果,

欢迎秘书长任命埃伦·玛格丽特·洛伊为特别代表兼南苏丹特派团团长和任命翰尼斯·加布雷梅斯基尔·特斯法马里亚姆少将为南苏丹特派团部队指挥官,

重申关于武装冲突中保护平民的第 1265(1999)、第 1296(2000)、第 1674(2006)、第 1738(2006)号和第 1894(2009)号决议和关于保

护人道主义人员和联合国人员的第 1502(2003)号决议;关于儿童与武装冲突的第 1612(2005)、第 1882(2009)、第 1998(2011)、第 2068(2012)号和第 2143(2014)号决议;关于妇女与和平与安全的第 1325(2000)、第 1820(2008)、第 1888(2009)、第 1889(2009)、第 1960(2010)、第 2106(2013)号和第 2122(2013)号决议;关于防止和打击灭绝种族行为的第 2150(2014)号决议;和关于安全部门改革的第 2151(2014)号决议,和关于防止冲突的第 2171(2014)号决议,

注意到 2014 年 9 月 30 日秘书长报告(S/2014/708)和 2014 年 11 月 17 日秘书长报告(S/2014/821)和报告中的建议,

认定南苏丹局势继续对该区域国际和平与安全构成威胁,

根据《联合国宪章》第七章采取行动,

1. 再次认可南苏丹政府和(反对派)苏人解运动/解放军 2014 年 1 月 23 日接受和签署的停止敌对行动协议,还重申安理会认可南苏丹政府和(反对派)苏人解运动/解放军 2014 年 5 月 9 日签署的消除南苏丹危机协议;认可 2014 年 11 月 9 日的停止敌对行动的重启和落实方式;要求双方立即全面执行有关协议,表示安理会打算与包括伊加特和非洲联盟在内的有关伙伴协商,考虑对那些采取破坏南苏丹和平、稳定和安全的行动的人,包括阻止执行这些协议的人,采取一切适当措施;

2. 敦促所有各方开展所有各方都参加的全国公开对话,以求实现永久和平、和解和善治,包括让青年、妇女、各个不同社区、宗教团体、民间社会和被关押的前苏人解运动领导人切实充分参与,鼓励伊加特和联合国做出努力,促使有关各方达成和平协议,还敦促它们确保所有和平谈判与和平协议都对保护儿童问题做出规定;

3. 决定将南苏丹特派团的任务期限延至 2015 年 5 月 30 日;

4. 决定南苏丹特派团的任务规定应如下,并授权南苏丹特派团采取一切必要手段来开展以下工作:

(a)保护平民

一、根据其能力在部署区内,在平民人身可能遭受暴力威胁时对其进行保护,无论这种暴力来自何方,特别保护妇女和儿童,包括继续使用特派团的儿童保护顾问和妇女保护顾问;

二、制止针对平民，包括外国国民的暴力，在冲突风险大的地区，并酌情在学校、宗教场所、医院和石油设施，特别是在南苏丹共和国政府无法或未提供保护时，预先进行部署，积极开展巡逻，巡逻时尤其注意流离失所的平民，其中包括保护场所和难民营中的人、人道主义人员和人权捍卫者，查明针对平民的威胁和袭击，包括定期同平民保持沟通并与人道主义、人权和发展组织密切沟通；

三、制定一个全特派团预警战略，包括采用协调一致的方法来开展情报收集、监测、核查、预警和分发工作并建立应对机制，包括建立应对机制，为联合国人员和设施可能进一步遭受袭击做准备；

四、在南苏丹特派团平民保护场所内维持公共安全和保障；

五、在冲突风险大的地区开展斡旋，建立信任和提供协助，以支持特派团的保护战略，特别是在妇女和儿童方面，包括促进社区之间的和解，将其作为长期建国活动的一个重要部分；

六、协助为境内流离失所者和难民最后安全自愿回返创造一个安全的环境，包括酌情严格遵守联合国人权尽职政策，监测并确保国际人权标准得到遵守，并在开展相关保护工作时与警察部门具体协调行动，以便进一步保护平民。

（b）监测和调查人权情况

一、监测、调查、核实和公开定期报告侵犯践踏人权和违反国际人道主义法行为，包括那些可能是战争罪或危害人类罪的行为；

二、通过加快落实有关监测、分析和报告与冲突相关的性暴力的安排，加强有关严重侵害儿童行为的监测和报告机制，来监测、调查、核实和公开定期报告危害和虐待儿童和妇女的行为，包括武装冲突中一切形式性暴力和性别暴力；

三、与非洲联盟南苏丹调查委员会进行协调并酌情提供技术支助。

（c）为送交人道主义援助创造条件

一、协助为运送人道主义援助创造条件，包括帮助创造必要的安全条件，进行斡旋，建立信任和提供方便，以便根据国际法的相关条款和联合国人道主义援助指导原则，让救济人员安全无阻地全面接触南苏丹所有需要援助的人，及时运送人道主义援助物品，尤其是运送给境内流

离失所者和难民;

二、酌情确保联合国人员和联合国有关人员的安全和行动自由,确保开展规定工作所需要的设施和装备的安全。

(d) 协助执行停止敌对行动协议

一、酌情同联合技术委员会、监测与核查机制和监测与核查小组进行适当协调;

二、为根据 2014 年 1 月 31 日和 2014 年 3 月 13 日伊加特国家元首和政府首脑会议的决定设立的伊加特监测与核查机制提供流动保安和专项固定场地保安,以及为停止敌对行动协议所述的监测与核查机制工作提供支持;

5. 强调如第 4 (a) 段所述,必须在决定如何使用特派团内部现有能力和资源时优先考虑保护平民;

6. 请秘书长通过其特别代表继续指挥一个综合性南苏丹特派团的行动,协调联合国系统在南苏丹共和国的所有活动,支持国际社会采用一致方法来促进南苏丹共和国的稳定和平;

7. 认可秘书长在 2014 年 11 月 17 日报告中提出的维持南苏丹特派团总兵力的建议,以协助执行本决议第 4 段规定的任务;

8. 决定南苏丹特派团将有一个兵员最多为 12500 人的军事部门,并有一个人数最多 1323 人,其中包括适当建制警察部队的警察部门;文职部门将继续根据第 4 段提出的任务进行缩减,请秘书长就部队组建、南苏丹特派团部队的改组、后勤支助和增强军力手段提供详细信息,包括作为定期报告的一部分提供这一信息;请秘书长在提交给安理会的报告中阐述实地的需求,对部队的行动、部署和今后的需求进行新的评估;

9. 请南苏丹特派团继续注重并精减其军事、警察和文职部门的活动,以便在开展第 4 段提出的工作方面取得进展,确认将因此停止特派团的某些工作;

10. 表示安理会打算不断积极审查南苏丹特派团各部门的需求和构成,审查此项任务规定,并在有关各方执行可信的和平协议的适当阶段,做出必要的调整;

11. 授权秘书长采取必要步骤,根据第 8 段加快部队和装备的组建;

12. 请南苏丹特派团在冲突风险大、境内流离失所者集中的地方，包括按其预警战略在政府和反对派控制的地区和人口流动的主要路线上，增派人员和积极开展巡逻，定期审查它在各地的部署情况，确保部队处于保护平民的最佳位置，请秘书长作为定期报告的一部分，提供这些审查的最新结果；

13. 还请南苏丹特派团继续确保全面遵守对性剥削和性虐待的零容忍政策，随时向安全理事会通报特派团在这方面的进展情况，敦促部队派遣国采取适当的预防行动，包括进行部署前提高认识培训，确保在发生这类行为时全面追究本国涉案人员的责任；

14. 鼓励南苏丹特派团全面执行人权尽职政策，请秘书长在提交给安理会的报告中阐述执行这一政策的进展；

15. 最强烈地谴责对南苏丹特派团人员和联合国设施以及伊加特人员和设施发动的袭击和进行的威胁，例如 2014 年 8 月身份不明的武装团体击落一架联合国直升机、2014 年 8 月逮捕和关押伊加特的一个监测和核查小组、关押和绑架联合国和联合国有关人员以及 2014 年袭击南苏丹特派团在伯尔和本提乌的营地，强调这些袭击可构成违反部队地位协定的行为和/或战争罪，要求所有各方尊重联合国房地的不可侵犯性，立即停止并不对聚集在联合国设施的人施加暴力，还要求立即安全释放被关押和绑架的联合国和联合国有关人员，强调不会容忍损害南苏丹特派团执行任务能力的图谋和对联合国人员的袭击；

16. 再次要求南苏丹特派团酌情另外采取措施，确保它在南苏丹的空中行动的安全，并就此向安理会报告情况；

17. 要求南苏丹共和国政府和所有相关各方为南苏丹特派团的部署、行动以及开展监测、核查和报告工作提供全面合作，特别是在南苏丹共和国全境确保联合国和联合国有关人员的安全保障，还促请南苏丹政府确保境内流离失所者，包括出入平民保护场所的人的行动自由，继续支持南苏丹特派团分配土地以建立平民保护场所；

18. 要求所有各方根据国际法的相关条款和联合国人道主义援助指导原则，让救济人员、设备和用品全面、安全和不受阻碍地前往所有需要援助的人的所在地，及时运送人道主义援助，特别是运送给境内流离失

所者和难民,强调境内流离失所者或难民的回返必须在有尊严和安全的条件下自愿和知情地进行;

19. 还要求各方立即停止一切形式暴力、侵犯、践踏人权和违反国际人道主义法的行为,包括强奸和其他形式的性暴力和性别暴力,以及违反有关国际法侵害和虐待儿童的行为,例如招募和使用儿童、杀害、残害和绑架儿童、袭击学校和医院,强烈敦促政府立即全面执行2014年6月24日的修订后关于停止和防止招募儿童的行动计划及其2013年8月13日禁止苏人解袭击、占领或为任何目的使用学校、学校建筑物或财产的军事命令,注意到政府2014年10月29日在全国发起了"儿童不是兵"运动,还强烈敦促反对派部队立即全面履行2014年5月10日签署的停止严重侵害儿童行为的承诺;

20. 感到严重关切的是,负责冲突中性暴力问题秘书长特别代表认为性暴力猖獗,欢迎南苏丹政府和联合国2014年10月11日关于处理与冲突有关的性暴力问题的联合公报,敦促南苏丹政府立即履行根据第1960(2010)号和第2106(2013)号决议作出的承诺,促请(反对派)苏人解运动/解放军签署和执行这一公报,还呼吁作出有时限的具体承诺,以便根据第1960(2010)号和第2106(2013)号决议打击性暴力;

21. 促请南苏丹政府按国际标准进一步迅速以透明方式完成对侵犯和践踏人权行为指控的调查,追究所有应对侵犯践踏人权和违反国际人道主义法行为负责的人的责任,确保所有性暴力受害者都同样得到法律的保护并能诉诸司法,确保在这些诉讼中平等地尊重妇女和儿童的权利;

22. 强调妇女必须在各级全面和有效地参加协议的执行工作,防止和解决冲突,更广泛地建设和平,促请所有各方采取措施,确保妇女在所有解决冲突和建设和平工作中充分切实拥有代表和领导权,包括支持妇女民间社会组织和让两性平等专业人员参加和平谈判;鼓励部队和警察派遣国采取措施,在特派团的军事、警察和文职部门中更多地部署妇女,重申所有获得安全理事会授权的特派团都必须有适当的两性平等专业人员和培训;

23. 谴责对石油设施、石油公司及其雇员的袭击以及继续在这些设施周围发生的交战，敦促所有各方确保经济基础设施的安全；

24. 请秘书长在 2015 年 2 月 16 日和 2015 年 4 月 30 日前通过提交两份书面报告，分别向安全理事会报告南苏丹特派团任务的执行情况，报告可列入在南苏丹建立问责制的问题；

25. 决定继续积极处理此案。①

安理会第 2194（2014）号决议

2014 年 12 月 18 日安全理事会第 7348 次会议通过

安全理事会，

重申决心结束应对严重国际罪行负责的人逍遥法外的情况，而且必须把所有被卢旺达问题国际刑事法庭（"国际法庭"）起诉的人绳之以法，

注意到秘书长 2014 年 10 月 31 日给安理会主席的信（S/2014/779），其中附有 2014 年 10 月 1 日国际法庭庭长的信，

回顾安理会 1994 年 11 月 8 日第 955（1994）号、2003 年 8 月 28 日第 1503（2003）号、2004 年 3 月 26 日第 1534（2004）号决议，尤其是除其他外设立了刑事法庭余留事项国际处理机制（余留机制）的 2010 年 12 月 22 日第 1966（2010）号决议，

考虑到国际法庭在其完成工作战略报告（S/2014/829）中提出的评估意见以及更新后的上诉时间表，

注意到 2014 年是 1994 年 11 月 8 日设立的国际法庭成立二十周年，

注意到已根据国际法庭程序和证据规则第 11 之二条将 Laurent Bucyibaruta、Wenceslas Munyeshyaka、Jean Uwinkindi 和 Bernard Munyagishari 等案移送至国家管辖进行起诉，强调监测移送案件的进展以及尽早审结所有卢旺达问题国际法庭案件和移送案件的重要性，

关切地注意到许多灭绝种族罪嫌犯，包括国际法庭指明的剩余 9 名逃犯，继续逍遥法外，

还关切地注意到国际法庭在安置被判无罪的人和被判有罪但已服满刑期的人方面仍然有困难，强调必须完成对这些人的安置，并注意到从

---

① https：//www.un.org/zh/sc/documents/resolutions/.

2015 年 1 月 1 日起余留机制开始对这些人承担责任,

又注意到国际法庭庭长对人员配置问题感到关切,重申工作人员的留用对于尽速完成国际法庭的工作至关重要,

又回顾其关于延长国际法庭担任审判庭和上诉庭成员的常任法官和审案法官任期的先前决议,

还回顾 2011 年 9 月 14 日通过的第 2006 (2011) 号决议,

考虑到《国际法庭规约》第 15 条,

审议了秘书长提名哈桑·布巴卡尔·贾洛先生连任国际法庭检察官的事宜(S/2014/778),

根据《联合国宪章》第七章采取行动,

1. 请国际法庭完成其工作和协助尽快关闭法庭,以期完成向余留机制的过渡,同时考虑到第 1966 (2010) 号决议要求法庭至迟于 2014 年 12 月 31 日完成其审判和上诉程序;

2. 着重指出,各国应全面与国际法庭以及与余留机制合作;

3. 赞扬那些已同意在其领土上安置被判无罪的人和被判有罪但已服满刑期的人的国家,再次促请所有国家与国际法庭合作,并为国际法庭进一步做出的努力提供一切必要协助,而且从 2015 年 1 月 1 日起与余留机制进行这种合作和为其提供这种协助,以安置被判无罪的人和被判有罪但已服满刑期的人;

4. 敦促各国,特别是逃犯疑似藏身的国家,加强它们与国际法庭和余留机制的合作,并向其提供一切必要援助,尤其是在尽快逮捕和移交国际法庭起诉的所有剩余逃犯方面;

5. 敦促余留机制继续对移送国家管辖的 Laurent Bucyibaruta、Wenceslas Munyeshyaka、Jean Uwinkindi 和 Bernard Munyagishari 等案进行监测;

6. 决定将国际法庭担任上诉分庭法官的下列常任法官的任期延长至 2015 年 7 月 31 日,如指派其审理的案件在此之前结案,任期则提前结束:

穆罕默德·居内伊(土耳其)

威廉·塞库莱(坦桑尼亚联合共和国)

7. 决定将国际法庭担任上诉分庭法官的下列常任法官的任期延长至

2015 年 12 月 31 日，如指派其审理的案件在此之前结案，任期则提前
结束：

　　马迪克·尼昂（塞内加尔）

　　哈立达·拉希德·汗（巴基斯坦）

　　阿莱特·拉马鲁松（马达加斯加）

　　巴赫季亚尔·图兹穆哈梅多夫（俄罗斯联邦）

　　8. 决定，在铭记瓦格恩·约恩森先生（丹麦）任期于 2014 年 12 月
31 日届满的同时，将其任期延长至 2015 年 12 月 31 日，以便继续履行他
作为国际法庭审判法官和庭长要履行的职责，完成法庭的工作；

　　9. 决定，尽管国际法庭《规约》第 15 条第 4 款对检察官任职期限有
规定，仍再次任命哈桑·布巴卡尔·贾洛先生为国际法庭检察官，任期
自 2015 年 1 月 1 日起，至 2015 年 12 月 31 日，但国际法庭工作一旦完
成，安全理事会可提前结束其任期；

　　10. 决定继续处理此案。①

安理会第 2644（2022）号决议

2022 年 7 月 13 日安全理事会第 9092 次会议通过

安全理事会，

　　回顾第 1970（2011）、第 2146（2014）号决议规定和修订并经第
2441（2018）、第 2509（2020）、第 2526（2020）、第 2571（2021）号等
其后相关决议修订的军火禁运、旅行禁令、资产冻结和关于非法石油出
口的措施，回顾第 2571（2021）号决议把第 1973（2011）号决议第 24
段所设专家小组由该段规定并经其后相关决议修订的任务的期限延长至
2022 年 8 月 15 日，又回顾第 2616（2021）号决议，

　　重申对利比亚主权、独立、领土完整和国家统一的坚定承诺，

　　重申坚定致力于在联合国推动下开展由利比亚主导和自主的政治进
程，为尽快在利比亚举行自由、公正和包容各方的全国总统和议会选举
开辟道路，为此表示支持持续推动利比亚内部协商，以便为在宪法和法

---

① https：//www.un.org/zh/sc/documents/resolutions/.

律基础上举行选举创造条件和环境，

再次请所有会员国全力支持联合国的努力，再次促请会员国利用各自对当事方的影响力，使停火得以落实和维护，并支持利比亚人主导、利比亚人自主掌握的包容政治进程，

呼吁会员国充分执行现有措施并向联合国制裁委员会报告违规事件，为此回顾指出，可对参与或支持威胁利比亚和平、稳定或安全的行为的个人或实体进行指认，以对其实行定向制裁，

重申各当事方必须遵守适用的国际人道法和国际人权法规定的义务，强调必须追究侵犯践踏人权行为和违反国际人道法行为责任人的责任，包括那些参与以平民为目标进行攻击者，

强调指出，本决议规定的措施无意对利比亚平民产生不利的人道主义后果，

表示关切从利比亚非法出口石油（包括原油和精炼石油产品）有损利比亚政府和国家石油公司，对利比亚的和平、安全和稳定构成威胁，关切地注意到关于石油（包括原油和精炼石油产品）非法进口流入利比亚的报告，

回顾指出，在利比亚非法开采原油或任何其他自然资源以支持武装团体或犯罪网络可能构成威胁利比亚和平、稳定与安全的行为，

还重申关切可能有损利比亚国家金融机构和国家石油公司的完整统一的活动，强调指出利比亚机构统一的必要性，为此促请会员国停止支持和官方接触不在利比亚政府权力范围内的平行机构，

回顾指出，1982年12月10日《联合国海洋法公约》所体现的国际法规定了适用于海洋活动的法律框架，

还回顾第2292（2016）、第2357（2017）、第2420（2018）、第2473（2019）、第2526（2020）、第2578（2021）号和第2635（2022）号决议，其中为执行军火禁运，授权在这些决议规定的时限内，在利比亚沿岸公海对据信违反安全理事会相关决议载有运自或运往利比亚的军火或相关物资的船只进行检查，并没收和处置此类物项，但会员国在依据这些决议采取行动时，必须诚意地努力在进行任何检查前先获得船旗国同意，

认定利比亚局势继续对国际和平与安全构成威胁，

根据《联合国宪章》第七章采取行动，

防止非法出口石油，包括原油和精炼石油产品

1. 谴责企图从利比亚非法出口石油（包括原油和精炼石油产品）的行为，包括非经利比亚政府授权行事的平行机构的此类行为；

2. 决定将第 2146（2014）号决议所载并经第 2441（2018）、第 2509（2020）号决议第 2 段修正的授权和措施延长至 2023 年 10 月 30 日；

3. 请利比亚政府负责就第 2146（2014）号决议所述措施与委员会进行沟通的协调人向委员会通报任何运送从利比亚非法出口的石油（包括原油和精炼石油产品）的船只，敦促利比亚政府在此方面与国家石油公司密切合作，定期向委员会通报政府掌控的港口、油田和设施的最新情况，并向委员会通报用于核证石油（包括原油和精炼石油产品）合法出口的机制，请专家小组密切跟踪并向委员会报告任何关于从利比亚非法出口石油（包括原油和精炼石油产品）或非法进口流入利比亚的信息；

4. 促请利比亚政府根据关于此类出口或出口企图的信息，首先迅速与相关船旗国联系以解决问题，指示委员会立即将利比亚政府协调人所发关于运送从利比亚非法出口的石油（包括原油和精炼石油产品）的船只的通知告知所有相关会员国；

军火禁运

5. 表示严重关切持续违反军火禁运的行为，要求所有会员国全面遵守军火禁运，促请所有会员国不要介入冲突或采取加剧冲突的措施，重申被委员会认定违反包括军火禁运在内第 1970（2011）号决议各项规定或协助他人违反规定的个人和实体将受到指认；

6. 促请各当事方全面执行 2020 年 10 月 23 日停火协议（S/2020/1043），敦促会员国尊重和支持该协议得以全面执行，包括为此而不再拖延地从利比亚撤出所有外国部队和雇佣军；

7. 促请利比亚政府改进军火禁运实施工作，包括一俟对所有入境点实行监管后改进实施工作，促请所有会员国在这些工作中开展合作；

旅行禁令和资产冻结

8. 促请会员国，特别是被指认个人和实体所在的会员国以及疑似存在根据措施冻结的被指认个人和实体资产的会员国,向委员会报告为切实执行针对制裁名单所列所有个人的旅行禁令和资产冻结措施而采取的行动;

9. 重申所有国家应根据经第 2213(2015)号决议第 11 段、第 2362(2017)号决议第 11 段和第 2441(2018)号决议第 11 段修订的第 1970(2011)号决议第 15 段和第 16 段的规定,采取必要措施,防止委员会指认的所有人员进入或过境本国领土,促请利比亚政府在此方面加强与其他国家的合作和信息分享;

10. 重申打算确保根据第 1970(2011)号决议第 17 段冻结的资产嗣后为利比亚人民所用并使其受益,表示注意到作为 S/2016/275 号文件分发的信函,申明安全理事会随时准备根据利比亚政府的要求在适当时候考虑修订资产冻结规定;

11. 回顾第 2174(2014)号决议,其中决定,第 1970(2011)号决议规定并经其后相关决议修订的措施,也应适用于委员会认定从事或支持威胁利比亚和平、稳定或安全的其他行为或阻挠或破坏利比亚政治过渡顺利完成的个人和实体,着重指出这类行为可能包括阻碍或破坏利比亚政治对话论坛路线图中计划的选举;

专家小组

12. 决定将第 1973(2011)号决议第 24 段所设专家小组(专家小组)由该段规定并经第 2040(2012)、第 2146(2014)、第 2174(2014)、第 2213(2015)、第 2441(2018)、第 2509(2020)、第 2571(2021)号决议修订的任务的期限延长至 2023 年 11 月 15 日,决定第 2213(2015)号决议确定的专家小组各项规定任务应保持不变,且也适用于经本决议更新的措施,表示打算不迟于 2023 年 10 月 15 日审议任务规定并就是否进一步延长采取适当行动;

13. 决定,专家小组应不迟于 2023 年 3 月 15 日向安理会提交中期工作报告,并在与委员会讨论后,不迟于 2023 年 9 月 15 日向安理会提交载有其结论和建议的最后报告;

14. 敦促所有国家,包括联利支助团在内的联合国相关机构以及其他有关各方与委员会和专家小组通力合作,尤其是提供各自所掌握的任何关于第 1970（2011）、第 1973（2011）、第 2146（2014）、第 2174（2014）号决议所决定并经第 2009（2011）、第 2040（2012）、第 2095（2013）、第 2144（2014）、第 2213（2015）、第 2278（2016）、第 2292（2016）、第 2357（2017）、第 2362（2017）、第 2420（2018）、第 2441（2018）、第 2473（2019）、第 2509（2020）、第 2526（2020）、第 2571（2021）号决议修订的措施的执行情况，特别是违规情形的信息，促请联利支助团和利比亚政府支持专家小组在利比亚境内开展调查工作，包括为此酌情分享信息、提供过境便利和准许进入武器存储设施；

15. 促请各当事方和所有国家确保专家小组成员的安全，还促请各当事方和所有国家，包括利比亚和该区域各国，提供畅通无阻的即时准入，特别是允许专家小组为执行任务而接触有关人员和文件及出入有关场所；

16. 申明安理会准备根据利比亚形势发展，视需要随时审查本决议所载各项措施是否适当，包括加强、修订、暂停或解除这些措施，并审查联利支助团和专家小组的任务规定；

17. 决定继续积极处理此案。①

---

① 2022 年 7 月 13 日做出决议，参见联合国网站：https：//www. un. org/zh/sc/documents/resolutions/。

主要参考文献

中文著作

1. 周鲠生主编：《国际法》，商务印书馆 1981 年版。

2. 梁西主编：《国际法》，武汉大学出版社 1993 年版。

3. ［英］詹宁斯·瓦茨：《奥本海国际法》，王铁崖等译，中国大百科全书出版社 1995 年版。

4. 贾兵兵：《国际公法：理论与实践》，清华大学出版社 2009 年版。

5. 王铁崖主编：《国际法》，法律出版社 1995 年版。

6. 何志鹏：《国际法哲学导论》，社会科学文献出版社 2013 年版。

7. 朱晓青主编：《国际法》，社会科学文献出版社 2005 年版。

8. 杨泽伟：《国际法析论》，中国人民大学出版社 2003 年版。

9.《李步云选集》，高等教育出版社 2013 年版。

10. 夏勇：《依法治国——国家与社会》，社会科学文献出版社 2004 年版。

11. 肖海军、刘士平主编：《为圆华夏宪治梦》，社会科学文献出版社 2013 年版。

12. 黄东黎主编：《国际法研究》第 3 卷，中国人民公安大学出版社 2009 年版。

13. 原江：《挑战与进步——国际法和世界秩序》，云南人民出版社 2004 年版。

14. 李浩培：《条约法概论》，法律出版社 1988 年版。

15. 刘玉龙：《国际条约与世界秩序》，国家行政学院出版社 2014

年版。

16. 葛壮志：《WTO 争端解决机制法律和实践问题研究》，法律出版社 2013 年版。

17. 张贵玲：《国际刑事法院研究》，人民出版社 2013 年版。

18. 朱文奇：《国际刑事诉讼法》，商务印书馆 2014 年版。

19. 盛红生、肖凤城、杨泽伟：《21 世纪前期武装冲突中的国际法问题研究》，法律出版社 2013 年版。

20. 孙世彦主编：《国际法研究》第 2 卷，中国人民公安大学出版社 2008 年版。

21. 赵建文主编：《国际法研究》第 4 卷，中国人民公安大学出版社 2011 年版。

22. 温树斌：《国际法强制执行问题研究》，武汉大学出版社 2008 年版。

23. 朱晓青、柳华文：《〈公民权利和政治权利国际公约〉及其实施机制》，中国社会科学出版社 2003 年版。

24. 孙世彦：《〈公民及政治权利国际公约〉缔约国的义务》，社会科学文献出版社 2012 年版。

25. 高岚君：《国际法的价值论》，武汉大学出版社 2006 年版。

26. 万鄂湘、郭克强：《国际人权法》，武汉大学出版社 1994 年版。

27. 朱晓青：《欧洲人权法律保护机制研究》，法律出版社 2003 年版。

28. 莫纪宏：《国际人权公约与中国》，世界知识出版社 2005 年版。

29. 黄志雄、郭阳主编：《国际人道法前沿问题研究》，中国政法大学出版社 2012 年版。

30. 陈泽宪：《国际法研究》第 6 卷，社会科学文献出版社 2012 年版。

31. 朱晓青、黄列主编：《国际条约与国内法的关系》，世界知识出版社 2000 年版。

32. 中国国际法学会编：《中国国际法年刊》，法律出版社 2013 年版。

33. 万鄂湘等：《国际条约法》，武汉大学出版社 1998 年版。

34. 蒋相泽、余伟：《简明现代国际关系史》，高等教育出版社 1992

年版。

35. 上海社会科学院世界经济与政治研究院编：《后危机时代的世界秩序重构》，时事出版社 2011 年版。

36. 孙世彦主编：《国际法研究》第 7 卷，社会科学文献出版社 2012 年版。

37. 黄东黎主编：《国际法研究》第 8 卷，社会科学文献出版社 2013 年版。

38. 沈涓主编：《国际法研究》第 9 卷，社会科学文献出版社 2013 年版。

39. 梁西：《国际组织法》（总论）修订第五版，武汉大学出版社 2001 年版。

40. 黄东黎主编：《世界贸易组织法》，社会科学文献出版社 2004 年版。

41. 邵沙平、余敏友：《国际法问题专论》，武汉大学出版社 2002 年版。

42. 北京国际法学会编：《国际法学论丛》第 8 卷，中国方正出版社 2012 年版。

43. 中国法学会编：《中国法治建设年度报告》（中英文），新华出版社 2014 年版。

44. 全国人大外事委员会法案室编：《全国人大常委会决定批准或加入的条约和重要协定概览》，中国民主法制出版社 2009 年版。

45. 华东政法大学国际法学院主编：《当代国际法论丛》第 13 卷，知识产权出版社 2014 年版。

46. 武汉大学国际法研究所编：《武大国际法评论》第 16 卷第 2 期，武汉大学出版社 2014 年版。

47. 孔庆江、张玲主编：《国际法评论》第 4 卷，清华大学出版社 2013 年版。

48. 北京国际法学会编：《国际法学论丛》第 8 卷，中国方正出版社 2011 年版。

49. 中国社会科学院国际法研究中心编：《国际法研究中心卷》，方志出版社 2007 年版。

50. 徐晶：《国际条约及常用国际惯例》，法律出版社 2011 年版。

51. ［美］路易斯·亨金：《国际法：政治与价值》，张乃根、马忠法、罗国强等译，中国政法大学出版社 2005 年版。

52. ［英］安东尼·奥斯特：《现代条约法与实践》，江国青译，中国人民大学出版社 2005 年版。

53. ［英］默里奇奥·拉佳齐：《国际对世义务之概念》，池漫郊等译，法律出版社 2009 年版。

54. ［英］菲利普·桑斯：《无法无天的世界——当代国际法的产生与破灭》，单文华等译，人民出版社 2011 年版。

55. ［英］梅里尔斯：《国际争端解决》（第五版），韩秀丽等译，法律出版社 2009 年版。

56. ［英］詹宁斯·瓦茨修订：《奥本海国际法》，中国大百科全书出版社 1998 年版。

57. ［美］谢里夫·巴西奥尼：《国际刑法导论》，赵秉志等译，法律出版社 2006 年版。

58. 王逸舟主编：《单极世界的阴霾——科索沃危机的警示》，社会科学文献出版社 1999 年版。

59. 陈鲁直、李铁城主编：《联合国与世界秩序》，北京语言学院出版社 1993 年版。

60. ［日］猪口孝、［英］爱德华·纽曼、［美］约翰·基恩编：《变动中的民主》，林猛等译，吉林人民出版社 1999 年版。

61. 中国社会科学院法学研究所资料室编：《论法律面前人人平等》，社会科学文献出版社 2003 年版。

62. 肖海军、刘士平主编：《为圆华夏宪治梦——李步云教授学术思想研讨会暨八十华诞志庆》，社会科学文献出版社 2013 年版。

63. 王振清：《社会发展变迁中的行政法治》，中国检察出版社 2009 年版。

64. 肖前等主编：《马克思主义哲学原理》上、下册，中国人民大学出版社 1994 年版。

65. 杨泽伟：《新国际经济秩序研究——政治与法律分析》，武汉大学出版社 1998 年版。

66. 朱文奇、李强：《国际条约法》，中国人民大学出版社 2008 年版。

67. 胡元梓、薛小源：《全球化与中国》，中央编译出版社 1998 年版。

68. 郭道晖：《社会权力与公民社会》，译林出版社 2009 年版。

69. 《中国大百科全书·法学》（修订版），中国大百科全书出版社 2006 年版。

70. 《1941—1945 年苏联伟大卫国战争期间苏联部长主席同美国总统和英国首相通信集》第二卷，世界知识出版社 1963 年版。

71. `[美] 汉斯·凯尔森：《国际法原理》，王铁崖译，华夏出版社 1989 年版。

72. 黄惠康：《国际法上的集体安全制度》，武汉大学出版社 1990 年版。

73. 何志鹏：《国际法治论》，北京大学出版社 2016 年版。

中文论文

1. 张文彬：《论联合国安理会和平解决国际争端的职权》，《世界政治与经济》1996 年第 4 期。

2. 徐军华：《论联合国安理会在国际刑事法院启动机制中的作用》，《湖北经济学院学报》2005 年第 1 期。

3. 林健聪：《联合国安全理事会与国际法院的权利冲突》，《云南大学学报》法学版 2010 年第 1 期。

4. 毛瑞鹏：《美国当前联合国安理会改革政策分析》，《世界经济与政治论坛》2008 年第 4 期。

5. 赵建文：《联合国安理会在国际法治中的地位和作用》，《吉林大学社会科学学报》2011 年第 4 期。

6. 王军敏：《联合国安理会决议的法律效力》，《中国政党干部论坛》2009 年第 11 期。

7. 韩召颖、张蒂：《联合国安理会制度有效性的考察》，《南开学报》（哲学社会科学版）2008 年第 5 期。

8. 周若雨：《浅析联合国安理会强制行动》，《法制与社会》2008 年第 4 期。

9. 孙焕为：《区域组织对联合国安理会的挑战——对 20 世纪主要国际事例的简要法律评析》，《法学评论》2001 年第 1 期（总第 105 期）。

10. 王孔祥：《强行法与公正审判权的冲突——联合国安理会 1267 号决议评析》，《武汉大学学报》2010 年第 1 期。

11. 戴轶：《试论安理会授权使用武力的法律规制》，《法学评论》2008 年第 3 期（总第 149 期）。

12. 陈传伟、李伯军：《索马里海盗、普遍管辖权与集体安全》，《社科纵横》2011 年第 7 期。

13. 崔任：《打击索马里海盗的国际法分析》，《国际关系学院学报》2010 年第 6 期。

14. 黄瑶：《联合国宪章的解释权问题》，《法学研究》2003 年第 2 期。

15. 王冀莲：《联合国及美国、欧盟对伊朗实施制裁相关决议、法律之研究》，《中国航天》2011 年第 6 期。

16. 江河：《朝核危机的国际法解读：以安理会决议为视角》，《武汉科技大学学报》（社会科学版）2013 年第 1 期。

17. 李雪平：《联合国安理会改革的国际法思考》，《法律科学》2005 年第 4 期。

18. 龙小农、刘继南：《对联合国安理会改革的几点思考》，《国际问题研究》2005 年第 4 期。

19. 简基松：《对安理会"决议造法"行为之定性分析与完善建言》，《法学》2009 年第 10 期。

20. 李鸣：《联合国安理会授权使用武力问题探究》，《法学评论》2002 年第 3 期（总第 113 期）。

21. 王帅、万里：《论联合国安理会否决权的改革之路》，《湖南第一师范学院学报》2009 年第 9 卷第 4 期。

22. 黄小喜：《论美国反恐实践与武装冲突法的适用性问题——基于国际法律秩序的反思》，《求索》2013 年第 3 期。

23. 张胜军：《当代国际社会的法治基础》，《中国社会科学》2007 年第 2 期。

24. 邵沙平、黄颖：《新多边主义时代中国国际法的使命》，《暨南学报》2011 年第 1 期。

25. 何志鹏：《国际社会契约：法治理念的现实涵摄》，《政法论坛》2013 年第 3 期。

26. 张胜军：《当代国际社会的法治基础》，《中国社会科学》2007 年第 2 期。

27. 古祖雪：《国际造法：基本原则及其对国际法的意义》，《中国社会科学》2012 年第 2 期。

28. 黄德明、李若瀚：《论"后冲突时代"战后责任机制的发展》，《河北法学》2012 年第 12 期。

29. 邵沙平：《〈联合国国家及其财产管辖豁免公约〉对国际法治和中国法治的影响》，《法学家》2005 年第 6 期。

30. 何志鹏：《大国政治的终结——国际法治的目标探究》，《吉林大学社会科学学报》2013 年第 3 期。

31. 吴燕妮：《论联合国框架下的法治——和平行动的发展及挑战》，《华北电力大学学报》（社会科学版）2013 年第 4 期。

32. 马新民：《国家财产与国际法治——〈联合国国家及其财产管辖豁免公约〉评介》，《法学家》2005 年第 6 期。

33. 邵沙平、苏洁澈：《加强和协调国际法治——国际法新趋势探析》，《昆明理工大学学报》2009 年第 5 期。

34. Hans Kochler：《联合国、国际法治与恐怖主义》，何志鹏译，《法制与社会发展》2003 年第 6 期。

35. 刘文明：《19 世纪末欧洲国际法中的"文明"标准》，《世界历史》2014 年第 1 期。

36. ［美］伊恩·赫德：《联合国安理会与国际法治》，付炜译，《浙江大学学报》2013 年第 5 期。

37. 车丕照：《我们可以期待怎样的国际法治?》，《吉林大学社会科学学报》2009 年第 4 期。

38. 何志鹏：《国际法治：一个概念的界定》，《政法论坛》2009 年第 4 期。

39. 黄颖：《国际社会组织化趋势下的国际法治》，《昆明理工大学学报》2009 年第 7 期。

40. 梁西：《国际困境联合国安理会的改革问题——从日、德、印、巴争当常任理事国说起》，《法学评论》2005 年第 1 期。

41. 杨泽伟：《海湾战争：联合国安理会授权的一次滥用——对一位美国学者观点之评介》，《法学评论》1996 年第 1 期。

42. 李传宏：《联合国安全理事会的制裁措施初探》，《法学评论》1996 年第 3 期。

43. 何志鹏：《国际法治视野中的人权与主权》，《武大国际法评论》2009 年第 3 期。

44. 邓宁：《国际法院对安理会决议的间接司法审查权之探析》，《天津法学》2014 年第 3 期。

45. 陈亚芸：《联合国安理会决议司法审查机制的构建——以国际法院司法审查为研究视角》，《武大国际法评论》2013 年第 1 期。

46. 何志鹏：《国际法治何以必要——基于实践与理论的阐释》，《当代法学》2014 年第 2 期。

47. 王子妍、罗超、李何佳：《国际法治的革新者：中国的角度转换与策略》，北大法律信息网，2014 年 12 月。

48. 赵建文：《和平共处五项原则与〈联合国宪章〉的关系》，《当代法学》2014 年第 6 期。

49. 曾令良：《国际法治视野下的国家治理现代化》，《法制与社会发展》2014 年第 5 期。

50. 曾令良：《法治中国与国际法治紧密相连》，北大法律信息网，2014 年 12 月。

51. 曾令良：《中国践行国际法治 30 年：成就与挑战》，北大法律信息网，2014 年 12 月。

52. 李步云：《法治概念的科学性》，《法学研究》1982 年第 2 期。

53. 何志鹏：《国际法治的中国立场》，《武大国际法评论》2013 年第

2 期。

54. 熊安邦：《论联合国安理会制裁措施的新发展——对联合国安理会第 1970 号和 1973 号决议的国际法解析》，《西部法学评论》2012 年第 1 期。

55. 王玫黎、谭畅：《冲突与协调：安理会与国际法院的关系新论》，《西南政法大学学报》2012 年第 4 期。

56. 那力、杨楠：《"国际法治"：一种手段而非一个目标》，《东北师大学报》（哲学社会科学版）2012 年第 1 期。

57. 曾令良：《联合国在推动国际法治建设中的作用》，《法商研究》2011 年第 2 期。

58. 何志鹏、孙璐：《国际法治与联合国的未来》，《国际法研究》2011 年第 2 期。

59. Hans Kochler，何志鹏译：《联合国、国际法治与恐怖主义》，《法制与社会发展（双月刊）》2003 年第 6 期（总第 54 期）。

60. 刘文明：《19 世纪末欧洲国际法中的"文明"标准》，《世界历史》2014 年第 1 期。

61. 李鸣：《联合国安理会授权使用武力问题探究》，《法学评论》2002 年第 3 期。

62. 白桂梅：《从克里米亚公投看国际法上的人民自决原则》，北京国际法学会年会论文集，2014 年 11 月 29 日至 30 日。

63. 孙世彦：《克里米亚公投入俄的国际法分析》，《法学评论》2014 年第 5 期。

64. 罗孝智：《试论美国对国际法和国际法治的积极与消极影响》，《怀化学院学报》2014 年第 12 期。

65. 罗孝智：《论国际法治的追求目标和基本原则》，《湖南人文科技学院学报》2015 年第 6 期。

66. 张超：《略论国际法治的维度、进度与向度》，《河南师范大学学报》（哲学社会科学版）2016 年第 3 期。

67. 林泰：《国际行政法之论——全球化与全球治理视野中的国际法治》，《太平洋学报》2014 年第 4 期。

68. 盛红生：《论国际刑事司法的多重面相——以非洲国家为视角》，《非洲研究》2012 年第 1 期。

69. 盛红生：《国际刑事法院与后冷战国际法律秩序》，《观察与思考》2014 年第 2 期。

70. 王奇才：《法治与全球治理机制的合法化》，《西北农林科技大学学报（社会科学版）》2013 年第 3 期。

71. 张伟：《尊重和保障人权是法治国家的核心价值》，《现代法学》2015 年第 1 期。

72. 曾令良：《中国践行国际法治 30 年：成就与挑战》，《武大国际法评论》2011 年第 3 期。

73. 顾培东：《当代中国法治话语体系的构建》，《法学研究》2012 年第 3 期。

74. 金磊：《领导干部如何运用法治思维深化改革、推动发展》，《今日中国论坛》2013 年第 3 期。

75. 严海良：《作为法治要素的法治原则》，《金陵法律评论》2015 年第 4 期。

76. 支振锋：《互联网全球治理的法治之道》，《法制与社会发展》2017 年第 1 期。

77. 郑方辉、黄怡茵：《法治政府评价的国际经验》，《华南理工大学学报》（社会科学版）2016 年第 2 期。

78. 宋家法：《联合国与跨国公司犯罪的法律控制》，《暨南学报》（哲学社会科学版）2013 年第 4 期。

79. 张超：《略论国际法治的维度、进度与向度》，《河南师范大学学报》（哲学社会科学版）2016 年第 3 期。

80. 李光宇：《法学研究需要生活经验更需要理论勇气——郭道晖教授的赤子情怀与学术品格》，《社会科学战线》2014 年第 2 期。

81. 李步云：《法治概念的科学性》，《法学研究》1982 年第 2 期。

82. 杨宝童：《香港廉政建设对大陆的政策启示》，《江西金融职工大学学报》2006 年第 2 期。

83. 陈喜峰：《国际组织宪法变迁原论》，《国际关系与国际法学刊》

2014 年第 5 期。

84. 方玉媚、王治华：《加强四川高校对"恐怖主义"防范的研究——基于四川部分高校的调查》，《重庆行政（公共论坛）》2010 年第 3 期。

85. 王晨：《浅析联合国安理会国际争端解决机制及特点》，《山东省农业管理干部学院学报》2011 年第 3 期。

86. 崔任：《打击索马里海盗的国际法分析》，《国际关系学院学报》2010 年第 5 期。

87. 范明志：《构想出来的和平——国际法院概览》，《山东审判》2003 年第 6 期。

88. 翟传强：《揭开国际刑事法庭的神秘面纱》，《中国审计》2009 年第 6 期。

89. 张逸潇：《从管理冲突到管理和平——联合国维和行动与冲突后国家的安全管理》，《国际安全研究》2015 年第 1 期。

90. 陈红梅：《和谐社会理论提出的背景》，《消费导刊—理论广角》2009 年第 2 期。

91. 邱耕田：《"命运共同体"：一种新的国际观》，《学习时报》2015 年第 3 期。

92. 何志鹏：《国际法治的中国表达》，中国社会科学论坛暨第十二届国际法论坛论"国际法治与全球治理"论文集，2015 年 10 月 31 日—11 月 1 日。

93. 漆海霞、张佐莉：《弃权还是否决——中国如何在安理会投票中表达反对立场》，《世界经济与政治》2014 年第 5 期。

94. 刘文冬：《中国对安理会扩大的立场分析》，《赤峰学院学报》（汉文哲学社会科学版）2014 年第 10 期。

95. 王志琛：《中俄在联合国安理会的合作及其影响因素分析》，《俄罗斯东欧中亚研究》2017 年第 1 期。

96. 张加龙：《中国在安理会行使否决权历史》，《文史月刊》2012 年 12 月（下）。

97. ［英］罗斯玛丽·伏特：《中国在联合国中的责任与担当》，《复旦学报》（社会科学版）2014 年第 5 期。

98. 刘文冬：《美国对安理会扩大的立场分析》，《黑龙江教育学院学报》2011 年第 8 期。

99. 甄妮、陈志敏：《"不干涉内政"原则与冷战后中国在安理会的投票实践》，《国际问题研究》2014 年第 3 期。

博士论文和论文集

1. 刘衡：《国际法之治：从国际法治到全球治理》，博士学位论文，武汉大学，2011 年。

2. 王奇才：《全球治理、善治与法治》，博士学位论文，吉林大学，2009 年。

3. 毛瑞鹏：《维护决策权与平衡主要对手：美国的联合国安理会组成政策分析》，博士学位论文，复旦大学，2008 年。

国际文件

（宪章、宣言、公约、议定书等）

1. 《联合国宪章》

2. 《世界人权宣言》

3. 《公民权利和政治权利国际公约》

4. 《经济、社会、文化权利国际公约》

5. 《欧洲人权和基本自由公约》

6. 《美洲国家组织公约》

已公开的汇编文件

1. 安理会惯例汇辑

2. 安理会决议汇编

外文著作

1. Andre Nolikaemper, *National Courts and the International Rule of Law*, Oxford University Press, 2012.

2. Antonios Tzanakopoulos, *Discovering the Security Council-Countermeasures against Wrongful Sanctions*, Oxford University Press, 2013.

3. ICISS, *The Responsibility to Protect*: *Report of the International Commission on Intervention and State Sovereignty*, International Development Research Center, 2001.

4. Chiang Kai-shek, *China's Destiny*, The Macmillan Company, 1947.

5. Judgment Case Concerning East Timor (Portugal v Australia), I. C. J. 1995.

6. Paul C. Szasz, "The Security Council Starts Legislating", *American Journal of International Law*, Vol. 96, Issue 4, 2002.

7. Masahiko Asada, "Security Council Resolution 1540 to Combat WMD Terrorism: Effectiveness and Legitimacy in International Legislation", *Journal of Conflict and Security Law*, Vol. 13, Issue 3, Winter 2008.

8. Duncan B. Hollis, "Private Actors in Public International Law: Amicus Curiae and the Case for the Retention of State Sovereignty", *Boston College International and Comparative Law Review*, Vol. 25, Issue 2, September 2022.

9. José E. Alvarez, "Hegemonic International Law Revisited", *American Journal of International Law*, Vol. 97, Issue 4, 2003.

10. Roberto Lavalle, "A Novel, If Awkward, Exercise in International Law-Making: Security Council Resolution 1540", *Netherlands International Law Review*, Vol. 51, 2004.

11. Matthew Happold, "Security Council Resolution 1373 and the Constitution of the United Nations", *Leiden Journal of International Law*, Vol. 16, Issue 3, 2003.

12. Gilbert Guillaume, "Terrorism and International Law", *The International and Comparative Law Quarterly*, Vol. 53, No. 3, July 2004.

13. Stefan Talmon, "The Security Council as World Legislature", *American Journal of International Law*, Vol. 99, No. 1, 2005.

14. Leland M. Goodrich et al. , *Charter of the United Nations*: *Commentary and Documents*, 3 rd, Columbia University Press, 1969.

15. Oscar Schachter, United Nations Law, 88 Am. J. Int'l. l. 12, 1988.

16. Prosecutor v. Tadic, Case IT – 94 – 1 – AR 72, 1995.

17. Thomas Franck, What Happens Now? The United Nations After Iraq, 97 Am. J. Int'l, 2003.

18. Jane E. Stromseth, "An Imperial Security Council? Implementing Security Council Resolutions 1373 and 1390", *American Society of International Law*, Vol. 97, 2003.

19. Erika de Wet, *The Chapter VII Powers of the U. N. Security Council*, Oxford: Hart Publishing Company, 2004.

20. Legal Consequences for States of the Continued Presence of South Africa Namibia (South West Africa) Notwithstanding Security Council Resolution 276 (1970), I. C. J, 1971.

21. David Malone, "The Security Council in the Post-Cold War Era: A Study in the Creative Interpretation of the U. N. Charter", *International Law and Politics*, Vol. 35, October 2008.

22. Jane E. Stromseth, "Law and Force After Iraq: A Transitional Moment", *American Journal of International Law*, Vol. 97, Issue 3, 2003.

23. Frederic L. Kirgis, "U. N. Security Council Reform and the Right of Veto: A Constitutional Perspective", *American Journal of International Law*, Vol. 93, Issue 4, 1999.

24. Statute of International Criminal Tribunal for the Former Yugoslavia, S. C. Res. 827, U. N. Scor, 48th Sess. Annex, 3217th mtg. 2001.

25. Fredric Kirgis, "The Security Council's First Fifty Years", *American Journal of International Law*, Vol. 9, Issue 3, 2000.

26. Report of the Secretary-General Pursuant to Paragraph 2 of Security Council Resolution 808, U. N. SCOR, 48th Sess, U. N. Doc, 1993.

27. Jose Alvarez, *The Security Council's War on Terrorism: Problems and Policy Options*, in Review of the Security Council by Member States, Antwerp, Intersentia, 1996.

28. J. L. Dunoff and J. P. Trachtman, *Ruling the World? Constitutionalism*,

International Law, *and Global Governance*, Cambridge University Press, 2009.

29. K. N. Waltz, *Theory of International Politics*, Reading: Addison-Wesley, 1979.

30. H. Bull, *The Anarchical Society: A Study of Order in World Politics*, New York: Columbia University Press, 2002.

31. A. Wendt, *Social Theory of International Politics*, Cambridge: Cambridge University Press, 1999.

32. Hurd, *After Anarchy: Legitimacy and Power in the UN Security Council*, Princeton: Princeton University Press, 2007.

33. E. Voeten, "The Political Origins of the UN Security Council's Ability to Legitimize the Use of Force," *International Organization*, Vol. 59, No. 3, 2005.

34. M. Mazower, *Governing the World: The History of An Idea*, New York: The Penguin Press, 2012.

35. B. Tamanaha, *The Rule of Law: History, Politics, Theory*, Cambridge: Cambridge Univeristy Press, 2004.

36. Rosemary Foot, John Lewis Gaddis, and Andrew Hurrell, *Order and Justice in International Relations*, Oxford University Press, 2003.

37. John G. Hadwen & John Kaufmann, *How United Nations Decisions Are Made*, A. W. Sythoff-Leyden, 1960.

38. Oscar Schachter & Christopher C. Joyner, *United Nations Legal Order Volume 1*, Cambridge University Press, 1995.

39. Kenneth Manusama, *The United Nations Security Council in the Post-Cold War Era—Applying the Principles of Legality*, Martinus Nijhoff Publishers, Leiden/Boston, 2006.

40. Karel C. Wellens, *Resolutions and Statements of the United Nations Security Council (1946 – 1992) —A Thematic Guide*, Martinus Nijhoff Publishers, 1993.

41. Alejandro Rodiles, "Non-Permanent Members of the United Nations Security Council and the Promotion of the International Rule of Law", *Goettin-*

gen Journal of International Law, Vol. 5, April 2013.

42. *South African Yearbook of International Law*, Ver Loren van Themaat Center for Public Law Studies, Univeristy of South Africa, 2012.

43. Charles Sampford & Ramesh Thakur, *Building Blocks of International Rule of Law*, Routledge Taylor & Francis Group, 2012.

44. Vesselin Popovski and Trudy Fraser, *The Security Council as Global Legislator*, Routledge Taylor & Francis Group, 2012.

45. Martin Daniel Niemetz, *Performing UN Decision-making Procedures— Promoting a deliberative system for global peace and security*, Routledge Taylor & Francis Group, 2013.

46. Sufyan Droubi, *Resisting United Nations Security Council Resolutions*, Routledge Taylor & Francis Group, 2013.

47. Chirstine E. J. Schwobel, *Global Constitutionalism in International Legal Perspective*, Martinus Nijhoff, 2011.

48. Mohammed Bedjaou General Editor, *Internatioanl Law*: *Achievements and Prospects*, Martinvy, Nihoff Publishers Unesco, 1998.

49. Ruth Wedgwood, "The Enforcement of Security Council Resolution 687: The Threat of Force against Iraq' Weapons of Mass Destruction", American Journal of International Law, Vol. 92, Issue 4, 1998.

外文已公开、未出版文献

1. Vera Gowlland-Debbas, "The Security Council and Issues of Responsibility Under International Law", The Hague Academy of International Law, 2015.

2. Kurt Herndl, "Reflections on the Role, Functions and Procedures of the Security Council of the United Nations", The Hague Academy of International Law, 2015.

3. Vesselin Popovski, "International Rule of Law and Professional Ethics", Ashgate, 2005.

4. Simon Chesterman, "The UN Security Council and The Rule of Law— The Role of the Security Council in Strengthening a Rule-based International Sys-

tem, Final Report and Recommendations from the Austrian Initiative, 2004—2008", Institute for International Lawand Justice, New York University School of Law, 2008.

5. Chris Dolan, "Has Patriarchy Been Stealing the Feminist's Clothes? Conflict-related Sexual Violence and UN Security Council Resolutions", IDS Bulletin, 2010.

6. Jiang Shiwei, "UN Security Council", www. researchgate. net/publication/309398631, 2011.

7. Pu Xiaoyu, "Limited Rebranding: Status Signaling, Multiple Audiences, and the Incoherence of China's Grand Strategy", Graduate Program in Ohio State University, 2012.

8. Jess Gifkins, "The UN Security Council Divided: Syria in Crisis, University of Queensland", Accepted version for pre-publication, 2012.

外文论文

1. Janie Chuang, "Redirecting the Debate over Trafficking in Women: Definitions, Paradigms, and Contexts, Harvard", *Human Rights Journal*, Vol. 11, 1998.

2. J. Arango, "Explaining Migration", *International Social Science Journal: International Migration*, Vol. 3, 2000.

3. Keith Harper, "Does the United Nations Security Council Have the Competence to Act as Court and Legislature? *International Law and Politics*, Vol. 27, No. 103, 1994.

4. Carolyn L. Willson, Current Development: Changing the Charter: The United Nations Prepares for the Twenty-First Century, *American Journal of International Law*, Vol. 90, Issue 115, 1996.

5. Erik Suy, "Is the United Nations Security Council Still Relevant? And Was It Ever?" *Tulane Journal of International and Comparative Law*, Vol. 12, 2004.

6. Martii Koskenniemi, "The Police in the Temple-Order, Justice and

the U. N. : A Dialectical View", *European Journal of International Law*, Vol. 6, Issue 3, 1995.

7. A. Follesdal, "The Legitimacy Deficits of the Enropean Union," *Journal of Political Philosophy*, Vol. 14, No. 4, 2006.

8. S. Chesterman, "An International Rule of Law", *American Journal of Comparative Law*, Vol. 56, No. 2, 2008.

9. I. Hurd, "The Rule of Law, Domestic and International," *Paper presented to the Regional Colloquium on International Law and International Organization Organization*, Madison, WI, May 3, 2013.

10. Ruti Teitel, "The Alien Tort and the Global Rule of Law" . *International Social Science Journal*, No. 185, September 2005.

11. Steven Wheatley, "A Democratic Rule of International Law", *European Journal of International Law*, Vol. 22, No. 2, 2011.

12. Simon Chesterman, "An International Rule of Law", *American Journal of International Law*, Vol. 56, 2008.

13. J. Waldron, "The Rule of International Law", *Harvard Journal of Law and Public Policy*, Vol. 30, 2006.

14. Brandei Institute for International Judges, *Toward an International Rule of Law*, *The International Center for Ethics, Justice, and Public Life*, Brandeis University, 2010.

15. ICISS, *The Responsibility to Protect*: *Report of the International Commission on Intervention and State Sovereignty*, International Development Research Center, 2001.

16. The UN Security Council and Human Rights, David P. Forsythe, International Policy Analysis, May 2012.

17. Stefano Recchia, "Why Seek International Organization Approval under Unipolarity?" *International Relations*, Vol. 30, 2016.

18. Jonathan R. Strand & David P. Rapkin, *Weighted Voting in the United Nations Security Council*: *A Simulation*, SAGE Publications, 2011.

19. William B. Messmer & Carlos L. Yordan, *A Partnership to Counter In-*

ternational Terrorism: *The UN Security Council and the UN Member States*, *Conflict Terrorism*, Routledge Taylor & Francis Group, 2011.

20. Susan Hannah Allen & Amy T. Yuen, "The Politics of Peacekeeping: UN Security Council Oversight Across Peacekeeping Missions", *International Studies* (*Quarterly*), 2014.

21. Roy Allison, "Russian 'Denial' Intervention in Ukraine: How and Why Russia Broke the Rules, International Affairs", The Royal Institue of Internaitonal Affairs, 2014.

22. Bruce D. Jones, Libya and the Responsibilities of Power, Survival, http://www.tandfonline.com/loi/tsur20, 2011.

23. Sheri Lynn Gibbings, "No Angry Women at the United Nations: Political Dreams and the Cultural Politics of the United Nations Security Council Resolution 1325", *Internaitonal Feminist Journal of Politics*, 2011.

24. Jennifer Trahan, "The Relationship between the Internaional Crminial Court and the UN Security Council: Parameters and Best Practices", Criminal Law Forum, 2013.

25. Axel Dreher, Matthew Gould, Mathew D. Rablen, James Raymond Vreeland, "The Determinants of Election to the United Nations Security Council", Business Media New York, 2013.

26. Madeleine O. Hosli, Rebecca Moody, Bryan O'Donovan, Serguei Kaniovski, Anna C. H. Little, "Sqauring the Circle? Collective and Distributive Effects of United Nations Security", Council Reform, www.Springerlink.com, March 2011.

27. Simon Chesterman, "Leading from Behind: The Responsibility to Protect, the Obama Doctrine, and Humanitarian Interventon after Libya", *Ethics and International Affairs*, Vol. 25, No. 3, 2011.

28. Nicholas Tsagourias, Security Council Legislation, Article 2 (7) of the UN Charter, and the Principle of Subsidiarity, Leiden Journal of International Law, 24, 2011.

网站

1. 联合国官方网站：http：//www. un. org.

2. 联合国人权事务高级专员网站：http：//www. ohchr. org/english/.

3. 联合国文件系统：http：//documents. un. org/default. asp.

4. 联合国人权理事会：http：//www. ohchr. org/english/bodies/hrcouncil/.

5. 中国外交部网站：http：//www. fmprc. gov. cn/mfa_chn/.

6. 经济、社会和文化权利委员会网站：http：//www. ohchr. org/english/bodies/cescr/index. htm.

7. 荷兰海牙国际法院"和平宫"图书馆网站：www. peacepalacelibrary. nl.